# Das Master Key System Übungsbuch

Von Helmar Rudolph

3. überarbeitete Auflage, November 2014

ISBN: 978-3-945688-07-6

Inspired Mind ist ein Imprint der SüdOst Service GmbH
© 2014 JAH Holding, Inc.

Umschlaggestaltung:
Markus Dahlenburg

Weitere Informationen und Unterstützung:
www.MrMasterKey.com
www.facebook.com/mrmasterkey
www.twitter.com/mrmasterkey
www.youtube.com/mrmasterkey
www.issuu.com/mrmasterkey

Die deutsche Nationalbibliothek — CIP — Einheitsaufnahme
Die deutsche Nationalbibliothek verzeichnet diese Publikation in der Deutschen Nationalbibliografie; detaillierte Daten sind im Internet unter http://dnb.d-nb.de abrufbar.

HELMAR RUDOLPH

# Das Master Key System Übungsbuch

Inspired Mind Verlag

# Einführung

Dieses Master Key System Übungsbuch wurde von mir entworfen, damit Du Dein Master Key System Studium erfolgreich abschließt – wenn es in der Praxis überhaupt jemals „abgeschlossen" sein wird. Mit seinen Inhalten geht es weit über die Fragen und Antworten der 24 Kapitel hinaus und prüft sowohl Dein Wissen als auch Dein Verständnis. Hinzu kommt, daß Dir mit meinen teils sehr umfangreichen Kommentaren eine große Hilfe zur Seite steht, solltest Du eine Passage oder ein Konstrukt nicht auf Anhieb verstehen.

Mit jedem Teil wachsen die Anforderungen. Jeder vorige Teil bildet eine Basis, auf der Du anschließend aufbaust. Das bedeutet aber auch, daß Dir die Antworten nicht einfach so zufallen werden. Sie bedürfen zum Teil gründlicher Überlegung und prüfen, ob Du das Material auch wirklich verinnerlicht und nicht nur gelesen oder gar überflogen hast.

Wenn Du die 24 Kapitel absolviert hast, kann es durchaus sein, daß Du noch einmal von vorn beginnst. Das geschieht aber nicht aufgrund Deines Scheiterns, sondern weil Du nunmehr im Besitz völlig neuer Erkenntnisse über Dich selbst und die schöpferischen Vorgänge bist. Somit gehst Du an das Material mit einem anderen Bewußtsein heran und wirst aus denselben Worten eine tiefere Bedeutung ziehen.

Bedenke, daß das Master Key System aus 3 Komponenten besteht, die mit dem Führerschein verglichen werden können, wobei dieses Übungsbuch die 3. Komponente erweitert:

1. Das Lesen des Textes – das Auto.
2. Die 24 Übungen – die Fahrstunden.
3. Die Fragen und Antworten – die Führerscheinprüfung.

Am Ende Deines Studiums hast Du sowohl das Vehikel als auch die Befähigung und praktische Erfahrung. Wohin Du dann dieses Vehikel lenkst, das liegt ganz bei Dir. Du kannst Dich von nun an über all die schönen, bereichernden und lebensrichtigen Ziele freuen, die Du ansteuerst, denn alles andere käme Dir gar nicht mehr in den Sinn.

Ebenso wichtig zu verstehen ist, daß die Übungen das eigentliche System des Master Keys sind. Die Kapitel 1-4 (Körper- und Gedankenkontrolle und- entspannung) versetzen Dich in die Lage, auf jedwede äußere Situation angemessen zu reagieren. Lies diesen Satz bitte noch einmal! Und noch einmal, bitte. Die Übungen der Kapitel 5-24 drehen sich um Visualisierung und Konzentration. Diese benötigst Du für das Erfüllen Deiner Wünsche, Träume und Ideale. Sie haben allein mit Deiner Innenwelt zu tun, während Du als Grundlage dazu aber die Fähigkeiten von Kapitel 1-4 benötigst.

Deine Fähigkeit, die im Master Key System vermittelte Wahrheit und Weisheit zum Ausdruck zu bringen, hängt allein von Deiner Aufmerksamkeit und Disziplin ab, die Du dem Studium entgegenbringst. Es kann am Ende nur das herauskommen, was zuvor hineingegangen ist.

Bedenke auch, daß dieses Studium keinen ‚Quick-Fix' darstellt. Es führt zu tiefgreifenden Veränderungen in Deiner Persönlichkeit und einer starken Erhöhung Deiner mentalen, emotionalen und körperlichen Leistungsfähigkeit. Du wirst ruhiger und dennoch dynamischer, souveräner und dennoch demütiger. Das geschieht nicht nur durch die Anwendung des im Master Key System vermittelten Wissens, sondern mit der einhergehenden gründlichen Reinigung Deiner Gedanken, Deiner Emotionen und Deines Körpers. Diese Vorgänge sind unabdingbar, wenn Du auch nur irgendeinen Fortschritt erzielen willst.

Solltest Du Fragen haben, kannst Du Dich jederzeit im Forum auf *www.MrMasterKey.com* informieren. Dort wurden seit dem Erscheinen der deutschen Erstübersetzung des Master Key Systems so ziemlich alle Fragen beantwortet, die sich StudentInnen stellen.

Ich wünsche Dir auf dieser grandiosen Reise in die Tiefen Deines Selbst alles Liebe und Gute und bedanke mich für das mir entgegengebrachte Vertrauen.

Peace and Blessings,

# Vereinbarung

Heute, am _____, beginne ich,

_____

mit meinem Studium des Master Key Systems. Ich werde dieses Übungsbuch gewissenhaft nutzen und ausfüllen. Ich verspreche mir selbst hiermit, das Studium innerhalb von 6 Monaten erfolgreich zu absolvieren.

Hier bitte ein Foto von Dir im Format 9x13 cm anbringen.

_____
Unterschrift

6

# 1

## Ein Bewußtsein, eine Kraft

Du stehst am Anfang einer fantastischen Reise. Eine Reise in die Tiefen Deines Selbst, dem Ort, an dem Du Deine wahre Macht und Kraft findest; dort, wo das Individuelle auf das Universelle trifft – auf die Allmacht!

Wie Du weißt, war das Master Key System ursprünglich ein Fernlehrgang über 24 Wochen. Für jedes Kapitel hast Du eine Woche Zeit, um ihn zu verstehen, zu verinnerlichen und durch die Übung(en) zu neuen Fähigkeiten zu gelangen. Solltest Du für ein Kapitel länger als eine Woche brauchen, ist das völlig in Ordnung. Am Anfang ist es besonders wichtig, die Inhalte gründlich aufzunehmen, denn vieles ist neu,  Charles Haanels Schreibstil komprimiert, mit Tiefe und manch versteckter Bedeutung versehen. Diese aber erläutere ich auf den folgenden Seiten.

Wenn Du Dich auf dieses Studium gewissenhaft und mit der notwendigen Disziplin einläßt, wirst Du reich belohnt. Jedes Mal gewinnst Du neue Erkenntnisse, vertiefen sich Deine Einsichten, verbessert sich Dein Verständnis und erhöht sich Dein Tatendrang.

Du wirst durch das Lernen und Anwenden und durch die Übungen erkennen, wie Dein Energieniveau stetig zunimmt. Du wirst Dir Deiner Sprache immer bewußter werden. Du wirst Deiner Worte gewahr und setzt sie ‚*entsprechend*‘

ein, anstatt wie bisher aus der Gewohnheit und Programmierung heraus zu agieren. Allein daraus ergeben sich viele Veränderungen in Deinem Leben.

Stell Dir für einen Moment vor, Du verminderst Deine Reizbarkeit und bist nun ruhig und gelassen. Das wird sich unweigerlich in einer ruhigeren Sprache ausdrücken. Andere Menschen werden das sofort erkennen und diese Eigenschaft in Dir zu schätzen beginnen. Deine Besonnenheit und Überlegenheit führt dann dazu, daß andere Deinen Rat suchen, anstatt sich durch deine Reizbarkeit von Dir fernzuhalten. Du siehst anhand dieses einfachen Beispiels, welch weitreichende Auswirkungen eine kleine Veränderung im Charakter nach sich zieht.

Du erkennst mit dem Master Key System, wer Du wirklich bist und welche Möglichkeiten der Entfaltung sich Dir bieten. Das, verbunden mit dem Tatendrang und dem höheren Energieniveau, führt dazu, daß Du nicht mehr aufzuhalten bist. Auch wenn es sich primär um Bewußtseinsentwicklung handelt, ist das Resultat in den meisten Fällen eine neue und konsequentere Handlungsweise. Du ersetzt das Alte durch das Neue, und das findet nur durch neue Handlungen statt.

Lies Dir jedes Kapitel mindestens einmal pro Tag durch. Das sollte ca. 30-40 Minuten dauern. Ebenso viel Zeit benötigst Du für die jeweilige Übung. Somit beträgt Dein täglicher Zeitbedarf eine gute Stunde. Die brauchst Du, um entsprechende Gedanken- und Handlungsimpulse zu setzen, die zu einem angenehmeren Leben führen.

In Kapitel 1 geht es darum, die Beziehung zwischen Deiner inneren und äußeren Welt zu verstehen. Es gilt, sich diese Beziehung mehr und mehr zunutze zu machen - zum eigenen Wohle und dem aller anderen. Wir alle sind in einer Welt der Trennung - der Dualität - aufgewachsen. Ohne diese gäbe es nichts, was beschrieben werden könnte, weil es nur ,eins' gibt. Es ist entweder das eine oder das andere, aber niemals beides. Nun aber öffnen wir uns einem neuen Wissen und kommen zu einer neuen Bewußtheit. In dieser erkennen wir nicht nur, daß es einer genauen Betrachtung und Analyse beider Seiten bedarf, einer Transformation und Reinigung, um dann die Essenz daraus zu destillieren. Es ist der Weg des Neophyten hin zur Meisterschaft. Es ist der menschliche Entwicklungsprozeß, der sich dem Primitiven ab und dem

Erhabenen hinwendet. Dort gibt es dann nur noch Liebe und Verbundenheit, die uns individuell wie auch kollektiv voranbringt. Das ist das neue Zeitalter.

Wir stellen fest, daß es außerhalb unseres Bewußtseins *für uns selbst* absolut nichts gibt. Einstein sagte einmal: *„Ich hoffe, der Mond existiert auch noch, wenn ich nicht hinschaue."* Er existiert natürlich, doch nur für die, die auch ein Bewußtsein dafür haben und ihn somit auf die eine oder andere Art wahrnehmen. Daraus folgt, daß sich unsere Realität aus unserem Inneren ergibt. Rein technisch entsteht unsere Realität in einem Steuerungskomplex im Gehirn, den wir Hypothalamus nennen. Dieser steuert direkt die wichtigsten endokrinen Drüsen, die für die Ausschüttung von Hormonen – und dadurch unsere Gefühlslage – zuständig sind. Charles Haanel sagt ja auch, daß wir erst *sein* müssen, bevor wir *haben* können, und dieses *sein* ist unsere Fähigkeit zu denken und Neues aufzunehmen. Somit spiegelt unsere Wahrnehmung (Achtung, Wortbedeutung!) das wider, was wir im Inneren bereits sind, denn ohne eine entsprechende Aufnahme- und Interpretationsfähigkeit würden wir auch nichts wahrnehmen. Ein Beispiel dafür sind hochfrequente Wellen, die wir weder sehen noch hören können – es gibt sie aber dennoch.

Das alles führt letztlich dazu, daß mit diesem Verständnis der Realitätsgestaltung das Klagen über äußere Umstände aufhört. Wenn Du für sie nicht empfänglich wärst, würdest Du sie gar nicht erst registrieren, oder nur so schwach, daß sie in Dir keine Reaktion auslösen würden. Das ist gleich zu Beginn sehr wichtig zu verstehen.

## ÜBUNG

Falls Du zunächst Probleme mit der Kontrolle über Deinen Körper haben solltest, ist das vollkommen in Ordnung. Gib einfach Dein Bestes und bleib für die Zeit der Übung so still sitzen, wie es Dir möglich ist. Laß Deine Gedanken einfach wertfrei und losgelöst kreisen. Stoppe sie nicht, denn hier geht es ausschließlich darum, eine Grundlage der Körperkontrolle zu schaffen. Es ist unabdingbar, daß Du diese Übung meisterst, denn für die kommenden 6 Monate wirst Du während der Übungen durchweg stillsitzen müssen. Körperkontrolle ist dazu die absolute Grundlage.

Wann weißt Du, daß Du den Körper kontrollieren kannst? Bedenke, daß es hier nicht um die Fähigkeiten eines Yogi geht, sondern darum, sich seines Körpers bewußt zu werden. Auch dieser untergeht während des Studiums kontinuierlich Veränderungen, da Du u.a. Deine Nahrung und Deine sportlichen Aktivitäten Deinem neuen Wesen und Deinen höheren Zielen anpassen wirst. Dazu noch ein Zitat aus Kapitel 1:

*„Wir können keine Kräfte zum Ausdruck bringen, die wir nicht besitzen. Der einzige Weg, mit dem wir uns Macht sichern können, ist der, uns der Macht bewußt zu werden, und wir können uns niemals unserer Macht bewußt werden, bis wir erkennen, daß alle Macht und Kraft von innen kommt.“*

Das – und erinnere Dich immer daran – ist der Schlüssel zum Erfolg. Du wirst lernen, ein bewußter Kanal zu werden, durch den sich das Universelle ausdrückt. *Wie* dieser Ausdruck dann aussieht, das entscheidest allein *Du* durch Deine Gedanken, die sich - wenn stetig unterhalten - mit der Zeit zu Deiner vorherrschenden Geisteshaltung entwickeln und so in den Bereich des Unterbewußtseins versinken.

Deine Macht und Kraft kommt also durch *Übung*, durch Anwendung, und die entsteht durch Deine *geistige Inanspruchnahme*. Dadurch schaffst Du Dir jedes Mal aufs Neue Deine Realität. Merke Dir das gut, denn Dein Außen spiegelt Dir lediglich Dein Innen wider, womit es im Außen auch niemanden gibt, der für Dich die Verantwortung übernimmt. Auch gibt es niemanden der bestimmt, wie Dein Leben aussehen soll - es sei denn, Du läßt es zu.

## AUFGABEN

1. Schreibe hier stichwortartig die Veränderungen auf, die Du in dieser Woche in Deinem Bewußtsein erkannt hast. (Beispiel: negative Gedanken, bestimmte Verhaltens- oder Ausdrucksweisen.)

..................................................................................

..................................................................................

..................................................................................

..................................................................................

10

2.   Schreibe die 3 wichtigsten Dinge auf, was Du von diesem Teil gelernt
     hast.

     1.  .......................................................................
     2.  .......................................................................
     3.  .......................................................................

3.   Schreibe auf, wie Du das neu gewonnene Wissen von nun an in Deinem
     Leben anwenden wirst.

     .......................................................................
     .......................................................................
     .......................................................................
     .......................................................................

4.   Kreuze an, welche der untenstehenden Taten oder Handlungen Du diese
     Woche unternommen hast oder welche eingetreten sind:

     ☐   Eine andere Person hat ihr Verhalten mir gegenüber geändert.
     ☐   Ich habe einer anderen Person gegenüber bewußt mein Verhalten
         geändert.
     ☐   Ich bin einer nicht-wünschenswerten Situation gegenüber gelasse-
         ner gewesen.
     ☐   Ich habe eine "Kleinigkeit" in meiner Umgebung bewußter wahr-
         genommen.
     ☐   Ich habe mir vor einer Entscheidung überlegt, welches Resultat
         daraus entstehen würde.
     ☐   Ich habe ein mir gewöhnliches Objekt/Thema mal mit ganz ande-
         ren Augen betrachtet.
     ☐   Eine neue Person ist in mein Leben eingetreten, mit der ich mich
         gut verstehe.
     ☐   Jemand hat mir unerwartet etwas geschenkt.
     ☐   Ich habe ein Tier / eine Pflanze gestreichelt und/oder mit ihm/ihr
         gesprochen.
     ☐   Ich habe bewußt auf meine Atmung geachtet.
     ☐   Ich habe bewußt einem anderen Menschen eine unerwartete Freu-
         de gemacht.
     ☐   Ich habe vor dem Schlafengehen einen Dank für den vergangenen
         Tag ausgesprochen.

11

5. Schreibe auf, was Du Dir sehnlichst im Leben wünschst. Mache es einfach und nicht zu ausführlich.

   .................................................................................................................

   .................................................................................................................

   .................................................................................................................

   .................................................................................................................

6. Kreuze an, wie sehr Du durch Dein verändertes Denken und Handeln diesem Wunsch näher gekommen bist:
   - ☐ Wunsch wurde erfüllt.
   - ☐ Sehr viel näher gekommen.
   - ☐ Etwas näher gekommen.
   - ☐ Trete noch auf der Stelle.

7. Schreibe auf, welche Hindernisse Dir Deines Erachtens nach immer noch im Wege stehen und wie Du sie zu beseitigen hegst. (Lege Dir diesen Teil die nächste Woche erneut vor.)

   .................................................................................................................

   .................................................................................................................

   .................................................................................................................

   .................................................................................................................

8. Schreibe auf, wem oder was Du diese Woche dankbar warst. (Tipp: Mache es Dir zur Angewohnheit, vor dem Schlafengehen den Tag nochmal Revue passieren zu lassen und Dir der Dinge bewußt zu werden, für die Du dankbar sein kannst. So schläft es sich schön ein.)

   .................................................................................................................

   .................................................................................................................

   .................................................................................................................

9. Bewerte hier auf einer Skala von 1 – 10, wie Du Dich diese Woche gefühlt hast:

   Dein Selbstwert: _____

   Dein Energieniveau: _____

   Dein Glücksgefühl: _____

   Deine Tatkraft: _____

   Deine Gesundheit: _____

   Dein Reichtum: _____

12

## LITERATURHINWEIS

 Wenn Dir das MKS anfänglich zu schwer erscheint, gibt es von Robin Sharma ein tolles Buch: *„Der Mönch, der seinen Ferrari verkaufte"*. Das liest sich einfach und ist - wie ich es gerne sage - vollkommen „MKS-konform".

Ein hervorragendes Buch ist auch Josef Haids *„Lebensrichtig"*, welches gerade wieder neu aufgelegt wurde. Das eignet sich auch prima für Familie, Freunde oder Kollegen, die mit der Thematik nichts am Hut haben, dem aber dennoch ein wenig offen gegenüberstehen.

Neale Donald Walschs *„Gespräche mit Gott"* sind eine hervorragende Einführung in die Materie. Vor allem deuten sie auf die Macht und Kraft hin, die wirklich in uns steckt.

## TIPP

Affirmationen wie „Es geht mir jeden Tag in jeglicher Hinsicht besser und besser" o.ä. sind dazu da, Dein Denken umzulenken und Dir bewußt zu machen, daß Du Dich in die richtige Richtung bewegst. Nur mit der Affirmation ist es allerdings nicht getan, denn ihr müssen klare und harmonische Worte und Taten folgen. Sie ist aber für den Anfang unabdingbar, lenkt sie Dich doch in eine bisher unbekannte und bewußte Richtung.

## DU HAST DIESEN TEIL GEMEISTERT...

wenn Du verstanden hast, daß es keine Trennung zwischen Dir und Deiner Außenwelt gibt und daß die innere Welt die der Macht und Kraft ist.

wenn Du in allem, was Du im Außen beobachtest, einen Teil von Dir selbst erkennst und so zu einer Wertfreiheit kommst, welche Dir in Zukunft den Weg zu etlichen Geheimnissen des Lebens öffnet.

wenn Du verstanden hast, daß Übung notwendig ist, um neue Fähigkeiten zu erlangen und in der Lage bist, Deinen Körper zu kontrollieren.

## KOMMENTAR

Ein Bewußtsein für etwas zu entwickeln bedeutet, sich mit der entsprechenden Sache eingehend zu befassen. Das geschieht primär durch eine bestimmte Absicht und entsprechender Aufmerksamkeit. Um generell Fähigkeiten zu entwickeln, ist Übung notwendig — wiederholtes Studieren, geistiges Erkennen, gefühlsbetontes Einstimmen und physische Anwendung. Wenn Charles Haanel sagt, daß Du diese Kraft bereits besitzt und sie nicht extra erwerben mußt, weist das auf Deinen geistigen Kern und auf das alles durchdringende Bewußtsein hin, welches auch Dich mit einschließt.

Mit einem zunehmenden Verständnis über die schöpferischen Prozesse wachsen dann Mut und Vertrauen in Dir heran, um neue Projekte oder Aufgaben anzugehen und erfolgreich zu vollenden. Diese bescheren Dir nicht nur Wohlstand, sondern auch Zufriedenheit und Genugtuung. Sie bereiten Dir und anderen Menschen Freude - das Endziel allen Bestrebens. Nun aber zu den einzelnen Punkten:

1. Das ist so, weil Geist schöpferisch ist und mehr seinesgleichen an sich heran zieht, bis im Falle eines Nichtgefallens eine gedankliche Umkehr stattfindet.

2. Es ist nicht das, was wir nur ab und zu mal denken, sondern das, was vorherrscht. Gewöhnlich herrscht das vor, worüber Du Dir keine Gedanken mehr machen mußt. Einzelne Gedanken sind energetisch viel zu schwach, um sich auszuwirken. Sie müssen gebündelt und verstärkt werden, um wirkungsvoll zu sein - wie Sonnenstrahlen durch eine Lupe.

3. Gedanken zu haben ist nicht dasselbe wie zu denken. Später lernst Du, daß Denken systematisch, konstruktiv und bewußt geleitet werden muß. ‚Konstruktiv‘ steht für eine Umsetzung oder Umwandlung in praktische Werte, da alleiniges Denken in der Praxis noch nichts bewirkt und Wissen sich von selbst nicht anwendet.

4. Ohne eine bestimmte Fähigkeit ist es Dir unmöglich, diese zum Ausdruck zu bringen. Du mußt durch Übung erst ‚stark‘ werden, um Stärke zum Ausdruck zu bringen. Eine rein intellektuelle Beschäftigung ist auf dieser Ebene sicherlich zufriedenstellend und erfreulich, aber im Leben ist Wissen erst dann von Nutzen, wenn es zur praktischen Anwendung kommt.

5. Der erste Satz wird Dir noch viele Male ins Auge fallen. Oft wünscht man sich etwas und fragt sich, warum es sich nicht erfüllt. Die Antwort darauf steckt in diesem Satz. Über die kommenden sechs Monate wirst Du Dir durch systematische Übungen genau diese Kraft aneignen und sie dann zum Ausdruck bringen können.

6. Es gilt an dieser Stelle gleich zu verinnerlichen, daß die innere Welt für Deine fünf Sinne unsichtbar ist. Es ist die Welt der Bilder und Gedanken, der Vorstellungskraft, der Visualisierung und Idealisierung. Es ist letztlich die Welt, in der geschöpft wird – wo Neues erschaffen wird.

7. Geist und Bewußtsein sind synonym. Sie drücken das Körperlose aus, das, was nicht angefaßt oder gemessen werden kann. Es ist als solches bis zu dem Moment, wo Du es in Anspruch nimmst – es direkt

,ansprichst' und Dich in Verbindung mit der angesprochenen Sache begibst – reines Potential.

8. Die äußere Welt muß zwangsläufig ein Abbild der inneren Welt sein. Das, was Du als äußere Welt siehst und wahrnimmst, kommt durch Deine Sinneswahrnehmung zu Dir. Es ist Deine Empfindsamkeit und Deine Interpretation der Dinge, die über die Qualität Deines Lebens bestimmen. Deine Interpretation hängt von vielerlei Faktoren ab. Familiäre, soziale, gesellschaftliche, kulturelle und wirtschaftliche Einflüsse haben Dich geprägt, oft ohne daß Du Dir dieser Informationen bewußt warst und in der Lage, sie zu analysieren. Bedenke gleich zu Beginn Deines Studiums, daß nirgends geschrieben steht, was Du denken mußt. Du hast immer die Wahl, Dinge im Außen wortwörtlich ,mit anderen Augen' zu betrachten, indem Du eine andere Sichtweise, einen anderen Blickpunkt oder Blickwinkel einnimmst.

Byron Katie, die in den USA populär ist, stellt ihren Klienten immer die folgenden vier Fragen:

1. ,Ist es wahr?'
2. ,Weißt Du wirklich, daß es wahr ist?'
3. ,Wie reagierst Du – was geschieht – wenn Du diesen Gedanken glaubst?'
4. ,Wer wärst Du ohne diesen Gedanken?'

Diese Fragen solltest auch Du Dir in vermeintlichen Konfliktsituationen immer wieder stellen.

Dr. John Demartini, ein amerikanischer Chiropraktiker, Autor und Inspirational Speaker, ,kollabiert' seine Klienten dadurch, daß er sie z.B. darauf aufmerksam macht, daß alles, was sie an einer Person vermissen, von einer anderen Person in ihrem Leben bereitgestellt wird oder daß alles, was sie an einer anderen Person nicht mögen, sie selbst in irgendeiner Form darstellen. Er will darauf hinaus, daß alles zum jetzigen Moment bereits vorhanden ist und daß ,der andere' gar nicht so anders ist wie man meint.

Im Master Key System wirst Du lernen, Dich selbst zu erkennen. Es geht hier weniger um das eigene Kollabieren und Hinterfragen, sondern um das Erkennen der Wahrheit und daß diese von Dir ausgedrückt werden muß, um mehr von ihr zu erhalten. Zur Wahrheit gehören Wohlstand, Liebe und Gesundheit - alles Dinge, von denen viele Menschen mehr im Leben wünschen. Diese mußt Du Dir zuerst in der inneren Welt schaffen und schätzen lernen, um sie in der äußeren Welt wahrnehmen und ,nutzen' zu können.

9. Du lernst im Verlauf des Studiums, ein Bewußtsein für Harmonie zu schaffen. In der Tat gibt es in einem späteren Kapitel eine gesonderte Übung dafür. Das heißt übrigens nicht, daß von nun an alles in Deinem Leben harmonisch läuft. Es heißt vielmehr, daß Du immer mehr in der Lage bist, widrige Umstände in harmonische umzuwandeln. Auch wenn erstere dazu da sind, daß Du dazulernst und emporstrebst, dürfen sie zwangsläufig nicht überhand nehmen, denn ansonsten zerstören sie Dich als Wesen. Es geht darum, zu einer Verhaltenssicherheit zu kommen, und diese findet nicht im Verstand statt,

15

sondern entspringt instinktiv und intuitiv dem Unterbewußtsein.

10. Voraussetzungen für diese Harmonie in der inneren Welt sind Körper- und Gedankenkontrolle sowie Entspannung. Sie sind das Thema der Übungen der ersten vier Kapitel.

11. Durch Dein Befassen mit einer bestimmten Sache entwickelst Du ein Bewußtsein dafür. Das führt anschließend zu einer Empfindsamkeit für erworbene Qualitäten und zu einem Nutzen. Das ist in etwa so wie eine neue Sprache. Kennst Du sie nicht, hast Du auch keinen Nutzen davon - sie ist einfach nur eine Schwingung, die auf Dein Ohr trifft, deren Bedeutung Du aber nicht verstehen kannst. Durch das Befassen mit einer Sache entwickelst Du ein Bewußtsein dafür. So ist es Dir möglich, Dinge durch Deine Sinneswahrnehmung zu registrieren und zu entschlüsseln. So wie der Ton einer Hundepfeife für den Menschen unhörbar ist, weil er außerhalb des von ihm wahrgenommenen Frequenzbereiches liegt, bist Du auch für andere Schwingungen unempfänglich, es sei denn, Du stellst Dich gedanklich darauf ein.

12. Erinnere Dich hier an das oben genannte: Es ist Deine Empfindsamkeit, die Dich Dinge auf eine bestimmte Weise interpretieren läßt. Es ist nirgends vorgeschrieben, wie es sein muß. Du bist – wie wir alle – ein Produkt vielfältiger Konditionierungen und bislang nicht wirklich Deine eigenständige Schöpfung. Es ist also überaus wichtig, sich bewußt zu machen, daß im Unterbewußtsein Programme automatisch ablaufen. Du bist Dir daher nicht gewahr, was Du gewohnheitsmäßig auslebst. Du wirst Dir ihrer aber immer bewußter werden und sie harmonisch auflösen können. So schaffst Du Raum für Neues, für die Erfüllung der Wünsche und das Leben auf höheren Ebenen.

13. Erst innen, dann außen. Hier verweist Charles Haanel auf die Kraft, die Dir durch Deine innere Welt der äußeren Welt zuteil wird.

14. Sich etwas geistig zu eigen zu machen bedeutet nichts anderes, als durch eine bestimmte Absicht die Aufmerksamkeit auf etwas zu lenken. Dadurch erkennt man Details und schließlich Muster und wird sich der Sache bewußt.

15. Intelligenz insofern, daß diese Menschen wissen, daß sie für sich zunächst ein Bild dessen erstellen müssen, was sie verwirklichen wollen. Das tun sie in der Stille, in der Abgeschiedenheit. Sie lassen sich - anders als die Masse - von keinem reinreden. Sie entwickeln klare Pläne, – wichtig! – schreiben diese nieder, ändern sie, passen sie an, lassen aber nicht von der ursprünglichen Vision ab und erzielen so Erfolge. Erfolg ist kein Zufall, sondern ein systematischer Prozeß mit bestimmten Komponenten und Aspekten, die es zu beachten und zu befolgen gilt.

16. Oft wird gefragt: ‚Was habe ich getan, daß ich so eine ‚schlechte‘ Begebenheit angezogen habe?‘ Die Ursache dafür mag mit dem Verstand niemals komplett geklärt oder nachvollzogen werden, aber es liegt an Dir, die Qualität von ‚schlecht‘ auf ‚gut‘ zu setzen und zu prüfen, was du daraus lernen

kannst. Das ist wahre Transformation. Wahre Meisterschaft bedeutet auch, sich bewußt auf etwas einzustellen, anstatt sich mit der Auswirkung selbst zu befassen, denn diese hat sich ja bereits ausgewirkt. Erst auf einer viel höheren Ebene wird Dir die Möglichkeit gegeben, dieses Erlebnis direkt zu beeinflussen. Dort wird sie sich gar nicht erst negativ oder ‚schlecht' auf Dich auswirken. Das ist nicht mehr notwendig.

17. Hier befindet sich ein erster Hinweis auf die Macht der Konzentration, der Bündelung und Anhäufung von Gedanken. In den folgenden Wochen wird darauf noch intensiver eingegangen.

18. Das ist so, weil dieses ‚Gesetz' uns Bestimmtheit und Gewißheit gibt. Wir können im wahrsten Sinne des Wortes ‚darauf bauen'. Harmonie in der Musik ist identisch mit ‚Einklang'. Wenn kein Einklang vorhanden ist, schwingt alles durcheinander und es ist keine klare Linie, kein System ersichtlich – daher ‚Verwirrung'.

19. Charles Haanel erstellt hier eine direkte Verbindung zwischen dem Physischen und Metaphysischen. Er schlägt hier – wie auch in den folgenden Punkten – eine logisch nachvollziehbare Brücke zwischen unserem Geist und unserem Körper.

20. Sehr wichtig ist hier die Aussage bezüglich des Verstehens der Wahrheit. Wahrheit ist das, was Prinzip und Bestand hat. Unwahrheit ist das, was kein Prinzip hat und mit der Zeit in sich zusammenfällt. Während das eine ‚richtig' (recht, rechtens, gerecht, ausgerichtet, strukturiert, geordnet, in Ordnung, proportional und schön) ist, ist das andere ‚falsch' (Falle, fehlerhaft, fehlend, unordentlich, unstrukturiert, chaotisch und unschön).

21. Nirgendwo steht geschrieben, wie oder was Du denken mußt. Das obliegt allein Dir. Du entscheidest, welcher Art und Qualität von Gedanken Du Einlaß gewährst und welche Du abweist.

22. Das ist extrem wichtig zu verstehen, denn hieraus geht hervor, daß Verwirklichung oder Manifestation grundsätzlich unterbewußt ist. Sie findet außerhalb des sinngesteuerten, objektiven Verstandes statt. Dieser aber spielt im wahrsten Sinne des Wortes eine entscheidende Rolle beim Bestimmen dessen, was an das Unterbewußtsein weitergeleitet werden soll. Dort wird es zur lebendigen Wahrheit. Auch hier wird die Brücke zwischen dem Physischen und dem Metaphysischen, also die Brücke zwischen Solarplexus und dem Unterbewußtsein erstellt.

23. Hier erfährst Du, daß die Grundlage der Schöpfung Gesetzen unterliegt. Im Master Key System erlernst Du diese Gesetze und wie Du Dich mit ihnen in Einklang bringst.

24. Das ist das, was wir gewöhnlich als ‚Gott' bezeichnen, was überall gegenwärtig ist, über alles Wissen verfügt und alle Macht beinhaltet. Im Master Key System geht es darum, uns dieser kosmischen Intelligenz anzupassen und uns in Einklang mit ihr zu bringen.

25. Hieraus geht hervor, daß es keine Trennung zwischen uns (dem Individuum) und dem

17

Unendlichen gibt. Das wiederum gibt Mut, sich gedanklich neu auszurichten, wenn die gegenwärtige Wirklichkeit ‚zu Wünschen' übrig läßt. Hier übrigens ein weiterer Vermerk auf die Genauigkeit der deutschen Sprache. Eine Sache, die Du durch Dein Studium garantiert lernen und schätzen wirst, ist Sprache. Dein verbaler Ausdruck wird immer bewußter und immer genauer. So bist Du auch immer mehr in der Lage genau zu kommunizieren, was Du Dir erwünschst und wie andere Menschen Dir behilflich sein können.

26. Daraus ergibt sich, daß es keinen ‚Anderen' gibt. Das hat fundamentale Auswirkungen auf das Betrachten und Einschätzen der äußeren Welt. Mit der Zeit erkennt man in jedem Anderen einen Teil von sich selbst. Es ginge auch gar nicht anders, denn wenn man selbst keine Empfindsamkeit für eine bestimmte Energie oder Qualität hätte, würde man sie im Außen - wie oben bereits erwähnt - auch gar nicht ‚wahrnehmen' können. Beispiel: Erzähle mal einem Hund was von Steuererklärungen, oder einer Katze was von Algebra.

27. Wir alle sind Teile eines nichtkörperlichen Ganzen, eines Gedankens, einer Idee. Jeder von uns ‚tickt' anders, hat einen anderen Aufbau, andere Erfahrungen, andere Vererbungen. Jeder von uns greift aber durch seine geistige Inanspruchnahme auf dieselbe Quelle zu. Das meint Haanel damit, wenn er sagt, daß *das Bewußtsein, welches sich auf Deine Gehirnzellen auswirkt, dasselbe Bewußtsein ist, welches sich auf die Gehirnzellen eines jeden anderen Individuums auswirkt.'*

28. Das ist wichtig zu verstehen. Wir Menschen leben hauptsächlich durch unsere Sinneswahrnehmung. Wir nehmen an, daß das die Realität und somit unveränderbar ist. Das, was wir durch unsere Sinne wahrnehmen, ist aber nur eine Auswirkung bestimmter Verursachungsketten. Nun können wir aber sowohl neue Ursachen in Bewegung setzen, als auch unsere Empfänglichkeit für diese Dinge ändern. Auch das geschieht durch reine geistige Inanspruchnahme.

Wenn Haanel von statischer oder potentieller Energie spricht, verweist er auf den Kern der Dinge - auf den Kern der Schöpfung. Wenn Du erkennst, daß alles einen geistigen, also nichtkörperlichen oder materiellen Ursprung hat, dann ist es nur noch ein kleiner Schritt, zu erkennen, daß alles, worauf Du Deine Aufmerksamkeit richtest, durch einen wissenschaftlichen Vorgang verwirklicht werden kann. Mittels Deines Verstandes zapfst Du dieses Universelle Bewußtsein an - Du stellst damit die Frage. Da alles auf Schwingungen beruht und alles Schwingung ist, antwortet das Universelle Bewußtsein in einem exakten Ausmaß auf Deine Fragen – das ist Gesetz!

29. Bewußtsein ist die Quelle jeglicher Existenz, und Gedanken setzen dieses Bewußtsein in Bewegung und bringen es zur Darstellung.

30. Hier liegt das Augenmerk auf *‚der mit dem Ursprung übereinstimmt'*. Das ist ein Verweis auf das Hermetische Prinzip der Entsprechung. Es ist gleichermaßen unsere Chance, denn Du erkennst eine direkte Verbindung zwischen Ursache

und Wirkung. So entsteht Gewißheit, aus der Du mutig planen und furchtlos durchführen kannst, da Du schon weißt, wie das Ergebnis aussehen wird: Es *entspricht* der Qualität Deiner ursprünglichen Gedanken.

31. Gedankenkontrolle ist unabdingbar. Ohne diese ist es nicht nur möglich, sondern unvermeidbar, daß sich die Gedanken anderer Menschen oder Institutionen in Dir festsetzen und dort zu keimen beginnen. Dann bekommst Du, was andere Dir *zugedacht* haben, und das ist das, was sie wollten und nicht was Du wolltest. Auch das ist prinzipiell in Ordnung. Du kannst es aber jederzeit abstellen, wenn Dir die Auswirkungen nicht gefallen.

32. Sehr wichtig: Die Kraft kommt deshalb von innen, weil sie dort erschaffen wird. Außen nimmst Du nur die Auswirkungen der Kraft wahr. Der Athlet wurde durch Training stark - er hat diese Kraft im Innen entwickelt und kann sie nun im Außen darstellen.

   Auch hier verweist Haanel auf die genauen (hermetischen) Prinzipien, die es zu erlernen, verstehen und anzuwenden gilt. Das, was Prinzip hat, ist verläßlich; es hilft Dir dabei, ein wohl gelebtes Leben zum Ausdruck zu bringen.

33. Es geht beim Master Key System zu Beginn um diese Kontrolle der Gedankenprozesse. Die Übung von Kapitel 2 läßt Dich das im Detail erfahren. Viele Menschen sind sich nicht gewahr, was alles an Gedanken durch ihren Kopf schwirrt. Mit dem Master Key System wirst Du befähigt, Dir Deiner Gedanken gewahr zu werden

und sie abzubremsen, letztendlich sogar abzuschalten, wenn Du erkennst, daß sie Dir nicht dienlich sind.

34. Das bedeutet nichts anderes, als daß das Universelle Bewußtsein in jeder einzelnen Zelle Deines Körpers vorhanden und dazu bestimmt ist, Leben auszudrücken. Solange diese Körperzellen aber falsch angewiesen (informiert) werden, drückt sich das auf vielerlei Ebenen durch Unwohlsein, Mangel, Beschränkung und Krankheit aus. Diese sind Fingerzeige Gottes, daß etwas ,nicht stimmt' und daß es Handlungsbedarf gibt.

35. Die äußere Welt ist die Welt der Erscheinungen, die Welt der Wirkungen. Es macht wenig Sinn, sich über das zu beklagen, was sich bereits ,ausgewirkt' hat. Vielmehr ist es angebracht, im Inneren neue Ursachen zu setzen, damit auch diese *entsprechende* Auswirkungen nach sich ziehen.

36. Du mußt all das, was Du in der äußeren Welt verwirklicht sehen willst, zunächst in der inneren Welt erschaffen –und zwar mittels Deiner Gedanken. Du benutzt Phantasie - Deine Vorstellungskraft - um Dir neue geistige Bilder zu schaffen. Diese werden dann mit Details versehen und nehmen dadurch Form an. Der nächste Schritt ist das Erleben dieser Bilder (Dinge, Situationen etc.). Dadurch erhalten sie Lebenskraft. Dieses Gefühl ist synonym mit „so tun als ob", oder „fake it, til you make it." Dein Gehirn kann nicht unterscheiden, ob Du es Dir nur vorstellst oder ob es wirklich geschieht. Bedenke: Es bedarf Zeit und Aufwand, sich diese geistigen Bilder zu erschaffen. Nur ab und

zu mal an etwas zu denken bewirkt im Außen rein gar nichts.

37. Das ist ein ganz wichtiger Satz, denn darum geht es im Master Key System. Du wirst Dich nicht länger über äußere Umstände beklagen, sondern im Innen neue Ursachen setzen. Du wirst Verantwortung für Dein eigenes Leben übernehmen und sie nicht mehr anderen Menschen in die Schuhe schieben. Du befähigst und ermächtigst Dich dadurch selbst. Das ist mit Geld kaum zu bezahlen, so wichtig ist es für Dich und Dein Leben.

38. Du erkennst hier umgehend, daß das Master-Key-System-Studium allein mit Dir und Deinen Fähigkeiten zu tun hat und nichts mit irgendwelchen Institutionen oder blinden Glaubensbekenntnissen. Du befaßt Dich über mindestens sechs Monate mit Dir selbst und erweckst die Macht und Kraft, die als reines Potential bereits in Dir vorhanden ist und jederzeit auf Deine geistige *In-Anspruch-nahme* wartet.

39. Anerkennung folgt Erlaubnis. Wie oben bereits erwähnt, mußt Du Dir die Erlaubnis zur Veränderung geben – Dich ihr öffnen. Wenn Deine Gedanken nicht derart ausgerichtet sind, kann auch nichts Neues in Dein Leben eintreten.

40. Hier bringt Charles Haanel zum Ausdruck, daß im Universellen bereits alles vorhanden ist. Du bist lediglich derjenige, der durch sein Bewußtsein genau den Aspekt des unendlichen Potentials zum Ausdruck bringt, der Deinem Bewußtsein *entspricht*. Der eine schafft Reichtum, der andere Armut - je nachdem, was die eigene oder fremdbestimmte Absicht ist, worauf die Aufmerksamkeit fällt und was sich anschließend entsprechend verwirklicht.

41. Leben beruht auf Gesetzmäßigkeiten, auf Ordnung, Struktur, Proportion, welche allesamt durch Bewußtsein erschaffen wurden. Wir Menschen nennen das heilige Geometrie (siehe Goldener Schnitt und Fibonacci im Anhang) und erkennen sie überall: Angefangen von Pyramiden, über Sonnenblumen und Ananas, bis hin zum Tierreich und schließlich zu uns. Überall finden wir dieselben mathematischen Verhältnisse, mit denen die Schöpfung arbeitet; überall finden wir Gesetzmäßigkeiten.

42. Nachfrage impliziert Anerkennung. Anerkennung führt so zu noch mehr Nachfrage, noch mehr Befassen mit einer bestimmten Sache. Das entwickelt schließlich eine Eigendynamik, die durch zunehmende Macht und Kraft des Einzelnen charakterisiert wird.

43. Das Verständnis dieses Abschnitts ist absolut grundlegend. Das Wissen muß angewandt werden, denn von selbst wird sich das nicht umsetzen. Der Mensch lernt durch Übung und Wiederholung. Es heißt nicht umsonst ‚Übung macht den Meister‘.

44. Es geht bei dieser Übung primär darum, stillzusitzen. Das kannst Du auch im Halbliegen machen, wobei es im Sitzen schwieriger ist, sich nicht zu bewegen, da im Halbliegen weniger Muskeln zum Einsatz kommen und diese bereits entspannt sind. Diese Übung gilt es zu meistern, weil Körperkontrolle die absolute Grundlage all

dessen ist, was in den kommenden Wochen noch folgt. Daher gilt es diese Übung so lange durchzuführen, bis man wirklich still sitzen kann.

45.  Als ich diese Anleitung erstellt habe kam bei einer Diskussion mit einer Freundin immer wieder die Frage auf: *,Was sagt man den Leuten, was sie machen sollen, damit sich ihr Leben ändert?'* Meine Antwort war stets: *,Stillsitzen und Klappe halten!'* Du mußt erst einmal mit dem aufhören, was Du bislang getan, gefühlt und gesagt hast. Dazu bedarf es – in Anlehnung an Material von Tony Robbins – dreierlei Dinge:

1. Eine Änderung in der Körperhaltung (Physiologie).
2. Ein neues Ausrichten der Aufmerksamkeit (Fokus).
3. Ein neues Gefühl (Emotionen).

Deswegen begibst Du Dich in die Stille. Ohne Stille und Körperkontrolle fehlt einem die Grundlage, auf der man mit neuen Gedanken – zu denen dann auch Erkenntnisse zählen – aufbauen kann. Daher ist Körperkontrolle absolut grundlegend, um auch nur irgendeinen Fortschritt zu erzielen. Wer keine Kontrolle über seinen Körper besitzt, kann sein Leben nicht ändern. So einfach ist es. Ohne die daraus resultierende Stille kann sich kein Gewahrsein für die eigenen Gedankenvorgänge ergeben, und diese kann man dann weder abbremsen bzw. stoppen noch durch neue ersetzen. Du erkennst hier auf Anhieb, wie wichtig es ist, daß man sich regelmäßig Zeit nimmt, um wirklich ,abzuschalten', zu reflektieren, tief durchzuatmen und sich das Geschehen einmal aus der Distanz anzuschauen.

# 2

## Eine Methode zum Finden der Wahrheit

Die Wahrheit ist das, was Prinzip hat. Die Wahrheit ist das, was Bestand hat, auch über unsere menschliche Existenz hinaus. Charles Haanel geht später noch einmal im Detail darauf ein, aber Geist ist das einzig beständige Prinzip, während Materie kontinuierlichem Wandel unterworfen ist.

Wir alle kennen die verzweifelnde Aussage: ‚*Das kann doch nicht wahr sein!*‘, und richtig, das ist es auch nicht. Die Methode, die Wahrheit zu finden, besteht in dem starken, oft wiederholten Gegenargument, welches das Unterbewußtsein akzeptieren *muß*. Das ist eine von Dir bewußt eingesetzte Geisteshandlung, um Dich gedanklich umzuorientieren.

Ein Bespiel: Du nimmst auf Deinem Bankkonto einen niedrigen Kontostand wahr, der aufgrund vergangen Denkens eingetreten ist. Bisher hättest Du gesagt: ‚*Ich habe kein Geld auf dem Konto.*‘ Das ist ein schöpferischer Akt und entspricht gegenwärtig auch Deiner gelebten Realität. Wenn Du das ändern willst, dann besteht das Gegenargument darin, daß Du sagst: ‚*Ich bin dankbar, daß ich stets genug Geld zur Verfügung habe.*‘ Das ist es ja, was Du verwirklicht haben möchtest. Das funktioniert aber nur dann, wenn Du es Dir auch so vorstellst, einfühlst und entsprechend handelst. Du weißt zu Beginn noch nicht, wie sich das Geld vermehrt, aber Du weißt, daß es sich vermehrt (oder besser gesagt, vermehren wird), denn davon hast Du dir ja ein geistiges Bild geschaffen. Dieses gilt es immer mehr zu stärken und zu verstärken, damit es sich verwirklichen kann.

Der Gegenvorschlag verwirrt den Verstand zu Beginn ganz gehörig, denn er ist ein solches Vorgehen nicht gewohnt. Vor allem aber verwirrt ihn das gleichzeitige Vorhandensein zweier Qualitäten. Mit der Zeit aber wird es Dir immer leichter fallen, diese gedanklichen Korrekturen einfließen zu lassen. So ermächtigst Du Dich schrittweise und erlangst ganz andere Fähigkeiten des Ausdrucks.

Du kannst von dem einen nur dann mehr haben, wenn Du auch Deine Aufmerksamkeit darauf lenkst. Es ist sinnlos und kontraproduktiv, sich mit dem Problem weiterhin herumzuschlagen; Du mußt gedanklich zum anderen Pol rüber, denn nur von dieser Energie willst Du mehr haben.

Je öfter Du dieses Gegenargument einsetzt, desto bewußter wirst Du Dir dieses anderen Pols, oder ‚der Qualität‘ dessen. Wenn es Dir anfänglich unglaubwürdig erscheint zu sagen, *Ich habe genug Geld auf meinem Konto*‘, dann kannst Du die Affirmation auch so gestalten:

*Von Tag zu Tag kommt immer mehr Geld auf mein Konto, weil ich meine Aufmerksamkeit und meine Energie und meinen Tatendrang darauf abrichte, Dienste am Mitmenschen zu verrichten, deren Resultat dann in mehr Geld auf meinem Konto Ausdruck findet.*

Du siehst, etwas lang, aber dennoch glaubwürdig. Gleich vorweg: Vom (positiven) Denken allein bekommst Du nicht mehr Geld auf Dein Konto. Du mußt schon was dafür tun - und Du *wirst* auch was dafür tun!

Du lernst, daß ein Gedanke, der sich auf ein bestimmtes Ziel konzentriert, zu Macht und Kraft wird. In Punkt 5 erklärt Charles Haanel, daß Leichtigkeit und Perfektion gänzlich davon abhängen, bis zu welchem Grad Du aufhörst, Dich auf den Verstand zu verlassen. Das ist ein besonders wichtiger Punkt, denn obwohl sich das gesamte Master Key System darum dreht, bewußt und lebensrichtig zu denken, geht es letztendlich darum, die Gedanken so zu konzentrieren und zur Gewohnheit zu formen, daß sie dem Unterbewußtsein aufgeprägt und dadurch automatisch werden. Dann mußt Du Dir im wahrsten Sinne des Wortes keine Gedanken mehr darüber machen, denn es ist zu einem Teil von Dir geworden. Du handelst zunehmend intuitiv – d.h. aus der Eingebung heraus. Du hast es dann nicht mehr (im Kopf), sondern bist es (im Herzen). So gestaltet sich Deine Realität gänzlich anders, denn nun verwirklicht es sich ohne bewußte Anstrengung Deinerseits: Mehr führt zu noch mehr.

Das alles deutet schon auf die Macht des Unterbewußtseins hin, welches zwar nicht logisch denken kann, aber die Verbindung des Individuums zum Universellen darstellt. Damit man überhaupt lernen kann, muß das Unterbewußtsein für systematisches, bewußtes und konstruktives Denken offen sein. Das zu erlernen und zu verinnerlichen ist Aufgabe dieses Kapitels.

## ÜBUNG

Du lernst in dieser Woche, Dir Deiner Gedanken gewahr zu werden und sie abzubremsen, um sie anschließend zu kontrollieren. Das ist der Sinn des Studiums: Denn wenn Du keine neuen Gedanken denkst, können sich auch keine neuen - und vor allem dem Gegenwärtigen entgegengesetzte - Umstände darstellen. Somit mußt Du Dir erst einmal gewahr werden, was Du überhaupt so an Gedanken in Dir trägst.

In jeder Sekunde gehen uns etliche Gedanken durch den Kopf. In den meisten Fällen bist Du Dir ihrer aber gar nicht bewußt. Diese Übung hilft Dir, zu einem Gewahrsein über Deine Gedanken zu kommen. Erst dann bist Du in der Lage, unerwünschte durch erwünschte Gedanken zu ersetzen.

Das Meistern von Kapitel 2 bereitet Dich dann auf die folgenden Kapitel vor, in denen es darum geht, sowohl körperlich als auch geistig zu entspannen - vollständig loszulassen. Erst die Kontrolle, dann die Entspannung. Übe fleißig weiter, achte auf Deine sportlichen Aktivitäten und Deine Ernährung. Das Lernen neuen Materials ist viel einfacher, wenn der Körper zwecks Selbsterhaltung nicht gleichzeitig gegen etwas ankämpfen oder etwas wieder aufbauen muß, sondern harmonisch und kraftvoll in Gemeinschaft mit Dir und Deinen Gedanken funktioniert.

## AUFGABEN

1. Schreibe hier stichwortartig die Male auf, wo Du Dich im Moment gefangen und Deinen Gedanken bewußt in die entgegengesetzte Richtung gelenkt hast.

   .................................................................

   .................................................................

   .................................................................

   .................................................................

   .................................................................

2. Bewerte hier auf einer Skala von 1 – 10, wie Du Dich diese Woche gefühlt hast:

   |                      | Vorwoche | Jetzt |
   | -------------------- | -------- | ----- |
   | Dein Selbstwert:     | _____  | _____ |
   | Dein Energieniveau:  | _____  | _____ |
   | Dein Glücksgefühl:   | _____  | _____ |
   | Deine Tatkraft:      | _____  | _____ |
   | Deine Gesundheit:    | _____  | _____ |
   | Dein Reichtum:       | _____  | _____ |

3. Schreibe die 3 wichtigsten Dinge auf, die Du von diesem Teil gelernt hast, insbesondere was die Funktion des Unterbewußtseins anbelangt.
   1. ...........................................................
   2. ...........................................................
   3. ...........................................................

4. Schreibe auf, welche bisher "ungünstigen" Situationen Du jetzt bewußter angehen und somit zu einem anderen Ergebnis bringen willst.

   .................................................................

   .................................................................

   .................................................................

   .................................................................

   .................................................................

5. Kreuze an, welche der untenstehenden Taten oder Handlungen Du diese Woche unternommen hast oder welche eingetreten sind:

☐ Eine andere Person hat ihr Verhalten mir gegenüber geändert.

☐ Ich bin einer nicht-wünschenswerten Situation gegenüber gelassener gewesen.

☐ Ich bin mir zunehmend bewußt über meine Fähigkeit, meine Gedanken aktiv zu steuern.

☐ Ich habe mir vor einer Entscheidung überlegt, welches Resultat daraus entstehen würde.

☐ Ich habe mir Ereignisse aus meiner Vergangenheit nochmal ins Bewußtsein geholt.

☐ Ich konnte dadurch neue Erkenntnisse erlangen, die ich als hilfreich betrachte.

☐ Ich habe bewußt auf meinen Atem geachtet.

☐ Ich habe fange mich mehr und mehr "im Moment" und beobachte mich beim Denken.

☐ Ich habe bewußt einem anderen Menschen eine unerwartete Freude gemacht.

☐ Ich habe vor dem Schlafengehen einen Dank für den vergangenen Tag ausgesprochen.

☐ Ich fühle mich beim Aufstehen energievoll und optimistisch und gehe den Tag mit einem breiten Grinsen an.

☐ Ich habe diese Woche __ Zeilen angekreuzt. Das sind __ mehr/weniger als letzte Woche.

6. Schreibe Dir einen neuen Wunsch auf, den Du Dir noch nicht erfüllt hast.

7. Kreuze an, wie sehr Du durch Dein verändertes Denken und Handeln diesem Wunsch näher gekommen bist:

☐ Wunsch wurde erfüllt.

☐ Sehr viel näher gekommen.

☐ Etwas näher gekommen.

☐ Trete noch auf der Stelle.

8. Schreibe auf, welche Hindernisse Dir immer noch im Wege stehen und wie Du sie zu beseitigen hegst. (Lege Dir diesen Teil die nächste Woche erneut vor. Lies Dir den Teil der Vorwoche nochmal durch.)

........................................................

........................................................

........................................................

........................................................

9. Schreibe auf, in welchen Situationen Du noch unbedacht negative Emotionen zum Ausdruck bringst. Tipp: Versuche, vollkommen unvoreingenommen etwas tiefer zu schauen, um herauszufinden, was die darunterliegende Ursache sein könnte.

........................................................

........................................................

10. Schreibe auf, wie Du Dich fühlst, wenn Du diese Emotionen ausgedrückt hast.

........................................................

........................................................

........................................................

11. Schreibe auf, was sich Deines Erachtens nach ändern würde, wenn Du stattdessen eine positive Emotion ausdrückst. Wie würdest Du Dich dann in diesem speziellen Fall fühlen?

........................................................

........................................................

........................................................

12. Kreuze an, wie sehr Du Dich auf das Lernmaterial des nächsten Teils freust.
    - ☐ Ich kann es gar nicht mehr abwarten!
    - ☐ Ich freue mich sehr!
    - ☐ Ich kann es kaum in Worte fassen.
    - ☐ Ja, ja, ja.. ich will MEHR davon!!

## LITERATURHINWEIS

Prentice Mulfords „*Unfug vom Leben und vom Sterben*" (Fischer Verlag) ist ein ausgezeichnetes, hartes aber humorvolles Werk voller neuer Einsichten und Erkenntnisse. Sehr zu empfehlen, auch als Begleitlesematerial. Selbiges gilt für sein Buch „*Die Möglichkeit des Unmöglichen*".

## TIPP

Gegenvorschläge oder Gegenargumente sind unabdingbare Bestandteile der Wahrheitsfindung. Es reicht aber nicht aus, diese nur ein oder zweimal zu machen, sondern sie müssen sich tief einprägen. Das geht nur durch Wiederholung. Mache es Dir aber nicht schwer, wenn es anfänglich nicht so klappt und Du Dich immer wieder in den negativen Auswirkungen siehst. Werde Dir dann einfach nur bewußt, daß Du Dich auf einer Reise befindest, wo das Ziel nicht gleich am ersten Tag erreicht wird. Mache einfach weiter und sei Dir gewiß, daß es mit der Zeit immer einfacher, immer leichter wird.

## DU HAST DIESEN TEIL GEMEISTERT...

wenn Du verstanden und verinnerlicht hast, daß das Unterbewußtsein keine Fehler macht und welche Rolle es im Schöpfungsprozeß spielt.

wenn Du Dir der Bedeutung des starken, oft wiederholten Gegenarguments (Punkt 23) so sehr bewußt geworden, daß Du es von nun an immer mehr einsetzt, wenn sich Dir „im Außen" etwas Unerwünschtes oder Unharmonisches präsentiert.

wenn Du in der Lage bist, Dir in der Stille Deiner Gedanken gewahr zu werden, sie in ihrer Qualität zu erkennen und somit schrittweise Kontrolle über sie erlangst.

## KOMMENTAR

Die Naturgesetze, von denen Charles Haanel spricht, sind die sieben Hermetischen Prinzipien, auf die er im Verlauf des Studiums noch im Detail eingeht, ohne sie aber namentlich der Hermetik zuzuordnen. Diese Prinzipien sind:

1. Geistigkeit
2. Entsprechung
3. Schwingung
4. Polarität
5. Rhythmus
6. Ursache und Wirkung
7. Geschlecht

Auf diesen beruht die gesamte Schöpfung – auch Deine! Wenn Du diese Prinzipien verstehst und praktisch anwendest, erlangst Du Meisterschaft über Dein Leben. Du bist dadurch in der Lage, Situationen bewußt zu steuern und nicht nur gewohnheitsmäßig - also un(ter)bewußt – zu reagieren.

Mit *Unendlicher Energie* ist das Bewußtsein gemeint, aus dem alles hervorgeht und welches bereits als reines Potential besteht, nur darauf wartend, von einem Individuum in Anspruch genommen zu werden. Einfacher ausgedrückt: Wo keine Frage gestellt wird, gibt es auch keine Antwort. Das Angebot ergibt sich aus der Nachfrage. Das bedeutet, daß aller Reichtum, alle Gesundheit und alle Liebe bereits als Potential vorhanden ist, aber nur zu dem kommt und sich für den verwirklicht, der auch den Anspruch darauf erhebt.

Später lernst Du noch, was die Wahrheit ist, und daß diese Wahrheit ewig währt. Sie hat Prinzip; sie hat Bestand; Du kannst Dich auf sie verlassen. Genau diese Verläßlichkeit ist Deine Chance,

denn so werden Elemente von Zufall, Laune, Schicksal oder höherer Fügung aus dem Weg geräumt und durch logisch nachvollziehbare Vorgänge ersetzt. Wisse: Das Master Key System beruht auf einer wissenschaftlichen Basis. Das ist es, was es so machtvoll und nützlich macht. Dein Verständnis und Deine Anwendung des in dieser Lehre vermittelten Wissens wird Dich zu einem Leben auf höheren Ebenen führen, ein Leben, das Du Dir bewußt selbst gestaltest.

1. Dieser Punkt ist sehr wichtig zu verstehen, denn unsere Sinneswahrnehmung ist über das zerebrospinale Nervensystem untrennbar mit unserem Verstand verbunden. Da die meisten Vorgänge aber unterbewußt ablaufen, ist auch der größte Teil der Schöpfung unserer bewußten Wahrnehmung entzogen. Ein Unterfangen, die gesamte Schöpfung verstandesmäßig zu erklären, ist zum Scheitern verurteilt. Durch systematisches Üben können wir die Domäne des Unterbewußten allerdings direkt beeinflussen und Zugriff auf die sogenannten ‚Wunder des Lebens' erlangen. Es gelingt aber nicht auf Anhieb, sondern durch Beharrlichkeit, Disziplin und das bewußte Einsetzen aufbauender Denkvorgänge.

2. Gut aufgepaßt: Das Unterbewußtsein führt lediglich aus, es argumentiert nicht! All das, was von Dir als Gedanke oder - verstärkt - als Gefühl unterhalten und gehegt wird, wird vom Unterbewußtsein aufgenommen und umgesetzt. Daraus ergibt sich dann Deine Realität – Dein Leben. Wenn Dir das auf irgendeine Weise nicht gefällt, kannst Du Dir die Tatsache, daß das Unterbewußtsein nicht argumentiert, zunutze machen und es mit neuen, lebensrichtigen

Informationen (Gedanken und Gefühlen) versehen, welche dort zuverlässig umgesetzt werden.

3. Mit ‚Bühne der wichtigsten geistigen Phänomene' meint Haanel, daß in der Domäne des Unterbewußtseins Personen, Orte oder Umstände keine Rolle spielen. Allein das vermittelte Gefühl zählt, und Personen, Orte und Umstände sind lediglich Hilfsmittel, um dieses Gefühl zu erreichen und aufrecht zu erhalten. Tun sie das nicht mehr, gibt es rein technisch keine Resonanz (Widerhall) mehr, keine Verstärkung von gleichartigen Schwingungen und somit keine Lebenskraft. Wir orientieren uns dann um und suchen uns neue Hilfsmittel, die uns dabei dienlich sind, das Gefühl von Freude, Harmonie und Glückseligkeit zu erlangen. Das erklärt auch, warum wir uns neue Lebenspartner suchen, umziehen oder uns anderen Themen zuwenden, wie gegenwärtig dem Master Key System.

4. Das ist in etwa wie Laufen oder Fahrradfahren. Leichtigkeit entsteht nicht durch ständiges Denken an etwas, sondern dadurch, daß es aus unserem Wachbewußtsein raus ist, sich in der Domäne des Unterbewußtseins eingepflanzt hat und dort zuverlässig und mit Leichtigkeit wirkt. Dazu später noch viel mehr, wenn es um Konzentration geht, denn durch Konzentration beeinflußt Du Dein Unterbewußtsein.

5. Nichts, was in unserem Leben gut und ‚wie geschmiert' funktioniert, tut das, weil wir groß darüber nachdenken. Alle lebenswichtigen Prozesse laufen unterbe-

wußt ab. Über den Verstand nehmen wir lediglich die Auswirkungen wahr, aber der Verstand hat auf die Schöpfung direkt keinen Einfluß. Es ist das Unterbewußtsein, welches mit dem Großen Ganzen verbunden ist. Der Verstand ist lediglich dazu da, Dich in Einklang mit dem Großen Ganzen zu bringen. Der Rest geschieht dann automatisch und wohlwollend, weil es Gesetzmäßigkeiten unterliegt.

6. Darum geht es hier genau: Du orientierst Dich um. Du entwickelst Fähigkeiten, die eine bestimmte Qualität haben. Takt, Instinkt, einen Sinn fürs Schöne, Erhabene und Wohlwollende, und das nicht nur für Dich selbst, sondern auch für Deine Mitmenschen. Es ist ein Schritt vom ‚ich' zum ‚wir'.

7. Die letzte Aussage ist von großer Bedeutung. Der bewußte Verstand kann gar nicht nachvollziehen, was auf der schöpferischen Ebene alles abläuft. Du kannst Dich schrittweise nähern, und es mag Dir Befriedigung verschaffen, aber bedenke, daß Du, sobald Du Deine Aufmerksamkeit auf eine Sache richtest, unzähliger anderer Sachen nicht bewußt wirst, weil Du dort nicht vorhanden bist. Das läßt sich im täglichen Leben übrigens auch schön auf Nachrichten übertragen. Während Du meinst, daß eine Nachricht wichtig ist, entgehen Dir gleichzeitig unzählige andere. Morgen ist dann wieder etwas Neues dran, und so geht es fröhlich weiter, weshalb so wichtig ist zu entscheiden, womit man sich befaßt, denn das wird unweigerlich zu dem, was wir Leben nennen.

8. Stoppen können wir diese Vorgänge nicht, aber wir können sie beeinflussen, da die dazu benötigten Zellen Intelligenz besitzen und auf unsere Anweisungen reagieren. Erinnere Dich daran, daß Geistigkeit das erste Hermetische Prinzip ist. Das heißt, daß die geistigen Schwingungen die höchsten sind, die es gibt, und daß dadurch andere Formen beeinflußt werden können. In der Tat erinnerst Du das die ganze Zeit über, nur halt unbewußt. Mit diesem neuen Wissen wird Dir ein Zepter der Macht in die Hand gelegt, mit dem Du Dein Leben in genau die Richtung steuern kannst, die Du bewußt durch Deine Absicht, Aufmerksamkeit und Beharrlichkeit vorgibst.

9. Hier finden wir wieder einen Verweis auf die unendliche Macht in uns. Während der Verstand eine bestimmte und überaus wichtige Aufgabe hat, findet die Verwirklichung mit einer verblüffenden Verläßlichkeit im Unterbewußtsein statt. Daher zielt das Master-Key-System-Studium darauf ab, durch Wiederholung neue Gedankenprozesse zur Gewohnheit werden zu lassen, dann automatisch und schließlich unterbewußt. Die Saat, die Du gesät hast, ist dann aufgegangen und hat sich für Dich verwirklicht.

10. Das Unterbewußtsein hat eine Dualfunktion. Einerseits Leben – Gesundheit – auszudrücken, andererseits aus der Domäne des Geistigen - des Unendlichen und Vollkommenen - all das Material anzuziehen, welches es bedarf, Leben auszudrücken.

11. Mit den gewissen anderen grundlegenden Prinzipien meint Haanel die 6 weiteren Hermetischen Prinzipien.

12. Für Dich als Studenten bedeutet das, daß Du zunächst einmal die wichtige Rolle des Verstandes erkennst und ihn dann entsprechend einsetzt. In der Praxis wird sich das dadurch zeigen, daß Du das, was sich Dir im Außen präsentiert, mit anderen Augen betrachtest. Du nimmst eine Beobachterrolle ein - für Dich selbst wie auch für andere. Du wirst immer bewußter entscheiden, mit welchen Menschen Du Zeit verbringst oder welchen Informationen oder Situationen Du Dich aussetzt. Metaphysisch ausgedrückt bedeutet das, daß Du Dich von nun an bewußt mit Menschen, Orten oder Umständen in Resonanz einfindest, während es bis dato eher gewohnheitsmäßig vorgegeben wurde.

13. Lies Dir diesen Abschnitt noch einmal genau durch. Mithilfe des bewußten Verstandes kannst Du Deine Lebensumstände komplett drehen. Es ist ein Hinweis auf die Dir jederzeit zur Verfügung stehende schöpferische Macht des Gedankens, denn zu keiner Zeit ist irgendwo geschrieben, wie oder was Du denken mußt. Das entscheidest Du ganz allein, oder es wird für Dich entschieden. Im letzteren Fall bekommst Du dann aber das, was andere Dir zugedacht haben, und das ist das, was sie für sich wollen und nicht unbedingt das, was Du für Dich willst.

14. Du erkennst, daß es hier um Training geht, nicht um das bloße Aufnehmen von Wissen. Es geht darum, Deinen Wächter

vor dem Tor so zu schulen, daß er keine lebenswidrigen Informationen mehr ans Unterbewußtsein weiterleitet. Es geht darum, so lange bewußt zu filtern, bis auch dieser Vorgang zur Gewohnheit geworden ist, dann automatisch, und dann zu Dir selbst. An dem Punkt ist das, was Du anfänglich immer wieder gedacht hast, zu einem Teil von Dir geworden, über den Du Dir keine Gedanken mehr machen mußt. Wende dieses Wissen bei Deinem täglichen Medien- und Produktkonsum an, aber auch bei den Menschen, mit denen Du Dich umgibst.

15. Wenn etwas für Dich unterbewußt geworden ist, verlangst Du es instinktiv und begründest es nicht mehr willentlich. Es geschieht dann ‚wie von selbst‘.

16. Die gesamte Struktur fällt deswegen zusammen, weil fehlerbehaftete Gedanken oder Konstrukte kein Prinzip haben, keinen Bestand, keine Struktur und keine Integrität. Sie besitzen keine aus sich heraus bestehende Stärke und Substanz. Das ist sehr wichtig zu verstehen, denn es geht beim Master-Key-System-Studium ja darum, zu erkennen, was die Wahrheit ist – was Prinzip hat. Diese Wahrheit gilt es dann so oft bewußt (gedanklich, verbal und durch Gefühle und Handlungen) auszudrücken, bis auch sie Einlaß in die Domäne des Unterbewußtseins gefunden hat.

17. Das Unterbewußtsein ist schöpferisch. Es fragt nicht mehr nach, wenn Du etwas Fehlerhaftes weitergeleitet hast. Es setzt auch das um. Fehler definieren sich dadurch, daß sie im wahrsten Sinne des Wortes unberechenbar sind. Das steht aber der Ordnung und Struktur des Lebens gegenüber. Somit führen Fehler zur Zerstörung von Leben, wenn sie durch Gedanken aufrechterhalten werden.

18. Ein sehr passendes Beispiel hier ist Fernsehen. Wenn Du fern siehst, nimmst Du die Gedankenformen anderer Menschen auf. Bei Nachrichten nimmst Du oftmals auch die Gefühle anderer Menschen in weit von Dir entfernten Gebieten auf, fragst Dich aber nicht, ob Dir das auch wirklich dienlich ist. In den meisten Fällen wird die Antwort ein klares Nein sein, weshalb Du mit großer Wahrscheinlichkeit mit der Zeit u.a. Deinen TV Konsum drastisch einschränken wirst, ohne ihn aber nur ansatzweise zu vermissen.

Eigene Gedanken denkst Du in der Stille, in der Abgeschiedenheit, die Du mehr und mehr aufsuchen wirst - fernab von den Einflüssen anderer Menschen. Dort kommst Du zu neuen Einsichten und Erkenntnissen, die Du dann konsequent in die Tat umsetzt.

19. ‚Das Unterbewußtsein vernimmt (erkennt, empfindet) durch Eingebung.‘ Die langsamen Methoden des Objektiven Verstandes sind für das Unterbewußtsein nicht von Nutzen. Genau deshalb zielt das Master-Key-System-Studium auch darauf ab, Deine Eingebung zu schulen. Du stellst dadurch eine direkte und vor allem schnelle Verbindung zwischen Dir und der Schöpfung her. So erlangst Du eine Verhaltenssicherheit, die Dir in allen Situationen zur Seite steht.

20. Das ist das ‚Dschinn Prinzip‘, ‚Aladins Wunderlampe‘, ‚Dein Wunsch ist mir Befehl‘. Es gibt hier keinerlei Einschränkungen, was Du Dir vorstellen kannst - was Du dem Unterbewußtsein befehligen kannst. Je ausgebildeter Deine Vorstellungskraft, desto grandioser und umfangreicher die Bilder, die Du Dir im Geiste schaffst und anschließend im Außen verwirklichst.

21. Das ist das Vertrauen, das sich für die Menschen entwickelt, die um ihr Unterbewußtsein und deren Macht wissen. Da gibt es keine Hektik oder Streß, sondern der gesamte Vorgang ist geprägt von Wissen, Einsicht, Souveränität, Gelassenheit und innerer Ruhe, aus der dann wieder intelligente Entscheidungen hervortreten. Es ist das Merkmal eines Menschen, der intuitiv die richtigen Entscheidungen trifft, ohne groß analysieren zu müssen.

22. Es ist genau dieser Unterminierungsprozeß, der durch äußere Kanäle, u.a. die Medien, sowie familiäre, kulturelle und religiöse Einflüsse stattfindet, ohne daß er erkannt wird. So kann er auch nicht abgestellt werden. Daher heißt es, hier ganz besondere Vorsicht walten zu lassen und Gewohntes grundsätzlich zu hinterfragen, vor allem dann, wenn sich Dinge nicht gut anfühlen.

23. Der starke, oft wiederholte Gegenvorschlag ist ein Grundpfeiler des Master Key Systems und ein Thema, daß Dich auf absehbare Zeit begleiten wird. Dieser Gegenvorschlag ist es, der immer wieder unterbreitet werden muß, wenn man sich dabei ertappt, daß man etwas ‚Schlechtes‘ denkt, ausspricht oder schlecht handelt. Das Wiederholen schafft neue Gewohnheiten; mit der Zeit fällt es einem immer einfacher, das Neue (‚Gute‘) zu denken, womit man das Alte (‚Schlechte‘) schrittweise aber konsequent und dauerhaft hinter sich läßt. Das ist die geistige Arbeit, die es zu verrichten gilt - die Arbeit an sich selbst, den eigenen Gedanken und Gewohnheiten.

24. ‚… alles Leben zu bewahren und Zustände allgemein zu verbessern.‘ Es ist genau dieser Grund, warum Du mit dem Master Key System lernst, was es mit dem Unterbewußtsein auf sich hat und wie Du Dir seine Eigenschaften zunutze machen kannst: Leben bewahren und Zustände verbessern! Laß Dir das mal richtig auf der Zunge zergehen!

25. ‚Sitz der Gewohnheiten‘. Auf Deutsch heißt das: Das Ergebnis von Übung und Wiederholung; etwas immer wieder tun, bis es zur Gewohnheit geworden ist.

26. Es gilt, unsere eigene Göttlichkeit – unsere Schöpferkraft – zu erkennen und in Anspruch zu nehmen. Durch unsere Ideale, unser Streben und unsere Vorstellungskraft können wir neue Umstände herbeiführen. In der Tat tun wir das seit jeher, aber nun leben wir es bewußt und systematisch und auf unserem eigenen Willen beruhend, anstatt das still weiterzuführen, was uns andere - Achtung! - vor-gesehen oder zu-gedacht haben.

27. Aufgepaßt! Der Unterschied ist lediglich ein gradueller. Das Unterbewußtsein und das Universelle Bewußtsein sind gleich

in Art und Qualität, weil es die Rolle des Universellen Bewußtseins ist, Leben auszudrücken. So stehen Dir über das Unterbewußtsein unendliche Ressourcen zur Verfügung - sie müssen halt nur in Anspruch genommen werden. Die Inanspruchnahme kann durch Dich, aber – wie oben erwähnt – auch durch andere geschehen.

28. Eigentlich ist es nicht schwer zu verstehen, aber es ist genau dieser Aspekt des Bewußtseins, der uns in Einklang mit dem Universellen Bewußtsein bringt. Da die Schöpfung Gesetzmäßigkeiten unterliegt, bedeutet das, daß hier Struktur, Ordnung und System eine Rolle spielen. Wenn Du als Individuum nun auch diese Komponenten mit einbeziehst, wird sich Deine Realität ent-sprechend darstellen. Schlichtes Denken - oder eher: Gedanken haben - macht Platz für einen systematischen, kontrollierten und aufbauenden Vorgang. Es ist ja Dein Ziel, mehr Reichtum, mehr Liebe und mehr Gesundheit in Dein Leben zu integrieren. Das sind allesamt aufbauende, sprich konstruktive Vorgänge, die von weniger zu mehr führen.

29. Bei den Übungen gilt es zu beachten, daß sie systematisch aufeinander aufbauen. Ohne die Körperkontrolle im ersten Kapitel ist keine Gedankenkontrolle oder -abbremsung in diesem Kapitel möglich. Deine Fähigkeit, die Gedanken zu steuern, führt nächste Woche dazu, bestimmte gedankliche Anweisungen zu geben, womit auch dort der systematische Vorgang nochmals deutlich wird.

Es geht bei dieser Übung nicht darum, die Gedanken abzustellen, sondern sich ihrer gewahr zu werden und in gewisser Hinsicht abzubremsen. Du sollst dadurch erkennen lernen, wieviele Gedanken in jedem Augenblick Zugang zu Dir suchen - Gedanken, die, wenn sie nicht von Dir kontrolliert und gegebenfalls abgewiesen werden, ans Unterbewußtsein weitergeleitet werden und dort keiner weiteren Bewertung unterzogen werden.

30. Betrachte die Gedanken hier genau, denn viele sind einfach nur Konditionierung. Du kannst sie als zusätzliche Übung aufnehmen. Einfach nur die Worte als Tondatei aufnehmen oder sie aufschreiben. Dann hinterfrage, wo sie herkommen, ob sie Deine sind und ob sie Dir dienlich sind. Diese Übung wirst Du im täglichen Leben auf die Schnelle immer öfter durchführen, denn nur so bist Du in der Lage, die Gedanken geistig ‚zu durchkreuzen' und sie dadurch zu hindern, sich in Dir festsetzen.

31. Meisterschaft impliziert Erfolg. Meisterschaft bedeutet, von einem Erfolg zum anderen zu schreiten; Dinge zu erkennen, sie entsprechend einzuordnen oder zu absolvieren, um dann ‚den Deckel drauf zu machen' und sich mit dem nächsten zu befassen. Erfolg ist immer auch Abschluß und Vollendung.

35

# 3

## Gedanken werden zu Dingen

Jetzt wissen wir, daß es nur ein Bewußtsein – eine Kraft – gibt und lernen daraus, daß diese(s) über harmonisches, systematisches, bewußtes und konstruktives Denken dazu bewegt werden kann, sich in Form auszudrücken – Gedanken werden zu Dingen.

In Kapitel 3 lernst Du, daß sowohl der bewußte Verstand als auch das Unterbewußtsein speziellen Organen des Körpers zugeordnet werden können: Dem Gehirn und dem Solarplexus (auch Sonnengeflecht genannt).

Qualität, Charakter und Natur der von Dir gehegten Gedanken entscheiden schlußendlich über die Verwirklichung - Deine Realität. Somit schiebst Du keinem Menschen und keiner äußeren Kraft die Verantwortung zu, sondern übernimmst diese selbst und erschaffst Dich mittels der Macht Deiner Gedanken neu - Du wirst zu einem bewußten Mitschöpfer.

Daß es nichts zu befürchten gibt, weil Du mit der Unendlichen Macht verbunden bist – das auch gar nicht anders geht – lernst Du genauso wie bewußt Gesundheit, Stärke und Harmonie auszustrahlen. Das wiederum erreichst Du durch bewußtes Denken, welches mit der Zeit zur Gewohnheit wird, dann automatisch und schließlich unterbewußt. Du bist zu jedem Zeitpunkt Herr Deiner Gedanken, und eine erhöhte Aufmerksamkeit (und somit Bewußtseinserweiterung) erlaubt es Dir, Dich im Moment zu fangen, frisch zu entscheiden und eine vollkommen neue Verursachungskette in Bewegung zu setzen.

Mir hilft es, wertfrei und in der Lage zu sein, mich immer öfter in Momenten negativer Gedanken zu ertappen. Dann schalte ich sie mittels eines starken Gegenarguments sofort um. Ich vergewissere mich also der Wahrheit, denn mein wahres Ich – und das kommt in Kapitel 4 – ist spiritueller Natur und kann nichts außer perfekt sein. Ich lächle und freue mich, daß mir die negativen Gedanken geholfen haben, mich neu zu (in-)formieren und das Negative in etwas Positives zu verwandeln. Das ist ein sehr befreiender Akt, denn mittels dieser Selbstkontrolle kann man im Handumdrehen jeder negativen Gedankensituation entkommen. Versuche es einmal: Du wirst sehen, wie wohltuend die Resultate sind.

Noch einmal: Wir als Individuen sind der Kanal, durch den sich das Große Ganze ausdrückt, weil es selbst nur statische, potentielle und vollkommen wertfreie Energie ist. Es ist unsere Inanspruchnahme, die dazu führt, daß wir mehr haben werden in unserem Leben, dieses ‚mehr‘ dann aber wieder zum Wohle anderer Menschen einsetzen.

## ÜBUNG

Die Übung dieser Woche beschäftigt sich mit der körperlichen Entspannung, jeden Muskel und alle Nerven bewußt dazu zu bekommen, den Widerstand aufzugeben. Dabei ist es natürlich hilfreich zu wissen, welche Muskeln und Nerven man überhaupt hat, deshalb auch mein Verweis in der letzten Woche auf erweiterte sportliche Aktivitäten. Das Aufgeben von Widerstand aktiviert den Solarplexus, und das ist es, was Du Dir zur Gewohnheit machen willst. Damit strahlst Du über ihn Energie ab, wodurch sich andere Menschen zunehmend zu Dir hingezogen fühlen.

## AUFGABEN

1.  Schreibe hier noch einmal auf, wie der bewußte Verstand mit dem Unterbewußtsein in Verbindung steht und welcher Körperteil für Deine "magnetische Präsenz" verantwortlich ist.

.................................................................

.................................................................

.................................................................

2. Bewerte hier auf einer Skala von 1 – 10, wie Du Dich diese Woche gefühlt hast:

|  | Vorwoche | Jetzt |
|---|---|---|
| Dein Selbstwert: | _____ | _____ |
| Dein Energieniveau: | _____ | _____ |
| Dein Glücksgefühl: | _____ | _____ |
| Deine Tatkraft: | _____ | _____ |
| Deine Gesundheit: | _____ | _____ |
| Dein Reichtum: | _____ | _____ |

3. Schreibe die 3 wichtigsten Dinge auf, die Du von diesem Teil gelernt hast, insbesondere was die körperliche und geistige Entspannung anbelangt.

1. ...........................................................

2. ...........................................................

3. ...........................................................

4. Schreibe auf, welche Handlungen Du unternommen hast, um momentanen oder vergangenen Umständen negativer Art zu begegnen, sie aufzulösen und durch positive Gegenvorschläge zu ersetzen.

.................................................................

.................................................................

.................................................................

.................................................................

5. Kreuze an, welche der untenstehenden Taten oder Handlungen Du diese Woche unternommen hast oder welche eingetreten sind:

☐ Eine andere Person hat ihr Verhalten mir gegenüber geändert.

☐ Ich bin einer nicht-wünschenswerten Situation gegenüber gelassener gewesen.

☐ Ich bin mir zunehmend bewußt über meine Fähigkeit, meine Gedanken aktiv zu steuern.

☐ Ich habe mir vor einer Entscheidung überlegt, welches Resultat daraus entstehen würde.

☐ Ich habe mir Ereignisse aus meiner Vergangenheit nochmal bewußt gemacht, ohne sie zu bewerten.

☐ Ich konnte dadurch neue Erkenntnisse erlangen, die ich als hilfreich betrachte.

☐ Ich habe bewußt auf meinen Atem geachtet und im Anschluß mehrere lange, tiefe Atemzüge gemacht.

☐ Ich habe fange mich mehr und mehr "im Moment" und analysiere meine Handlungsweise.

☐ Ich habe bewußt einem anderen Menschen eine unerwartete Freude gemacht.

☐ Ich habe vor dem Schlafengehen einen Dank für den vergangenen Tag ausgesprochen.

☐ Ich fühle mich morgens beim Aufstehen energievoll und optimistisch und mache einige Leibesübungen, die meinen emotionalen Zustand noch weiter anheben.

☐ Ich habe diese Woche __ Zeilen angekreuzt. Das sind __ mehr/weniger als letzte Woche.

6. Schreibe eine Sache auf, die Du kommende Woche mit besonderer Aufmerksamkeit besehen wirst, um letztere noch intensiver zu schulen.

..............................................................................

7. Schreibe auf, in welchen Situationen Du bewußt positive Emotionen zum Ausdruck gebracht hast, wo Du vorher noch anders reagiert hättest.

..............................................................................

..............................................................................

8. Schreibe auf, wie Du Dich fühlst, wenn Du diese Emotionen ausgedrückt hast.

..............................................................................

..............................................................................

..............................................................................

..............................................................................

9. Schreibe auf, was sich nach der Übung in Dir geändert hat? Wie hat es sich angefühlt, sich total zu entspannen?

..............................................................................

10. Kreuze an, wie sehr Du Dich auf das Lernmaterial des nächsten Teils freust:
    - ☐ Ich kann es gar nicht mehr abwarten!
    - ☐ Ich freue mich sehr!
    - ☐ Ich kann es kaum in Worte fassen.
    - ☐ Ja, ich will MEHR davon!

## LITERATURHINWEIS

Ⓦ Bruce Liptons „*Intelligente Zellen*" zeigt auf, daß wir mit unseren Gedanken unsere Gene steuern. Zu dem Buch gibt es separat auch eine DVD mit einem Vortrag von ihm.

## DU HAST DIESEN TEIL GEMEISTERT...

🗋 wenn Du verstanden hast, welche Funktion der Solarplexus erfüllt und Du in der Lage bist, ihn bewußt zum Strahlen zu bringen.

🗋 wenn Du verstanden hast, daß Gedanken keine Dinge sind, aber zu Dingen werden, wenn man sie lange genug unterhält und durch die entsprechenden Gefühle mit Lebenskraft versieht.

🗋 wenn Du verinnerlicht hast, daß das bewußte Denken der Herrscher über den Solarplexus ist.

🗋 wenn Du Dich auf eigene Anweisung hin körperlich entspannen kannst, so daß Du Dich richtig wohl fühlst. (Achte dabei auch auf eine tiefe, rhythmische Zwerchfellatmung.)

## KOMMENTAR

Es ist von großer Wichtigkeit zu verstehen, daß all das, worüber man sich Gedanken macht, die Domäne des (Wach-)Bewußtseins noch nicht verlassen hat und im Unterbewußtsein noch nicht umgesetzt wird. Es muß so lange bewußt praktiziert werden, bis das Unterbewußtsein übernimmt. Dann aber geschehen Dinge wie von selbst und es bedarf keiner gedanklichen Anstrengung mehr. Natürlich müssen und werden dazu immer noch bestimmte Dinge getan, aber es muß über sie nicht mehr nachgedacht werden - und das im wahrsten Sinne des Wortes.

Das Wollen, Wünschen und Erwarten des Verstandes bedeutet, noch getrennt zu sein – Du bist noch nicht eins mit dem Objekt Deiner Begierde. Das lernst Du aber im Verlauf Deines Studiums, insbesondere durch die Übungen der zweiten Hälfte.

1. Dieser und die folgenden Punkte sind von großer Bedeutung, da sie erklären, welche Verbindung zwischen geistigen, feinstofflichen und dem grobstofflichen, ‚realen‘ Bereich besteht. Dadurch wird deutlich, welche Auswirkungen Gedanken auf unsere Realität haben. Wenn sie auch das Außen selbst nur in geringem Maß beeinflussen, findet eine direkte Beeinflussung auf der menschlichen Ebene statt, und zwar in Form von Gefühlen. Charles Haanel erklärt in Kapitel 15, wie Gedanken nach Worten greifen, um sich Ausdruck zu verschaffen, und daß Wort und Gefühl in den meisten Fällen nahezu zeitgleich stattfinden, ist Dir sicherlich nichts Neues.

2. Dem Solarplexus und seiner Wirkung wurde von westlicher Seite kaum Beachtung geschenkt, da seine Funktionsweise mit herkömmlichen Geräten nicht meßbar war. Das ist übrigens ein gutes Beispiel dafür, wie sich in diese Richtung kein Bewußtsein ausbilden konnte, weil ihm keine Aufmerksamkeit geschenkt wurde. Nun aber wissen wir über die Chakralehre, welche Funktion ihm inneliegt, und wir können dieses Bewußtsein zu unserem Nutzen einsetzen.

3. Für mich war dieser Satz eine regelrechte Offenbarung, denn zum ersten Mal wurde mir die körperliche Verbindung zwischen dem Verstand und dem Unterbewußtsein deutlich - die Verbindung zwischen der physischen Welt und ihrem Schöpfer. So wurde vieles, was ich vorher im Bereich des Glaubens oder der Esoterik angesiedelt hatte, auf eine wissenschaftliche und mir nachvollziehbare Basis gestellt. Vor allem machte der ganze Prozeß nun auch Sinn, da über den Vagusnerv das Bindeglied identifiziert wurde.

4. Hier ist es wichtig zu verstehen, daß das Unterbewußtsein nicht argumentiert, sondern lediglich ausführt. Deshalb ist es so wichtig, nur lebensrichtige Signale und Informationen weiterzuleiten.

5. Weil es so wichtig ist, hier gleich nochmal zur Erinnerung: Der Solarplexus ist der Ort, wo sich das Spirituelle und das Materielle treffen. Die Energien, die hier an die endokrinen Drüsen weitergeleitet werden, führen über Hormonausschüttungen zu unmittelbaren Erlebnissen sowohl auf körperlicher als auch emotionaler Ebene. Hier möchte ich mit aller Nachdrücklichkeit auf Baird Spaldings Buch ‚Leben

und Lehren der Meister im Fernen Osten' Band 3, Kapitel 3 und 5 verweisen. Dort wird beschrieben, wie der ‚Gottesmensch' alle 7 Zentren (Chakras) seines Körpers in ihren Schwingungen erhöht und aus dem Solarplexus einen Strahl reinen weißen Lichts aussendet, der reine Liebe, reine Gottesenergie ist. Dieser Strahl heilt nicht nur, sondern zerstört alles Böse, wenn er von der Gegenseite nicht wohlwollend aufgenommen wird. Diesem Aspekt kann in unserem Leben nicht genug Aufmerksamkeit geschenkt werden. Das Studium des Master Key Systems soll dazu führen, das Christusbewußtsein in Dir zu erwecken – das 'ICH BIN', den Christus, den Gottessohn, den Sohn der Sonne, des lebensspendenden Prinzips! Das geht jedoch nicht ohne die eigene Läuterung und die Erhöhung Deiner eigenen Schwingungen. Schau, daß Du zu diesem Thema weiterführende Literatur suchst und Dich dort entsprechend weiterbildest.

6. Aufgrund der zur Verfügung stehenden Lebenskraft verfügt solch eine Person auch über ein hohes Maß an Selbstkontrolle. Eine Person, die nicht über entsprechende Lebenskraft verfügt, hat auch keine wirkliche Kontrolle über sich selbst. Sie ist und bleibt so lange schwach und in einer Opferrolle, bis sie erkennt, daß die Lebenskraft in ihr latent vorhanden ist und von ihr geweckt werden muß.

7. Das erklärt auch, warum wir, wenn wir voller Energie sind, Bäume ausreißen können, d.h. nach außen streben, während wir uns, wenn es uns schlecht geht, zurückziehen und nach innen verkriechen. Kraft

und Macht hat immer was Gebendes, etwas Ausdehnendes, etwas Anhäufendes.

8. Hier kommt es zu einer Störung der Harmonie, der Ordnung und der Abläufe im System. Diese Störungen äußern sich auf körperlicher Ebene durch Nervensignale, denen Du Aufmerksamkeit schenken solltest. Das System sagt Dir dadurch: „Achtung, hier muß eingeschritten werden; hier stimmt etwas nicht." Das Wort ‚stimmen' ist äußerst klar in seiner Bedeutung. Stimme, stimmig, Harmonie, Ordnung usw.

9. Du erkennst hier auf Anhieb, daß die Funktionen des Solarplexus alle Bereiche Deiner Existenz berühren. Deshalb ist es so wichtig, den Solarplexus zu aktivieren und zum Strahlen zu bringen – siehe oben! Da diese Energie auch an Deine Umgebung abgegeben wird, geht das auch an anderen Menschen nicht spurlos vorüber.

10. Da die Sonne auch rein visuell das Zentrum unseres Lebens ist, ist es nicht schwer zu verstehen, daß der Solarplexus ebenso das Zentrum unseres Körpers darstellt. ‚Wie oben, so unten' lautet die alte hermetische Maxime.

11. Das Augenmerk liegt hier auf ‚*kann und wird*'. Das bedeutet, es hat das Vermögen, es zu tun, und in gewisser Hinsicht auch das Verlangen, daher das ‚*wird*'. Wenn wir uns unseres Solarplexus bewußt werden und ihn konsequent nutzen um Energie abzustrahlen, haben wir eine weitere Stufe in unserer menschlichen Entwicklung erreicht. Durch diese Selbsterkenntnis, Selbstbefähigung und Selbstverwirk-

lichung machen wir den Weg frei, der schließlich ins Herz führt. Dafür müssen wir zunächst den Solarplexus meistern, um die Tür zum Herzen zu öffnen.

12. Bewußtes Denken, das im Einklang mit der Vorwärtsbewegung des Großen Ganzen ist – also mit dem Lebensprinzip des Universums – führt zu harmonischen Gedanken, Worten und Taten. Sie alle haben entsprechende Auswirkungen auf das, was Du Dein Leben nennst.

13. Mit ‚je mehr Energie‘ ist gemeint, Deine Schwingungsrate zu erhöhen. Du mußt höhere, erhabenere Gedanken denken und diese verwirklichen. Du wirst später lernen, daß eine höhere Schwingungsrate eine niedrigere regelt, kontrolliert, ändert oder auch zerstört. Daraus ergibt sich, daß die feinstofflichen Energien die machtvollen sind, denn sie setzen sich über die grobstofflichen hinweg.

14. Wie Du bereits in Kapitel 2 gelernt hast, ist Angst etwas, was nicht der Wahrheit entspricht - sie hat kein Prinzip. Sie ist nur scheinbar mächtig, kann aber durch das Scheinen Deines eigenen Lichts unschädlich gemacht werden – siehe auch die Erläuterungen zu Punkt 5. Es ist wiederum Deine eigene Inanspruchnahme, Dein Erkennen Deiner wahren Natur und der damit verbundenen Macht, die diese Angst auslöscht.

15. Angst hat vor allem die Eigenschaft, daß sie einen im Außen nach Lösungen suchen läßt. Oft wendet man sich sogar den Personen oder Institutionen zu, die überhaupt erst dafür gesorgt haben, daß

die Angst entstanden ist, um anschließend verbreitet zu werden. Hier ist höchste Achtsamkeit gefragt. Auf der anderen Seite führt das Studium dazu, daß Du Dir immer mehr vertraust, anstatt Dich von anderen beeinflussen zu lassen. Wenn Du aus irgendeinem Grund gegenwärtig noch ängstlich bist, wirst Du dieses Empfinden zunehmend durch Erkenntnis, Mut, Tatendrang und Lebensfreude ersetzen. Freue Dich schon einmal darauf!

16. Du wirst im weiteren Verlauf noch lernen, daß sich jeder negative Zustand dadurch auszeichnet, daß es ihm an Lebenskraft mangelt. So verhält es sich auch mit der Angst. Sie zeichnet sich durch eine Abwesenheit an Mut und Stärke aus. Sobald Dein Fokus auf diese beiden Dinge fällt, vergeht die Angst schrittweise aber sicher von selbst. Sie muß auch nicht gesondert bekämpft werden, denn das würde ihr die zum Überleben notwendige Aufmerksamkeit und Energie schenken.

17. Deine Erwartungshaltung ist nichts anderes als Deine Inanspruchnahme. Du begibst Dich in geistige Verbindung mit dem, was Du zu verwirklichen suchst. Es ist nur eine Frage der Zeit, bis sich Dein Wunsch verwirklicht, denn der schöpferische Prozeß unterliegt Gesetzen und nicht Launen oder Zufall.

18. Wenn Haanel von ‚beschäftigt sein‘ spricht, weist auch das auf eine bewußte Handlung hin, eine Aktivität. Das zeigt, daß es sich bei dem Ganzen nicht um eine schlichte Ansammlung von Wissen handelt, sondern um eine praktische Umwandlung in greifbare Werte. Das bedeutet, daß die

Erkenntnis dessen, was der Solarplexus darstellt, dazu führt, daß man ‚*mutig plant und furchtlos ausführt*‘, wie Haanel es in einem späteren Kapitel nennt. Ohne eine abschließende Handlung kann keine Verwirklichung geistiger Bilder entstehen. Das muß Dir vollkommen klar sein.

19. ‚*In Verbindung mit der unendlichen Macht*‘ stehst Du eben durch den Vagusnerv, der das Gehirn mit dem Solarplexus verbindet.

20. Auch wenn Du nicht beim ersten Mal gleich erfolgreich sein wirst, ist das dennoch kein Grund zur vorzeitigen Aufgabe. Mache einfach weiter. Haanel schreibt später noch, daß uns jegliche Anstrengung hoch angerechnet wird. Auch das gilt es sich immer wieder ins Bewußtsein zu rufen.

21. Hieraus geht hauptsächlich hervor, daß Du eine wahre Macht und Kraft besitzt, sie aber gebrauchen mußt, um aus ihr einen Nutzen zu ziehen. ‚*Gebrauch ist die Bedingung*‘, schreibt Haanel später.

22. Das steht im oft krassen Gegensatz zu Deiner momentanen Vorgehensweise, die sich dadurch auszeichnet, daß Du erklärst, was Du nicht haben willst. Da das Universum aber keine Verneinung kennt (weil es eben nur das kennt, was es erschaffen hat, nicht aber das, was es noch nicht erschaffen hat), fällt auch bei der Verneinung die Aufmerksamkeit auf das Thema selbst und verstärkt es. Alles, was Du bewußt (!) ablehnst, ziehst Du verstärkt in Dein Leben. Das gilt es zu erkennen, denn nur dann kannst Du Dich gedanklich in eine andere Richtung bewegen, in der eine grundlegend andere Qualität vorherrscht.

Energie folgt Aufmerksamkeit, ganz gleich in welche Richtung, wobei aber nur eine Richtung lebensrichtig ist, während die andere dadurch charakterisiert wird, daß sie fehler- , sprich mangelbehaftet ist und auf Dauer nicht bestehen kann.

23. Sich geistig auf das gewünschte Objekt zu konzentrieren bedeutet Abstand von dem Unerwünschten zu nehmen. Dadurch wird eine neue Ursache in Bewegung gesetzt. Wie Du im Verlauf des Studiums noch lernen wirst, führt das zu entsprechenden Auswirkungen. Das geschieht durch das Hermetische Prinzip der Entsprechung in Verbindung mit den sechs weiteren Prinzipien. Im Klartext: Bei Dir findet eine gedankliche Umorientierung statt, denn nur dadurch ist es möglich, daß sich neue Umstände einstellen können.

Deine Sinne werden auf absehbare Zeit aber noch die Resultate Deines alten Denkens vorspiegeln. Du mußt lernen, sie in gewisser Hinsicht zu ignorieren, also bewußt altes Gedankengut als unerwünscht anzusehen und es durch neue Gedanken zu ersetzen. Das schließt übrigens mit ein, daß man die Ursache der gegenwärtigen Auswirkung erkennt und sie durch liebevolles Loslassen im wahrsten Sinne des Wortes ‚entkräftet‘. Gleichzeitig bejaht und bekräftigt man aber das Neue, welches sich ebenso im Unterbewußtsein niederlassen wird. Es gibt ja niemanden außer Dich, der darüber entscheidet. Alles geschieht gesetzmäßig! Das ist das eigentlich Wunderbare daran, denn wie Du noch lernen wirst, kannst Du Dich darauf verlassen. Diese Gewißheit führt zu neuem

Mut und Tatendrang und so zu den ersten konkreten Schritten in ein neues Leben.

24. Führe Dir diesen Satz nochmal zu Gemüte, denn aus ihm geht hervor, wodurch man sich Macht und Kraft sichert. Diese Erfinder, Finanziers und Staatsmänner sind ja auch aus Fleisch und Blut. Sie aber wußten etwas, was Dir jetzt durch das Master Key System ebenso vermittelt wird. Sie wußten um die schöpferische Macht der Gedanken. Du kannst auch davon ausgehen, daß sie sich mit ihresgleichen umgeben haben, um diesen Gedanken noch mehr Form und Gestalt zu geben. Das bedeutete automatisch, daß sie sich von den niederen Gedanken-, Gefühls- und Handlungsebenen ferngehalten haben, denn sonst hätten sich auch diese für sich und ihre Umgebung manifestiert.

25. Vollkommen unbegrenzte schöpferische Energie.

26. Genau deshalb ist es so wichtig, seine Gedanken unter Kontrolle zu haben, denn all das, was wir nicht selbst bewußt steuern, wird von anderen gesteuert, und das ist bekanntlich das, was sie wollen und nicht unbedingt das, was wir selbst wollen oder erwünschen.

27. Es ist das Endresultat, worauf Du Dich gedanklich ausrichten sollst und nicht der Weg dorthin. Das ginge auch nicht, denn wüßtest Du bereits den Weg, würdest Du ihn auch eingeschlagen haben. Dieser aber ergibt sich durch Dein Einfinden in der Stille, durch Gedankenkonzentration, durch Visualisierung. Genaueres dazu wird Dir in den Kapiteln 5 ff. vermittelt.

28. ‚An-er-kennung‘ ist hierbei ein schönes deutsches Wort, ausdrucksstark und genau. Anerkennung führt durch ‚In-Anspruchnahme‘ zur ‚An-eignung‘ und ‚Bewußtwerdung‘. Du siehst, wie all diese Teile miteinander verknüpft sind und wie wunderbar klar und ausdrucksstark die deutsche Sprache ist.

29. Nach der Körperkontrolle in Kapitel 1 und der Gedankenkontrolle in Kapitel 2 geht es nun um körperliche Entspannung. Das ist eine gedankliche Anweisung, für die Du körperliche Kontrolle benötigst. Es ist diese körperliche Entspannung, die ein unabdingbarer Teil der folgenden Kapitel ist, denn Du wirst nicht in der Lage sein zu visualisieren und Dich zu konzentrieren, wenn Du körperlich angespannt bist. Daher gilt es auch diese Übung zu meistern.

30. Körperliche Entspannung hat auch viel mit Atmung zu tun. Achte deshalb vor allem in Situationen, in denen Du Gefahr läufst, hektisch und unüberlegt zu werden, darauf, einige Male tief, langsam und rhythmisch ein- und auszuatmen. Das nimmt umgehend die Spannung und läßt Dich wieder ‚normal‘ werden.

31. Das Wort Spannung macht schon deutlich, daß es sich hierbei um eine Situation handelt, bei der es zwei Pole gibt: Den, an dem Du Dich momentan aufhältst, und den, der diesem gegenüber gesetzt und in aller Wahrscheinlichkeit auch erwünscht ist. Wenn Du Dich dort befändest, wärest Du im Einklang – alles wäre harmonisch. So aber gibt es eine Distanz zwischen Dir und dem Idealzustand, was

bedeutet, daß Du diese Distanz verringern mußt. Anhaltende Spannung steht neuen Gedanken und somit neuen Realitäten im Wege. Harmonie impliziert immer einen ausgeglichenen und keinen angespannten Zustand.

32. Dieser innere Friede ist mit kaum etwas vergleichbar. Er ist die Basis für jegliche Art von Entscheidung. Er verhindert, daß Du überhastet in eine Richtung schreitest, es dann später aber bereust. Dieser Friede versetzt Dich auch in die Lage, selbst in Extremsituationen stets besonnen zu handeln und auch dann noch zu lieben und mitzufühlen, wenn andere schon längst ‚auf dem Kriegspfad‘ sind.

33. Du siehst, daß es keines allzu großen Aufwandes bedarf, um den Solarplexus funktionieren zu lassen. Entspannung führt zur freien Blutzirkulation und dem Aktivieren des Solarplexus und zum bewußten Ausstrahlen von lebensspendender Energie an alle Körperteile.

# 4

## Das wahre ICH

Herzlichen Glückwunsch, denn nach diesem Kapitel bist Du schon mindestens einen Monat dabei. Das ist eine tolle Leistung, sind doch die ersten 4 Wochen die schwierigsten. In Kapitel 4 wirst Du zu tiefgreifenden Erkenntnissen über Deine wahre Natur kommen. Studieren ihn Dir deshalb besonders sorgfältig und aufmerksam, insbesondere was die Übung anbelangt.

In diesem Kapitel geht es um das wahre ‚Ich'. Dieses ist weder Dein Körper, noch Dein Verstand. Du bist nicht sie, sondern sie sind von Dir! Beide sind Hilfsmittel zur Ausführung von Vorgängen, die das repräsentieren, was Du Dein Leben nennst. Verstehst Du? Du benutzt Deinen Verstand, um Dich mittels Gedanken, Worten und Handlungen auszudrücken. Das bedeutet, daß all das, was Du im Außen wahrnimmst, ein Teil von Dir ist, weil Du dafür aufnahmefähig bist; sonst würdest Du es gar nicht registrieren. Wie ausgeprägt dieser Teil allerdings ist, das entscheidest Du zu einem großen Teil selbst. Wenn nicht, dann sind es andere, die darüber entscheiden, aber entschieden wird auf jeden Fall.

Das wahre ‚Ich' ist also spiritueller Natur - ihm stehen unendliche Möglichkeiten zur Verfügung. Da im geistigen Raum Gleiches Gleiches anzieht, hängt unser Wohlergehen von der Berücksichtigung des Gesamtinteresses ab. Das heißt nichts anderes, als daß wir a) nicht selbstsüchtig handeln sollen und b) uns nicht gegen das Außen oder eine Person auflehnen sollen. Widerstand, und das weißt Du aus Kapitel 1, erzeugt noch mehr Widerstand, und das kann Dir nur dann dienlich sein, wenn er kurzfristig und konstruktiv ist.

Das, was wir erhalten, steht in direkter Verbindung zu unserer Anstrengung. Positiv zu denken ist schön, aber nur ein Anfang. Mit dem Erkennen unseres wahren ‚Ich' lösen sich viele Knoten, denn damit einher geht ein direkter Energiefluß, der sich aus dem Universellen in Dir ergießt - vielleicht der erste wahre Schritt zur Erleuchtung. Bisher hast Du Dich ja eher bedeckt gehalten, während sich durch Deine geistige Inanspruchnahme nun alle Schleusen öffnen.

Selbstverleugnung führt nicht zum Ziel, denn Leben will sich auf vielfältige Art ausdrücken. Wir als Menschen sind der Kanal, durch den das geschieht. Das mit dem Kanal sollte folgendermaßen verstanden werden: Durch unsere Anerkennung öffnet sich ein Energie- und somit Informationsfluß. Es muß also nichts erschaffen werden, denn im Universellen ist es bereits vorhanden. Wenn wir das aber nicht anerkennen und uns nicht verfügbar machen daran teilzuhaben, wie soll sich unser Leben dann verbessern? Das Wissen um Deine Verbindung zum Universellen und dem Mechanismus – Denken genannt – diesen Kanal zum Fließen zu bringen, das gehört zum Master Key, dem Universalschlüssel, der dir alle Türen, Tore oder Schleusen öffnet. Einmal offen – und ohne Widerstand – fließt es von ganz allein.

Wir lernen, daß wir um so mehr erhalten, je mehr wir geben. Deshalb ist es so wichtig, hohe, erhabene, noble und großartige Gedanken und Ideale zu hegen. Die dazu benötigte Kraft kommt durch Ruhe und Besinnung, denn nur in der Stille können wir wirklich denken, sind wir in der Lage, uns zu konzentrieren, d.h. unsere Gedanken zu bündeln und eins zu werden mit unserem Gedankenobjekt. Das kommt aber in späteren Kapiteln noch einmal detailliert zur Sprache.

Es ist das Gefühl, das dem Gedanken Lebenskraft verleiht, und dieses Fühlen kommt nur durch Übung. Dieses Fühlen ist so wichtig, weil dadurch neue neuronale Verbindungen im Gehirn geschaffen werden, die sich dann in der Wirklichkeit Ausdruck verschaffen, so wie Dich z.B. eine traurige Nachricht weinen läßt. Durch die Übungen setzen wir eine Verursachungskette in Bewegung. Deren Resultat: Gewohnheit -> Automatisierung -> Sein. Erst wenn wir sind und nicht mehr über etwas nachdenken müssen, haben wir Meisterschaft darin erlangt. Dazu müssen wir aber geistig loslassen und unsere negativen, energieraubenden Emotionen abstellen und durch positive, aufbauende ersetzen - lebenswidrige durch lebensrichtige.

Es ist letztlich der Verstand, der uns leitet. Wenn wir uns von unseren Gefühlen leiten lassen, bei denen wir nicht immer wissen, wie sie entstanden sind, kann es dazu kommen, daß sie uns irreführen. Gefühle werden vom Verstand bewußt mit dem Ziel eingesetzt, den Gedanken zu stärken und ihm Lebenskraft zu verleihen. Hier sei nochmal daran erinnert, daß es der Hypothalamus ist, der die endokrinen Drüsen direkt steuert, welche für das verantwortlich sind, was wir unsere Gefühlslage nennen.

An dieser Stelle sei aber bereits erwähnt, daß es das Ziel des Studiums ist, daß Du Dich mehr und mehr auf Deine Intuition verlassen kannst, anstatt Dir über alles Gedanken machen zu müssen. Du schulst Dich dahingehend, daß Dir die Intuition Dein Leben zunehmend vereinfacht.

## ÜBUNG

Die Übung dieser Woche dreht sich wie angekündigt um das geistige Loslassen, um vollkommene gedankliche Entspannung. Jegliche negative Emotionen wie Haß, Ärger, Neid, Eifersucht, Trauer, Missgunst, Enttäuschung und Schwierigkeiten existieren nicht außerhalb unseres Verstandes. Diese Tatsache erlaubt es uns, durch eine bewußte gedankliche Anweisung eine Trennung von ihnen herbeizuführen. Wir besitzen einen freien Willen, und es ist die Beharrlichkeit, die uns zum Ziel führt.

Geistiges Loslassen bedarf Körperkontrolle, Gedankenkontrolle und körperlicher Entspannung. Es bedarf auch Deines Verständnisses, daß Dein wahres ‚Ich' geistiger Natur und unbegrenzt ist. Diese Unbegrenztheit führt dann zur bewußten Inanspruchnahme dessen, was Du zu verwirklichen suchst. Genau dafür bedarf es des geistigen Loslassens, der totalen gedanklichen Entspannung. Diese gilt es zu üben, bis Du auch darin Meisterschaft erlangt hast.

## AUFGABEN

1.  Schreibe hier stichwortartig auf, wie sich das Unterscheiden zwischen Ursache und Wirkung in dieser Woche in Deinem Leben dargestellt hat.

    .................................................................

    .................................................................

    .................................................................

    .................................................................

    .................................................................

    .................................................................

2.  Bewerte hier auf einer Skala von 1 – 10, wie Du Dich diese Woche gefühlt hast:

    |  | Vorwoche | Jetzt |
    | --- | --- | --- |
    | Dein Selbstwert: | _____ | _____ |
    | Dein Energieniveau: | _____ | _____ |
    | Dein Glücksgefühl: | _____ | _____ |
    | Deine Tatkraft: | _____ | _____ |
    | Deine Gesundheit: | _____ | _____ |
    | Dein Reichtum: | _____ | _____ |

3.  Schreibe die 3 wichtigsten Dinge auf, die Du von diesem Teil gelernt hast, aber auch, wie sich Dein Wissen über Deine Verbundenheit mit dem Universellen körperlich und seelisch anfühlt.

    1. ..............................................................

    2. ..............................................................

    3. ..............................................................

4.  Schreibe auf, wie sich das Verständnis des wahren "Ich" von nun an in Deinem Leben zeigen wird.

    .................................................................

    .................................................................

    .................................................................

    .................................................................

    .................................................................

5.   Schreibe 3 Dinge auf, die Du mittels der Affirmation "Ich kann sein, was ich sein will" in Dein Leben zu ziehen gedenkst.

    1. ...................................................................................................................
    2. ...................................................................................................................
    3. ...................................................................................................................

6.   Kreuze an, welche der untenstehenden Taten oder Handlungen Du diese Woche unternommen hast oder welche eingetreten sind:

    ☐   Eine andere Person hat ihr Verhalten mir gegenüber geändert.

    ☐   Ich bin einer nicht-wünschenswerten Situation gegenüber gelassener gewesen.

    ☐   Ich habe eine "Kleinigkeit" in meiner Umgebung bewußter wahrgenommen.

    ☐   Ich habe mir vor einer Entscheidung überlegt, welches Resultat daraus entstehen würde.

    ☐   Ich habe ein mir gewöhntes Objekt/Thema mal mit ganz anderen Augen betrachtet.

    ☐   Eine neue Person ist in mein Leben eingetreten, mit der ich mich gut verstehe.

    ☐   Jemand hat mir unerwartet etwas geschenkt.

    ☐   Ich habe ein Tier / eine Pflanze gestreichelt und/oder mit ihm/ihr gesprochen.

    ☐   Ich achte bewußt auf meinen Atem und habe immer mehr bewußt tief geatmet.

    ☐   Ich habe bewußt meine Aufmerksamkeit auf das Große Ganze gerichtet und mich als Teil davon gesehen.

    ☐   Ich habe vor dem Schlafengehen einen Dank für den vergangenen Tag ausgesprochen.

7.   Schreibe auf, warum das Wohlergehen eines jeden Teils davon abhängt, inwieweit das Gesamtinteresse berücksichtigt wird.

    ...................................................................................................................
    ...................................................................................................................
    ...................................................................................................................
    ...................................................................................................................
    ...................................................................................................................

8. Schreibe auf, warum es so wichtig ist, eine angefangene Sache zuende zu führen.

......................................................................

......................................................................

9. Ich habe diese Woche ___ Mal bewußt meine Sinne gestillt, um zu einer anderen Einsicht zu kommen.

10. Kreuze an, wie sehr Du Dich auf das Lernmaterial des nächsten Teils freust:
    ☐ Ich kann es gar nicht mehr abwarten!
    ☐ Ich freue mich sehr!
    ☐ Ich kann es kaum in Worte fassen.
    ☐ Ja, ich will MEHR davon!

## LITERATURHINWEIS

🅦 MKS Student Michael Klenke empfiehlt „*Kahuna Magie*" von Max Freedom Long als ergänzende Lektüre.

## DU HAST DIESEN TEIL GEMEISTERT...

🔖 wenn Du verstanden hast, warum Du ausschließlich an Ursachen interessiert sein solltest.

🔖 wenn Du verstanden hast, daß Du ein Bewußtsein mit einem Körper und einem Verstand bist.

🔖 wenn Du Dich im Vergleich zu den Vorwochen immer besser beherrschen und Deine Aufmerksamkeit nach Innen richten kannst.

🔖 wenn Du wirklich verstanden hast, daß dem Gedanken Handlung folgen muß, um auch nur irgendeine Veränderung hervorzurufen.

🔖 wenn Du in der Lage bist, geistig zu entspannen, alte Gedanken loszulassen und ihnen keine Bedeutung mehr zu schenken

🔖 wenn Du Deine Physiologie, Deinen Fokus und Deine Emotionen auf Abruf ändern kannst, wenn Du einer unerwünschten Situation gegenüberstehst.

🔖 wenn Du verstanden hast, daß Du (nicht nur geistig) geben mußt, um etwas zu erhalten.

## KOMMENTAR

Wenn Haanel im Verlauf dieser Einführung schreibt, daß der Vorgang der Eliminierung darin besteht, sich über Beschränkungen jeglicher Art hinwegzusetzen, dann wird klar, daß mit dem darüber hinwegsetzen nicht gemeint ist, sich *ad infinitum* damit zu befassen, sondern Kontrolle über sie zu erlangen und sich gedanklich und energetisch umzuorientieren. Das Alte und Unerwünschte verschwindet dann ganz von allein.

1. Dieser und die folgenden Sätze gehören zu den wichtigsten im gesamten Master Key System. Hier geht es um ein Erkennen dessen, wer wir wirklich sind. Durch unsere Erziehung und Sozialisierung haben sich viele Menschen hauptsächlich mit ihrem Körper identifiziert. Nun aber ändert sich diese Ansicht, denn wir lernen, daß sowohl Körper als auch Verstand nur Hilfsmittel sind. Das wahre ‚Ich' wird als eigentliches Steuerelement identifiziert, und darin liegt das Geheimnis allen Erlangens. Da dieses wahre ‚Ich' geistiger Natur ist, stehen ihm unendliche Ressourcen zur Verfügung, die wie immer nur auf Inanspruchnahme warten.

2. Das bedeutet in der Praxis, daß Du nach Deiner Anerkennung dieses wahren ‚Ich' lediglich die anderen Techniken wie Idealisierung, Visualisierung und Konzentration einsetzen mußt, um etwas aus dem Raum des Potentials, des Unsichtbaren, in den Raum der Wirklichkeit zu holen. Grenzen gibt es dabei praktisch nur die, die Du Dir selbst auferlegst.

3. Sie haben deshalb nichts mit dem ‚Ich' zu tun, weil sie Dir durch Deine Lebensumstände zuteil wurden. Dein wahres ‚Ich' aber ist perfekt und vollkommen und nicht diesen von Menschen erschaffenen Konstrukten unterstellt.

4. Dein ‚Ich' kannst Du auch als Dein Höheres Selbst bezeichnen. Es ist Deine wahre Identität. Sie entscheidet darüber, wie sich Dein Leben gestaltet. Wenn Du ihren geistigen Ursprung anerkennst und Dir zunutze machst, wirst Du feststellen, daß sich Dein Leben immer wohlwollender und harmonischer darstellt. Vor allem kommst Du dadurch aus der Trennung heraus, die fälschlicherweise durch Deine Sinneswahrnehmung entstanden ist. Wenn Du für all das, was Du über Deine Sinne interpretierst, Verantwortung übernimmst, gibt es auch keinen ‚anderen' mehr. Es ist alles Deins. Es sind alles nur Konstrukte Deines eigenen Bewußtseins. Das ist ein großer Schritt in Richtung Befreiung und Meisterschaft. Es stärkt Dich und läßt Dich nicht mehr in einer möglichen Opferrolle verharren, aus der heraus verurteilt oder verantwortlich gemacht wird.

5. Mit dem Master Key System lernst Du nicht nur technisch und inhaltlich richtig und auch viel größer zu denken, sondern auch im Sinne Deiner Mitmenschen und über den Eigennutz hinaus. Zuvor wurde uns vor allem im westlichen Kulturkreis vermittelt, daß wir selbst im Mittelpunkt stehen. Nun aber lernen wir, daß all das, was uns nützt, auch allen anderen nützen muß - daß Selbstsucht zur sicheren Niederlage führt, weil es ein Auflehnen gegen die Naturgesetze bedeutet.

6. Allein diese Aussage wird sich - von Dir im täglichen Leben angewandt - äußerst positiv auf Dein weiteres Leben auswirken, wie auch auf das Leben Deiner Mitmenschen. Das ‚Gemeine' an Programmierungen und Konditionierungen ist, daß sie unterbewußt sind und nur als Auswirkung vom Verstand registriert werden, von ihm aber zunächst nicht in ihrer Ausführung gehindert werden. So ‚äußerst' Du automatisch Dinge, an denen Dir nachher auffällt, daß sie entweder nicht wahr waren oder sich zum Nachteil anderer ausgewirkt haben. Nur durch Dein Bewußtwerden erlangst Du schrittweise Kontrolle über solche Verhaltensweisen und wandelst sie ins Gegenteil um.

7. Wenn Du als Individuum Dein Augenmerk wieder mehr auf das Gesamtinteresse richtest, ist das eine Ursache, die entsprechende Auswirkungen hat. Das heißt nichts anderes, als daß das Gesamtinteresse auch seine Aufmerksamkeit auf Dich richtet. Dadurch verbessert sich unweigerlich Deine Lebensqualität.

Erkennst Du, wie dieses System schrittweise zu einem kollektiven Anheben aller Wesenheiten auf dem Planeten führt? Wir alle haben eine Verantwortung, die weit über uns als Lebewesen hinausgeht. Wenn wir in unserer eigenen Entwicklung fehlschlagen, behindern wir dadurch nicht nur die Ebenen unterhalb von uns, sondern auch die oberhalb von uns, denn die gibt es sehr wohl.

8. Durch bewußtes, systematisches und konstruktives Denken wird der Nutzen für sich und alle Beteiligten erkannt. Auch

hier kommt wieder die Stille ins Spiel, denn nur in ihr ist es möglich, die Gedanken zu bündeln und auf ein bestimmtes Ziel auszurichten. Dort wirst Du Dir des Themas schrittweise bewußt. Es nimmt in Deiner Vorstellungskraft mehr und mehr Form an, und es ergeben sich Wege und Möglichkeiten, die Idee auch zu verwirklichen.

Hier ist Aufmerksamkeit geboten, denn mit dem Verstand kannst Du den schöpferischen Prozeß nicht verstehen und nachvollziehen. Deine Offenheit aber ist es, die Dich auf neue Gelegenheiten aufmerksam macht, die Deinem Ziel dienlich sind. So führt der ursprüngliche Gedanke, stetig im Bewußtsein gehalten, schrittweise dazu, daß er verstärkt wird und so in der äußeren Welt Form annehmen kann.

9. Obwohl es anfangs schon erwähnt wurde, wird hier noch einmal verdeutlicht, daß es beim Master Key System nicht darum geht, lediglich das intellektuelle Verständnis zu erweitern und zu verbessern, sondern darum, die Idee dann auch in praktische Werte umzuwandeln. Dieser Schritt muß vollzogen werden, denn wie sonst soll sich etwas in der 3. Dimension darstellen. Es beginnt also alles mit einem Gedanken in Deinem Bewußtsein, führt dann aber dazu, daß Du tatkräftig wirst, und wenn Du in die Handlung übergehst, ist das Resultat praktisch garantiert.

10. Das ist äußerst wichtig zu verstehen, denn es ist dieses Wissen um Dein wahres ‚Ich', das Dir Kräfte zu teil werden läßt, die Du Dir vor kurzem nicht einmal ansatzweise zugestanden hättest. Haanel sprach im

Vorwort ja von einer *herausragenden Persönlichkeit*, und diese kann sich in Dir nur dann entwickeln, wenn Du Dir bewußt bist, wer Du bist und welch ungeahntes Potential in Dir ruht.

11. Gewohnheiten zu schaffen ist das A und O. Du hast bereits gelernt, daß Verwirklichung hauptsächlich unterbewußt ist und wachbewußt dann als Auswirkung wahrgenommen wird. Eine Sache kann aber nur dann unterbewußt werden, wenn sie oft genug wiederholt wurde und so *tiefe Furchen* ins Unterbewußtsein gegraben hat. Dazu mußt Du sie stets wiederholen, denn Wiederholung schafft Gewohnheiten, schafft neue Automatismen und führt letztlich dazu, daß ein bestimmtes Thema den Bereich des Gedankens verlassen hat und im Unterbewußtsein zuverlässig in die Realität umgesetzt wird.

12. Vorzeitige Aufgabe ist ein Grund, warum viele Menschen ihre Lebenssituation nicht nachhaltig verändern. Mit diesem Satz macht Charles Haanel klar und deutlich, daß, was Du Dir vorgenommen hast, bis zum Ende durchführst und Dich von nichts und niemandem ablenken oder abbringen läßt. Das schließt übrigens auch Dein Master-Key-System-Studium mit ein, welches Du erfolgreich beenden wirst, um den entsprechenden Nutzen für Dich und Deine Mitmenschen daraus zu ziehen.

13. Es wird Dir nicht Neu sein, daß Veränderungen schrittweise vor sich gehen; daß es keine Quantensprünge gibt, es sei denn, man ist für sie bereit. Was hier aber zum Ausdruck gebracht wird, ist folgendes: Setze Dir ein kleines Ziel, wie z.B. die berühmte Parkplatzsuche. Finde immer wieder und schnell einen Parkplatz und lasse Dich ermutigen, Deine Sicht größeren Dingen zuzuwenden. Vollende auch das und wende Deine Sicht wiederum Größerem zu. So befähigst Du Dich zunehmend und wirst dadurch stärker und machtvoller.

14. Wisse, daß die innere Welt die der Gedanken ist, der stillen Gedankenkonzentration, ausgerichtet auf ein bestimmtes Ziel. Haanel spricht später von der Vorstellungskraft als Deine Werkstatt, in der Du neue Dinge erträumst und somit erschaffst. Die Vorstellungskraft ist übrigens die Kraft, Dir etwas *vor-zu-stellen*. Vor Deinem geistigen Auge baut sich zunächst ein grobes Bild auf, welchem Du mehr und mehr Detail gibst und schließlich durch Deine Gefühle dann Lebenskraft. Mehr dazu in Kapitel 5.

15. Machtvolle Menschen wissen um ihr ,Ich'. Sie sind sich bewußt, daß ihnen unendliche Ressourcen zur Verfügung stehen. Sie sichern sich diese durch geistige Inanspruchnahme, durch Mut und Zuversicht. Vor allem, und das wird später noch klar, denken sie ihre eigenen Gedanken und lassen sich von niemandem etwas *vor-schreiben*.

16. Das bedeutet, daß auch Du Dir diese Tatsache zunutze machen kannst. Du kannst natürlich ebenso wählen, diese universellen Weisheiten zu ignorieren. Wisse aber, daß Macht und Kraft durch Anerkennung dieser Gesetzmäßigkeiten kommen, und Anerkennung ist das Gegenteil von Ignoranz.

17. Das ist die Allmacht, die allgegenwärtig und allwissend ist. Sie ist also ein Gedankenkonstrukt, welches wir uns geschaffen haben, um eine Quelle oder einen Ursprung für etwas zu definieren. Da unseren Gedanken und somit unserer Vorstellungskraft keinerlei Grenzen gesetzt sind, können wir uns auch alles vorstellen. Das, was wir uns dann aber vorstellen, muß zwangsläufig im Einklang mit Universellen Gesetzmäßigkeiten sein, um Bestand zu haben: Auch damit wir uns darauf verlassen können, um Gewißheit zu erlangen. Du siehst, daß sich hier der Kreis wieder schließt, denn unser in-Einklang-bringen ist eine intelligente Entscheidung, die zu weiteren intelligenten Entscheidungen führt und dadurch zum Fortbestand des Lebens selbst.

18. Daß Gott im Menschen weilt mag für manche eine neue Idee sein, aber man kommt nicht umhin, sie zu akzeptieren. Wenn ‚Gott‘ allgegenwärtig ist, muß Er auch in Dir sein. Er kann per Definition nicht außerhalb von Dir sein. Natürlich ist diese Intelligenz auch woanders vorhanden – daher auch die Allgegenwärtigkeit – aber sie ist dadurch nicht aus Dir verschwunden. Wenn Du zu dem Punkt kommst, an dem Du diese Präsenz in Dir akzeptierst und darüber hinaus noch verstehst welche Aufgabe sie hat, wirst Du erfüllt werden von Mut und Tatendrang, von Freude und Überschwang, und jeglicher Glaube an Mangel und Beschränkung wird von Dir weichen. Das ist wörtlich zu nehmen.

19. Ja, Du bist der Tempel des lebendigen Gottes. Da das Allgegenwärtige per Definition keinen Gegenpol hat und somit absolut ist, ist es auch nicht wirklich beschreibbar, denn wir können nur Unterschiede beschreiben: Oben/unten, leicht/schwer, fern/nah, kalt/warm. Wenn aber kein Unterschied beschrieben werden kann, ist auch die Beschreibung unmöglich. Daher bedarf das Göttliche des Individuums, um sich zu erleben und zu erfahren. Du bist, wir alle sind diese Individuen, durch die sich das Göttliche erfährt. Mit dem Master Key System kommst Du zu einem vollkommen neuen Verständnis Deiner selbst und der damit verbundenen ungeahnten Möglichkeiten, die Du nun verstärkt in Anspruch nimmst.

20. Leider ist es im spirituellen Bereich immer noch weit verbreitet, materielle Dinge abzulehnen. Diese Unsitte kann nur durch ein Unverständnis erklärt werden, denn die Allmacht Gottes bedeutet auch, daß diese Intelligenz in allen materiellen Dingen zum Ausdruck kommt. Je höher oder feiner Deine Intelligenz, desto mehr wird das in Produkten oder Dienstleistungen zum Ausdruck kommen, denn Du bist bestrebt, Dein Leben stetig zu verbessern. Das bedeutet eine Zunahme an Qualität, nicht unbedingt Quantität. In der Tat wirst Du Dein Leben höchstwahrscheinlich vereinfachen, Dich aber mehr und mehr mit den schönen Dingen des Lebens umgeben.

21. Daß Du zuerst geben mußt, um schließlich zu empfangen, mag Dir zunächst fremd erscheinen, aber dahinter steckt Sinn und Methode. Geben bedeutet erst einmal nichts anderes als sich geistig mit etwas zu befassen. Das heißt, Du gibst Deine Aufmerksamkeit, um Dir bestimmter Themen bewußt zu werden. Anschließend geht es z.B. beim Thema Reichtum darum,

andere Menschen zu bereichern, denn dieser Gedanke kehrt dann wieder zu Dir zurück, nämlich dadurch, daß andere Menschen Dich bereichern wollen.

Du magst nun wissen wollen, wie das auf die zutrifft, die in Fabriken oder Großraumbüros für andere schuften, am Ende aber nicht wirklich etwas übrig haben. Die Erklärung dafür ist denkbar einfach: Sie machen sich keine Gedanken über die schöpferischen Gesetze. Sie folgen lediglich Anweisungen. Sie führen das aus, was andere ihnen zugedacht haben. Es gilt nun vor allem für sie, bisherige Denkweisen und Glaubenssätze zu hinterfragen und durch neue zu ersetzen - solche, die denen entgegenstehen, die sie bisher gehegt haben oder über die sie sich bislang keine Gedanken gemacht haben und die sich zwangsläufig verwirklicht haben.

22. Wenn dieser Punkt unverständlich ist, dann hilft es folgendes zu erkennen: Haanel will darauf hinaus - und erwähnt es später nochmal - daß das Universelle nicht eigennützig und selbstsüchtig handelt, sondern alles im Überfluß zur Verfügung stellt. Das geschieht durch das Prinzip der Geistigkeit, denn Geist ist schöpferisch und die einzige Fähigkeit, die das ‚Ich' besitzt, ist die des Denkens. Wenn Deine Taten bisher darauf ausgerichtet waren, Dich selbst zu bereichern, dann leite eine Umkehr in Gedanken, Worten und Taten ein. Dein Denken, Reden und Handeln muß nun so ausgerichtet sein, daß es allen Beteiligten von Nutzen ist. Dadurch vermehrst Du Dinge. Du bist im Einklang mit den Naturgesetzen. Das führt zu einer Schwingungsverstärkung, welche die Dinge auch für Dich multipliziert. Ein amerikanischer Talkshow Host sagte einmal: ‚Dein Einkommen ist der Durchschnitt Deiner fünf besten Freunde.' Verweile ein wenig auf diesem Satz und bringe ihn in Zusammenhang mit dem zuvor erwähnten.

23. Auch wenn das Physische dann technisch tot ist, so ist es dennoch nicht weg. Es wird zerfallen und von anderen Organismen verwertet werden. Dadurch kann auf vielfältigen Ebenen wieder neues Leben entstehen. Auch dadurch wird klar, daß wir von der Schöpfung nicht getrennt sind, sondern ein integraler Teil. Ergo: Ich bin nicht mein Körper; mein Körper ist von mir! Ich bin nicht mein Verstand; mein Verstand ist von mir!

24. Diese Aussage mag Dich zu einer vollständigen Neuausrichtung Deiner Tätigkeiten bringen. Noble Gedanken müssen sich zwangsläufig in noblen Taten ausdrücken, und es ist gerade diese erhabene Denkweise, die Dir ein Leben auf höheren Ebenen beschert, da Du Dich zunehmend mit Menschen verbindest und austauschst, die so ähnlich denken und handeln wie Du. Allein dadurch ergeben sich viele neue Möglichkeiten der Beschäftigung und des Ausdrucks.

25. Das häufige Aufsuchen der Stille wird sich bei weiterem Studium fast wie von selbst ergeben. Du wirst feststellen, daß Du Dich immer mehr von ‚Sendern' fernhältst, deren Signale Dir nicht gut tun. Das gibt Dir Zeit für Dich. Dieser Vorgang ist ein ganz natürlicher - er ergibt sich ohne irgendwelche Mühe Deinerseits.

26. Hier ist es wichtig zu erkennen, daß es die Gefühle sind, die dem Gedanken Lebenskraft verleihen. Darauf wird später nochmal im Detail eingegangen. Es erklärt aber auch, warum sich nicht jeder Gedanke verwirklicht. Das Gefühl ist rein technisch eine Heruntertransformation von der geistigen auf die körperliche Ebene, dort, wo für uns Leben zum Ausdruck kommt. Wenn sich dort etwas nicht verwirklicht, liegt der Grund also darin, daß keine Gefühle vorhanden sind, die dieses Gedankenkonstrukt auf der körperlichen Ebene zum Ausdruck bringen könnten. Es fehlt die Verbindung. Gefühle sind Verbindung. Sie sind das Erleben. Sie sind letztlich das Leben, die Empfindung, die Interpretation der von unserem Verstand aufgenommenen Nervenimpulse.

27. Sehr wichtig: All das, was Du Dir vorstellst, mußt Du letztendlich auch fühlen, damit es Wirklichkeit wird. Der Schlüssel dazu ist ‚Freude‘. Sie löst die angenehmen Gefühle in Dir aus, welche dann zum Entstehen der Lebenskraft führen. Das ist sehr wichtig zu verstehen, denn viele Menschen haben mich gefragt, was es mit dem Gefühl auf sich hat, oder wie man sich in eine Sache oder ein Ideal reinfühlen kann. Es ist die Freude! Diese kannst du völlig grundlos oder jederzeit in Dir hervorrufen - so wie ein kleines Kind.

28. In diesem einzigen Abschnitt steht so viel an Bedeutung drin. Du mußt etwas wiederholen, damit es zur Gewohnheit wird und schließlich zu Dir. Durch die Wiederholung bekommst Du dann Gewißheit. In dem Wort Gewißheit steckt nicht nur ‚gewiß‘ drin, sondern auch ‚Wissen‘.

Du kommst also durch Wiederholung vom Glauben, daß etwas möglich ist und sich für Dich verwirklichen kann, zum Wissen, daß es geschehen ist. Das macht den schöpferischen Prozeß transparent und für jedermann verständlich und nachvollziehbar.

29. Die ersten drei Wochen wurdest Du auf diese Übung konsequent vorbereitet. Es ist für Dich unabdingbar, daß Du alte Gedanken und Verhaltensweisen losläßt – Du verabschiedest Dich von ihnen und ersetzt sie durch neue. Das geht aber nur dann, wenn Du in der Lage bist, Dich gedanklich zu entspannen, also bestimmte Gedanken eben nicht mehr zu denken. Das geht dann am einfachsten, wenn man sie durch andere ersetzt. Da sich negative Gedanken durch Anspannung äußern, weißt Du, daß Du sie durch positive ersetzt hast, wenn Du entspannt und in der Ruhe bist.

Hier gilt es Meisterschaft über sein körperliches und gedankliches Wesen zu erlangen. Das Ausmaß sei Deinen eigenen Bedürfnissen und Verlangen entsprechend; wisse aber, daß es hier primär darum geht, Gedankenstille zu erlangen, nicht nur um Platz für neue, aufbauende Gedanken zu schaffen, sondern eben auch durch die Stille in Kontakt mit der Allmacht zu treten. Dadurch erhältst Du dann die entsprechenden Informationen, die Dir auf Deinem neuen Weg weiterhelfen.

30. Erinnere Dich an dieser Stelle an das vorige Kapitel, wo es um den Solarplexus ging. Durch ruhiges und tiefes Atmen entspannst Du Dich körperlich. Erst das

erlaubt es Dir, auch Deine Gedanken zu entspannen. Die Emotionen, von denen Charles Haanel hier spricht, sind allesamt dem Sympathischen System zuzuordnen. Daher stehen hier körperliche Entspannung und das Wissen um die Funktion des Solarplexus an erster Stelle.

31. Deine geistige Bestimmung ist Deine Inanspruchnahme; Deine Absicht bestimmt dann Deine Aufmerksamkeit, welcher ja bekanntlich Energie folgt. Die Beharrlichkeit ist die Wiederholung und die Disziplin, die Dich vom Glauben zum Wissen, vom Ungewissen zur Gewißheit führt.

32. Ein grundlegender Punkt! Es ist unabdingbar, daß Du Deine Emotionen steuerst, anstatt Dich weiterhin von dem treiben und bestimmen zu lassen, was man Dir durch vielfältige Einflüsse eingeprägt und eingetrichtert hat, insbesondere in den ersten 5 Jahren Deines Lebens.

Derjenige, der seine Emotionen steuert, ist Herr über sein eigenes Leben, während der andere ein Spielball ist. Letzterer sieht sich als Opfer, ohnmächtig - ohne Macht! - und somit blind für die unzähligen Möglichkeiten des Verbesserns von Umständen und Dingen, die ihm genau in dem Moment auffallen würden, wenn er sich fängt und beginnt, sich selbst kritisch zu beobachten. Achte daher bitte immer mehr auf Deine Emotionen und frage Dich was sie hervorruft, und ob sie in diesem Moment wirklich angebracht sind. Das ist ein bedeutsamer Schritt in Richtung Selbsterkenntnis und Selbstbeherrschung!

# 5

## Das Bewußtsein
## als Zentrum allen Seins

In diesem Kapitel lernen wir, daß wir über das Durchsetzungsvermögen des bewußten Verstandes das (Unter-)Bewußtsein anweisen und beeinflussen können.

Wir lernen, daß wir das Resultat vorherigen Denkens sind, daß wir von Außen beeinflußt wurden, ohne aber diese Feststellungen, Meinungen und Annahmen einer vorherigen Prüfung unterzogen zu haben. Wir lernen auch, daß wir zu dem *werden*, was wir *heute* denken. Zudem bringt uns das Gesetz der Anziehung nicht das, was wir uns wünschen, sondern das, was wir bereits sind. Andernfalls könnten wir es im Außen gar nicht über unsere Sinne wahrnehmen - das nur nochmal zur Erinnerung.

Charles Haanel ermahnt uns, beim Bau unseres geistigen Hauses genau so sorgfältig vorzugehen wie beim Bau eines normalen Hauses. Warum sollten wir es auch anders machen? Es sei denn, wir wollen sowohl in einer geistigen als auch materiellen Bruchbude leben, die der leiseste Windstoß umbläst. Wir müssen genau prüfen, welche Materialien benutzt werden. Somit wird uns klar, daß physische, geistige und moralische Reinheit absolut unerläßlich sind, um eine Grundlage zu schaffen, die uns ein Gespür für Macht und Kraft gibt und Schüchternheit, Ängstlichkeit und Verzagen beseitigt. Eine starke Aussage, aber der Wahrheit entsprechend. Wie oft ertappst Du Dich bei negativen Gedanken oder Äußerungen, bei unkontrollierten Gefühlsausbrüchen oder einfach nur saloppen Sprüchen über andere Personen wie Sport- oder Entertainmentstars, Politiker, oder Freunde oder Bekannte? Auch dessen solltest Du Dir bewußt werden, denn jeder Gedanke hat eine bestimmte Schwingung, die mit gleichartigen Schwingungen in Resonanz geht.

Zum Schluß lernen wir, daß aller Besitz das Resultat einer ansammelnden Haltung des Bewußtseins ist, eines Reichtumbewußtseins. Du verstehst, was damit gemeint ist, oder? Eine ansammelnde Haltung des Bewußtseins, das heißt mehr von dem, wovon es vorher wenig gab. Heute hast Du mehr als gestern. Daß dieser Reichtum Deine eigenen Bedürfnisse sehr schnell abdeckt, ist vollkommen klar, und den Überschuß kannst Du dann an andere Menschen weitergeben und ihnen dienen, ganz gleich ob es mit Geld oder Liebe oder was auch immer ist.

Nachdem wir in den ersten 4 Wochen damit beschäftigt waren, uns selbst und unsere Rolle und Position innerhalb des ‚Großen Ganzen' zu erkennen, uns geistig und körperlich erst zu kontrollieren und dann zu entspannen, lernen wir nun in diesem Kapitel, alle Details wohlbedacht auszuwählen, damit das, was wir auf unser nunmehr starkes Fundament stellen, ebenso prächtig und langlebig ist.

Unsere Verbindung mit der Allmacht befähigt uns zunehmend Stärke, Mut, Zuversicht und Vertrauen auszudrücken, weil wir schrittweise den Mechanismus entdecken und uns zunutze machen, der dem Ganzen zugrunde liegt. Das ist ein bedeutender Schritt nach vorne und für viele der Anfang dieses neuen ‚Ichs'. Genieße es schon mal in diesem Ausmaß. Es wird aber noch viel besser!

## ÜBUNG

Es geht hier darum, sich an ein Ereignis aus der Vergangenheit zu erinnern, welches Dir angenehm erscheint. Das fällt Dir leichter, denn irgendwie haben wir eine Programmierung, welche die negativen Dinge ausblendet - eine Art Überlebensinstinkt vielleicht. Also, verbringe die Übung damit, dieses Ereignis mit Deinem geistigen Auge zu sehen, und es mit Details zu schmücken. Das ist die erste in einer Reihe von Visualisierungsübungen, die zunehmend umfangreicher werden und unersetzlich sind, weil das, was Du Dir im Leben wünschst und woran Du bisher vielleicht nur ab und zu mal gedacht hast, nun mit mehr Aufmerksamkeit versehen wird und sich automatisch die Chancen einer Verwirklichung erhöhen. Wie gesagt: Es ist lediglich der Anfang.

An dieser Stelle ist es auch wichtig zu verstehen, daß Dich ein angenehmes Bild aus der Vergangenheit in einen Zustand der Dankbarkeit versetzt. Diese läßt Charles Haanel im gesamten Buch unerwähnt und überläßt es so den Studenten, aus eigener Kraft zu dieser Erkenntnis zu kommen. Anerkennung (Wertschätzung) und Dankbarkeit sind Gefühle, die Du in Deinem Leben in jeder Situation hervorrufen willst. Sie machen das Leben im wahrsten Sinne des Wortes lebenswert.

## AUFGABEN

1. Schreibe hier stichwortartig auf, wie sich Deine Bewußtseinserweiterung in der letzten Woche unzweifelhaft dargestellt hat.

2. Beantworte Dir so oft wie möglich die folgenden Fragen:

   ✓ Was habe ich heute gemacht?
   ✓ Was kann ich daran verbessern?
   ✓ Wer kann mir dabei helfen?
   ✓ Wann werde ich es vollenden?

3. Schreibe die 3 wichtigsten Dinge auf, die Du von diesem Teil gelernt hast
   1.
   2.
   3.

4.  Schreibe auf, wie es sich anfühlt, außerhalb der Meinung eines anderen Menschen zu stehen und sie unparteiisch aus der Distanz zu beobachten.

    ................................................................

    ................................................................

    ................................................................

    ................................................................

5.  Schreibe auf, wie sich die Erkenntnis Deiner Beziehung zu Deiner häuslichen, geschäftlichen und sozialen Umgebung aufzeigt und welchen Nutzen Du daraus ziehst.

    ................................................................

    ................................................................

    ................................................................

    ................................................................

6.  Kreuze an, welche der untenstehenden Taten oder Handlungen Du diese Woche unternommen hast oder welche eingetreten sind:
    ☐   Eine andere Person hat ihr Verhalten mir gegenüber geändert.
    ☐   Ich bin einer nicht-wünschenswerten Situation gegenüber gelassener gewesen.
    ☐   Ich habe mir vor einer Entscheidung überlegt, welches Resultat daraus entstehen würde.
    ☐   Ich habe die Meinung eines anderen Menschen als diese erkannt und nicht mit mir assoziiert.
    ☐   Ich habe wiederholt bewußt Anweisungen an mein Unterbewußtsein geschickt.
    ☐   Ich habe einem anderen Menschen eine unerwartete Freude gemacht.
    ☐   Mein Atem ist tiefer, gleichmäßiger und ruhiger geworden.
    ☐   Ich bin mir meiner Einheit mit dem Universellen besonders bewußt geworden.
    ☐   Mein Ess- und Trinkverhalten habe ich meiner neuen Denkweise angepaßt.
    ☐   Ich habe auch meine körperliche Ertüchtigung meiner geistigen angepaßt.
    ☐   Ich zeige im Stillen, aber auch öffentlich meine zunehmende Dankbarkeit.

7. Schreibe auf, was "Reichtumsbewußtsein" für Dich speziell bedeutet und wie es sich in den letzten Wochen für Dich bereits im Außen gezeigt hat.

.................................................................................

.................................................................................

.................................................................................

8. Schreibe auf, was es für Dich bedeutet, mit der Allmacht verbunden zu sein, z.B. wie es sich in Deinem täglichen Leben zeigt.

.................................................................................

.................................................................................

.................................................................................

9. Schreibe auf, warum viele trotz andauerndem Wünschen nicht die entsprechenden Ergebnisse herbeiführen und wie Du genau das vermeiden wirst.

.................................................................................

.................................................................................

.................................................................................

.................................................................................

## DU HAST DIESEN TEIL GEMEISTERT...

- wenn Dir klar ist, daß Denken natürlichen Gesetzmäßigkeiten unterliegt, mit denen Du im Laufe des Studiums noch mehr in Kontakt kommst.
- wenn Du verstanden hast, daß der Großteil Deines Lebens unterbewußt abläuft, das aber Deine Chance zur zuverlässigen Veränderung ist.
- wenn Du es vorgenommen hast, Dein geistiges Haus immer wieder einer Reinigung zu unterziehen und nur bestes Gedankengut zu hegen und Dich dabei von niemandem abbringen lässt.
- wenn Du verstanden und wirklich verinnerlicht hast, daß Du Dein Erbe antreten - deinen Anspruch geltend machen - mußt.
- wenn Du verstanden hast, daß dieser Anspruch eines starken und ausgeprägten Selbstbewußtseins und einer soliden körperlichen

Verfassung bedarf, da es mit harter geistiger Arbeit und den entsprechenden Taten verbunden ist.

- wenn Du in der Lage bist, in der Stille Bilder aus der Vergangenheit, an die Du angenehme Erinnerungen hast, vor dein geistiges Auge zu holen und sie dort mit Details zu versehen, d.h. Deine Vorstellungskraft schrittweise ausbaust und stärkst.

## NOTIZEN

# KOMMENTAR

Achte während dieses Entwicklungs- und Werdungsprozesses stets darauf, mit was Du Dich gewöhnlich befaßt. Das mögen Personen sein, aber auch Informationskanäle. Beginne damit, alles einer genauen Analyse zu unterziehen, damit Du für Dich entscheiden kannst, ob es Dir auch wirklich dienlich ist. Wenn nicht, nimm Abstand davon, denn diese Energien beeinflussen Deine Gedankenwelt und Deinen Gemütszustand, wenn Du Dich nicht auf irgendeine Weise dagegen schützt. Oftmals besteht dieser Schutz genau darin, ihnen die Aufmerksamkeit und somit die Energie zu entziehen und auf das Gegenteil zu richten.

1. Überlege, ob das nicht die allgemeine Behauptung erklärt, daß wir nur 10% unserer Hirnkapazität nutzen. Sind es nicht die 90% Bauchhirn, die wir bislang außer Acht gelassen haben und mit dem Master Key System nun immer stärker nutzen?

2. Wir treiben also dahin, wenn wir die Macht des Unterbewußtseins ignorieren. Großes wird letzten Endes nur mittels des Unterbewußtseins erreicht, weil es viel mehr Kapazität hat und in der Durchführung auch keine Fehler macht. Sich allein auf den Verstand zu verlassen, ist sicherlich ein guter Anfang. Es darf dann aber nicht dabei bleiben.

3. Erinnere Dich daran, daß das objektive Bewußtsein, also der bewußte Verstand, das Unterbewußtsein anleitet und daß seitens des letzteren keine Beweisfindung stattfindet. Du bestimmst also durch Deine Gedanken, die zu Deiner vorherrschenden Geisteshaltung werden, Deine objektive Realität.

4. ‚Verständnis dieser Tatsache‘ bezieht sich auf ‚die empfindsamen und sich immer in Bewegung befindenden Lebenskräfte‘. Für Dich bedeutet das, daß Du Dinge durch Deine geistige Inanspruchnahme, durch Deine Befehle ändern kannst - daß Du die Macht und Kraft in der Hand hältst. Dein Leben so zu gestalten wie Du es möchtest.

5. Hier gilt es zu verstehen, daß die Unterdrückung mehr ein Ersetzen ist. Wenn Du etwas unterdrückst, gibst Du ihm noch mehr Aufmerksamkeit, wohingegen die Lösung darin liegt, schlechte Gewohnheiten durch gute zu ersetzen.

6. Es ist eine Deiner Aufgaben im Leben, Dir dieser Eindrücke bewußt zu werden. Dafür müssen sie nicht bis ins kleinste Detail analysiert werden. Eine Gewahrwerdung reicht meist vollkommen aus. Sollten Dir bestimmte Prägungen nicht gefallen, mußt Du Dich gedanklich umorientieren, um Neues herbeizuführen.

An dieser Stelle soll auch erwähnt werden, daß es bei diesem Gewahrwerdungsprozeß nicht darum geht, andere für ihr Verhalten verantwortlich zu machen. Es geht darum, das zu erkennen, was man ist, und daß Du es ändern kannst, wenn Du es denn willst. Vergangenes ist vergangen. Daran kannst Du nichts mehr ändern. Du kannst aber sehr wohl daraus lernen und vielleicht auch erkennen, warum andere Personen oder Institutionen das getan haben, was Dir jetzt aufstößt oder mißfällt.

7. Der Wächter vor dem Tor war aus verschiedensten Gründen nicht aktiv und konnte nicht verhindern, daß die Informationen ans Unterbewußtsein weitergeleitet

69

wurden. Ein kleiner Hinweis: Auch wenn es am Anfang des Studiums verstärkt um den Verstand geht, bleibt es im Verlauf nicht dabei, weil dieser Verstand nur eine sehr beschränkte Auffassungsgabe, Verarbeitungs- und Lagerfähigkeit besitzt. Es geht darum, durch ein höheres Bewußtsein in einen Zustand zu kommen, in dem man sich aufgrund beharrlicher Praxis zunehmend auf seine Eingebung (Intuition) verlassen kann.

8. Hier erklärt Charles Haanel das Gesetz der Anziehung und weist darauf hin, daß wir unser Eigenes bekommen, was grundsätzlich ja auch Sinn macht. Wenn Du verstehst, daß Du Dinge durch bewußte Gedankensteuerung und Wiederholung ändern kannst, erkennst Du Deine Chance. Das Gesetz der Anziehung ist zwar fix und unabänderlich in seinem Wirken, nicht aber in seiner Qualität, denn es paßt sich Deinen Schwingungen an und schickt Dir mehr von dem zurück, was Du ausgesendet hast.

Du kannst rein technisch nur mit dem in Resonanz gehen, was Du aussendest. Das ist es, was sich für Dich verstärkt und verwirklicht. Das ist das Gesetz der Anziehung. Vom Denken aus betrachtet bedeutet das, daß sich nicht das, was Du nur ab und zu mal denkst, verwirklicht, sondern das, was Du solange gedacht hast, bis es unterbewußt geworden ist und Du Dir nun darüber keine Gedanken mehr machen mußt. Du machst Dir nun auch keine Gedanken mehr übers Lesen oder Essen oder Autofahren. Diese Vorgänge laufen allesamt unterbewußt ab und haben auf diese Weise im Verstand Platz für Neues geschaffen.

9. Es ist unvermeidbar, daß sich Deine erhöhte Aufmerksamkeit zu einem großen Teil auf ‚Dein eigenes Haus' ausrichtet. Du wirst Dich in etlichen Bereichen stärken und reinigen. Du wirst sorgfältiger bezüglich Deiner Gedanken, der Personen, mit denen Du Dich befaßt, mit Deinem Medienkonsum, und vor allem hinterfragst Du Dich und andere Geschehnisse immer mehr. Das, gepaart mit guter Ernährung und sportlicher Betätigung, führt dazu, daß Du in der Lage bist, immer größere Gedanken zu denken. Ob Du sie dann auch umsetzt, das liegt an Deiner Motivation, Deiner Passion und Deinem Willen, das gesetzte Ziel auch zu erreichen.

10. Hier gilt zu beachten, daß wir die ersten 5 Jahre unseres Lebens lediglich Empfänger waren und dadurch geformt wurden. Auch wenn sich dann ein Verstand bildete, sitzen viele dieser Programmierungen noch so tief in uns drin, daß wir sie bewußt gar nicht mehr registrieren, sondern lediglich ausleben - natürlich mit den entsprechenden Resultaten.

Durch das Studium wirst Du Dir dieser Tatsachen bewußt und kannst sie dadurch kontrollieren und ändern. Das ist wahre Selbsterkenntnis und -bestimmung.

11. Mut, Optimismus, Positivität... es gilt, stets erhabene Gedanken zu denken - Meistergedanken! Das hat nur bedingt was mit positivem Denken zu tun, welches nichts anderes besagt, als daß Du derjenige bist, der die Impulse gibt, anstatt negativ und empfänglich zu sein und die Impulse anderer aufzunehmen und umzusetzen.

12. Geistige, moralische und körperliche Reinheit wird für viele Menschen bedeuten, daß sie ihr Leben recht drastisch umkrempeln.

Geistige Reinheit bedeutet Gedankenhygiene durch Gedankenkontrolle. Sie bedeutet auch, sich von Menschen fernzuhalten, die nichts Konstruktives beizutragen haben und sich beklagen, wehleiden und jammern.

Moralische Reinheit bedeutet primär zu erkennen, daß Selbstsucht zur Niederlage führt, und daß die Gedanken stets zum höchsten Wohle aller ausgerichtet sind.

Körperliche Reinheit mag für Dich bedeuten, Deine Ernährungsgewohnheiten zu analysieren und den neuen Zielen entsprechend anzupassen. Sie mag auch erhöhte oder wechselnde sportliche Aktivität beinhalten, oder auch ein Wechsel im Lebensumfeld, wenn der Ort, an dem Du jetzt lebst, toxisch ist.

13. Aus diesem Abschnitt geht hervor, daß es Wiederholung bedarf, um das geistige Haus rein zu halten. Aus den kommenden Abschnitten geht dann hervor, daß es keine Beschränkungen gibt; daß alles Schöne bereits im Überfluß existiert, aber von uns auch gebraucht werden muß.

14. Es ist bereits alles vorbereitet. Alles ist da. Das unendliche Potential kann sich Dir auf welche Art und Weise auch immer offenbaren. Es muß jedoch von Dir erkannt und genutzt werden. Das ist es, was Charles Haanel zum Ausdruck bringen will. Nichts muß wirklich erworben oder erarbeitet werden. Es bedarf lediglich der Anerkennung. Das setzt Ursachen in Bewegung, welche das von Dir erwünschte Objekt näher an Dich heranbringen. Das darf aber zu keiner Zeit durch Zweifel unterminiert werden. Hier mußt Du gut aufpassen: Wenn Du von Natur aus skeptisch bist und Dinge generell anzweifelst - also das Gegenteil von leichtgläubig bist - dann werden sich diese Eigenschaften automatisch darstellen. Es fällt Dir dann erst später auf, daß und wenn es geschehen ist. Dann aber haben sie bereits ihre Wirkung erzielt, und das Ideal wurde von seinem Sockel geholt. Bedenke, daß diese schöpferischen Vorgänge sehr subtil und meist kaum mehr wahrnehmbar sind, gerade weil sie als unterbewußte Prozesse vom Verstand längst nicht mehr registriert werden.

15. Laß Deine Unterwürfigkeit, Deine Beschränkungen und Deine Schwäche fallen und ersetze sie durch Mut, Grenzenlosigkeit und Macht und Kraft, die Dir durch Anerkennung und Gebrauch zur Verfügung stehen.

16. Esther Hicks schrieb dazu: ‚Du mußt fragen, antworten und empfangen.' Dein Wunsch ist die Frage. Das schwingungstechnische Wirken des Universums ist die Antwort; diesbezüglich mußt Du nichts tun. Das Empfangen ist Deine Fähigkeit, für die verschiedenen Verwirklichungskanäle des Universellen Bewußtseins offen zu sein, da Dein Verstand niemals alle Möglichkeiten und Arten und Weisen umfassen und begreifen kann, auf die sich etwas verwirklichen kann.

17. Sie sind nicht schwer, aber Du mußt Dich darauf einstellen und Dich dafür öffnen, daß all dieses Gute zu Dir kommen kann. Menschen, die mit Sprüchen wie ‚Das

schaffst Du nie!' oder ‚Wer glaubst Du, wer Du bist?' oder feineren Formen der Unterminierung des Selbst aufgewachsen sind, haben oft Probleme damit. Ihnen fehlt jeglicher Bezug zum Überfluß und der Fülle; aber auch das kann und wird bereinigt werden.

18. Der schrittweise ablaufende Prozeß ist ein Sicherheitsmechanismus der Schöpfung, weil es durch die Abstufungen immer wieder Korrekturen vornehmen kann. Wenn alles auf Anhieb entstehen würde, gäbe es bei den vielfältigen Einflüssen keine Möglichkeit des Einschreitens. Daher gilt auch, dieser schrittweisen Entwicklung zu huldigen und sie wertzuschätzen.

19. Diese göttliche Vererbung siehst Du auch durch die sieben Hermetischen Prinzipien, auf die Du Dich verlassen kannst. Da im geistigen Bereich Gleiches auf Gleiches reagiert und das Geistige dem Materiellen immer vorangeht, liegt hier der Schlüssel zum Erlangen aller Gesundheit und aller Liebe.

20. Diese göttliche Vererbung hat nicht einmal ansatzweise etwas Böses, Schlechtes oder Negatives an sich. Es ist das, was allem Leben einhaucht und dazu führt, daß Dinge bestehen und Wesen sich erfahren können. Wenn Du Dir dessen bewußt wirst, wird es Dir ein Leichtes sein, Dich darauf einzustellen, d.h. im Einklang damit zu sein. Da auch hier das Prinzip der Entsprechung wirksam ist, bedarf es auch keiner weiteren Erklärung, daß die Auswirkungen auf Dich allesamt positiv und wohlwollend sind. Das mußt Du aber zuerst erkennen.

21. Anders ausgedrückt bedeutet das, daß je unterentwickelter Dein Bewußtsein ist, desto geringer Deine Fähigkeit, Leben auszudrücken und vor allem auch Deine Umgebung zu kontrollieren. Je höher und entwickelter Dein Bewußtsein ist, desto mehr Einfluß hast Du auf Deine Umgebung, und das schließt auch Menschen mit ein, die für Dich oder mit Dir arbeiten.

22. Daher kann Dir auch niemand diese Arbeit abnehmen. Es ist Deine Reise zu Deinem neuen Selbst. Es ist Deine Entdeckungstour. Es geht um Selbstbefähigung und das - wie Du in Kapitel 3 gelernt hast - durch die bewußte Aktivierung Deines Solarplexus.

23. In diesem Punkt wird nochmals klar, um was es sich hier handelt. Du bist das Abbild und die Ähnlichkeit Gottes. Lasse Dir diese Worte auf der Zunge zergehen. Durch Anerkennung dieser Tatsache erschließen sich Möglichkeiten, die Du vor kurzem noch für unmöglich gehalten hättest, die nun aber durch Deine zunehmende Befähigung in den Bereich des Glaubhaften und somit des Machbaren gelangen.

24. Ich würde sagen, daß diese Passage genau das ausdrückt, was mit Dir passiert, wenn sich in Dir das Verständnis um den Master Key geformt hat. In wenigen Worten wird hier das zusammengefaßt, was auf Dich wartet, und es ist alles nicht nur gut, sondern genial. Erinnere Dich aber, daß Du es bist, der sich Deiner eigenen Genialität bewußt wird. Sie wird Dir nicht von außen zugetragen.

25. Zur Erinnerung: Wir geben grundsätzlich dadurch, daß wir uns ein Bewußtsein für etwas schaffen, nämlich durch unsere

Absicht und der ihr folgenden Aufmerksamkeit. Dann geben wir dadurch, daß unser Ideal allen zugute kommt und nicht selbstsüchtig ist. Dann lassen wir anderen geistig Wohlstand, Gesundheit und Liebe zukommen. Wir sehen sie also genau so und nicht anders. Dadurch formt sich dann unser eigenes Bewußtsein, unsere eigene Realität, denn während wir unsere Aufmerksamkeit auf diese Qualitäten richten, können wir sie gleichzeitig nicht auf ihre Gegenteile richten. Das ist Gesetz! Durch stete Wiederholung (u.a. durch Affirmationen – verbale Bejahungen und Bekräftigungen) prägen wir uns dann diese Qualitäten ein; die anderen vermindern sich dadurch automatisch.

26. *‚Nimm das Bewußtsein weg, und was bleibt übrig? Nichts.‘* Verweile noch ein wenig auf diesem Satz, denn er macht klar, daß Bewußtsein die wahre Macht und Kraft ist. Das Master Key System befähigt Dich, Dein Bewußtsein durch Beobachtung, Idealisierung, Visualisierung und Konzentration auszuweiten und so in den Genuß von Dingen zu kommen, die Dir sonst verwehrt blieben.

27. Immer wieder geht es um das Erkennen. Deine Fähigkeit, die spirituelle Ebene zu verstehen, versetzt Dich in die Lage, sie auch bewußt in Anspruch zu nehmen. Das bedingt sich in gewisser Hinsicht gegenseitig, denn mit Deiner Inanspruchnahme wächst auch Dein Verständnis, was wiederum zu mehr Inanspruchnahme führt. So nimmt Deine Macht und Kraft stetig zu.

28. Anhäufung bedeutet, daß Du offen und bereit bist, Neues (einer bestimmten Qualität) zu empfangen, und so auch die Idee, welches das Wohlstandsbewußtsein Dir liefert. Diese Idee gilt es dann in praktische Werte umzusetzen, durch mutiges Planen und furchtloses Durchführen.

29. Haanels Verweis auf dasselbe Zimmer, denselben Platz und dieselbe Position hat Sinn und Methode. Es ist erwiesen, daß wir uns dadurch eine Routine erschaffen, die dem Körper sagt: Nun ist es Zeit zum Lernen. Wir stellen uns darauf ein, und die Routine ist nichts anderes als die Wiederholung, die Gewohnheit schafft und Dinge für Dich leichter werden läßt.

Die Übung von Kapitel 5 ist die erste, bei der die Vorstellungskraft geschult wird. Die Übungen der nächsten Wochen stellen zunehmend höhere Ansprüche an Deine Vorstellungskraft, was Dich schlußendlich in die Lage versetzt, Dir wirklich alles vorzustellen. Mittels des entsprechenden Vorganges wirst Du dann auch befähigt sein, diese im Geiste geschaffenen Bilder zu verwirklichen.

# 6

## Durch Aufmerksamkeit zum Erfolg

Diese Woche geht es um Aufmerksamkeit und Konzentration. Beide sind von absolut zentraler Bedeutung, weil Aufmerksamkeit Energie nach sich zieht und gleichbedeutend mit ‚Bewußtseinserweiterung‘ ist. Konzentration bedeutet, sich auf ein bestimmtes Ziel ‚einzuschießen‘ und ihm die volle Aufmerksamkeit zu schenken, was bedeutet, daß wir automatisch andere Angelegenheiten ausschließen.

Noch einmal: Wenn sich ein beharrlicher Gedankengang auf eine Sache richtet, schließen wir automatisch andere Gedanken aus. Das, was aus unserem Bewußtsein schwindet, schwindet auch aus unserem Leben, genauso wie das, was wir in unser Bewußtsein lassen, sich dann auch in unserem Leben zeigt.

Ein Gedanke ist aktive Energie. Ein konzentrierter Gedanke ist konzentrierte Energie, nur mit einem weitaus höheren Wirkungsgrad. Dieser Gedanke - und wir mit ihm - muß harmonisch sein, systematisch und konstruktiv. Er muß im Einklang mit der Vorwärtsbewegung des Großen Ganzen sein. Sender und Empfänger müssen auf der gleichen Frequenz schwingen, damit es zu einer Resonanz kommen kann, zu einer Verwirklichung im Außen. Du hast schon viele Male davon gehört, z.B. daß Soldaten nicht im Gleichschritt über eine Brücke gehen sollen, oder eine Opernsängerin ein Glas zerspringen lassen kann, wenn sie die Eigenfrequenz des Glases trifft. Resonanz heißt wortwörtlich

Wiedererklingen oder Wiederhallen, was nichts anderes bedeutet als daß ich mehr davon bekomme. Dabei spielt die Polarität keine Rolle. Du erlebst durch negative Gedanken negative Auswirkungen, denn diese Gedanken sind Dein – sie sind Deine Schöpfung. Nur hat das zur Folge, daß Du Dich währenddessen selbst zu Grunde richtest, und das ist wahrlich nicht der Sinn der Sache.

Da Energie der Aufmerksamkeit folgt, ist es bei negativen oder unerwünschten Denk- oder Verhaltensweisen besonders wichtig, daß wir ihnen durch unsere Bewußtwerdung keine Aufmerksamkeit mehr schenken, sondern unseren Fokus auf das richten, von dem wir mehr haben wollen. Bedenke, daß wir dem Unterbewußtsein ein neues Muster aufprägen müssen, daß der flüchtige Gedanke oder die Idee zur Gewohnheit werden muß, dann automatisch und schließlich zu uns selbst. Er muß raus aus dem Kopf, raus aus den Gedanken und rein ins Unterbewußtsein, da, wo wir ihn haben wollen, damit das Unterbewußtsein sich ans Werk der Verwirklichung machen kann und währenddessen nicht durch Selbstzweifel gestört wird. Wenn diese noch bestehen sollten, rate ich, nochmal zu Kapitel 4 zurück zu kehren und wirklich die Natur Deines wahren ‚Ich‘ zu begreifen und zu verinnerlichen.

Solange wir noch über etwas nachdenken müssen, sind wir noch nicht dazu geworden, und solange das noch nicht stattgefunden hat, läßt auch die Verwirklichung im Außen auf sich warten. Das bedeutet, daß wir üben müssen, üben, üben und nochmals üben, bis wir es perfekt beherrschen und vergessen können. Eine Aufgabe, die Zeit, Bewußtheit und Konzentration bedarf, an deren Ende aber all das steht, was wir uns im Leben wünschen.

## ÜBUNG

Nachdem wir uns in der letzten Woche an ein Ereignis aus der Vergangenheit erinnert haben, geht es in dieser Woche darum, ein Foto mit all seinen Details zu betrachten, es dann zu bedecken und diese Details wieder vor unser geistiges Auge zu holen. Der Sinn der Übung besteht darin, daß wir uns dessen bewußt werden, was ich gerne mit Graustufen bezeichne. Sie sind das, was zwischen Schwarz und Weiß liegt. Sie sind die Details, derer wir uns bewußt werden müssen. Aufmerksamkeit führt zu genau dieser Detailerkennung. Diese ist nichts anderes als eine erhöhte Informationsaufnahme, und diese ist uns dienlich, Muster zu erkennen, Gewißheit zu bekommen, aus der dann eine innere

Ruhe entsteht, welche uns zu intelligenten Entscheidungen führt, denn ohne diese Ruhe, diese Stille, diese Überlegenheit im wahrsten Sinne des Wortes, können keine intelligenten Entscheidungen getroffen werden.

Also, werde Dir der Details dieses Fotos (von Dir) bewußt und lerne Dich dadurch besser kennen - die Kurven und die Kanten. In der nächsten Woche wird die Übung etwas umfangreicher, denn dann schreiten wir aktiv ein, um etwas zu erschaffen, was vorher noch nicht vorhanden war.

## AUFGABEN

1.  Schreibe hier auf, wie sich Deine Aufmerksamkeit und Konzentration in dieser Woche verbessert hat.

    .............................................................................................

    .............................................................................................

    .............................................................................................

    .............................................................................................

    .............................................................................................

2.  Beantworte Dir so oft wie möglich die folgenden Fragen:

    - ✓ Was habe ich heute gemacht?
    - ✓ Was kann ich daran verbessern?
    - ✓ Wer kann mir dabei helfen?
    - ✓ Wann werde ich es vollenden?

3.  Schreibe die 3 wichtigsten Dinge auf, die Du von diesem Teil gelernt hast

    1. ........................................................................................

    2. ........................................................................................

    3. ........................................................................................

4.  Schreibe auf, warum Du jede Woche die Übungen gewissenhaft durch-führst.

    .............................................................................................

    .............................................................................................

    .............................................................................................

77

5. Schreibe auf, warum der Gedanke konstruktiv und kreativ sein muß.

........................................................................................

........................................................................................

6. Kreuze an, welche der untenstehenden Taten oder Handlungen Du diese Woche unternommen hast oder welche eingetreten sind:
   ☐ Eine andere Person hat ihr Verhalten mir gegenüber geändert.
   ☐ Ich bin einer nicht-wünschenswerten Situation gegenüber gelassener gewesen.
   ☐ Ich habe mir vor einer Entscheidung überlegt, welches Resultat daraus entstehen würde.
   ☐ Ich habe die Meinung eines anderen Menschen als diese erkannt und nicht mit mir assoziiert.
   ☐ Ich habe erkannt, daß Aufmerksamkeit mit einer erhöhten Informationsaufnahme gleichgestellt werden kann, beides aber vollkommen wertneutral ist.
   ☐ Ich habe einem anderen Menschen eine unerwartete Freude gemacht.
   ☐ Mein Atmen wird zunehmend tiefer, länger und gleichmäßiger.
   ☐ Ich bin mir meiner Einheit mit dem Universellen besonders bewußt geworden.
   ☐ Ich habe besonders auf mein Ess- und Trinkverhalten geachtet.
   ☐ Ich habe meine körperliche Ertüchtigung meiner geistigen angepaßt.
   ☐ Ich zeige im Stillen, aber auch öffentlich meine zunehmende Dankbarkeit.

7. Schreibe auf, warum es so wichtig ist, sich zurückzuziehen, in die Stille zu gehen.

........................................................................................

........................................................................................

........................................................................................

8. Schreibe auf, warum die Möglichkeiten als Individuum unerschöpflich sind.

........................................................................................

........................................................................................

........................................................................................

9.  Schreibe hier ein Ziel oder einen Wunsch auf, den Du verwirklichen möchtest. Schreibe auch auf, was Dich noch von der Erfüllung abhält, aber auch, wer oder was Dir in Zukunft dabei helfen wird.

......................................................................................

......................................................................................

......................................................................................

......................................................................................

## DU HAST DIESEN TEIL GEMEISTERT...

- wenn Du verstanden hast, daß Entwicklungen stufenweise vorangehen und alles seine Zeit braucht, um sich dauerhaft und zuverlässig darzustellen.
- wenn Du begriffen hast, daß Du moralische Reinheit erlangen mußt, um Erfolge zu erzielen, die von dauerhafter Natur sind.
- wenn Dein Glaube an das, was Du zu erreichen wünschst, stark und unveränderlich ist.
- wenn Du Deine Aufmerksamkeit immer öfter bewußt in eine von Dir gewünschte Richtung lenken kannst.
- wenn Du Dir ein Bild anschauen und Dir die Details dann wieder vor Dein geistiges Auge holen kannst, d.h. Deine Vorstellungskraft noch ein wenige mehr geschult hast.
- wenn Du verstanden hast, daß Du lediglich ein Kanal des Universellen bist, welches sich Durch dich ausdrückt und Du durch Dein Denken über die Qualität des Ausdrucks entscheidest.
- wenn Du Dir bewußt geworden bist, daß Du Dich mit wohlhabenden, gesunden und liebevollen Menschen umgeben mußt, um mehr davon in Dein Leben zu ziehen.

## NOTIZEN

..................................................................................

..................................................................................

..................................................................................

..................................................................................

..................................................................................

..................................................................................

..................................................................................

## KOMMENTAR

Das größte Wohl für die größte Menge deutet hier bereits darauf hin, daß Dein Denken weit über Dich und Deine eigenen Bedürfnisse hinaus ausgerichtet werden muß. Großartiger Dienst an anderen führt zu einem großartigen Dienst an Dir. Das, was Du gibst, kommt zu Dir zurück. Dazu ist es unabdingbar, daß Du geistig, moralisch und körperlich rein bist. Ganz gleich, welche Hilfsmittel Du dafür in Anspruch nimmst, es bedarf zunächst Deiner Absicht, diese Reinheit zu erreichen. Wenn Du die Absicht hast, entsteht daraus der Wille, auch die entsprechenden Schritte zu unternehmen.

Du mußt, wie in Kapitel 3 gelernt, Deinen Solarplexus zum Leben erwecken. Dieses Erwecken findet wiederum durch Deine geistige Inanspruchnahme statt. Du strahlst dann schließlich eine magnetische Kraft aus, die andere nicht nur anziehend finden, sondern die sich auch dahingehend auswirkt, daß andere Dir zuarbeiten. Das erleichtert Deine Arbeit ungemein und eröffnet Dir vollkommen neue Möglichkeiten.

1.     ... weil wir verstandesgemäß dazu gar nicht in der Lage sind. Das, was wir verstehen können, reicht aus, um uns in den Zustand der Freude, der Dankbarkeit und des Vertrauens zu versetzen, daß immer für uns gesorgt ist, was aber nicht heißt, untätig zu werden - ganz im Gegenteil!

2.     Es gibt prinzipiell nichts, was nicht göttlich ist. Es gibt für Dich als Menschen aber dennoch etwas, was Dir dienlich und was Dir nicht dienlich ist. Dein Bewußtsein ist es, welches Dich in die Lage versetzt zu unterscheiden. Alles hat seine Funktion, was aber noch lange nicht bedeutet, daß Du sie Dir auch zu eigen machen mußt.

Bei manchen Dingen reicht es zu erkennen, daß man sich mit dieser Energie oder Qualität nicht länger befassen möchte.

3.     Übersetzt bedeutet das für Dich, daß das Resultat Deines Denkens davon abhängt, worauf Du es lenkst. Genau wie bei der Elektrizität kannst Du dabei getötet werden oder in den Genuß zahlreicher Wohltaten kommen.

4.     Durch Dein Denken wirkst Du auf die universelle Substanz ein und bringst sie durch das Gesetz der Anziehung dazu, sich in Form darzustellen.

5.     Du wirst gleich sehen, daß Haanel hier auf das Denken hinaus will. Denken ist der Mechanismus. Wird dieser richtig eingesetzt, vollbringt er Wunder. Das ist für jeden ersichtlich, der sich die Mühe macht, Dinge genau zu beobachten und unter die Oberfläche zu schauen. Wie Haanel später sagt: *,Das Leben verteilt die größten Preise an die Denker.'*

6.     Haanel spricht hier natürlich von Radiowellen, im Nebensatz aber von Gehirnwellen, die wir immer mehr erforschen und deren Funktion und Auswirkung wir uns immer mehr bewußt werden.

7.     Würde Charles Haanel in der heutigen Zeit leben, hätte er allergrößte Freude an den Entdeckungen, die im Bereich von Gehirnwellen, Magnetresonanztherapie etc gemacht wurden. Unser Befassen mit dieser Thematik führt dazu, daß wir neue Erkenntnissen erlangen, die uns helfen, uns selbst zu verstehen. Es ist selbstredend, daß dieser Bereich noch lange nicht ausgeschöpft ist. In der Zukunft werden wir die

Gedankenkraft verstärkt direkt anzapfen und damit Ergebnisse erzielen, die vor 50 Jahren noch undenkbar waren.

8. Sehr einfach zu übersehen, aber von grundlegender Bedeutung sind hier die Worte ‚näher untersuchen'. Genau das ist es, was zu neuen Entdeckungen führt, welche durch ihre Besonderheit einen höheren Wert haben als etwas allgemein Bekanntes.

9. Diesen Abschnitt lohnt es, mehrere Male zu lesen. Nicht nur muß Deine Absicht in Übereinstimmung mit Deinem Wesen sein, sondern auch der Glaube stark, bis er schließlich Wissen und Erfahrung Platz macht.

10. Das ist wichtig zu verstehen, denn Du bist nur für das empfänglich, für das Du auch ausgestattet bist. Wenn z.B. in eine Hundepfeife geblasen wird, hörst Du nichts, der Hund aber schon. Du hast kein Bewußtsein für diese hohen Frequenzen, dementsprechend auch keinen Nutzen.

11. Anders ausgedrückt bedeutet es auch, daß nirgendwo geschrieben steht, was Du denken mußt. Es steht Dir jederzeit frei, neue Gedanken zu denken und durch Wiederholung zur Gewohnheit zu machen. Du bist ‚Schöpfer und Zerstörer', wie Hermann Hesse so schön schrieb.

Wissenschaftlich wurde bereits nachgewiesen, daß alte synaptische Verbindungen im Gehirn aufgelöst und neue erschaffen werden können. Wie Du bereits weißt, schwindet Macht durch Nichtgebrauch und wächst durch Gebrauch. Was Du geistig gebrauchst, d.h. in Anspruch nimmst, wird stärker, eben weil sich zusätz-liche synaptische Verbindungen bilden, die Dir dann mittels Deiner Sinne das wider-spiegeln, was Deiner vorherrschenden Geisteshaltung entspricht.

12. Die Nerven sind dabei lediglich der Über-tragungsmechanismus. Die Interpretation dieser Signale findet im Gehirn statt, wo sie durch bestimmte Techniken aber auch abgeändert werden kann. Die Realität ist also keineswegs fix und unveränderlich.

13. Hier möchte ich auf Haanels Buch ‚Die erstaunlichen Geheimnisse der Yogis' (2009, Inspired Mind Verlag, ISBN: 978-3-89682-602-2) hinweisen, denn entlang der Wirbelsäule befinden sich laut vedischer Überlieferung die sogenannten Chakras (Chakra bedeutet ‚Rad' in Sanskrit), energetische Lichtwirbel, die kosmische Information heruntertransformieren und so für den Menschen nutzbar werden. Die Chakras sind in ihrer Qualität aufsteigend, vom Wurzelchakra am Steißbein bis hin zum Scheitelchakra auf der Schädeldecke. Der ‚erleuchtete' Mensch achtet darauf, daß alle Chakras gleichmäßig funktionieren, denn die Kette ist bekanntlich nur so stark wie das schwächste Glied.

Jedes Chakra hat eine eigene Farbe, einen Ton, eine Qualität, einen Planeten, eine endokrine Drüse, einen Duft, sogar eine Tarotkarte. So stehen Dir wieder zahlreiche Möglichkeiten zur Verfügung, Deine Chakras auszubalancieren. Das geht einher mit entsprechender Atmung. Auch darüber schreibt Haanel im oben genannten Buch, ebenso wie über feine Nervenkanäle, Ida, Pingala und Sushumna genannt, in denen durch bestimmte Atemtechniken Energie zum Fließen gebracht wird und die der Verwirklichung von Dingen oder Zuständen hilfreich sind.

14. Was Haanel damit aussagen will, ist folgendes: Je besser Du Dich selbst und den schöpferischen Prozeß verstehst, desto größer sind die Möglichkeiten, Dein Leben in die von Dir gewünschte Richtung zu leiten. Je höher Dein Bewußtsein, desto größer Dein Handlungsspielraum und letzten Endes auch Deine Kraft.

15. Deshalb ‚sind' Gedanken auch keine Dinge, sondern ‚werden' zu Dingen. Das Unterbewußtsein ist der Ort der Verwirklichung, während der Verstand (Dein Verständnis) über die Qualität der Impulse bestimmt. Es ist ein eingebauter Sicherheitsmechanismus, der verhindert, daß der Gedanke unmittelbar Wirklichkeit wird. Das ist vor allem dann äußerst nützlich, wenn der Anwender unerfahren und unstet in der Qualität seiner Gedanken ist. Nun aber ändert sich aus irgendeinem Grund die Zeitqualität, so daß es mit der Verwirklichung schneller geht. Um so vorsichtiger und auf der Hut müssen wir sein, was die Art und Qualität unserer Gedanken anbelangt.

16. Deine Zellen verfügen über ausreichend Intelligenz, daß sie erkennen, was für sie von Nutzen ist und was nicht. Dazu bedarf es keiner menschenähnlichen Unterscheidungsgabe, sondern lediglich einer harmonischen Resonanz. Wenn Du also lebensrichtige Signale an Dein System weiterleitest, werden die Zellen entsprechend darauf reagieren. So hast Du letztendlich viel mehr Einfluß auf Deinen Körper als Du Dir vor kurzem vielleicht noch eingestanden hättest.

17. Diese Aussage zeigt deutlich, daß das hier vermittelte Wissen universelle Anwendbarkeit hat, u.a. auch in der Geschäftswelt, wo klares Denken, ausgeprägtes Urteilsvermögen und Einsicht genau so bedeutsam sind, wie Vertrauen in die eigenen Fähigkeiten und die der Mitarbeiter.

18. ... und das deswegen, weil die durch vorgenannte Innenschau erlangte Intelligenz es geradezu ausschließt, sich durch Gedanken, Worte und Taten lebenswidrig zu äußern. Das Endresultat muß also im Einklang mit der Vorwärtsbewegung des Großen Ganzen sein: Systematisch, geordnet, schön, wohlwollend und somit liebevoll.

19. Der erste Satz ist einer der Kernsätze des Master Key Systems. Aufmerksamkeit und Konzentration führen zum Erkennen von (oftmals wertvollen) Details, die Dir andernfalls nicht aufgefallen wären. Hier schließt sich der Kreis wieder, da das Erkennen und lebensrichtige Verarbeiten von Informationen das ist, was ein höheres Bewußtsein ausmacht.

20. Aufmerksamkeit führt zu Beobachtung. Beobachtung führt zu Gewahrsein. Gewahrsein impliziert eine neutrale Haltung den Geschehnissen gegenüber. Eine neutrale Haltung führt zu innerer Ruhe und Gelassenheit. Das wiederum befähigt Dich, intelligente Entscheidungen zu treffen.

21. Das ist ‚harte' Arbeit, da Du in den vorausgegangenen Übungen bereits festgestellt hast, wie schwer es sein kann - aber nicht unbedingt sein muß - seine Gedanken auf eine bestimmte Sache auszurichten. Immer

wieder schweifen sie ab, weil Dir etwas Neues ‚in den Sinn‘ kommt. Immer wieder mußt Du Dich korrigieren. Aber auch hier lohnt es sich beharrlich dabei zu bleiben, denn es wird mit der Zeit immer leichter.

22. Auch hier wird deutlich wie wichtig es ist, beständig zu bleiben. Es gibt zahlreiche Hilfsmittel, die es dem Studenten vereinfachen, sich zu konzentrieren. Diese findest Du auf meiner Webseite MrMasterKey.com unter ‚Produktempfehlungen‘.

23. Wenn Du hier in Kapitel 6 angelangt bist, die Übungen aber noch nicht durchgeführt hast, dann solltest Du das jetzt umgehend nachholen, denn die Übungen sind es, die Dir die Befähigung geben, Neues zu denken, Dir Neues vorzustellen, gleichzeitig aber auch den Mut zu entwickeln, diese Vorstellung auch in die Wirklichkeit umzusetzen.

24. Die Übung dieser Woche stellt neue Ansprüche. Während die Übung der letzten Woche eine passive Visualisierung beinhaltete, geht es dieses Mal einen Schritt weiter. Jetzt prägst Du Dir die Details eines Bildes ein, um sie anschließend wieder vor Dein geistiges Auge zu führen.

25. Die Übungen der ersten fünf Wochen trugen in einem großen Maße zur Vorbereitung des Bodens bei. Körperliche und gedankliche Kontrolle und Entspannung sind Voraussetzung für das Schaffen neuer geistiger Bilder mittels Visualisierung. Dann ist es natürlich klar, daß Du Dir Bilder schaffen willst, die in Dir angenehme Gefühle hervorrufen, was zum Teil auch die Übung der letzten Woche erklärt.

26. ... und dadurch zum Meister sowohl über Deinen Verstand als auch Deinen Körper zu werden, d.h. Dein Wesen zu beherrschen, anstatt von ihm beherrscht zu werden.

27. Nicht nur große Finanziers tun das, sondern so ziemlich alle, die eigene Gedanken denken und die Großes schaffen wollen. Die Stille aufzusuchen ist unabdingbar, denn nur dort – so Haanel – kommen wir in Kontakt mit der Allmacht.

Du wirst von nun an regelmäßig die Stille aufsuchen, ganz gleich, wie diese sich für Dich präsentiert. Dort wirst Du die wahre Macht und Kraft entwickeln, den Mut und das Vertrauen, auch scheinbar schwierige Projekte anzugehen und erfolgreich abzuschließen.

28. Hier befindet ein offensichtlicher Hinweis darauf, die Nähe der Menschen zu suchen, die bereits erlangt haben, was Du noch willst. Mit dem veränderten Denken ändert sich auch Dein Freundeskreis. Das geschieht nicht aus Böswilligkeit oder Überlegenheit, sondern ist das Resultat Deiner neuen geistigen Einstellung. Du wirst mit vielen Menschen nicht mehr auf derselben Wellenlänge sein. Dafür gehst Du aber mit denjenigen in Resonanz, die ähnlich denken wie Du. Dieser Vorgang ist vollkommen normal.

29. Oft ist es leider so, daß der Mensch zu klein denkt; daß er von zuhause oder durch Institutionen Informationen eingeflößt bekommen hat, die dazu geführt haben, sich unter Wert zu verkaufen. So tief wie diese Glaubenssätze auch verankert sein mögen, das Master Key System liefert eine

Methode, mit der sie aufgelöst werden können. Es bietet dazu noch die intellektuelle Grundlage, auf der die dann folgenden neuen Gedankenkonstrukte, verbalen Äußerungen und praktischen Handlungen aufbauen.

30. Denken ist nicht dasselbe wie Gedanken haben. Gedanken haben wir alle und zu jeder Zeit, aber es gilt sich daran zu erinnern, daß Denken systematisch, bewußt und konstruktiv geleitet werden muß, um etwas zu erreichen. Der Grund dafür liegt darin, daß ein entsprechendes Maß an Energie (Aufmerksamkeit, Konzentration,...) hinzugefügt werden muß, um einen Abdruck im Unterbewußtsein zu hinterlassen. Nur dann kann die Verwirklichung unserer Wünsche und Sehnsüchte zuverlässig erfolgen.

31. ‚...immer zuerst das Geistige, dann die Umwandlung in die unendlichen und grenzenlosen Möglichkeiten des Erreichens.‘ Wenn Du diese Aussage verstanden hast, wird sich Dein gesamtes Weltbild ändern, denn Du wirst Dich nicht länger von materiellen Erscheinungen täuschen lassen. Du hast nun verstanden, daß sie das Ergebnis geistiger Vorgänge und somit jederzeit wandelbar sind.

32. Bedenke, daß es dem Universellen grundsätzlich gleichgültig ist, wie Du Dich als Kanal ausdrückst - es will sich lediglich erfahren. Es entledigt sich aber aufgrund eines nachvollziehbaren Lebensprinzips schrittweise aller Konstrukte, Elemente und Wesen, die der steten Vorwärtsbewegung des Großen Ganzen im Wege stehen. Das geschieht übrigens nicht aus Böswilligkeit oder Laune, sondern weil es gar nicht anders geht. All das, was nicht funktioniert oder eine Rolle erfüllt, wird mit der Zeit ausgesondert und in den Schmelztiegel der Schöpfung geworfen, um in anderer Form wieder zu erscheinen. Für Dich heißt das: Du kannst frei entscheiden, in welche Richtung Du schöpferisch tätig werden willst. Das Resultat Deiner Tätigkeit richtet sich aber nach unveränderlichem Gesetz. Wenn du verstanden hast, daß es bei Deinem Leben darum geht, die höchste Schöpferkraft darzustellen – den Gott im Menschen sozusagen – dann gibt es für Dich auch nur noch eine Richtung, in die Du schreitest. Es ist, wie Baird Spalding schrieb, die demütige und dennoch allmächtige Erklärung, daß der Gott in Dir hervortritt, angefangen mit Gedanken, gefolgt von Gefühlen, Worten und Handlungen.

33. Die fundamentalen Prinzipien, von denen Haanel hier spricht, bestehen aus Idealisierung, Visualisierung und Konzentration, aufbauend auf einem Wissensfundament, welches sicherstellt, daß die schöpferischen Kräfte des Geistes auch wohltuend eingesetzt werden.

34. Haanel verweist hier auf die alteingesessenen und etablierten Strukturen, die vormals das Wissen für sich behalten haben. Was auch immer der Grund dafür gewesen sein mag, nun durchdringt dieses Wissen alle Bevölkerungsschichten, muß von diesen aber auch entsprechend anerkannt, geehrt, in Anspruch genommen und praktisch angewandt werden.

# 7

## Die Macht der Vorstellungskraft

Die Macht der Vorstellungskraft, gewöhnlich auch ,Phantasie' genannt, ist das Bindeglied zwischen Dir und dem Unendlichen. Über sie zapfst Du das Feinstoffliche an - das Göttliche - und holst Dir Dinge vor Dein geistiges Auge, die dann Wirklichkeit werden, wenn Du ihnen die entsprechende Energie zukommen läßt. Dann bist Du zu einem bewußten Kanal geworden, durch den sich das Universelle ausdrückt - dann lebst Du im Einklang mit der Schöpfung.

Über Aufmerksamkeit und Konzentration schaffst Du Dir überschwängliche, großartige, harmonische und liebevolle Bilder. Diese entstammen dem Geist – Gott, dem leitenden Prinzip, dem Universellen Bewußtsein – und treten bei Dir erstmals in Form von Licht auf. Licht ist in Bezug auf das Bewußtsein schon viel niederfrequenter und dichter und der Verwirklichung schon sehr viel näher. Über die nächsten Wochen lernst Du, wie dieses Feinstoffliche ,vergrobstofflicht' werden kann, u.a. durch eine harmonische Sprache und dann - ganz wichtig - durch die Deiner Geisteshaltung entsprechenden Handlungen.

Wichtig zu wissen ist, daß dieser Ablauf systematisch ist. Systematisch heißt, daß es eine sich wiederholende Abfolge gibt, die in sich schlüssig ist. Aufgrund dessen bedarf es auch eines geringeren Energieaufwands, um etwas zu erreichen. Die Schritte sehen wie folgt aus:

1. Idealisierung
*Glauben*

2. Visualisierung

3. Sprechen

4. Fühlen
*Vertrauen*

5. Handeln
*Wissen*

Die ersten beiden Schritte machen auf Anhieb Sinn. Erst brauchst Du ein Ideal - ein Ziel, das es zu erreichen gilt. Dieses Ideal ist grob umrissen und heißt z.B. ‚Ich BIN gesund'. Die Visualisierung versieht es dann mit weiteren Details. Das Fühlen erwirkt in Deinem Körper die entsprechenden biochemischen Reaktionen in Form von hormonellen Ausschüttungen, und das ist Dein Leben, Deine Realität. Mit dem Gefühl kommt der verbale Ausdruck, und Menschen werden Dich fragen, warum Du so gut drauf bist und Dich so verändert hast. Wenn Du dann darüber sprichst, geht das fast automatisch ins Tun über, auch wenn bis dahin einiges an Zeit vergehen kann - aber nicht muß. Vor allem wenn Du große Ziele erreichen willst, geht das nicht ohne Hilfe anderer, und um diese zur Mitwirkung oder Mithilfe zu bekommen, mußt Du Dich klar und deutlich ausdrücken. Somit wird eine effektive Kommunikation unabdingbar.

Den Glauben mußt Du haben, weil das Gefühl selber ja noch nicht zur Materialisierung führt. Wenn Du glaubst, daß es Dir bereits gegeben wurde, und das Vertrauen besitzt, daß all das auch funktioniert, kann es letztendlich zum Wissen kommen. Wenn es sich verwirklicht hat, mußt Du nicht mehr daran glauben – dann weißt Du es! Das Schöne daran ist, daß Du nicht vom Glauben abfällst, sondern ihn Dir konsequent zunutze machst, um wieder etwas aus dem Feinstofflichen ins Grobstoffliche zu holen, wieder etwas zu verwirklichen und wieder zum Wissen zu kommen.

Nochmal in Kürze: Zuerst schaffst Du Dir das Ideal. Dieses ist unanfechtbar, weil es nur mit Dir und nichts mit anderen zu tun hat. Es ist die großartigste Version dessen, was Du Dir vorstellen kannst. Nimm dir entsprechend Zeit für das Erschaffen dieser Bilder.

Dann kommt die Visualisierung. Hier versiehst Du das Ideal mit Details, malst es so genau wie möglich aus. All das passiert im Geiste mittels Deiner Gedanken, Deiner Aufmerksamkeit und Konzentration.

Nun, da das Bild existiert und voller Details ist, gibst Du ihm Gefühl. Charles Haanel sagt, daß Gedanken ohne Gefühle kalt sind. Deshalb müssen wir uns in dieses Bild – diese Idealsituation – hineinversetzen und in all seinen Varianten und Kombinationen vor unserem geistigen Auge erschaffen und uns so fühlen als wäre es schon Wirklichkeit. Der Schlüssel dazu liegt bekanntlicherweise in der Freude, die diese Bilder in Dir erzeugen.

Daraus ergibt sich ein Vertrauen, denn wenn Du es bereits gefühlt hast, besteht es ja - es ist Wirklichkeit. Obwohl es noch im geistigen, hochfrequenten Bereich existiert, besteht nun kein Zweifel mehr an der Verwirklichung. Dadurch entwickelst Du den Glauben, daß es Dir bereits gegeben wurde, und DIESER wird sich dann als Endresultat zeigen, WENN Du ihn zur Gewohnheit machst, WENN Du ihn dem Unterbewußtsein aufprägst und so dazu wirst. Dann wirkt das Gesetz der Anziehung, DANN wird das Wort Fleisch. Dann mußt Du nicht mehr glauben, dann WEISST Du!

Ist es nicht schön zu sehen, wie sich die Entwicklung Deiner Phantasie/ Vorstellungskraft so systematisch und jederzeit wiederholbar auf Dein Leben auswirkt? Wenn Du den Mechanismus gefunden hast, das ‚Große Ganze' anzu- zapfen, dann gibt es wirklich kein Zurück mehr, denn dann entwickelst Du das Vertrauen, die Zuversicht und den Tatendrang, welche Dich voranschreiten und Wunder vollbringen lassen.

Kapitel 7 ist die logische Fortführung dessen, was Du in den Kapiteln 1-6 gelernt hast. Da Du nun weißt, wie der Mechanismus funktioniert, wende ihn gleich an. Es bedarf aber Übung und noch mehr Übung - diese schafft Gewohnheiten und verändert das Unterbewußtsein.

## ÜBUNG

Die Übung dieser Woche dreht sich um das geistige Verändern eines Bildes, einer Situation, die tatsächlich stattgefunden hat. Das heißt, daß Du hier erstmals bewußt schöpferisch tätig wirst, indem Du Dir die Person anders vorstellst als sie beim letzten Mal war. Du siehst sie reagieren, lachen oder sich irgendwie äußern. Das ist besonders wichtig, denn diese Änderung im Verhalten der Person zeigt Dir, daß Du schöpferische Fähigkeiten hast und durch Deine Vorstellungskraft etwas in der Qualität verändern kannst. Selbiges willst Du ja auch in Deinem Leben schaffen, und da hilft Dir diese Übung, es erst mal mit einem Freund zu versuchen. Das Prinzip ist aber dasselbe, denn es gilt die negativen Denk- und Verhaltensweisen gegen positive auszutauschen und diese zur Gewohnheit zu machen.

Bezüglich der Entwicklung der Phantasie und Vorstellungskraft gibt es keinerlei Grenzen. Verbringe entsprechend Zeit mit diesem Thema, denn aus der Großartigkeit Deiner Gedanken entsteht Deine großartige Zukunft!

## AUFGABEN

1.  Schreibe auf, auf welche Art und Weise Du Dir aus den unendlichen Möglichkeiten diejenigen anziehen kannst, die Du zum Erreichen Deines höchsten Gutes benötigst.

2.  Beantworte Dir so oft wie möglich die folgenden Fragen:

    ✓   Was habe ich heute gemacht?
    ✓   Was kann ich daran verbessern?
    ✓   Wer kann mir dabei helfen?
    ✓   Wann werde ich es vollenden?

3.  Schreibe die 4 Schritte zur Verwirklichung einer jeden Angelegenheit auf:
    1.
    2.
    3.
    4.

4.  Schreibe auf, warum das von Dir geschaffene Bild klar und genau sein muß.

    ........................................................

    ........................................................

5.  Wille, Gedanke und Gefühl verhalten sich zueinander wie Verlangen, Erwartung und Wunsch. Was steckt dahinter?

    ........................................................

    ........................................................

6.  Kreuze an, welche der untenstehenden Taten oder Handlungen Du diese Woche unternommen hast oder welche eingetreten sind:
    - ☐ Eine andere Person hat ihr Verhalten mir gegenüber geändert.
    - ☐ Ich bin einer nicht-wünschenswerten Situation gegenüber gelassener gewesen.
    - ☐ Ich habe mir vor einer Entscheidung überlegt, welches Resultat daraus entstehen würde.
    - ☐ Ich habe die Meinung eines anderen Menschen als diese erkannt und nicht mit mir assoziiert.
    - ☐ Mein Atem wird zunehmend tiefer, länger und regelmäßiger.
    - ☐ Ich habe mir erneut Dinge vorstellen können, die für mich vor kurzem noch undenkbar gewesen wären.
    - ☐ Meine Ess- und Trinkgewohnheiten haben sich seit Beginn des Studiums stark verbessert.
    - ☐ Ich bewege mich regelmäßig und sage dabei meine Affirmationen auf, so daß in mir Freude und Verzückung entsteht.
    - ☐ Ich bin zunehmend dankbar für all das Schöne, was mir tagtäglich im Leben auffällt.

7.  Schreibe auf, warum Du Dich nicht mehr mit äußeren Angelegenheiten abgibst.

    ........................................................

    ........................................................

8.  Was ist das richtige Prinzip zum Erreichen all dessen, was man sich im Leben wünscht?

    ........................................................

89

9. Warum hast Du in diesem Teil gelernt, Dein Selbst auszudrücken und Deine Individualität zu zeigen?

........................................................................

........................................................................

........................................................................

10. Verweile ein wenig auf dem Wort "Vorstellungskraft" und versuche, Dich in sein Wesen und seine Energie zu versetzen.

## LITERATURHINWEIS

 Es gibt zahlreiche Bücher im Bereich der Schulung der Vorstellungskraft. Wenn Du es „antik" magst, gibt es im Antiquariat ein aus dem Jahre 1916 stammendes Buch von F. A. Brecht, *„Die Schulung der Phantasie"*. Dort wirst Du Schritt für Schritt herangeführt und Deine Vorstellungskraft steigt immer mehr an. Das ist sehr wichtig, weil es in den kommenden Wochen immer mehr darum geht, sich etwas vorzustellen, was einem vorher unmöglich erschien.

## DU HAST DIESEN TEIL GEMEISTERT...

- wenn Du verstanden hast, daß sich das Unpersönliche u.a. dadurch auszeichnet, daß es sich selbst nicht bewußt ist.
- wenn Du verstanden hast, daß sich Dir mittels der Visualisierung Wege und Möglichkeiten eröffnen, die Dir Deine neue Marschrichtung vorgeben, welche dann von Dir beschritten werden muß.
- wenn Du Dir im Geiste ein Bild schaffen, es dort plastisch darstellen und verändern, d.h. im Leben geben kannst.
- wenn Du dieses Bild wiederholt im Bewußtsein halten kannst, damit es sich im Unterbewußtsein einprägen kann.
- wenn Du in der Lage bist, ausschließlich Ideale zu erschaffen und keinen Gedanken auf äußere Umstände verschwendest.
- wenn Du Dein ‚Selbst' geltend machst und Dich stark und mutig in Deiner Umwelt behauptest.

# KOMMENTAR

Hier gilt dem Satz, daß das Unpersönliche sich selbst nicht bewußt ist, Deine größte Aufmerksamkeit. In der Domäne des Unterbewußten wird lediglich umgesetzt, schöpferisch als auch zerstörerisch. Der Zweck des Unterbewußtseins ist es, wie Charles Haanel später schreibt, Leben auszudrücken und Umstände allgemein zu verbessern. Deinem Verstand obliegt die wichtige Aufgabe, nur lebensrichtige Gedanken weiterzuleiten. Sollten lebenswidrige Gedanken zu einer vorherrschenden Geisteshaltung führen, werden auch diese vom Unterbewußtsein ausgeführt. Es wird auf dieser Ebene keine weitere Überprüfung vorgenommen.

1.  Visualisierung ist das Ergebnis Deiner Vorstellungskraft, der Kraft, Dir etwas vorzustellen. Diese kann wie alles andere auch geschult und geschärft werden, was unter anderem auch durch die Übungen der kommenden Kapitel stattfindet.

2.  Erinnere Dich daran, daß das Gehirn eine embryonale Welt ist. Dir steht es frei, neue Gedanken zu denken und neue Muster zu erschaffen. Auch wenn Deine Programmierung und Konditionierung Dir zunächst recht enge Schranken setzt, befreist Du Dich zunehmend von ihnen und bist dadurch in der Lage, Dinge zu erschaffen, für die es noch keine Blaupause gibt.

3.  Schwingungstechnisch gesehen ist der Vorgang der materiellen Verwirklichung der einer Frequenzerniedrigung und Dichteerhöhung. Während Deine Gedanken sehr hoch schwingen, sind die ersten geistigen Bilder bereits eine Herabstufung. Wenn Du anschließend das Gefühl der Freude oder Erwartungshaltung erweckst, erfährst Du bereits eine Manifestation auf körperlicher Ebene. Das folgende Verbalisieren ist eine bedeutende Herabstufung in der Frequenz und Erhöhung in der Dichte. Die damit einhergehenden Handlungen führen dann zur Manifestation des gewünschten Objekts, welches in seiner Eigenschaft ‚hoch-dicht‘ und ‚niederfrequent‘ ist.

4.  Das mag vielleicht auch erklären, warum die Welt von wenigen regiert wird, während die große Masse die Befehle der wenigen schlichtweg akzeptiert. Letztere sind nicht bereit, die geistige Arbeit zu verrichten, um dem Schöpfungsprozeß an sich auf die Schliche zu kommen, ihn zu verstehen, zu verinnerlichen und bewußt anzuwenden. So müssen sie geleitet und gesteuert werden, da sie selbst dazu gegenwärtig nicht in der Lage sind. Glücklicherweise verschieben sich die Machtstrukturen aber und immer mehr Menschen finden - auch durch das Master Key System - zu ihrer wahren Macht und Kraft. Somit finden sie auch zu ihrer Verantwortung sich selbst und dem Leben zurück.

5.  So wie das Hochhaus für zahlreiche Menschen und nicht nur den Architekten nützlich ist, muß auch Dein Ideal zum höchsten Nutzen aller sein. Andernfalls wird er sich unweigerlich zu Deinem Nachteil auswirken, auch wenn es auf Anhieb nicht diesen Anschein hat.

6.  Dabei wird Dir helfen, das Hermetische Prinzip der Entsprechung zu verstehen. Ein Sonnenblumensame wird zu einer Sonnenblume und nicht zu einem Apfelbaum. Das bedeutet, daß das Ergebnis immer eine entsprechende Ursache hat, oder anders-

herum, daß die Ursache immer eine (ihr) *ent-sprechende* Wirkung hat. Daher muß Dein Ideal - Dein Ziel - eines sein, welches anderen Menschen hilft (und Dir, weil Du nicht von ihnen getrennt bist) und welches in Einklang mit dem Großen Ganzen ist. Wenn Du solch eine Saat säst, kannst Du Dir des Ergebnisses gewiß sein — es bedarf keiner Zweifel Deinerseits mehr.

7. Das ist besonders wichtig zu verstehen. Die Visualisierung gibt dem Ideal Details. Dadurch werden Dir neue Möglichkeiten aufgezeigt, die Dir bis dato unbekannt waren (daher auch ‚neu'). Diesen gilt es dann zu folgen. Sie bedeuten den schrittweisen Fortschritt in Richtung Vollendung.

   In der täglichen Praxis bedeutet das, genau hinzuschauen und hinzuhören, um Signale aufzunehmen und sie mit Deinem Ideal abzugleichen. Eine unerwartete Offerte; ein ansonsten unbedeutender Nebensatz, irgendwo mal geäußert; ein Hinweis im Internet oder in der Zeitung, und schon bist Du dem Ziel wieder einen Schritt näher. Auch so zeigt sich Aufmerksamkeit im täglichen Leben.

8. Wenn Du religiös geneigt bist, kannst Du ‚*den Großartigen Architekten des Universums*' (die Freimaurer nannten ihn auch ‚den großen Baumeister aller Welten') durch das Wort ‚Gott' ersetzen. Durch das Studium des Master Key Systems entwickelst Du Dich aber zunehmend und bekommst dadurch auch ein sehr viel breiteres Verständnis von ‚Gott', oder dem leitenden Prinzip. Vor allem aber wirst Du nun die heiligen Schriften (aller Religionen) mit ganz anderen Augen lesen und ein ganz anderes Verständnis erlangen,

als es Dir zuvor möglich war. Du wirst zu Deinem eigenen ‚Übersetzer' dieser Schriften und benötigst keine Vermittler dieses Wissens mehr. Das ist ein sehr befreiender und ermächtigender Akt für Menschen auf beiden Seiten des religiösen Spektrums!

9. Es ist etwas Neues, was Du hier erschaffst. Wie bereits erwähnt, werden sich alte Denkmuster auf absehbare Zeit immer wieder einschleichen, aber schrittweise wirst Du in der Lage sein, immer größere und schönere Visionen Deines Lebens zu erschaffen, welches allen Wesenheiten zugute kommt. Selbst wenn Du mit den Ebenen ober- und unterhalb von Dir noch Verständnisschwierigkeiten hast, wisse einfach, daß das, was Du aussendest, zu Dir zurückkehren wird - zurückkehren *muß*!

10. Der durchschnittliche Mensch ist vom Intellekt Teslas weit entfernt. Dennoch kann auch er sich durch beharrliches Üben heranarbeiten. Wirklich verständlich wird das aber erst im Nachhinein, da jetzt noch keine Gehirnzellen existieren, die entsprechende Bilder im Bewußtsein schaffen könnten. Da der Mensch aber der Tempel des lebendigen Gottes ist, kann das durch geistige Inanspruchnahme geändert werden.

11. Das ist bei der Visualisierung von übergeordneter Bedeutung. Du wirst – wie Haanel bereits zu Beginn erwähnte – anfangs Schwierigkeiten haben, Deine Gedanken zu bündeln, aber auch hier stellt sich mit der Zeit und zunehmender Fähigkeit eine Veränderung ein. All das wird Dir am Ende ganz natürlich vorkommen, als wäre es Deine ‚zweite Haut'. Genau diese ist es

auch, obwohl die Idee am Anfang so schwer und unverständlich erschien.

12. Diese Passage erinnert Dich erneut an die zuvor gemachte Anmerkung, daß es darum geht, seine eigenen Gedanken zu denken, anstatt sich das Denken von anderen vorschreiben zu lassen und somit deren Realität wahr werden zu lassen.

Denke Deine eigenen Gedanken! Das meiste von dem, was Du im Außen (!) durch andere Kanäle (Medien, Religion, Politik, ...) wahrnimmst, ist das Resultat des Denkens anderer Menschen. Wenn das, was Du dadurch empfängst, gefällt, dann ist es auch gut so. Sollte das nicht der Fall sein, mußt Du Deine eigenen Gedanken denken, und zwar in der Stille.

13. Eine ganz wichtige Aussage: Du willst Klarheit und Genauigkeit erhalten. Diese können aber nur dann zu Dir kommen, wenn Du das Bild dauerhaft im Bewußtsein hältst. Dort muß es Fuß fassen; dort muß es so lange festgehalten werden, bis es sich im Unterbewußtsein eingeprägt hat und ‚zu Dir‘ geworden ist.

14. Es wird geschätzt, daß das menschliche Gehirn 50-100 Milliarden Neuronen besitzt, von denen 10 Milliarden kortische Pyramidenzellen sind. Diese Zellen tauschen durch etwa 1000 Trillionen synaptische Verbindungen untereinander Signale aus.

15. Hier kommen wir wieder zum Gehirn als embryonale Welt, eine sich gemäß Deiner geistigen Inanspruchnahme entwickelnde Welt. Neue synaptische Verbindungen werden geschaffen, alte getrennt. So erfin-

dest Du Dich als Mensch neu und erschaffst Dir eine Wahrnehmung für alles Schöne und Erhabene.

16. Merke Dir bitte diese Passage in Hinsicht auf die Übung von Kapitel 8, in der es um eine Zurückverfolgung eines materiellen Objekts zu seiner geistigen Ursache geht. Rufe Dir dann in Erinnerung, welche Beziehung zwischen dem materiellen Objekt der Übung und Deinem Körper besteht.

17. ‚Stille Nachfrage‘, ohne Zweifel, ohne Hast, aber dafür mit einer Beharrlichkeit und Selbstverständlichkeit, die Du Dir genau dadurch zueigen machst, daß Du die Dinge in den Bereich des Unterbewußtseins übergibst und dort wirken läßt.

18. Wunsch, Erwartung, Nachfrage. Fragen, antworten, empfangen.

Erinnere Dich daran, daß wenn Du nichts erwartest, sich auch nichts darstellt. Wenn Du die ‚dauerhafte Nachfrage‘ nicht aufrecht erhältst, wird dem Wunsch(-gedanken) nicht die notwendige Energie gegeben, um auf das Unterbewußtsein prägend einzuwirken. Es zeigt dann auch, daß Du nicht wirklich was erwartest, denn wenn Du es tätest, würdest Du die Nachfrage aufrecht erhalten und dem Großen Ganzen zu verstehen geben, daß Du es mit dem Wunsch auch ernst meinst - daß er Dir wirklich am Herzen liegt.

19. Hier erkennst Du, daß dieses Übermenschliche durch Deine geistige Inanspruchnahme und Dein in Einklang bringen mit der Vorwärtsbewegung des Großen Ganzen ‚vermenschlicht‘ werden kann,

denn wie Haanel später schreibt, würde das Universelle einschreiten, wenn es dagegen etwas einzuwenden hätte. ‚*Es kann aber durchaus auf sich selbst aufpassen*‘. Diese Dir gegebene Freiheit kommt mit der Verantwortung, damit auch entsprechend umzugehen. Bedenke, daß das Gesetz von Ursache und Wirkung auch hier gilt.

Durch diese Erkenntnis schwindet eine mögliche Distanz zwischen Dir und dem Unendlichen, weil Du seine Präsenz nun bewußt wahrnimmst und Dich selbst auch als Teil des Ganzen anerkennst, anstatt Dich in Trennung davon zu sehen.

20. Eine sehr wichtige Passage, denn sie weist nochmals darauf hin, daß Du Dich nicht mit Auswirkungen befassen, sondern neue Ursachen setzen sollst. Die Auswirkungen, die Du im Außen (für) wahrnimmst, entsprechen Deinen eigenen ‚Fähigkeiten‘, dafür auch empfänglich zu sein. Sollten Dir diese Auswirkungen nicht gefallen, kommst Du nicht umhin, im Innen neue Ursachen zu setzen – Ursachen, die dann eine entsprechende (gesetzmäßige) Auswirkung nach sich ziehen.

21. ‚*Noble Vorsätze und mutige Taten*‘. Noble Vorsätze, weil sie über die eigenen Bedürfnisse und Erwartungen hinausgehen; mutige Taten, weil es zur Gewohnheit geworden ist, jedes gesteckte Ideal auch konsequent zu verwirklichen.

22. Erinnere Dich hier nochmal an die ‚*noblen Vorsätze*‘. Dein Ideal muß diese beinhalten, damit sich eine entsprechende Wirkung für Dich zeigt. Auch hier ist es eine Frage von Übung und Wiederholung.

23. Hier kommt zum Tragen, was Haanel mit ‚*harter geistiger Arbeit*‘ meint. Es gilt vor allem in solchen Situationen, dem Außen keine übermäßige Aufmerksamkeit zu schenken, denn so akut und unerwünscht wie es sich gerade darstellt, liegt die Lösung dennoch *immer* am anderen Pol. Es kann durch ein Befassen mit Schulden, Krankheit oder ähnlichen Auswirkungen keine Besserung eintreten. Diese geschieht ausschließlich durch eine gedankliche Umorientierung, sozusagen durch eine gedankliche Qualitätsverbesserung, und die findet immer am Gegenpol statt.

24. Das ist eine Deiner Hauptaufgaben: Die stete Konzentration auf das, was Du verwirklichen willst, statt Deiner Sinneswahrnehmung zu folgen, die Dir auf absehbare Zeit Deine alte, vorherrschende Geisteshaltung anzeigt und weiterhin verwirklicht. Es bedarf Vertrauen, Mut und Beharrlichkeit, Glauben, Disziplin und der Fähigkeit, das entsprechende Gefühl der Freude oder Vorfreude in Dir zu erzeugen, um die alten Gedanken und Energien zu ersetzen. Es ist ein schrittweiser Prozeß, um den Du aber nicht herumkommst, wenn sich Dein Leben grundlegend ändern soll.

25. Das Stichwort hier ist ‚*Gewißheit*‘. Das gesamte Master Key System dreht sich darum, Laune, Zufall oder Schicksal durch Gewißheit zu ersetzen, indem man sich der natürlichen Gesetze bewußt wird und sie systematisch einsetzt. Noch einmal: Deine Absicht bestimmt Deine Aufmerksamkeit. Aufmerksamkeit bringt Details hervor, die zunächst einem Nebel gleichen, in dem nichts wirklich hervorsteht. In den nebligen Details erkennst Du dann aber schließlich

Muster, die Dir Gewißheit geben. Gewißheit führt zu innerer Ruhe. Innere Ruhe führt zu intelligenten Entscheidungen. Intelligente Entscheidungen führen ,*zum Besten, was das Leben zu bieten hat*'.

26. Charles Haanel meint damit, daß wenn Du Dir ein Ziel oder Ideal setzt, es konsequent bis zum Ende durchführst und Dich von nichts davon abbringen läßt. Wenn die Saat gesät ist, muß sie ungestört bleiben, um Wurzeln zu fassen. Sie muß die niederen Ebenen durchdringen und sich von ihnen ernähren, um ein solides Fundament zu bilden, auf das schließlich aufgebaut wird. Wenn der Gedanke Lebenskraft beinhaltet, wird er zu sprießen beginnen.

27. Hier ist es wichtig zu verstehen, daß geistig ein Ziel vorgesetzt wird, an dem nicht mehr gerüttelt wird - es ist die gesäte Saat. Handlungstechnisch aber wirst Du zunehmend tatkräftig werden und Dich Deinem Ziel schrittweise nähern. Die Tat ist die Blüte des Gedankens, wie Du in der übernächsten Lektion noch im Detail lernen wirst.

28. Es ist die ewige Wachsamkeit und Achtsamkeit über das, was Du gedanklich, aber auch über Deine fünf Sinne aufnimmst. Der ,*Wächter vor dem Tor*' muß zu jeder Zeit aktiv sein, um zu verhindern, daß sich unerwünschte Gedankenkonstrukte einschleichen.

Hierbei soll aber angemerkt sein, daß das Ganze nicht zu ernst genommen werden soll. Das Leben ist ein Spiel, und ein Spiel soll Spaß machen. Lache darüber, wenn Du Dich bei einem dummen Gedanken, einer Äußerung oder Handlung ertappst. Gehe friedvoll und sanft mit Dir um, und vor allem sei niemals - niemals! - ärgerlich mit Deinem Körper. Ganz gleich, in welchem Zustand er sich gegenwärtig befindet, sende ihm stets Liebe und Verständnis. Tue das vor allem dann, wenn Dir der gegenwärtige Zustand nicht gefällt, aber gehe niemals hart mit ihm ins Gericht, denn das, was Du aussendest, ist das, was Du letzten Endes wieder empfängst.

29. Gedanken sind auch das Feuer, das in Dir entfacht und Dich zu immer neueren und größeren Taten anspornt. Das wiederum hat Auswirkungen auf Deine Umgebung und letztendlich auf die gesamte Menschheit. Hier sei aber nochmals in aller Deutlichkeit erwähnt, daß keine entsprechend schöne und wohlwollende Welt erschaffen werden kann, wenn nicht zunächst schöne und wohlwollende Gedanken erschaffen und zu entsprechenden Bildern umgewandelt werden.

30. Vieles, was neu auf den Markt dringt, wird zunächst verspottet, dann belächelt, um schließlich akzeptiert zu werden, als wäre es das Normalste auf der Welt. Der Grund dafür liegt darin, daß sich Menschen noch keine entsprechenden Gehirnzellen geschaffen haben, die für diese neuen Ideen offen und empfänglich wären. Somit verfallen sie in instinktive, unterbewußte Muster und reagieren ablehnend, teilweise sogar gewalttätig.

31. Nachdem Du die letzten Wochen mit passiven und aktiven Visualisierungen verbracht hast, geht es hier um das schöpferische Visualisieren, denn die zu bewältigende Aufgabe findet ausschließlich vor Deinem geistigen Auge statt. Wenn Du diese Übung meisterst, kannst Du Dir aber

auch nahezu jede andere Person vorstellen,
wie sie auf Deine gedanklichen Impulse
reagiert.

# 8

## Der Wert wahrhaften Denkens

Wenn Dein Denken nicht wahrhaftig ist, was für Resultate erwartest Du dann? Herauszufinden, was diese Wahrheit ist, war ja bereits Aufgabe der vorangegangen Wochen. Hier lernst Du nun, daß Dein Leben das Resultat von Gesetzen ist, nicht das von Launen oder Veränderlichkeiten. Daraus ergibt sich wieder einmal ein wunderbares Gefühl, eine Dankbarkeit an die Schöpfung, ein Schulterklopfen an Dich, denn Du bist es als Individuum, als genialer Teil des Ganzen, durch den sich das Universelle in Form ausdrückt.

Kleine Gedanken oder Selbstverleugnung bringen Dich nicht weiter - sie geben Dir genau das, was im Verhältnis zu Deinen Anstrengungen steht. Genauso verhält es sich mit großartigen Gedanken, die in Einklang mit den Naturgesetzen sind; die harmonisch, konstruktiv und kreativ sind; die wahrhaftig sind, weil sie Prinzip haben, während alles Böse oder Schlechte an sich kein Prinzip hat, sondern lediglich die Abwesenheit des Guten bedeutet. Das Schlechte kann ohne das Gute nicht existieren, das Gute aber wohl ohne das Schlechte, weil das Schlechte zerstört, das Gute wächst und sich entwickelt.

*Lerne, die Tür geschlossen zu halten, halte aus Deinem Geist und Deiner Welt jedes Element fern, das Einlaß sucht ohne Aussicht auf ein eindeutig hilfreiches Ende.*

Immer wieder solltest Du Dir dieses Zitat von George Matthew Adams ins Gedächtnis rufen, denn von Außen versuchen falsche und unerwünschte Schwingungen, Eintritt zu Dir zu erlangen. Halte sie fern, bekämpfe sie aber nicht. Sie fernzuhalten bedeutet, ihnen keine Aufmerksamkeit zu schenken und durch ihr Gegenteil zu ersetzen. Konzentriere Dich also auf das, was Du Dir wünschst - und ausschließlich darauf!

Diese Ausschließlichkeit ist etwas, womit viele kämpfen, weil sie sich immer noch auf ihre Sinneswahrnehmung verlassen. Diese kommt aber mit einer Verzögerung, weil sie Dir das Resultat vergangenen Denkens zeigt, das, womit Du Dich programmiert hast, um es jetzt wahrzunehmen. Was wußtest Du als Baby über Kriege, Porno, Eifersucht? Nichts. Jetzt aber weißt Du etwas darüber, weil Du Rezeptoren dafür erschaffen hast. Nun gilt es, auf dieselbe Weise Rezeptoren für Harmonie, Gesundheit, Liebe und Überfluß zu erschaffen. Das tust Du wie immer durch Deine Aufmerksamkeit, durch Wiederholung und Übung.

Du lernst in diesem Kapitel, daß alle Fehler welche von Ignoranz oder Unwissenheit sind, denn sonst hättest Du Dich damals nicht mit so vielen unnützen Programmen versehen. Das Master Key System lehrt Dich, die Wahrheit zu erkennen und zunutze zu machen. Das macht es so machtvoll, so kraftvoll und so nützlich. Wahrheit ist das, was Prinzip hat, was aus sich heraus wachsen und bestehen kann. Polarität – sprich: Dualität – ist ein integraler Teil davon, weshalb es auch unabdingbar ist, die Bewertung von sogenannten negativen Dingen zu entfernen. Sie sind es, die Dir die Gegensätze aufzeigen und Dich zur Veränderung bringen. So dienen auch sie in diesem ewigen, kosmischen Spiel.

Sie zu kennen heißt aber noch lange nicht, daß wir sie uns zueigen machen müssen. Der wahre Master-Key-System-Student lernt mehr und mehr Distanz zu ihnen zu wahren, gerade weil er sich der Auswirkungen dieser Art von Aufmerksamkeit bewußt ist.

Wo Wahrheit besteht, da haben Falschheit und Lüge keinen Platz mehr. Du wirst in Deinem Leben sehr schnell erkennen, wie sich dieses neue Verständnis ausbreitet. Es bereitet Dir nicht nur neue Einsichten und Erfahrungen, sondern es wird Schritt für Schritt zu Dir - zuerst wird es eine Gewohnheit, dann automatisch und schließlich ,zu Dir'. Dann hat sich ein neues System etabliert und der ursprüngliche Arbeitsaufwand ausgezahlt. Systeme haben die Eigenschaft, mit relativ wenig Energieaufwand sehr viel zu erreichen. Dafür müssen sich aber alle Elemente bestimmten Regeln unterwerfen. Diese Regeln sind es, die Struktur und System ausmachen. In einem negativen Zusammenhang sieht das wie folgt aus: Hast Du eine Spinnenphobie, so reicht allein ihr Anblick aus, um irrational zu reagieren. Hast Du ein Reichtumsbewußtsein, reicht der Anblick eines schönen Autos oder eines herbstlichen Laubbaumes aus, um Gefühle der Anerkennung und Wertschätzung hervorzurufen. Es liegt also immer wieder im eigenen Ermessen – an der eigenen Sichtweise – wie etwas auf uns wirkt und für uns lebendig wird – sowohl positiv als auch negativ.

## ÜBUNG

Wahrhaftes Denken kann sich in Deinem Leben nur dort zeigen, wo Dir Ursache und Wirkung bekannt sind. Was das Prinzip von Ursache und Wirkung anbelangt, suche auch das ‚Kybalion' auf und mache Dich damit vertraut. Dadurch bekommst Du zusätzliche Einsichten in das Wirken der sieben Hermetischen Prinzipien.

Jede Wirkung an sich ist nur eine Ursache für etwas anderes, und deshalb besteht die Übung dieser Woche darin, ein materielles Objekt zu seinem Anfang zurück zu verfolgen, damit Du erkennst, daß der Anfang von allem in Dir selbst liegt. Zur damaligen Zeit war das Kriegsschiff nicht nur das materiell größte von Menschenhand erschaffene Objekt, sondern es repräsentierte auch eine sehr umfangreiche Art der Organisation. Dieses Beispiel zeigt auch, wie viele Menschen verschiedenen, vielleicht sogar an sich harmlosen Tätigkeiten nachgehen, die dann zusammen aber die Schlagkraft ausmachen, die von einem Kriegsschiff ausgeht.

Gleichzeitig kannst Du für Dich wichtige Schlüsse daraus ziehen, denn nur gemeinsam sind wir stark. Das heißt, Dein Erfolg im Leben hängt von dem Erfolg anderer ab - Du bist keine Insel.

Benutze diese Übung dazu, Dir nicht nur der Komplexität des Endresultats bewußt zu werden, sondern auch jedes einzelnen Schritts auf dem Weg zur Fertigstellung. Und dann, wenn Du am Ursprung angelangt bist, bei unseren Gedanken und Taten, dann erkennst Du, wie wichtig es ist, die richtigen Ursachen zu setzen. Gleichzeitig erkennst Du, warum Denken systematisch sein muß. Ein System hat ja die Eigenschaft, effizient zu arbeiten – mit wenig

Aufwand wird viel erreicht. Das ist der einzige Zweck eines Systems. Meditiere während dieser Woche auch darüber.

Sicherlich ist das alles anfangs nicht einfach zu verstehen, aber es ist von großer Tragweite, denn so können wir für alles Verantwortung übernehmen, was sich uns im Außen zeigt und es umwandeln, entfernen oder verstärken.

## AUFGABEN

1.  Erkläre die Bedeutung von Dienst. Schreibe auf, warum es so wichtig ist, daß unser Handeln auf das Wohl aller ausgerichtet ist.

2.  Beantworte Dir so oft wie möglich die folgenden Fragen:

    ✓   Was habe ich heute gemacht?
    ✓   Was kann ich daran verbessern?
    ✓   Wer kann mir dabei helfen?
    ✓   Wann werde ich es vollenden?

3.  Schreibe auf, warum alle Fehler lediglich Fehler von Ignoranz sind:

4.  Schreibe auf, warum das von Dir erschaffene Ideal konstant im Geiste gehalten werden muß

5.  Schreibe auf, warum das Erkennen von Ursache und Wirkung in Deinem Leben so wichtig ist.

    ......................................................................................................

    ......................................................................................................

    ......................................................................................................

    ......................................................................................................

6.  Kreuze an, welche der untenstehenden Aussagen auf Dich zutreffen:
    ☐   Mein Denken wird zunehmend von mir selbst kontrolliert
    ☐   Ich fühle mich souverän und voller Tatendrang.
    ☐   Ich kann immer besser Dingen auf den Grund gehen und die Ursache erkennen.
    ☐   Ich stelle fest, daß ich mit meinem Denken letztlich die ultimative Ursache bin.
    ☐   Ich kann komplexe Zusammenhänge erkennen und in ihre Einzelheiten „zerlegen".
    ☐   Mir fällt immer mehr auf, wie die Natur im Überfluß produziert.
    ☐   Mein Atem wird zunehmend tiefer, länger und regelmäßiger.
    ☐   Ich bin mir meiner Einheit mit dem Universellen besonders bewußt geworden.
    ☐   Ich kann mir zunehmend große Dinge vorstellen und daß sie auch für mich erreichbar sind.
    ☐   Ich affirmiere mir, daß ich gut genug bin und daß ich nur Gutes verdient habe.
    ☐   Meine Dankbarkeit wird auch von anderen zunehmend anerkannt.

7.  Schreibe auf, wie die Vorstellungskraft kultiviert werden kann.

    ......................................................................................................

    ......................................................................................................

    ......................................................................................................

    ......................................................................................................

8.  Suche Punkt 17 auf. Schreibe ihn hier auf.

    ......................................................................................................

    ......................................................................................................

    ......................................................................................................

    ......................................................................................................

9. Was bedeutet es für Dich, in Einheit mit allem Leben zu leben?

.................................................................................

.................................................................................

.................................................................................

10. Nimm Dir etwas Zeit, um der vielschichtigen Bedeutung der Übung dieses Kapitels bewußt zu werden, u.a. daß die Mannschaft des Kriegsschiffes Deinen Zellen gleichzusetzen ist und das Kriegsschiff Deinem Körper; daß die Mannschaft wie auch die Zellen Befehle empfangen und bereitwillig ausführen; daß es eine genaue Verbindung zwischen Ursache und Wirkung gibt. Je genauer Du Dir diese Übung betrachtest, desto mehr Sinn und Wert wirst Du ihr abgewinnen.

## LITERATURHINWEIS

📖 Die „*Anastasia*" Bücher von Wladimir Megré sind eine wunderschöne Erweiterung zum Thema „Einheit mit allem Leben". Wenn Du sie noch nicht kennen solltest, schau sie Dir doch beim nächsten Besuch Deiner Buchhandlung mal an. Mir selber gefallen sie sehr gut, weil einem dort ganz andere Einsichten über das Leben vermittelt werden.

## DU HAST DIESEN TEIL GEMEISTERT...

- wenn Du verstanden hast, daß sich das Ergebnis Deines Denkens nach unveränderlichem Gesetz richtet.
- wenn Du in der Lage bist, Gedanken genauestens zu analysieren und eine Auswirkung bis hin zur Ursache zurück zu verfolgen.
- wenn Du in der Lage bist, Deine Vorstellungskraft zielgerichtet einzusetzen und somit genaue Pläne zur Durchführung Deines Vorhabens zu erstellen.
- wenn Du in der Lage bist, unterhalb der Oberfläche zu schauen und die eigenen Vorurteile oder bloßen Meinungen zurück zu halten.
- wenn Du in der Lage bist, zu erkennen, daß alles Bestehende nahezu unendlich viele Facetten hat, von denen auch Du etliche besitzt, und Du mit dieser Sache allein durch Deine genaue Beobachtung in Verbindung stehst.

## LITERATURHINWEIS

 *„Der Selbst-Entwickler – Das Corssen Seminar"* von Jens Corssen ist eine hervorragende Ergänzung zum Master Key System. Der gekonnte Umgang mit sich selbst als Garant für den Erfolg.

## NOTIZEN

103

## KOMMENTAR

Der letzte Absatz der Einführung macht noch einmal deutlich, warum es so wichtig ist, ein Verständnis zu entwickeln und die eigenen Gedanken, Worte und Handlungen dementsprechend anzupassen. Schöpfung unterliegt Gesetz, und das ist sowohl Deine Chance als auch - wenn grob mißachtet - Dein Niedergang.

1.  Erinnere Dich daran, daß alles zunächst erdacht werden mußte, bevor es Form annehmen konnte.

2.  Dieser Punkt ist sehr wichtig zu verstehen! Lies ihn Dir bitte mehrere Male aufmerksam durch.

3.  Wieder einmal verweist Charles Haanel darauf, daß Denken Gesetzmäßigkeiten unterliegt. Deshalb ist es so wichtig, daß Du Deine Gedanken bewußt, systematisch und konstruktiv leitest oder steuerst, damit sie nur wünschenswerte Ergebnisse herbeibringen.

4.  Um eine Gewohnheit der Gedankenanalyse zu schaffen, kommst Du nicht umhin, dies auch ständig zu üben und einzusetzen. Das kann und wird am Anfang verwirrend sein, weil Du noch ungeübt bist, mit den sich oft widersprechenden Informationen umzugehen. Mit der Zeit aber wird es immer einfacher.

    Um Gedanken zu analysieren, mußt Du Deine Gefühle unter Kontrolle haben, denn wenn Du Deinen Emotionen freien Lauf läßt, bist Du nicht in der Lage, auch nur irgendetwas zu kontrollieren. Hier kommt auch die bewußte Atmung ins Spiel. Versuche, in -nennen wir sie mal-

unschönen Situationen innezuhalten und tief und rhythmisch zu atmen. Dann entferne Dich geistig aus der Geschichte, die sich gerade abspielt. Beobachte aus der Entfernung und siehe es wirklich nur als Film, den Du gerade betrachtest. Wenn er Dir nicht gefällt, wechsle ihn durch die Macht und Kraft Deiner Gedanken einfach aus. Gib eine bewußte Anweisung an Deinen Verstand, jetzt etwas anderes zu denken, was Dich gut und freudig fühlen läßt. Auch das wird Dir nicht auf Anhieb gelingen, doch auch hier gilt erneut: Übung macht den Meister. Besonders wichtig zu beachten ist, daß diese Anweisung mit einer Änderung in Deiner Körperhaltung, Deinem Fokus und Deinen Gefühlen (Emotionen) einhergehen muß, um wirkungsvoll zu sein.

5.  Das soll geschehen, weil Dir nicht aufbauendes Gedankengut Ärger, Sorge, Mißfallen, Armut, Krankheit etc. einbringen - allesamt Dinge, auf die Du gut verzichten kannst, die sich aber dann verwirklichen, wenn Du im Geist, Körper und in Deinen Handlungen nicht absolut rein bist. Das Außen wird Dir stets zuverlässig Signale geben, inwiefern Du Anpassungen vorzunehmen hast.

6.  Jetzt erkennst Du auch, warum Du die vergangenen Wochen immer komplexere Übungen zur Schulung Deiner Vorstellungskraft bekommen hast.

7.  Die Vorstellungskraft ist die Kraft, die Dir neue geistige Bilder erstellt, in die Du Dich immer mehr hineinversetzt und Dich dort wohlfühlst, da es Bilder von wünschenswerten Situationen sind. Auch wenn Du jetzt noch nicht weißt, wie Du

dort hinkommst, kannst - nein, mußt! - Du Dir das Endresultat stets vor Augen halten. Dazu bist Du bereits in der Lage, denn die momentane (unerwünschte) Situation hat ja bereits einen geistigen Gegenpol, dessen Du Dir auch bewußt bist und dem Du jetzt geistig mit Nachdruck entgegenstrebst.

8. Wie Du vielleicht weißt, unterscheidet das Gehirn nicht, ob Du Dir etwas nur vorstellst oder ob Du es wirklich erfährst. Genau dieselben Neuronen ‚feuern‘. Das gibt Dir bereits einen Hinweis darauf, welche Macht hinter der Vorstellungskraft steckt, aber auch, wie wichtig die Übungen sind. Wenn Du noch einen Schritt weitergehen willst, schaue Dich nach zusätzlichen Hilfsmitteln um, die Dir dabei helfen. Denke aber daran, daß Du jederzeit volles Bewußtsein und Kontrolle hast und Dich nicht durch andere Kanäle beeinflussen läßt.

9. Bedenke, daß Vorstellungskraft nichts mit Tagträumerei oder gelegentlichen geistigen Freudenbildern zu tun hat, sondern auch ein systematischer Vorgang ist, bei dem das gesetzte Ideal mit dazugehörigen Details versehen wird, die ihm ‚entsprechen‘. Auch hier geht es darum, Gesetzmäßigkeiten zu erkennen und sich ihrer zunutze zu machen. Die Schulung Deiner Vorstellungskraft ist unabdingbar, wenn Du zu garantierten Ergebnissen kommen willst.

10. Plastisch, weil es erstens kein vorgefertigtes Muster gibt, in das Deine Gedanken gepreßt werden müssen, und zweitens, weil auch nirgendwo geschrieben steht, was Du Dir vorzustellen oder zu denken hast. Du hast also vollkommene Freiheit bezüglich Deiner schöpferischen Vorgänge. Erinnere Dich daran, daß Deine gegenwärtigen Glaubenssätze nur so stark sind, wie Du sie machst. Sie können in kürzester Zeit aufgelöst werden, teilweise sogar in einem Augenblick. Sie bleiben aber so lange bei Dir, bis Du aus ihnen das Wesentliche für Dein weiteres Wachstum entnommen hast. Das gilt übrigens für alle Arten von Problemen. Sie bestehen übrigens nur aus diesem einzigen Grund: Dich wieder auf den Pfad der harmonischen Weiterentwicklung zu bringen, von dem Du abgewichen bist.

11. Dein Gehirn denkt grundsätzlich in Bildern. Es gibt keinen Gedanken, dem Du kein Bild zuordnen kannst, auch wenn es Dir am Anfang schwer fallen sollte, dieses Bild mit Worten zu beschreiben. Das kommt aber mit der Zeit, da die Gedanken nach Worten greifen, um sich Ausdruck zu verschaffen.

12. Für Dich bedeutet das, daß z.B. Dein Körper keine Gesundheit ausdrücken kann, wenn er keine gesunden Anweisungen erhält. Du bist dabei der Architekt, der dem Bauherrn (dem Körper) diese gesunden Anweisungen übermittelt, damit er sie umsetzen kann. Bevor der Körper angewiesen werden kann, mußt Du diese Gedanken erst einmal mittels Deiner Vorstellungskraft erschaffen.

Gerade weil es so wichtig ist, hier nochmal der Hinweis, daß Du keine Gedanken auf äußere Umstände verschwenden darfst, denn sie haben sich bereits ausgewirkt. Gelebte Spiritualität findet in Deinen Gedanken statt – in Deiner Vorstellungskraft. Dort wird das Unmanifestierte manifest, das Geistige materiell. Du mußt

105

die Hinweise Deiner Sinne umkehren, schreibt Haanel. Wenn Du Dich weiterhin auf das verläßt, was Du im Außen (für) wahr nimmst, sind das die Gedanken, aus Denen Deine zukünftige Realität entstehen wird. Wie sollte es auch anders sein?

13. Hier ist auch wieder eine Passage, die sich erneut zu lesen lohnt, auch weil Haanel dabei mehrere wichtige Punkte zusammenfaßt.

14. ‚Geistigem Unglück' deswegen, weil der Tagträumerei das System und vor allem die Konsequenz fehlt. Dadurch wird der Idee, dem Ideal, nicht die notwendige Energie zur Verfügung gestellt, um es wachsen zu lassen.

   Betrachte Dich hier selbst mal ganz genau: Sicherlich hast Du Dir schon einmal etwas sehnlich gewünscht, dies aber immer noch nicht erhalten. Frage Dich nun, wie viele Gedanken, Worte und Handlungen Du hast folgen lassen, um diesen Wunsch auch zu verwirklichen. Die Antwort wird darauf hinweisen, wie wichtig es Dir wirklich ist und wie weit Du Dich dem Erreichen bereits genähert hast.

15. Diejenigen Menschen, die ihre Vorstellungskraft schulen und praktisch einsetzen, sind letzten Endes auch die, deren Realität so aussieht, wie diese sie sich ‚vor-gestellt' haben. Auch hier ist die deutsche Sprache sehr klar und deutlich im Ausdruck.

16. Das kannst Du Dir gleich nochmal durchlesen, denn daraus geht sowohl hervor, daß es außerhalb Deines Bewußtseins nichts gibt, als auch, daß Dir dadurch jederzeit

unendliche Ressourcen zur Verfügung stehen.

17. Wie kannst Du Empfänglichkeit üben, magst Du Dich fragen. Die Antwort darauf lautet: Durch kontinuierliche geistige Inanspruchnahme, affirmieren (bejahen) Deiner Einheit mit der Allmacht (Kraft) sowie Deiner Offenheit den Informationen und Hinweisen gegenüber, die Dich diese Kraft empfangen lassen.

18. Deine ‚vorherrschende Geisteshaltung' ist das, was zählt, denn sie - und auch das macht umgehend Sinn - herrscht dadurch vor, daß sie so oft wiederholt wurde, daß sie sich im Unterbewußtsein einpflanzen und dort ‚zu Fleisch' werden konnte. Das, was stark ist, wird durch Wiederholung noch stärker. Wenn diese vorherrschende Geisteshaltung eine von Angst, Mangel, Sorge und Armut ist, stehen Dir die Erkenntnis Deiner Einheit mit der Allmacht und das Wissen um Deine Vorstellungskraft zur Seite, um auch diese umzukehren und in Fülle, Gesundheit, Mut und Vertrauen zu leben.

19. Dem ist nichts hinzuzufügen, außer daß Du jetzt das ‚hast' und ‚bist', womit Du Dich vorherrschend beschäftigt hast. Gefällt es Dir nicht, ändere es. Du weißt ja nun, wie es geht, und vor allem weißt Du, daß Du Dich dabei auf universelle Gesetzmäßigkeiten verlassen kannst. Das Universum ist wahrlich gut zu Dir.

20. ‚...bis man eins damit wird' bedeutet, daß es keine Trennung mehr gibt zwischen Dir und Deinem Wunsch. Du bist sozusagen wunschlos geworden, weil in Deinem Bewußtsein absolute Gewißheit über die

Verwirklichung besteht. In der Tat hat es sich dort schon verwirklicht, nur bist Du eben noch auf dem Wege der materiellen Manifestation, die durchaus Zeit beanspruchen kann – und auch beansprucht wird.

21. Ja, Du bist zur Quelle aller Macht geworden. Aus Dir schöpfst Du die unendliche Energie. Da spielen auch Zugluft und Wassertemperatur keine Rolle und später auch ganz andere Dinge nicht mehr. Solange Du Dich aber auf das Außen verläßt, bist Du auch von ihm abhängig. Verläßt Du Dich hingegen auf Deine innere Schöpferkraft, stehst Du zunehmend über den äußeren Dingen.

Wir Menschen stehen diesbezüglich noch ganz am Anfang, aber mit Übung werden wir immer stärker und können dann ganz andere Dinge zum Ausdruck bringen. Daß das eine grundlegende gesellschaftliche, wirtschaftliche und politische Umstrukturierung mit sich bringt, steht außer Frage.

22. Verstehst Du nun, daß Macht von Wissen abhängig ist, und daß es an Dir liegt, dieses Wissen aufzunehmen und zu verarbeiten? Daß Du dadurch zu neuen Gelegenheiten kommst? Daß es eines reinen Körpers und Verstandes bedarf? Daß all das von Deiner Absicht und von Übung und Beharrlichkeit abhängt?

Mit der Zeit reduzieren sich dann auch die Fehler, die Du am Anfang noch gemacht hast. Auch das ist ein Zeichen zunehmender Intelligenz - siehe Punkt 26.

23. Erinnere Dich an Kapitel 5, wo es darum ging, daß Gebrauch die Bedingung ist, um in den Genuß Deines göttlichen Erbes zu

kommen. Das steht in direktem Zusammenhang mit der Aussage, daß ,*Wachstum das einzige Ziel des Lebens*' ist. Wachstum bedeutet Entfaltung, auch wenn es Teil des immerwährenden Rhythmus ist, daß Dinge auf und ab gehen und sich in neuer Vielfalt darstellen. Es gibt aber zu keiner Zeit einen Mangel, nur unterschiedliche Qualitäten des Überflusses. Das gilt es anzuerkennen, denn auch hier ist Geist schöpferisch und der schöpferische Prozeß unterliegt Gesetzmäßigkeiten.

24. Eleanor Roosevelt sagte dazu folgendes: ,*Großartige Menschen diskutieren über Ideen; gewöhnliche Menschen diskutieren über Ereignisse; kleingeistige Menschen diskutieren über Menschen.*' Das ist eine gute Meßlatte, um festzustellen, wo man sich befindet und wo man Änderungen vornehmen kann, um höheren Ebenen entgegenzustreben und sie zu erreichen.[1]

25. Auch hier siehst Du, daß es nicht beim Wunschdenken bleiben darf, sondern gehandelt werden muß. Das ist dann um so einfacher und leichter, wenn Du Deine Einheit mit der Allmacht anerkennst und die Macht und Kraft in Deinem Inneren findest, anstatt sie außerhalb von Dir zu wähnen.

26. Es lohnt sich, dieser Passage besondere Aufmerksamkeit zu widmen, denn letzten Endes geht es genau darum. Deine geistige, körperliche, mentale, emotionale und moralische Kraft erlaubt es Dir, jede noch so schwierige oder herausfordernde

---

1 Eleanor Roosevelt (1884-1962) war die Gattin von US Präsident, Franklin Delano Roosevelt. Sie war maßgeblich daran beteiligt, daß sich die Situation von arbeitenden Frauen verbessert hat. Sie war eine anerkannte Autorin, Sprecherin, Politikerin und Aktivistin.

Situation umzuwandeln. Das geht Hand in Hand mit einem stetig zunehmenden Fokus auf alles Schöne, Liebe, Wohlwollende, Gesunde und Erhabene. Das resultiert natürlich in einer entsprechenden Resonanz im Außen. Es wird dir also mit zunehmender Leichtigkeit gegeben.

Du erkennst, daß das Master Key System Dir nicht verspricht, daß von nun an alles völlig problemlos ablaufen wird. Dein Wissen und Deine Befähigung versetzen Dich aber in die Lage, die Polarität von negativ auf positiv umzustellen. Du wirst immer schneller erkennen, warum bestimmte Dinge passieren. Du wirst Dich aber auch immer mehr zurückhalten, wenn Du erkennst, daß es in diesem Moment angebracht ist. Erinnere Dich: Kontrolle über das Selbst äußert sich in beide Richtungen.

27. Das ist heute noch viel treffender als damals, Anfang des letzten Jahrhunderts. Durch die Weltkriege wurden die damaligen Veränderungen im Denken der Menschen wieder hinter absolute Grundbedürfnisse zurückgestellt. Auch wenn heute Kriege, Krisen und Katastrophen immer wieder dazu benutzt werden, Menschen in ihrer Entwicklung zurückzuwerfen, ist ein kosmisch bedingter Wandel im Gange, der auch durch die Einflüsse einiger weniger nicht mehr verhindert werden kann. Immer mehr Menschen erwachen, erkennen ihr eigenes Potential und verwirklichen es, und das Master Key System hilft ihnen dabei.

28. Der Fokus liegt hier auf dem letzten Satz, und zwar daß eine scharfe, analytische Beobachtung unterhalb der Oberfläche notwendig ist. Oberflächliches Betrachten führt genau dazu, nämlich daß einem all das, was darunter liegt und wertvoll ist (gerade weil es nicht beobachtet, beachtet und geschätzt wird), entgeht.

29. Die Ursache zu verstehen bedarf genauer Beobachtung, so wie es in der Übung angeraten ist. Eine oberflächliche Betrachtung führt kaum zu tiefen Einsichten und Erkenntnissen. Überlege Dir an dieser Stelle auch, ob nicht ein Grund, warum Du in den Medien mit so viel Informationen in einer solch schnellen Abfolge bombardiert wirst, der ist, daß Du nicht mehr genau hinschaust, was da eigentlich vonstatten geht. Die daraus resultierende Oberflächlichkeit führt dazu, daß Du die wahren Ursachen eben nicht erkennst und das Spiel durchschaust. So ist jeder Mensch, dem das so ergeht, leicht steuerbar. Die Konsequenzen sind überall in Wirtschaft, Politik, Religion etc. offensichtlich.

30. Diese Übung ist extrem vielschichtig. Es geht hier nicht nur darum, die Komplexität des Kriegsschiffes zu erkennen, sondern auch darum, die Analogie zum menschlichen Körper zu verstehen. Haanel hat das sehr geschickt verpackt. Es ist Dein Körper, der so komplex ist und der auf jede Deiner Anweisungen reagiert. Gleichsam aber dient Dir auch das Kriegsschiff als Beispiel, was durch Gedanken entstehen kann, vor allem aber, welche Auswirkungen es dann auf die Menschheit hat.

Du lernst auch, daß wenn Du – wie im Falle der SoldatInnen, die dieses Kriegsschiff bedienen – nicht eigenständig denkst, die Befehle anderer ausführst. Sicherlich denken die SoldatInnen individuell in ihren Positionen schon, aber eben nicht übergeordnet, denn da werden sie eindeutig gesteuert. Selbiges trifft auch auf Dich zu, wenn Du nicht auch auf einer höheren Ebene Deine eigenen Gedanken denkst.

31. Wenn Du in der Lage bist, Dir die Verursachungskette der Entstehung des Kriegsschiffes vorzustellen, wird es Dir auch leicht fallen, Dir die Verursachungskette Deiner eigenen Entstehung und Deines Werdens vorzustellen. Du bist dadurch in der Lage, Details zu erkennen, die durch eine oberflächliche Betrachtung niemals zum Vorschein gekommen wären.

Du erkennst durch diese Rückverfolgung aber auch, daß Du die Ursache dafür nicht setzen darfst, wenn Dir die Auswirkungen des Kriegsschiffes nicht gefallen. Das schließt mit ein, von Dir gewählte Abgeordnete mit Entscheidungen durchkommen zu lassen, die Dir persönlich mißfallen. Du stehst hier in der Verantwortung und kannst Dich ihrer nicht entziehen.

32. Am Ende, ungeachtet des Schiffes oder des eigenen Körpers, herrschen hier universelle Gesetzmäßigkeiten, die erst entdeckt werden mußten, um sich ihrer zu bedienen und einen Nutzen aus ihnen zu ziehen. Was das Wasserverdrängungsgesetz für das Kriegsschiff, aber auch für Segel-, Container-, oder Kreuzfahrtschiffe ist, sind die sieben Hermetischen Prinzipien für Dich und Deine geistige Entwicklung, aus der Deine körperliche Entwicklung hervorgeht. Dein Verständnis dieser natürlichen Gesetzmäßigkeiten bestimmt letzten Endes über die Art und Qualität Deines Lebens.

33. Das Paradoxe daran ist, daß Du bis zum Zeitpunkt der genauen Beobachtung diese Dinge als unbedeutend ansiehst. Das ist genau das, was Dich von der Beobachtung abhält, diese Dinge als bedeutend zu erkennen. In solchen Fällen mußt Du ‚über Deinen Schatten‘ springen und Deiner Neugierde freien Lauf lassen, denn nur der mutige, vertrauensvolle Sprung ins Unbekannte enthüllt die wahren Schätze des Lebens. Wir haben dafür sogar eine Redewendung geschaffen: ‚Wer nicht wagt, der nicht gewinnt.‘

# 9

## Die Tat als Blüte des Gedankens

Schön zu denken, das ist ja schonmal ein Anfang, aber die Tat, sie ist die Blüte. Sie ist die wahre Entfaltung der naturgegebenen Schönheit, der Harmonie und der Liebe - die Wirkung der verschiedensten Ursachen, die Du gesetzt und somit bewußt ins Leben gerufen hast.

Du weißt ja bereits, daß es beim Master Key System darum geht, systematisch, harmonisch und konstruktiv zu denken und dem dann Taten folgen zu lassen. Davon handelt auch dieses 9. Kapitel, denn allein das Denken bringt Dich nicht weiter. Da kannst Du auch noch so viele Wunschbestellungen aufgeben oder positiv denken. Materie ist hochverdichtete Energie, und hochverdichtet impliziert, daß viel davon an einem Ort verfügbar ist. Diese Verfügbarkeit hängt von Deinem Aufwand ab, wobei gesagt sein soll, daß der Aufwand mit zunehmender Zeit geringer wird, weil Du mehr Macht und Kraft entwickelst. Das bedeutet, daß andere Dir zuarbeiten werden, und Deine eigene Arbeit wird Dich nicht mehr belasten, sondern beflügeln und befreien. Sie ist ein Ausdruck Deines inneren Wesenskerns und bereitet Dir grenzenlose Freude.

In diesem Kapitel lernst Du das Verändern der Umstände über das Gesetz des Wachstums. Du hältst den von Dir gewünschten Umstand im Bewußtsein, schließt alle anderen, konkurrierenden Gedanken aus, wiederholst ihn und machst ihn so zu einem Teil von Dir selbst. In Kapitel 9 ist es die Affirmation,

*Ich bin ganz, perfekt, stark, mächtig, liebevoll, harmonisch und glücklich.* Diese mit der Wahrheit exakt übereinstimmende Aussage bewirkt Wunder in der Umprogrammierung Deines Selbst. Wenn Du magst, kannst Du sie noch insofern abändern, daß sie wie folgt aussieht:

*Ich bin ganz, perfekt, stark, mächtig, liebevoll, harmonisch, wohlhabend, und somit glücklich.*

Du lernst, daß der Haftungsmechanismus, durch den Du all das erreichst, was Du Dir wünschst, die Art und Weise ist, wie Du denkst. Die Natur produziert im Überfluß, und Deine Nichtteilnahme daran beruht auf falschem oder Nicht-Denken. Durch richtiges, harmonisches, systematisches und konstruktives Denken schließt Du Dich ‚lebensrichtig' an und bringst den Strom zum Fließen - aus dem Universellen in das Individuelle — in Dich hinein, aber dieses Mal bewußt!

Du wirst zum Kanal, durch den sich das Große Ganze Ausdruck verschafft. Zu einem Kanal zu werden bedeutet, daß etwas durch Dich fließt. Du bist nicht der Fluß, denn der Fluß ist das Universelle, das in seiner Gesamtheit bereits besteht. Doch wenn die Türen, Tore und Schleusen geschlossen sind, trocknet der Kanal aus. Sobald geöffnet, erfüllt der Kanal seinen Zweck, nämlich daß er den Fluß leitet. Der Fluß kommt und geht, und währenddessen zieht der Kanal daraus einen Nutzen.

Das alles bedeutet aber auch, daß Du Dir um ‚das Wasser' keine Gedanken machen mußt; das existiert bereits im Universellen. Siehe nur zu, daß Du im wahrsten Sinne des Wortes leitfähig bist und daß Du die richtigen Türen, Tore oder Schleusen öffnest. Der Rest geschieht dann ebenso automatisch, wie Du Dir beim Lesen dieser Zeilen keinerlei Gedanken über Deinen Blutkreislauf, Deine Nervenfunktion oder Deine Augenbewegung entlang dieser Zeilen machen mußt. Sie alle sind unterbewußt und zeigen Dir sehr deutlich die Macht des Unterbewußtseins auf, all das gleichzeitig zur Verfügung zu stellen, während Du dabei bist, Dich weiterzuentwickeln und der Evolution gemäß zu entfalten.

Das Wissen um die Wahrheit läßt jegliche Zweifel verschwinden und Dich mit einer Zuversicht zu Werke zu gehen, die das Merkmal aller großen Geister ist. Voll mit Vertrauen, dem Wissen um die Wahrheit, gehst Du voran, ohne

Es war Josef Haid, der dieses Wort schöpfte. Er ist der Autor des gleichnamigen Buches, „Lebensrichtig", das ich vor allem Anfängern sehr ans Herz lege.

Ängste und Möglichkeit der Gefahr. *The world is your oyster* - die Welt ist Deine Auster; sie tut alles für Dich. Sie arbeitet Dir zu, informiert Dich, begeistert Dich, motiviert Dich, denn auch sie ist nur ein Ausdruck des einen Universellen Bewußtseins.

Das sind nicht nur leere Worte - nein - Du wirst feststellen, daß Du aufgrund Deiner Schwingungserhöhung mit gleichartigen Energien resonierst, und diese sind Dir ausnahmslos wohlgesonnen. Das ist allein deswegen so, weil Deine Ursachen die richtigen waren und nun das eine Richtige mit dem anderen Richtigen in Resonanz geht. In der Physik nennen wir das ‚Geschlossener Schwingungskreis‘, was rein technisch nichts anderes ist als ein System, das zur Aufgabe hat, sich selbst zu erhalten. Wenn es ein lebendiges System ist, kommt noch hinzu, daß es sich selbst erhalten ‚will‘.

Der Weg wird Dir also schrittweise geebnet, und selbst dort, wo es holprig ist, lernst Du, Dich im Moment zu fangen, Deine Emotionen unter Kontrolle zu bekommen und Dein Denken zu korrigieren, anstatt Dich als Opfer der Umstände zu fühlen. Oder wie Charles Haanel so schön sagt:

*Das Gesetz der Anziehung wird dazu benutzt, sich in die Schwingung mit jenen Kräften zu versetzen, die Macht und Kraft hervorbringen.*

Nun, in diesem 9. Kapitel bist Du schon so lange dabei, daß Du mittlerweile sowohl geistig als auch körperlich gestärkt bist. Wenn nicht, dann gehe bitte nicht weiter, sondern noch einmal zurück und nehme die Kapitel wie angedacht durch. Ansonsten hast Du nicht die entsprechende Grundlage für die kommenden Wochen und Lektionen. Hier sei auch nochmals auf eine Ernährungsumstellung und bewußte sportliche Aktivitäten hingewiesen.

Vieles wird sowohl auf der körperlichen als auf der geistigen Ebene nicht mehr mit Dir resonieren. Du wirst Dich damit nicht mehr wohlfühlen, und dieser Nichtgebrauch führt ebenso zu einem neuen Selbst wie der bewußte und aktive Gebrauch Deines neuen Denkens!

## ÜBUNG

Während Du Dich in der letzten Woche mit einem von Menschenhand geschaffenen Vorgang befaßt und davon die Ursache erkannt hast, geht es diese Woche um einen konstruktiven, von Gott geschaffenen Vorgang, nämlich einem natürlichen. Du stellst Dir vor, wie ein Samenkorn – sobald im Erdreich eingepflanzt – dort ungestört bleibt, dieses Erdreich mit Wurzeln durchdringt und diese niederen Bewußtseinseinheiten benutzt, um sich ein starkes Fundament zu erschaffen, was wiederum seine eigene Entwicklung sicherstellt.

Nachdem es dort einige Zeit im Verborgenen verbracht hat, stößt der Stengel durch die Oberfläche und streckt sich der Sonne entgegen, um die nächste Stufe der Vollendung zu erreichen. Blätter kommen hinzu, der Stengel wird länger, bis schlußendlich die Blüte erscheint, in all ihrer Pracht und somit dem Leben das zur Verfügung stellend, was es als Pflanze zu bieten hat. Dann hat sie ihren Sinn erfüllt.

So, und Du ersetzt jetzt das Samenkorn mit Deinem Gedanken, läßt auch ihn in der Tiefe und Dunkelheit Deines Selbst versinken und Wurzeln fassen und bringst ihn erst dann ans Tageslicht, wenn er die nötige Kraft hat, um den Rest der Strecke auch noch zurück zu legen. Haanel weist mehrere Male darauf hin, daß es unabdingbar ist, in die Stille zu gehen, nicht alles gleich heraus zu posaunen oder mit anderen zu teilen. Lerne, still zu sein. Lerne, wirklich in der Stille zu denken, abseits von allem Lärm des Alltags. Brüte den Gedanken aus. Wenn es dann soweit ist, zur Tat zu schreiten, dann hast Du Dir dafür die Grundlage geschaffen, und die Verwirklichung ist nur noch eine Frage der Zeit.

Nimm Dir für dieses Kapitel und diese Übung die entsprechende Zeit und Ruhe - es lohnt sich!

## AUFGABEN

1.  Erkläre, warum wir das von uns Gewünschte als bereits bestehende Tatsache anerkennen müssen, warum es zwischen uns und dem Ziel keine „Distanz" mehr geben darf.

.....................................................................................................
.....................................................................................................
.....................................................................................................

2. Bewerte hier auf einer Skala von 1 – 10, wie Du Dich diese Woche
   gefühlt hast:

   |  | Vorwoche | Jetzt |
   |---|---|---|
   | Dein Selbstwert: | _____ | \_\_\_\_ |
   | Dein Energieniveau: | _____ | \_\_\_\_ |
   | Dein Glücksgefühl: | _____ | \_\_\_\_ |
   | Deine Tatkraft: | _____ | \_\_\_\_ |
   | Deine Gesundheit: | _____ | \_\_\_\_ |
   | Dein Reichtum: | _____ | \_\_\_\_ |

3. Über welches Gesetz können wir die von uns gewünschten Umstände
   herbeiführen?

   .....................................................................................................

4. Schreibe auf, warum es so wichtig ist, die Wahrheit zu kennen.

   .....................................................................................................
   .....................................................................................................
   .....................................................................................................
   .....................................................................................................
   .....................................................................................................

5. Erkläre das Prinzip hinter der Aussage, daß ein positiver Gedanke einen
   negativen vertreiben wird.

   .....................................................................................................
   .....................................................................................................
   .....................................................................................................
   .....................................................................................................
   .....................................................................................................

6. Kreuze an, welche der untenstehenden Aussagen auf Dich zutreffen:
   - ☐ Mein Verhalten anderen Personen gegenüber wird immer freund-
     licher und zuvorkommender.
   - ☐ Ich bin jederzeit gelassen, überlegen und souverän.

☐ Ich betrachte mein eigenes Verhalten und das Verhalten anderer neutral.

☐ Ich habe die Meinung eines anderen Menschen als diese erkannt und nicht mit mir assoziiert.

☐ Ich spüre meinen Solarplexus mehr und mehr oder richte meine Aufmerksamkeit auf ihn, um ihn zum Strahlen zu bringen.

☐ Ich erkenne zunehmend, wie das Leben funktioniert, und daß alles darauf abgerichtet ist, in der Evolution weiterzukommen, einschließlich der „negativen" Dinge, welche ich durch ihre Integration energetisch entkräfte und in ihre Gegenteil umkehre.

☐ Ich atme ruhig, tief und regelmäßig. Die Auswirkungen werden mir mehr und mehr bewußt.

☐ Ich dusche (auch) kalt.

☐ Es macht mir Freude, mich körperlich zu betätigen.

☐ Meine Essensgewohnheiten haben sich bereits angepaßt; ich ernähre mich überwiegend gesund und fleischlos oder -arm.

☐ Ich motiviere mich täglich, um meine Tagesqualität selbst zu bestimmen und meine gesteckten Ziele auch zu erreichen.

7. Schreibe die Affirmation aus Punkt 11 hier nochmal auf.

........................................................................

........................................................................

........................................................................

8. Verinnerliche Dir erneut Punkt 30. Schreibe dann nieder, wie sich Deine geänderte Geisteshaltung innerhalb der letzten 2 Monate bereits im Leben dargestellt hat.

........................................................................

........................................................................

........................................................................

........................................................................

........................................................................

9. Was bringt uns das Gesetz der Anziehung?

........................................................................

........................................................................

10. Nimm Dir etwas Zeit, um Dir der Symbolik der Übung dieses Teils bewusst zu werden, und wie das Samenkorn Deinem Gedanken gleichgesetzt werden kann.

## DU HAST DIESEN TEIL GEMEISTERT...

- wenn Du wirklich verstanden hast, was die Wahrheit ist, und warum dieses Verständnis absolut grundlegend für jede Deiner Gedanken und letztlich auch Handlungen ist.
- wenn Du in der Lage bist, einen Gedanken in der Stille zu halten und dort wachsen zu lassen.
- wenn Du immer öfter die in den Punkten 11 und 12 erwähnte Affirmation aufsagst und Dich in ihre mächtige Energie hineinfühlen kannst.
- wenn Du verstanden hast, daß Du Liebe zunächst geben mußt, um sie anschließend zu erhalten.
- wenn Du die Allmacht des Universellen Bewußtseins in all seinen Facetten anerkennst.
- wenn Du zusätzliche Einsichten in das Gesetz von Ursache und Wirkung erlangt hast und somit verstehst, daß dieses Gesetz Deine Chance ist, jegliche Zweifel oder Ängste ein für alle Mal zu beseitigen.

## NOTIZEN

## KOMMENTAR

Die wohl größte Herausforderung besteht darin, den Wunsch als bereits bestehende Tatsache anzusehen. Signale von außen werden ja über das zerebrospinale Nervensystem aufgenommen und dann im Verstand (im Hypothalamus) interpretiert und bewertet. Nun zeigt Dir dieser aber auf absehbare Zeit immer noch das Ergebnis Deines vergangenen Denkens. Um diese Phase zu überstehen, gibt es Glauben und Vertrauen. Gleichzeitig ist es an Dir, immer wieder die Stille aufzusuchen und dort den neu erschaffenen Bildern Deines Ideals Details zu schenken und sie mit Gefühlen zu versehen.

Es ist in den meisten Fällen das Gefühl der Freude, was es zu erzeugen gilt - Freude über die Erfüllung; Freude aus reiner Dankbarkeit. Robert Betz sagte dazu: ‚*Wir müssen vom Denken zum Danken kommen.*‘ Das geht mit Hormonausschüttungen auf körperlicher Ebene einher, wobei dadurch die Brücke vom Geistigen zum Materiellen geschlagen wird.

1.  Diese Aussage ist von zentraler Bedeutung, da sie darauf hinweist, daß das, was wir uns wünschen, in uns selbst gefunden werden kann und durch den richtigen Mechanismus auch gefunden wird. Daher ist es immer wieder gut, sich daran zu erinnern und zu beachten, daß das Außen nur Auswirkungen vergangenen Denkens widerspiegelt. Die innere Welt ist jene, durch welche Dein Denken Neues erschaffen wird.

    Das Resultat dieser Erkenntnis ist, daß es kein Übertragen der Verantwortung mehr gibt. Du verläßt Dich nicht mehr auf Deine Sinne, sondern erschaffst Dir im Inneren die geistigen Bilder, denen Du dann immer

mehr Details gibst, und den Ideen und Konzepten folgst, die letztlich der Weg sind, über den Du zum Ziel gelangst.

2.  Es liegt an Dir, für Dich festzulegen, was Du von allem benötigst. Da von allem ausreichend vorhanden ist, muß nur umverteilt werden. Diese Umverteilung kann nur dann stattfinden, wenn Du zunächst einmal erkennst, daß auch für Dich genug da ist, Du daran teilhaben kannst und Dich anschließend in diesen Fluß begibst – einen Fluß, der zu jeder Zeit besteht, für dich jedoch nur durch Anerkennung und Inanspruchnahme.

3.  Du erkennst hier, daß es beim Master Key System nicht primär um finanziellen Wohlstand geht, sondern um eine ausgewogene Lebensweise, bei der es Dir an nichts mangelt. Ganz gleich, was Dein Ziel ist, mit den hier vermittelten Prinzipien kannst Du Dir das alles erfüllen. Es geht ja um die innere Welt, in der und aus der Du Neues schöpfst, was sich anschließend in der äußeren Welt darstellt.

4.  ‚*Geheimen Ort des Allerhöchsten*‘ deshalb, weil Du bislang darauf noch keinen Anspruch erhoben hast. Du hast Dich mit Deinem Denken bislang auf niederen Ebenen aufgehalten, was sich nun aber durch Dein Studium schrittweise ändert und Du höheren Idealen entgegenstrebst.

5.  In seiner Essenz ist es das ‚*ICH BIN*‘. Die Vergegenwärtigung des Wunsches als bereits bestehende Tatsache im Bewußtsein wird schrittweise die äußeren Umstände so gestalten, daß sie dieser geistigen Vorgabe entsprechen. Das Schöne daran ist, daß Du Dich darauf verlassen kannst. Später

schreibt Haanel noch, daß Du Dir eine logische Basis für Dein Vertrauen erschaffen sollst, womit er Dein Verständnis dieser universellen Gesetzmäßigkeiten meint. Es gibt dazu auch noch zahlreiche Hilfsmittel, wie z.B. Visionstafeln, Affirmationen, Autosuggestionen, aber auch technische Geräte wie den ThinkmanTM oder IsonoTM, Superlearning Produkte und Subliminal Messages, Gehirnwellensynchronisationsmusik oder Solfeggio Tracks.

6. Hier möchte ich auf den Visuellen Master KeyTM hinweisen, in dem Wahrheit die zentrale Stelle auf dem Panorama einnimmt, umgeben von verwandten Wörtern und Themen. Diese wiederum helfen Dir, das System der bewußten Mitschöpfung in seiner Gesamtheit zu erfassen und dadurch leichter zur praktischen Anwendung zu gelangen.

Da diese Passage nur eine von vielen ist, besteht die Gefahr, daß sie überlesen wird. Daher möchte ich Dich nochmals auf ihre Bedeutung hinweisen, denn die Wahrheit zu kennen ist wirklich der Schlüssel zu Deinem neuen Leben.

Wahrheit zeichnet sich dadurch aus, daß sie Prinzip, d.h. Bestand hat und verläßlich ist. Dementsprechend ist es an Dir, nur wahre Gedanken zu denken, wahre Dinge zu sagen und wahre Taten zu vollbringen. Mehr dazu gibt es in den folgenden Passagen.

7. ‚In Einklang mit dem Unendlichen zu sein‘ bedeutet, Leben auszudrücken, sich zu entwickeln, ‚mehr‘ zu schaffen und dabei bewußt auf die immerwährenden natürlichen Gesetzmäßigkeiten zurückzugreifen.

Da die geistige Welt eine embryonale Welt ist, wird dort der Anfang gesetzt. Erinnere Dich an die ersten Kapitel Deines Studiums, wo erklärt wurde, daß Deine Gedanken nicht selbstsüchtig sein dürfen, sondern allen anderen auch zugute kommen müssen. Dein Ideal muß dementsprechend ausgerichtet sein, denn Dein Lohn (vor allem der materielle) steht in direktem Verhältnis zu dem Dienst, den Du anderen geleistet hast.

8. Charles Haanel will damit zum Ausdruck bringen, daß fehlerbehaftete Gedanken zu fehlerhaften Ergebnissen führen, ungeachtet dessen, von wem sie gehegt werden. Daher ist es unabdingbar, die Wahrheit zu kennen, und kennenlernen wirst Du sie durch eine scharfe analytische Beobachtung unterhalb der Oberfläche, also durch eine verschärfte und bewußt gesteuerte Aufmerksamkeit und Konzentration in eine bestimmte Richtung.

9. Das führt unweigerlich dazu, daß Du Deine Gedanken soweit kontrollierst und steuerst, daß Du eine nur noch im Einklang mit dem Leben stehende Geisteshaltung erwirbst und hegst. Natürlich machen sich immer wieder alte Gewohnheiten bemerkbar, aber Du bist immer mehr in der Lage, auch diese zu neutralisieren und ins Gegenteil umwandeln.

10. Der Mechanismus des Denkens soll ja ausschließlich an etwas angeschlossen werden, was Bestand hat. Da die Wahrheit Bestand hat, mächtig ist und frei macht, muß man sie erst einmal erkennen. Darauf geht Haanel in den nächsten Punkten ein und bringt hier gezielt eine Affirmation mit ins Spiel, die der Wahrheit entspricht.

Affirmationen sind gedankliche Stützen und geistige Umorientierungen - Polaritätswechsel sozusagen. Sie allein führen noch keine Verwirklichung des Objekts herbei, helfen Dir aber, Dich immer wieder an das zu erinnern, was Du zu verwirklichen suchst. Der nächste Schritt ist der, in Dir das Gefühl zu erwecken, mit dem der Gedanke versehen werden muß, um Lebenskraft zu erhalten.

11. Lies Dir diesen Satz bitte so oft wie möglich durch. Ohne Wahrheit, d.h. auf einer niederen Ebene auch System, Ordnung, Struktur, Proportion, Schönheit und letztendlich Liebe kann sich kein Leben ausdrücken. Das ist so, weil alles andere in sich zusammenfallen und ‚sterben‘ würde. Es kann also nicht mehr aus sich heraus erschaffen. Dort, wo Wahrheit ist, triffst Du eben auch die anderen Merkmale an, welche allesamt dazu beitragen, daß Leben ausgedrückt und aufrecht erhalten werden kann.

12. Absolut essentiell! Dieser Satz kann nicht oft genug wiederholt werden. Dein ‚Ich‘ ist zu jeder Zeit vollkommen und perfekt. Es ist lediglich das mangelnde Verständnis Deines objektiven Bewußtseins, welches zu fehlerhaften Resultaten führt. Das Anerkennen Deines ‚Ich‘ hilft Dir, dem ein Ende zu setzen, und zwar dadurch, daß Du die Wahrheit erkennst und ausdrückst - und nur sie.

13. Dieser Punkt wurde ja auf verschiedene Weise bereits angesprochen. Es handelt sich hier wieder um das Greifen des Hermetischen Prinzips der Entsprechung. Auf gut Deutsch heißt das: Wenn ich mich gedanklich mit Reichtum befasse, werde ich mir des Reichtums bewußt, spreche und handle auch ‚entsprechend‘ und ziehe somit mehr Reichtum in mein Leben. Mein Denken hat daher eine ‚entsprechende‘ Auswirkung. Das bedeutet auch, daß ich schon ganz am Anfang eines jeden Vorgangs weiß, was am Ende dabei herauskommt, und zwar durch meine Visualisierung sowohl die Details und als auch - durch das Ideal - die Qualität. Das ist sehr wichtig zu verstehen, denn es gibt Dir Mut und Vertrauen in den Prozeß.

14. Es ist immer wieder der Kreislauf, der damit beginnt, daß man sein wahres ‚Ich‘ als eins mit dem Universellen Bewußtsein - Gott, dem leitenden Prinzip, der alles durchdringenden Intelligenz – anerkennt. Aus dieser Anerkennung heraus entsteht dann der Mut und das Vertrauen, bestimmte Vorhaben anzugehen und bis zum Ende durchzuführen. Gleichzeitig hat man ja auch das körperliche Äquivalent und die Funktionsweise von Gehirn, Vagusnerv und Solarplexus vor Augen, was Dir das Verständnis des geistigen Schöpfungsvorganges nochmals erleichtert.

Wenn Du anschließend mutig und konsequent zur Handlung überschreitest, ist das Ergebnis nahezu garantiert. Dazu gehört natürlich auch, daß Du Dir die entsprechende Auszeit nimmst, in die Stille gehst und Deine eigenen Gedanken denkst, da Du nur dort Kontakt mit der Allmacht aufnimmst, welche selbst absolute Stille ist.

15. Es reicht natürlich nicht, sich etwas nur ein oder zweimal vorzustellen. Es bedarf Beharrlichkeit, Disziplin und natürlich einer Folge von Aktionen, damit das hochfrequente Bild in Deinem Bewußtsein

auf eine niederfrequente Ebene heruntertransformiert wird und sich letztendlich darstellt. Wie Haanel bereits schrieb: ‚Der Mechanismus ist perfekt.‘

16. Es ist auch hier wieder Deine geistige Inanspruchnahme. Erinnere Dich an Kapitel 2. Durch einen starken, oft wiederholten Gegenvorschlag, den das Unterbewußtsein akzeptieren muß, schaffst Du Dir neue Gewohnheiten. In diesem Fall füllst Du Dich durch diesen Gegenvorschlag, der meist in Form einer Affirmation beginnt, mit Liebe.

> ‚Ich bin die Liebe, die die Liebe ist.‘
> ‚Jeden Tag fällt es mir leichter, mich mit Liebe zu füllen.‘
> ‚Ich denke liebevoll, spreche liebevoll und handle liebevoll.‘
> ‚In der Liebe anderer Menschen zueinander erkenne ich meine eigene Liebe.‘
> ‚Ich liebe mich, und ich liebe das Leben.‘
> ‚Ich strahle bewußt und stets reine Liebe aus. Ich heile durch mein Licht.‘
> ‚Das Leben zeigt sich mir von seiner liebevollsten Seite.‘

All diese Affirmationen kannst Du verwenden, um ein Bewußtsein für Liebe zu erschaffen.

17. Wenn Haanel hier von ‚niederen Dingen‘ spricht, meint er auch den materiellen Reichtum, mit dem Du Dich umgeben kannst und auf den Du auch ein Anrecht hast. Ganz gleich, bis zu welchem Maß Du ihn für Dich selbst benötigst, erinnere Dich, daß das Universelle Bewußtsein allgegenwärtig ist. So ist es auch in den materiellen Dingen vorhanden, welche im direkten Verhältnis zu der Qualität Deiner Gedanken stehen und welche Du für ein Leben auf höheren Ebenen in Anspruch nimmst und genießt.

18. Frederick Elias Andrews hat dasselbe Thema 1917 vor einem Kongreß der New Thought Bewegung in St. Louis, Missouri, vorgetragen. Es handelt sich also um eine wahre Geschichte.

19. Das hier ist eine typische Situation, wie sie jedem von uns schon mehrere Male vorgekommen ist. Es ist lediglich eine Meinung einer anderen Person - auch wenn sie vermeintlich qualifiziert ist. Es ist rein technisch eine Schwingung, sonst nichts. Was wir damit machen, das liegt allein an uns. Wir sind die Interpreten dieser Schwingungen. Programmierung und Konditionierung führen zu bestimmten automatischen Reaktionen. Mit dem Master Key System lernst Du, Dich ihnen in den Weg zu stellen, wenn Du sie für nicht dienlich erachtest. Das erlaubt Dir, ihre Polarität zu ändern, was zu einer neuen Verursachungskette führt.

20. Auf gut Deutsch und durch eine gewisse Symbolik heißt das: Du hast Dir ein Ziel - ein Ideal - gesetzt, von dem Du keinen Millimeter abweichst. Du paßt es immer wieder an, aber es bleibt so glasklar in Deinem Bewußtsein stehen, wie Du es am Anfang erstellt hast.

21. Du kannst davon ausgehen, daß es Dir ähnlich ergehen wird. Es gibt immer Zeiten des schnellen Fortschritts, die sich mit Zeiten des scheinbaren Stillstands abwechseln. Du als Meisterschöpfer weißt dann aber, daß Du Dich auf einem Plateau befindest und es nur eine Frage der Zeit ist,

bis es wieder voran geht. Es besteht also kein Grund zur Sorge.

22. Wenn Du den Film ‚The Secret' noch nicht kennst, dort gibt es auch zwei Geschichten von Menschen, die kraft ihrer Gedanken zu Gesundheit gekommen sind. Der Film ist vor allem für Anfänger sehenswert, wird aber für Dich als Master Key System Student in Woche 9 nun viel mehr Sinn ergeben. Wenn Du ihn bereits kennst, schau ihn Dir einfach nochmal an - es lohnt sich. Ich tue es auch in regelmäßigen Abständen.

23. DU.

Du bist vollkommen, perfekt, stark und mächtig.
Du bist uneingeschränkt, ungebunden, erfolgreich, frei.
Du bist makellos, furchtlos, mutig, unerschrocken und siegreich!
Du bist jugendlich, energetisch, humorvoll, blühend und prächtig.
Du bist aktiv, tatkräftig, schwungvoll, unabhängig und weise.
Du bist loyal, taktvoll, aufmerksam, zufrieden und umsichtig.
Du bist erneuert, verjüngt, erholt, inspiriert und transformiert.
Du bist erquickt, gestärkt, liebevoll, harmonisch und glücklich —
ja, wunderbar glücklich.
Du hast das Elixier des Lebens gefunden
— den Stein der Weisen
— das überschwängliche Leben — die Quelle ewiger Jugend.

— HERMES TRISMEGISTOS[1]

---

1 Das ist ein Zitat aus „Ein Buch über Dich" von Charles F. Haanel. Dieses ist eine wunderbare Ergänzung und Erweiterung zum Master Key System. Weitere Informationen dazu findest Du am Ende dieses Handbuches.

24. Beachte hier wieder die Gewohnheitsbildung durch das Wiederholen morgens und abends. Beides hat auch andere Hintergründe. Wenn Du mit diesem Gedanken schlafen gehst, bereitest Du Dich quasi mit dieser Gedankenqualität auf Deine Schlafphase vor, und was für eine schöne Qualität es ist! Wenn Du am Morgen aufwachst, startest Du Deinen Tag mit dieser Qualität - und was für eine schöne Qualität es ist!

25. Vor allem dann, wenn Du zunächst einmal eigene Mißstände beheben willst, ist es von Bedeutung, daß Du diese neue Gedankenqualität auch an andere Menschen aussendest. Mache Dir auch das zur Gewohnheit.

26. Du unterliegst einem ständigen Wechsel. Jede Zelle wird geboren, führt ihre Funktion aus, stirbt ab und wird wieder ersetzt - es sei denn, Du fütterst Dein System mit lebenswidrigen Informationen. Mittlerweile sind es angeblich nur noch 7 Monate, bis der Körper vollends neu aufgebaut ist, eben durch einen kontinuierlichen Vorgang der Geburt, des Wachstums, der Blüte, des Todes und der Wiederaufnahme in die Natur durch die verschiedenen Ausscheidungsorgane.

27. Das ist für viele Menschen leider immer noch ein Knackpunkt. Sie halten das, was sie über ihre Sinne aufnehmen, für die Wahrheit. Daraufhin halten sie an ihren Gedankenmustern fest, was ihnen natürlich mehr vom Alten gibt. Du mußt loslassen, weg vom Alten, hin zum Neuen. Das Neue kann sich aber nur dann verwirklichen, wenn Du es mit entsprechender Aufmerksamkeit versiehst. Dazu gehören Disziplin, Beharrlichkeit und Glaube, welcher dann aber dem Wissen schrittweise Platz macht.

Mit etwas Übung wirst Du Dich immer mehr unter Kontrolle haben und immer mehr lebensrichtige Gedanken denken. Mit der Zeit stellst Du dann fest, daß Du Dir darüber keine Gedanken mehr machen mußt, weil sie ‚zu Dir' geworden sind – so sollte es auch sein. Der Verstand muß immer wieder befreit werden, weil er sich in seiner beschränkten Funktion nicht allen Dingen gleichzeitig widmen kann - und dafür auch gar nicht ausgerichtet ist. Dafür hast Du die Domäne des Unterbewußt-seins, den Sitz Deiner Gewohnheiten.

28. Bestätige das Gute, und das Schlechte wird weichen. Bestätige das Gute, und das Schlechte wird weichen. Bestätige das Gute, und das Schlechte wird weichen. Ja, diese dreimalige Wiederholung ist beabsichtigt.

29. Erinnere Dich stets daran, daß Du den Verwirklichungsprozeß mit dem Verstand nicht nachvollziehen kannst. Es entstehen so viele Synchronizitäten und angebliche Zufälle, daß Du Dich oft wundern und fragen wirst, ob das noch mit rechten Dingen zugeht. Es ist aber nichts anderes als das Gesetz der Anziehung in Aktion.

30. Auch hier wieder zeigt sich das Prinzip der Entsprechung. Du sendest eine Art und Qualität von Gedanken und bekommst dieselbe Art und Qualität wieder zurück. Es geht auch gar nicht anders, denn es sind Schwingungsgesetze, die hier greifen. Gleichartige Schwingungen verstärken sich, während sich entgegengesetzte ausgleichen. Erstere haben die Kraft weiterzuleben, während letztere wieder zu der Ruhe zurückkehren, aus der sie entstanden sind, oder aber zumindest bei diesem Aufeinandertreffen miteinander in Resonanz gehen.

31. Heute sind wir einen Schritt weiter und können Gehirnströme und z.B. die Auswirkungen von Meditationen oder des globalen Bewußtseins direkt messen. Heute verbinden wir Wissenschaft und Religion und führen sie wieder in die Einheit, aus der sie entstanden sind. Wir machen uns aber gleichzeitig wissenschaftliche Erkenntnisse zunutze, um den Bereich der Spiritualität nicht nur intellektuell zu verstehen, sondern eben auch systematisch zum Wohle aller anzuwenden.

32. Während es letzte Woche darum ging, eine materielle Sache zu ihrem geistigen Ursprung zurückzuverfolgen, geht es nun um den umgekehrten Prozeß. Auch dieses Mal handelt es sich bei der Saat nur um ein Symbol für Deinen Gedanken, den Du einpflanzt, hegst und pflegst, damit er sich voll entfalten kann. Gleichzeitig schult diese Übung Deine Vorstellungskraft noch ein wenig mehr, denn Du bist dadurch in der Lage, etwas Unerschaffenes vor Deinem geistigen Auge Gestalt annehmen zu lassen.

Auch hier gilt es zu verstehen: Genauso wenig, wie Du das Saatkorn alle paar Tage ausgräbst, um zu prüfen, wie weit es gewachsen ist, läßt Du auch Deine Gedanken im Mysterium ihrer eigenen Tiefe versinken, niedere Ebenen durch-ringen und sich ihrer zunutze zu machen, um nach höherem, lichterem zu streben. Nimm Dir die Zeit, Gedanken reifen zu lassen. Gehe mit ihnen nicht gleich an die Öffentlichkeit, denn so wie der Samen zunächst Kraft sammelt, muß auch die Idee durch stille Gedankenkonzentration

Kraft sammeln, um nicht Gefahr zu laufen, durch eigene Zweifel oder die Kritik Dritter ‚verbrannt' und somit zunichte gemacht zu werden.

33. Die Betonung liegt hier auf ‚*in das Bewußtsein einer Sache einzutreten*', denn darum dreht es sich bei der Konzentration. Haanel verweist anderweitig auf einen Schauspieler, der komplett in seiner Rolle aufgeht und sich – also seinen Verstand – dabei völlig verliert. Hier wird nochmal deutlich, daß es spielerisch und nicht verkrampft zugehen soll. Das Stichwort ist Leichtigkeit.

34. Dauerhafte Konzentration wird Dir die Wege und Möglichkeiten aufzeigen, die Du nutzt, um das Ziel zu erreichen. Daher ist es so wichtig, daß Du regelmäßig die Stille aufsuchst und Dich vom Lärm des normalen Lebens abschottest, denn in der Ruhe liegt die Kraft!

# 10

## Das Leben im Einklang
## mit natürlichen Gesetzen

Es geht in diesem Kapitel um das Leben im Einklang mit natürlichen Gesetzen. Diese sind u.a. das Gesetz der Anziehung, das Gesetz von Ursache und Wirkung und das Gesetz des Wachstums. Vom Gesetz der Übertragung (oder Entsprechung) lernen wir später.

Als Master-Key-System-Studenten lernen wir, uns diese Gesetze zunutze zu machen, denn wir wollen nicht länger von anderen kontrolliert und gesteuert werden. Wir lernen, unsere Emotionen und Gefühle genau dort einzusetzen, wo sie gebraucht werden, nämlich bei der Erschaffung unseres Ideals, bei der Befruchtung des Gedankens, damit aus der kalten Masse etwas Lebendiges entstehen kann.

Wir wissen mittlerweile, daß die Natur überall im Überfluß produziert. Doch hier lernen wir, daß aller Reichtum von Macht kommt. Nicht von dem Missbrauch von Macht, sondern von der Inanspruchnahme, vom Gebrauch zum Wohle aller. Macht schwindet durch Nichtgebrauch, und ohne Macht gibt es auch keinen Reichtum.

Wir erkennen also, daß Besitztümer nur von Wert sind, wenn sie Macht verleihen. Etwas, was keine Macht verleiht, hat auch keinen Wert. Das mag für Dich - genauso wie für mich - ein neues Konzept sein. Verweile aber ein wenig auf dieser Textstelle, damit Du sie richtig verstehst.

Nach 9 Wochen solltest Du zu einem Maße fortgeschritten sein, das kaum noch mit dem zu vergleichen ist, wer oder wie Du vorher warst. In den kommenden Wochen wird dieses Grundwissen noch weiter vertieft. In der Zwischenzeit aber -und davon bin ich überzeugt- siehst Du das Leben in einem neuen Licht und bist von einer neuen Kraft und Macht erfüllt, die Dir noch mehr Tatendrang, Zuversicht, Freude und Liebe bringt.

Bei mir war es so, daß ich durch dieses Verständnis dieselbe Situation mit ganz anderen Augen betrachtet habe und dadurch natürlich – im wahrsten Sinne des Wortes – zu ganz anderen Ansichten und Einsichten gekommen bin. Auch hier ist die deutsche Sprache sehr genau. Verweile auf diesen Worten entsprechend lange.

Allein dadurch hat sich mein Leben geändert, und zwar in allen von Charles Haanel erwähnten Bereichen: Geld, Liebe, Gesundheit! Es ist so wunderbar, zu leben, zu erfahren, Anteil zu haben an dem von der Natur gegebenen Überfluß, und jeden Tag gehe ich voller Dankbarkeit ins Bett, und je dankbarer ich bin, desto mehr Gründe habe ich, am nächsten Tag noch dankbarer zu sein. Das geht nun schon seit über vier Jahren so, und das ist einfach nur phänomenal! Ja, auch ich mußte mich zwischendurch immer wieder an die Kandare nehmen, mich korrigieren und mir alter Denkweisen bewußt werden. Man ist natürlich auch den Energien der Gegenseite ausgesetzt, aber man kann viel besser damit umgehen, und Situationen, die einen vorher noch heruntergerissen hätten, werden heutzutage im Handumdrehen erkannt und dann gedanklich transformiert, transmutiert und somit transzendiert. Auch diese Befähigung kommt allein durch Übung, durch Wiederholung zu Dir.

## ÜBUNG

Die Übung dieser Woche beinhaltet gewisse okkulte Symbolik. Es geht bei dieser aktiven, konstruktiven Übung nicht primär darum, im Geiste ein paar Linien, einen Kreis und einen Punkt zu ziehen, sondern gleichzeitig auch zu erkennen, daß das Quadrat das Männliche und Endliche darstellt, während z.B. der Kreis das Weibliche, d.h. das Unendliche darstellt, welches vom Männlichen eingegrenzt und dadurch beschränkt wird. Das nur als Hinweis, denn wenn Du Dich dann mit dem Punkt und dem Zylinder und den verschiedenen Farben noch mehr befaßt, dann erreichst Du allein durch diese Übung einen Wissens- und auch Erleuchtungsgrad, der außergewöhnlich ist. Ich muß Dir nicht sagen, von welcher Bedeutung das Meistern dieser Übung ist, aber auch nicht, daß Du Dich über das Master Key System hinaus mit ergänzender Lektüre befassen mußt, die Dein Wissen erweitert und welche die Umsetzung ins tägliche Leben erleichtert. Die Reise, die Du begonnen hast, hat viele Facetten, viele Destinationen und viele wohlmeinende, Dir zur Seite stehende Elemente.

## AUFGABEN

1. Erkläre, warum Überfluß ein Naturgesetz des Universums ist. Schreibe dann nieder, was für Auswirkungen es auf Dein Leben hat.

    .................................................................................

    .................................................................................

    .................................................................................

2. Bewerte hier auf einer Skala von 1 – 10, wie Du Dich diese Woche gefühlt hast:

    |  | Vorwoche | Jetzt |
    |---|---|---|
    | Dein Selbstwert: | _____ | _____ |
    | Dein Energieniveau: | _____ | _____ |
    | Dein Glücksgefühl: | _____ | _____ |
    | Deine Tatkraft: | _____ | _____ |
    | Deine Gesundheit: | _____ | _____ |
    | Dein Reichtum: | _____ | _____ |

3. Was unterscheidet einen erfolgreichen von einem gewöhnlichen Menschen, was Ursache und Wirkung anbelangt?

    .................................................................................

    .................................................................................

    .................................................................................

4. Schreibe auf, warum Besitztümer nur von Wert sind, wenn sie Macht verleihen, Ergebnisse nur dann von Bedeutung sind, wenn sie sich auf Macht auswirken.

..................................................................

..................................................................

..................................................................

5.  „*Das Denken ist das Bindeglied zwischen dem Unendlichen und dem Endlichen*". Warum ist das so?

..................................................................

..................................................................

..................................................................

..................................................................

6.  Kreuze an, welche der untenstehenden Aussagen auf Dich zutreffen:
    ☐  Ich erkenne mehr und mehr, welche Dinge oder Personen mein Leben bereichern.
    ☐  Nicht-wünschenswerte Situationen haben sich in den letzten Wochen vermindert, oder ich habe neutraler darauf reagiert.
    ☐  Meine zunehmend positive Ausstrahlung fällt auch anderen Menschen auf.
    ☐  Ich werde von anderen zunehmend um meinen Rat gefragt.
    ☐  Meine verbesserte körperliche Fitness fällt mir bereits auf.
    ☐  Ich weiß, warum mein Denken im Einklang mit den natürlichen Gesetzen sein muß.

7.  Warum muß schöpferisches Denken harmonisch sein und was bewirkt es?

..................................................................

..................................................................

..................................................................

..................................................................

..................................................................

8.  Erkläre, warum der Gedanke mit dem schöpferischen Prinzip der Natur in Einklang sein muß.

..................................................................

..................................................................

9. Schreibe auf, was das Erschaffens von Polarität für uns im Leben bedeutet.

10. Verbringe etwas Zeit damit, Dir der tieferen Bedeutung der Übung dieses Kapitels bewußt zu werden.

## DU HAST DIESEN TEIL GEMEISTERT...

- wenn Du verstanden hast, daß Dein Denken mit den von Dir erschaffenen Objekten in Wechselwirkung steht.
- wenn Du in der Lage bist, auch abstrakte Visualisierungen zu erstellen und vor Deinem geistigen Auge zu halten.
- wenn Du erkannt hast, daß hinter vielem eine tiefe Symbolik steht, und Du die Symbole nicht mit der Wirklichkeit verwechselst. (Das ist vor allem ein Verweis auf die Bibel, in der Jesus für die Sonne und die 12 Jünger für die Tierkreiszeichen stehen!)
- wenn Du in der Lage bist, durch deine Visionen in das Bewußtsein einer Sache einzutreten.
- wenn Du wirklich begriffen hast, daß geistige Macht hochwertiger ist.
- Deine Gedanken in Übereinstimmung mit dem Unendlichen sind.

## KOMMENTAR

Das Wissen um Ursache und Wirkung geht natürlich einher mit dem Wissen um die eigene geistige Verbundenheit mit allem, was besteht. Daraus ergibt sich, daß Du nur das als Signal von außen aufnehmen kannst, zu dem Du in der Lage bist. Es ist also die eigene Fähigkeit, die uns das eine oder das andere erfahren läßt. Der erwachte Mensch erkennt, daß alles auf ihn zurückfällt. Er ist jederzeit in der Lage, sein Leben zu kontrollieren, in dem er bewußt auf Ereignisse reagiert, anstatt sich unbewußt von seinen Programmierungen und Konditionierungen treiben zu lassen. So übernimmt er Verantwortung für sein eigenes Leben und ist dadurch auch in der Lage, jede mißliche Lage in etwas Positives umzuwandeln oder ihr etwas Positives abzugewinnen. Natürlich setzt er damit auch wieder neue Ursachen, die entsprechende Auswirkungen haben.

1. Wenn Charles Haanel hier von der ‚Allgegenwärtigkeit aller Substanz' spricht, erinnere Dich daran, daß alles Materielle aus dem Geistigen, dem Spirituellen, hervorgegangen ist. Erinnere Dich daran, daß Dein wahres ‚Ich' geistiger Natur und somit eins mit dem Universellen Bewußtsein ist. Erinnere Dich daran, daß die Universelle Substanz auf Deine geistige Inanspruchnahme wartet, um sich in Form auszudrücken. Wenn Du das alles verstanden und verinnerlicht hast, wird es Dir auch leicht fallen, diesen Anspruch zu erheben, ganz gleich wann und wo. Die Absicht bestimmt die Aufmerksamkeit, welcher dann Energie folgt und über das Gesetz der Anziehung führt ‚viel' zu ‚noch mehr'.

2. Dieser Punkt stößt gewöhnlich auf Nachfragen von Studenten. Ein einfaches Beispiel, das ihn klarer macht, ist folgendes: Nimm ein Blatt von einem Baum und fordere von jemandem für dieses Blatt eine erkleckliche Summe Geld. Du wirst sie nicht erhalten, weil das Blatt keinen Reichtum darstellt. Es wird dadurch auch keine Macht übertragen, da der Gebrauch des Blattes sehr eingeschränkt ist. Ersetze dieses Blatt durch eine Münze oder ein Auto oder ein Kilo Dinkelmehl, und die Situation gestaltet sich vollkommen anders. Diese Dinge haben einen höheren Gebrauchswert, sind dadurch wertvoller und verleihen im Vergleich zum Laub viel mehr Macht.

3. Das Prinzip von Ursache und Wirkung ist ein weiteres der sieben Hermetischen Prinzipien, die es zu verstehen und zu verinnerlichen gilt. Elektrizität folgt diesem Prinzip, und seine teils wunderbaren Auswirkungen sind überall ersichtlich. Geistige Schwingungen unterliegen auch diesen Gesetzmäßigkeiten, was bedeutet, daß Du Dich auf sie verlassen kannst. Das resultiert in Gewißheit, innerer Ruhe und schließlich intelligenten Entscheidungen.

4. Nimm Dir im Anschluß hieran etwas Zeit und kontempliere über die Aussage, daß geistige Macht hochwertiger ist. Frage Dich, was das in Hinsicht auf alles von Menschenhand geschaffene Materielle bedeutet, aber auch in Hinsicht auf so etwas wie radioaktive Strahlung.

5. Der Durchgang ist nur von oben nach unten offen, nicht aber von unten nach oben. Wir Menschen scheinen da eine Sonderstellung zu haben, nämlich durch unser Denken - durch unser Verstehen der geistigen Welt und dem Funktionieren

der von uns entdeckten und klassifizierten natürlichen Gesetzmäßigkeiten.

6. Es ist immer wieder das Höhere, das über das Niedere siegt. Es besitzt die Fähigkeiten dazu und wurde von uns auch sprachtechnisch entsprechend eingeordnet. Die Lösung aller Probleme liegt darin, sich durch das eigene Denken auf höhere Ebenen emporzuschwingen und dort zu verweilen, bis sich die nächsthöhere Ebene auftut.

7. Stell Dir hier eine Tür vor, die nur von einer Seite aus geöffnet werden kann. Es ist immer die höhere Ebene, die Zugriff auf die niederen Ebenen hat, aber niemals anders herum.

8. Spezifisch bedeutet das, daß wir ‚beatmet' werden; daß wir als Individuen ‚von oben herab' mit Fähigkeiten versehen werden, die es uns erlauben, unser Leben erfolgreich zu gestalten. Wir selbst haben aber keinen Zugriff auf die geistige Welt. Wir können uns nur in Einklang mit ihr einfinden, um ihre segensreichen Geschenke zu empfangen. Wir können uns öffnen und uns auf sie einstellen. Das tun wir durch unser Verständnis dieser natürlichen Gesetzmäßigkeiten, die wir durch Beobachtung entdeckt und festgelegt haben, die wir aber über die Zeit hinweg immer mehr verfeinern und dadurch einen immer größeren Nutzen aus ihnen ziehen.

9. Erinnere Dich: Der gewöhnliche Mensch lebt in der äußeren Welt, der Welt der Auswirkungen. Die natürlichen Gesetzmäßigkeiten sind ihm fremd. Somit kann er sie auch nicht nutzen. Du aber, der sich jetzt bereits seit über zwei Monaten mit ihnen

befaßt, bekommst ein immer besseres Verständnis ihrer. Dadurch wirst Du in die Lage versetzt, ganz andere Mächte und Kräfte zum Ausdruck zu bringen - und das zum Wohle aller.

10. Dem Gedanken ist es deshalb möglich in die geistige Welt einzutreten, weil er in Art und Qualität gleichartig ist. Anders und vielleicht etwas klarer ausgedrückt bedeutet das: Wir haben allein durch unser Denken, durch unsere aufmerksame Beobachtung und das Schaffen von Wissen dieses Konstrukt namens ‚Universelles Bewußtsein' geschaffen. S entstand das eine aus dem anderen, aber das andere gleichzeitig aus dem einen. Sie sind eins. Daher ist die Verbindung möglich, die dem (nicht denkenden) Menschen allein nicht möglich wäre.

Auch hier siehst Du: Es wurde geistig etwas erhoben - in Anspruch genommen - und die Natur der geistigen Inanspruchnahme ist eben die, daß sie ‚entsprechend' bedient wird, da geistiger Gebrauch zu mehr geistigem Material wie Verständnis, Wissen, Einsicht und Erkenntnis führt.

11. Erkennst Du, wie sich der erste Satz dieser Passage nahtlos in den Kommentar des vorigen Punktes einfügt? ‚*Mit dem Verständnis dieses Gesetzes kannst Du eine Sache bestimmen, und sie wird Dir gegeben werden*', sagt dann wirklich alles aus.

Es lohnt sich, über diese Passage zu meditieren und sie gedanklich zu beleuchten und zu durchdringen.

12. Merkst Du, wie Du Dich geistig auf immer höhere Ebenen emporschwingst

und Dich mit Themen befaßt, die Dir vor kurzem noch völlig fremd waren? Merkst Du, wie sich Einsicht und Erkenntnis einstellt? Merkst Du, was das mit Deinem Wesen anstellt? Merkst Du, wie sich in Dir eine Macht und Kraft zu bewegen beginnt, die geradezu darauf wartet, nach außen zu dringen und von Dir verwirklicht zu werden? Merkst Du, wie Dein Denken immer größer wird und sich Dir immer mehr Möglichkeiten des Ausdrucks eröffnen? Merkst Du, wie machtvoll Du eigentlich bist und ein Niveau erreichst, welches Du Dir noch vor kurzem niemals zugetraut hättest? Hier nun, in Kapitel 10, wird es immer offensichtlicher, wie die Schöpfung funktioniert und welch wichtige Rolle Du darin spielst.

13. Diese Passage bitte sorgfältig lesen und verinnerlichen. Schöpfung dreht sich um etwas Neues, nicht um etwas, was bereits besteht. Geschöpft wird in der Stille, der inneren Welt, durch Deine geistige Inanspruchnahme. Diese Inanspruchnahme bedarf aber zunächst Deiner Anerkennung dieser geistigen Macht und Kraft, der Existenz und des Wirkens des Universellen Bewußtseins.

14. Jetzt wird es interessant. Wenn Du christlicher Literatur ausgesetzt warst, wirst Du bestimmt erkannt haben, daß es dort oft darum geht, Gott anzurufen. Sehr gute und empfehlenswerte Beispiele dafür sind z.B. Florence Scovel-Shinn ‚Das Spiel des Lebens und seine Regeln‘ sowie Catherine Ponder ‚Die Heilungsgeheimnisse der Jahrhunderte‘ und ‚Die dynamischen Gesetze des Reichtums‘. Empfehlenswert deswegen, weil sie diese ‚göttlichen Anrufungen‘ zur Selbstermächtigung benutzen, anstatt zu

einer religiös-kulturellen Indoktrinierung und Unterdrückung.

Wenn Du außerhalb des christlichen Glaubensbereiches aufgewachsen bist, wirst Du dennoch sehr viel Freude an diesen Büchern haben, da sich durch Dein Master-Key-System-Studium Deine Sicht darauf, was geläufig ‚Gott‘ genannt wird, geändert haben wird. Welches Wort Du schlußendlich verwendest, spielt eine untergeordnete Rolle. Wichtig hierbei ist, daß Du das Gesamtsystem verstehst und dieses Verständnis auch praktisch anwendest.

15. Man mag hier anmerken, daß all das Verständnis eines gewissen Grades an Intelligenz bedarf, aber wirklich schwer zu verstehen ist es nicht. Es muß wie alles durch Übung und Wiederholung eingeprägt werden. Vor allem muß es täglich angewandt werden, denn ohne eine praktische Umsetzung und die dadurch entstehende Gewohnheitsbildung bleibt es auf immer im Bereich des Gedankens und somit Wunschdenkens.

16. Hinterfrage an dieser Stelle erneut Deine Glaubenssätze. Die Stille bietet Dir reichlich Gelegenheit dazu. Gehe in die Tiefe und sei schonungslos ehrlich mit Dir. Du wirst alsbald feststellen, daß Du zahlreiche Glaubenssätze hast, die Dir keineswegs dienlich sind und die einer Umgestaltung bedürfen. Achte dabei besonders genau auf Deine Sprache, denn sie ist die unmittelbare Manifestation Deiner Gedanken.

17. Haanel geht später nochmal darauf ein, was es mit der Beobachtung auf sich hat. Nur durch Beobachtung erkennst Du Überein-

stimmungen. Diese ‚*gemeinsamen Nenner*‘, wie Haanel sie im folgenden Kapitel nennt, führen Dich schließlich vom Glauben zum Wissen.

Natürlich mußt Du nicht alles selbst beobachten oder erkennen. Dafür gab und gibt es seit jeher Seelen, die sich dieser Aufgabe angenommen und diese Entdeckungen für uns gemacht haben. Es geht hier also vielmehr darum, zu erkennen, wie es zu den Gesetzen kommt und warum wir sie für uns herausgefunden haben. Wie Haanel später noch sagt: ‚*Sie sind alle zu unserem Vorteil entworfen worden.*‘

18. Das kann man noch ausbreiten, indem man Konzepte wie Struktur, Ordnung, Proportion, d.h. auch Schönheit miteinbezieht. Sie alle tragen dazu bei, daß sich das Leben entfaltet.

19. Hier gilt es zu verstehen, daß es ein schöpferisches Prinzip gibt, welches allem Wachstum, aller Entwicklung und Ausdehnung zugrunde liegt. Ein Prinzip, das dafür Sorge trägt, daß bestimmte Dinge Bestand haben. Ein Prinzip, auf das wir uns nicht nur verlassen können, sondern aktiv darauf einstimmen müssen, um an dieser Vorwärtsbewegung – diesem Überfluß – teilzuhaben.

Einfach ausgedrückt ist es so: Wenn Du Äpfel haben willst, gehe da hin, wo die Äpfel sind - ob am Baum oder im Laden - aber geh da hin, wo die *Äpfel* sind, und nicht da hin, wo Du Orangen oder Pflaumen findest. Wenn Du also ‚mehr Gutes‘ in Dein Leben ziehen willst, geh zuerst gedanklich, dann in Worten und Taten da hin, wo sich ‚mehr Gutes‘ befindet.

Die ersten Schritte sind Deine Anerkennung und Deine geistige Inanspruchnahme von ‚mehr Gutem‘.

20. Natürlich kann argumentiert werden, daß (auf menschlicher Ebene) Krankheit, Tod, Mangel und Beschränkung auch Teil des Universellen Bewußtseins sind, und in der Tat sind sie das auch. Wenn sie aber Oberhand gewinnen würden, wäre es schnell aus mit unserer Existenz. Da wir aber - auch durch Beobachtung - festgestellt haben, daß es bestimmte Prinzipien gibt, deren Gebrauch zu dem führen, was wir ein ‚schönes, reiches, gesundes und wohlhabendes Leben‘ nennen, wäre es einfach nur töricht, sie zu ignorieren.

Dem Großen Ganzen macht unsere individuelle Existenz nichts aus, aber wenn Du schon hier bist und Dich entfaltest, warum dann nicht auf eine schöne Art und Weise, vor allem, wenn diese doch so einfach erreichbar ist.

21. Ein sehr wichtiger Punkt. Konstruktiv heißt aufbauend, was wiederum ‚mehr von dieser Sache‘ bedeutet. Um etwas aufzubauen, sind Ordnung und Struktur notwendig, was wiederum bedeutet, daß gewisse Gesetzmäßigkeiten eingehalten werden müssen. Dieses Einhalten geschieht durch Wissen, was wiederum durch Aufmerksamkeit, Beobachtung und Klassifizierung erlangt wurde.

22. ‚*Schwäche kommt von nirgendwo, sie ist nichts.*‘ Bitte meditiere darüber ein wenig, denn dieser Satz zeigt auf, daß alle widrigen Umstände lediglich scheinbar sind und keine eigene Kraft besitzen. Sie mögen

sich so anfühlen, aber sie sind im wahrsten Sinne des Wortes ‚nichts‘.

23. *‚Die Dinge, die Du suchst, werden Dich suchen.‘* Nichts ist wahrer als das, und das im wahrsten Sinne des Wortes, denn das, worauf Du Deine Aufmerksamkeit richtest, dessen wirst Du Dir bewußt, und das ziehst Du durch Deine Kraft mehr und mehr in Dein Leben. Du wirst verstandesmäßig nicht immer nachvollziehen können, woher bestimmte Dinge kommen, die Dir zufallen, aber das spielt keine Rolle. Wichtig ist, zu verstehen, daß Du mit ihnen in Resonanz bist und sie daher auftreten. Gefällt Dir die Resonanz nicht, wende Deine Aufmerksamkeit davon ab und der entgegengesetzten Qualität hin.

24. Diese Übung macht für den unwissenden Verstand keinerlei Sinn, außer daß sie sehr abstrakt erscheint. Dahinter verbirgt sich aber eine Fülle an Symbolik, die diese Übung vielschichtig und daher sehr wertvoll macht. Also, aufgepaßt.

Die Linie ist die erste Manifestation des Geistes in der 2. Dimension - ein Ortswechsel, sozusagen. Das anschließend entstehende Quadrat steht für die männliche Form, die Struktur gibt, abgrenzt.

Der Kreis steht symbolisch für die weibliche Form, das Unendliche, Empfängliche, welches durch das Männliche abgegrenzt wird.

Der Punkt im Kreis ist nicht nur das astrologische Symbol der Sonne, sondern auch das Individuum als Teil des Ganzen, in Art und Qualität gleichartig, der einzige Unterschied ein gradueller seiend.

Das an-sich-Heranziehen des Punktes ist ein dreidimensionaler Akt durch eine geistige Inanspruchnahme, wo zweidimensional der Teil des Unendlichen in dem Individuum wächst. Anders ausgedrückt: Das Individuum nähert sich seiner Quelle, der Unendlichkeit – es wird eins mit dem Schöpfer.

Das Heranziehen schafft dreidimensional auch einen Trichter, einen Strudel (Vortex), der wiederum den auf dem goldenen Schnitt ‚Phi‘ beruhenden basierenden Schöpfungsmechanismus repräsentiert.

Das Verändern der Farben bedeutet, daß der Student seiner Schöpfung jede erdenkliche Farbe geben kann, daß sich die Schöpfung selbst aber nach genauen Gesetzmäßigkeiten richtet. Der Gedanke an die Farbe Rot bringt eben auch die rote Farbe hervor und nicht die grüne.

Das Ändern der Farbe ist übrigens eine bei den Rosenkreuzern sehr beliebte Übung, nur daß sie dort mit einer Kerzenflamme gemacht wird. Das Feuer der Flamme stellt für sie die Verbindung zur astralen Welt her, und das Ändern der Farbe des Kerzenscheins schult nicht nur die eigene Vorstellungskraft; die neue Farbe ist auch für andere sichtbar.

25. Du mußt dazu diese Struktur zu Beginn nicht direkt auf der Wand sehen, sondern die weiße Wand dient lediglich der Vereinfachung, diese Struktur bei offenen Augen vor Deinem geistigen Auge zu sehen. Es ist eine ausgezeichnete Abschlußübung zur Schulung Deiner Vorstellungskraft, denn in den kommenden Wochen geht es dann zu Konzentrationsübungen über. Zunächst

aber muß Deine Vorstellungskraft gestärkt werden, damit Du Dir mittels Deiner Gedanken detailreiche geistige Bilder schaffen kannst. Diese wirken dann auf die universelle Substanz ein und bringen sie durch das Gesetz der Anziehung zur Verwirklichung.

# 11

## Induktives Denken

Als ob Du es schon geahnt hättest, dieses Kapitel hat es in sich. Mir ging es nicht anders, denn obwohl ich schon mal was von Induktion gehört hatte - wir alle kennen ja den Induktionsherd, wo man gleich wieder die Platte anfassen kann, wenn der Topf entfernt wurde - aber Induktives Denken ergab für mich anfangs gar keinen Sinn. Das sollte sich dann aber ändern.

Induktives Denken ist das Vergleichen von Einzelfällen, bis wir aus ihnen einen gemeinsamen Nenner ziehen können. So finden wir nicht nur die Wahrheit, sondern benutzen Induktives Denken auch als den Wächter vor dem Tor. Du weißt ja, daß der bewußte Verstand entscheidet, was ans Unterbewußtsein weitergeleitet wird. Wenn wir die Wahrheit kennen, wenn wir korrekte Schluß-folgerungen gezogen haben, dann stimmen wir mit den Naturgesetzen überein; dann befinden wir uns in Einklang; dann ist die Materialisierung nicht mehr weit, weil wir stimmig sind und nicht ‚gegen den Strom paddeln‘, wie Esther Hicks (Abraham) es sagen würde(n).

Die Wahrheit zu kennen bedeutet auch, sich seiner Macht und Kraft bewußt zu sein. Diese wächst nur durch Inanspruchnahme. Wenn Du Deine Kraft nicht kontinuierlich benutzt, schwindet sie und bietet Dir einen abnehmenden Nutzen. Das ist im spirituellen Bereich ebenso gültig wie im materiellen/körperlichen Bereich. Zu unterscheiden ist hier aber, daß sich das Spirituelle durch Gebrauch erhöht, während sich das Materielle durch Gebrauch abnutzt und auflöst. Es geht in diesem Kapitel auch um das Bibelzitat aus Markus 11,24:

*„Was immer Du Dir auch wünschst, wenn du betest, glaube, daß Du es bereits erhalten hast, und es soll Dir zuteil werden."*

Hier wird Dir wohl zum ersten Mal überhaupt bewußt, welche zentrale Rolle Dein Zeitempfinden und (wieder einmal im wahrsten Sinne des Wortes) Dein entsprechender Ausdruck spielen, denn hier geht es nicht um lineare Zeit, sondern um Nullzeit, Gleichzeitigkeit. Du erkennst, daß es unabdingbar ist, daß der Wunsch in der Gegenwartsform ('Ich bin') geäußert wird und nicht in der Zukunfts- oder Relativform, wie z.B. 'Ich werde' oder 'ich könnte' oder 'ich möchte' etc.

'Ich bin' ist eine mächtige Aussage, denn dies ist die Schwingung, die Du aussendest und welche dann mit gleichartigen Schwingungen resoniert. Wenn Du Dir also etwas wünschst, siehe es *immer* als bereits bestehende Tatsache an und reduziere somit die Zeit zwischen Wunsch und Erfüllung auf null.

Solange eine Distanz besteht, kann sich nichts verwirklichen. Mir ging das mit meinem Traumauto 25 Jahre lang so - eine in diesem Zusammenhang sehr lange Zeit. Ich wußte nicht, wie richtig zu affirmieren ist, und durch die Abwesenheit davon konnte ich mich auch der Traumerfüllung nicht nähern. Erst durch das Master Key System kam es zu einer im positiven Sinne dramatischen Wende. Heute, während ich das schreibe, besitze ich das Auto seit über drei Jahren - der Wunsch ist wahrgeworden, weil ich wußte wie. Es gab weder Zweifel, noch habe ich weiter vor mich hingeträumt, sondern bin aktiv an die Arbeit gegangen, anderen zu dienen. Aus dem Ertrag konnte ich mir das Auto leisten. Dieses ist hier natürlich nur die äußere Manifestation. Du hast sicherlich andere Wünsche und Vorstellungen. Die Verwirklichung unterliegt aber immer denselben Gesetzmäßigkeiten.

## ÜBUNG

Auf dieses Bibelzitat konzentriert sich auch die Übung von Kapitel 11, denn wir glauben, daß es uns bereits gegeben wurde, dann verschwinden jegliche

Zweifel, und wir sind erfüllt mit Zuversicht, Tatendrang, Mut und Vertrauen. So wird Unmögliches möglich, oder wie Charles Haanel in Punkt 34 sagt:

*‚Wir alle kennen viele, die das scheinbar Unmögliche erreicht haben, die sich lebenslange Träume erfüllt haben, bei denen sich alles geändert hat, einschließlich sie selbst. Wir haben manchmal über die Erscheinung einer offenbar unbezwingbaren Macht gestaunt, die anscheinend immer dann verfügbar war, wenn sie am meisten benötigt wurde, aber jetzt ist alles klar. Alles, was dazu notwendig ist, ist ein Verständnis sowohl über bestimmte, klare und fundamentale Prinzipien, als auch deren genauer Anwendung.‘*

Selbst wenn Du nicht dem christlichen Glauben anhaftest, sei Dir gewiß, daß diese Übung konfessionslos ist. Sie ist eine Aussage in Übereinstimmung mit der Wahrheit, und das ist das Einzige, was Dich interessiert. Bitte nimm Dir die Zeit, dieses Zitat zu verinnerlichen. Bleibe auch in dieser Woche standhaft und diszipliniert, um diese Übung bis zur Meisterschaft durchzuführen. Sie ist von übergeordneter Bedeutung!

## AUFGABEN

1.  Erkläre, was Induktives Denken ist und warum es in Deinem Leben so wichtig ist, „Dingen auf den Grund zu gehen".

    ......................................................................................

    ......................................................................................

    ......................................................................................

    ......................................................................................

    ......................................................................................

2.  Bewerte hier auf einer Skala von 1 – 10, wie Du Dich diese Woche gefühlt hast:

    | | Vorwoche | Jetzt |
    |---|---|---|
    | Dein Selbstwert: | _____ | _____ |
    | Dein Energieniveau: | _____ | _____ |
    | Dein Glücksgefühl: | _____ | _____ |
    | Deine Tatkraft: | _____ | _____ |
    | Deine Gesundheit: | _____ | _____ |

Dein Reichtum: _____  _____

3. Warum müssen wir glauben, daß uns unser Wunsch bereits erfüllt wurde, bevor er sich verwirklicht?

.................................................................................

.................................................................................

.................................................................................

4. Schreibe auf, woraus sich die schöpferische Kraft des Gedankens zusammensetzt.

.................................................................................

.................................................................................

.................................................................................

5. Was bedeutet es in Deinem Leben, "absolut" zu denken?

.................................................................................

.................................................................................

.................................................................................

6. „Weisheit beginnt mit logischem Denken". Warum ist das so?

.................................................................................

.................................................................................

.................................................................................

7. Erkläre, warum es nichts mehr zu zweifeln gibt, sobald wir uns ein Ideal geschaffen haben.

.................................................................................

.................................................................................

.................................................................................

8. Schreibe auf, wo Du diese Woche bewußt Gebrauch vom Induktiven Denken gemacht hast.

.................................................................................

.................................................................................

.................................................................................

9.  Kreuze an, welche der untenstehenden Taten oder Handlungen Du diese Woche unternommen hast oder welche eingetreten sind:

☐ Ich denke immer öfter, anstatt nur lose Gedanken zu haben.

☐ Ich erkenne immer mehr die Zusammenhänge zwischen den „Dingen".

☐ Ich affirmiere mir, daß das, was sich vor mir abspielt, nicht „ich" bin, nicht „meine" Story ist.

☐ Ich fange mich in Momenten und erkenne klar, daß ich in dem Moment nur Gedanken habe, aber nicht denke, da Denken systematisch und konstruktiv ist.

☐ Meine Freude am Leben wird immer größer.

☐ Meinem Umfeld fallen die Veränderungen in und bei mir auf, und sie kommentieren sie positiv.

## LITERATURHINWEIS

Ⓦ *„Transsurfing"* von Vadim Zeland ist eine hervorragende Lektüre, die das MKS erweitert.

Ⓦ *„Auf der Spur des wilden Pendels"* von Itzhak Bentov ist ein sehr empfehlenswertes Buch, was die Mechanik des Bewußtseins, Holografie und Quantenphysik anbelangt. Dort wird auch erklärt, was passiert, wenn wir meditieren.

## DU HAST DIESEN TEIL GEMEISTERT...

▰ wenn Du verstanden hast, daß Gewißheit nur dann zu Dir kommen kann, wenn Du Dich auf etwas verlassen kannst; und daß dieses sich verlassen können nur durch Muster entsteht, welche wiederum durch eine genaue und wertfreie Beobachtung entstehen.

▰ wenn Du vergleichend beobachten kannst, bis sich aus bestimmten Abläufen (oder Einzelheiten) ein gemeinsamer Nenner ergibt.

▰ wenn Du zunehmend auf der Ebene des Absoluten denkst und somit keinerlei Zweifel, Befürchtungen oder Ängste mehr hegst

▰ wenn Du Deinen Wunsch als bereits bestehende Tatsache ansiehst.

▰ wenn Du verstanden hast, daß Deinem Denken keinerlei Beschränkungen auferlegt sind.

## KOMMENTAR

Das Problem hierbei ist, daß man gewöhnlich nicht weiß, warum eine ‚negative' Situation aufgetreten ist. Bewußt hat man sie bestimmt nicht angezogen. Deshalb ist es so wichtig, sich des Unterbewußten gewahr zu werden und dort die Muster und Prägungen zu erkennen, die nun außerhalb des Verstandes und daher der Gedankenwelt walten. Erst dann kann man diese Prägungen auflösen, dem Negativen entsprechend begegnen und es ins eigene Sein integrieren.

1. In den vorherigen Kapiteln hast Du Dich mit einem Verständnis Deiner Selbst und Deiner Beziehung zu dem Großen Ganzen befaßt. Dazu hast Du noch gelernt, was es mit den natürlichen Gesetzmäßigkeiten auf sich hat. In Kapitel 11 geht es nun darum, zu verstehen, daß es eines vergleichenden (und herleitenden Denkens) bedarf, um von der glaubenden Position zu der wissenden Position zu kommen. Auf gut Deutsch: Wo Du Ungewißheit durch Gewißheit ersetzt. Das bedarf jedoch Deines Inputs, Deiner Arbeit, um für Dich von Nutzen zu sein. In den folgenden Kommentaren werde ich erläutern, was das für Dich in der Praxis bedeutet.

2. Nahezu alles, was wir als Menschen entdeckt haben, entstand durch Beobachtung. Je mächtiger die Werkzeuge wurden, desto durchdringender und wertvoller wurden die Erkenntnisse. Wertvoll vor allem in dem Zusammenhang, daß sie einer viel größeren Menge zunutze gemacht wurden als nur den Beobachtern selbst. So verdanken wir alle Fortschritte in den Naturwissenschaften den genauen und kritischen Beobachtungen weniger Menschen, aus denen dann Gesetzmäßig-

keiten formuliert wurden, welche wir heute auf vielfältige Art nutzen.

3. Lies Dir diese Passage nochmal durch, vor allem den letzten Satz. ‚Gesetz, Urteilsvermögen und Gewißheit.' Das ist es, was Du Dir immer wieder ins Bewußtsein rufen mußt. Nur wenn Du Dich auf bestimmte Dinge verlassen kannst, ist es Dir auch möglich, ein Leben in Ruhe und Zufriedenheit leben. Ungewißheit und Chaos sind nur bei Dimensionssprüngen hilfreich, aber selbst dann können sie nicht dauerhaft bestehen. Es ist auch nicht ihre Aufgabe, Bestand zu haben, sondern, anzuregen, zu verändern und dadurch eine neue Ordnung auf einer höheren Ebene zu erschaffen.

4. Dieser Wächter paßt halt genau auf und läßt nur das zu, was auch wirklich wahr ist. Aber auch dieser Wächter muß geschult sein, und urteilsfreie Beobachtung sowie das Klassifizieren von Resultaten gehören zweifelsfrei dazu.

5. Einfach ausgedrückt: Was steckt hinter all den Erscheinungen, all den gemachten Beobachtungen? Was sind das für universelle Gesetzmäßigkeiten, die dafür sorgen, daß wir uns auf so viele Dinge im Leben verlassen können? Bedenke hier, daß diese Verläßlichkeit unabdingbar ist, damit sich der Verstand neuen Dingen zuwenden kann. Er muß immer wieder befreit werden, ansonsten gäbe es keinerlei Fortschritt.

6. Praktisch bedeutet das, daß Dich eine von Dir erkannte Mangelsituation gedanklich in Kontrast dazu setzt und so der Wunsch nach Fülle aufkommt. Dort angelangt

hast Du (auf diesem höheren Niveau) aber erkannt, daß Dich der Wunsch nach Armut eben auch in diese Richtung ziehen würde. So hältst Du Dich gedanklich auf dem Niveau der Fülle fest und manifestierst durch das Gesetz der Anziehung mehr davon.

Du siehst, daß es hier keine Reziprozität (Wechselwirkung) gibt, sondern einen höheren Erkenntnisstand, von dem aus dann agiert wird. Will sagen: Nur wenn Du ‚unten‘ bist und noch Verlangen verspürst, fühlst Du Dich dem entgegengesetzten Pol angezogen. Sobald er aber erreicht ist, setzt Du Dich dort fest.

7. Mit ‚Bedürfnis‘ meint Haanel Deine Absicht – das, was Du erreichen oder verwirklichen willst.

8. Sicher ist es für uns nicht notwendig, aus einem Zahn Tierskelette zu rekonstruieren. Darum geht es hier auch nicht, sondern darum, daß es möglich ist, vom Teil (dem Zahn) aufs Ganze (dem Tier) zu schließen, vom Besonderen (durch die Beobachtung) aufs Allgemeine (die Gesetzmäßigkeit), worauf wir uns dann wieder verlassen können.

9. Aus dieser scheinbar bedeutungslosen Passage geht eindeutig hervor, daß reiner Glaube an eine Sache nichts bringt, wenn dieser Glaube nicht auf die Probe gestellt werden kann. In diesem Fall konnte der Glaube an einen weiteren Planeten durch Beobachtung als lebendige Tatsache nachgewiesen werden. Somit kam Le Verrier vom Glauben zum Wissen. Er mußte an Neptuns Existenz nicht mehr glauben - er wußte dann, daß er da ist.

Genauso verhält es sich auch mit Deinen Vorhaben. Trenne Dich von Glaubenssätzen, die Dich nicht weiterbringen. Verfolge nur diejenigen, die Prinzip, d.h. Lebenskraft haben. Diese müssen sich per Gesetz verwirklichen. Darauf kannst Du Dich verlassen.

10. Genau das beziehst und projizierst Du nun auf Deine eigenen Bedürfnisse. Dort der Gedanke an Reichtum, hier der Reichtum. Dort der Gedanke (das Bewußtsein für) Gesundheit, hier die Gesundheit, die sich auf wissenschaftliche exakte Weise darstellen muß. Dafür muß der Gedanke aber auch Prinzip haben. Er muß der Wahrheit entsprechen.

11. Diese Passage hat durch die Veränderungen der letzten Zeit natürlich eine ganz andere Bedeutung bekommen. Immer mehr Menschen erwachen und ziehen die Regierung und die Abgeordneten zur Rechenschaft. Dabei muß seitens des Bürgers aber genau aufgepaßt und vorsichtig vorgegangen werden, denn ein Gedanke z.B. an ‚Atomkraft, Nein Danke‘ führt halt zu noch mehr Aufmerksamkeit in Richtung ‚Atomkraft‘. Die dadurch entstandene Verursachungskette kann uns dann schnell in eine Richtung führen, in der Widerstand gegen das eine zu noch mehr Widerstand gegen sich selbst führt. Daher ist es nicht nur unabdingbar, ausschließlich das Positive zu bejahen, sondern bei etwaigen Ablehnungen (wie z.B. Atomkraft) die ultimative Ursache zu erkennen, die es zu ändern oder zu behandeln gilt. Das ist in diesem Fall nicht der Transport oder die Demo vor dem Regierungsgebäude, sondern die Kernstrahlung an sich, die sich

ja in dieser Konzentration lebenswidrig auswirkt.

Sollte Dir diese Aussage nicht gefallen, lehne sie nicht gleich instinktiv und kategorisch ab, sondern gehe in die Stille und komme dort der Sache auf den Grund. Das ist ein schönes praktisches Beispiel für Induktives Denken; für genaues Beobachten; für urteilfreies Denken.

12. Hiermit drückt Haanel Folgendes aus: Als Mensch haben wir unsere Interessen meist durch Waffen geschützt, welche eingesetzt wurden, wenn von außen Gefahr drohte. Wir hatten unsere eigenen, aber das Land, in dem wir leben, fügte dem noch welche hinzu. Individuell wurden wir also von etwas Mächtigerem dabei unterstützt, u.a. auch, um durch Abschreckung in Frieden und Gewißheit zu leben.

Auf der geistigen Ebene verhält es sich ähnlich. Auch hier machen wir Gebrauch von etwas Mächtigerem als uns, um in Frieden und Gewißheit zu leben. Nur sind es hier keine Waffen, sondern die natürlichen Gesetzmäßigkeiten, die wir uns zunutze machen, um ein gesundes, wohlhabendes und freudvolles Leben zu leben.

13. Das ist ein ganz klarer Appell Haanels daran, sich die Natur zunutze zu machen. Anders als er es sich aber 1912 vorstellte und es im Master Key System auch vermittelte, hat der Mensch seitdem eine völlig falsche und lebenswidrige Richtung eingeschlagen und anstatt die Natur zu verstehen und sich mit ihr zu verbinden, hat er sie mißbraucht und ausgebeutet. Der Natur (dem Großen Ganzen) ist das letztendlich egal, aber uns nicht, weil die Absicht der Ausbeutung eben das Ergebnis der eigenen Ausbeutung mit sich brachte - und die Menschheit an einen Punkt, wo sie sich zunehmend selbst zerstört.

Mit dem Wissen um den Master Key und die natürlichen Gesetzmäßigkeiten können und werden wir diesen Trend aber umkehren und uns wieder das Paradies auf Erden schaffen, aus dem wir uns durch unsere Ignoranz und unsere Trennung vom Schöpfergott selbst herauskatapultiert haben.

14. Ein kleiner aber feiner Verweis auf das Studium selbst, welches aufopferungsvolle Hingabe verlangt, um in den Genuß alles Guten, Schönen und Harmonischen zu kommen.

15. Den Begriff ,reines Bewußtsein' wirst Du in letzter Zeit häufiger gehört haben, vor allem im Zusammenhang mit den verschiedenen Formen der Matrix- oder Quanten-Heilung. Auf dieses reine Bewußtsein lernst auch Du zuzugreifen, um wieder Harmonie in Deine Angelegenheiten zu bringen. Nur benutzt Du dafür einen anderen Ansatz, welcher zumindest meiner Meinung nach dauerhaftere Resultate herbeiführt.

16. ,... daß, was wir ersuchen, bereits vollendet ist.' Haanel geht im Weiteren noch genauer darauf ein. Was es damit prinzipiell auf sich hat, ist folgendes: Da wir uns in einem Schwingungsuniversum befinden, wo gleichartige Schwingungen miteinander in Resonanz weilen, führt der Gedanke der Vollendung oder der des bereits erreichten Ziels eben zum selbigen. Solange Du Dich gedanklich noch in Trennung befindest,

wird die Trennung auch weiterhin bestehen - es ginge auch gar nicht anders.

Nun bedarf es eines bestimmten Ausmaßes an Vertrauen und Disziplin, das so zu sehen, denn Deine Sinneswahrnehmung zeigt Dir auf absehbare Zeit immer noch das an, was in der Vergangenheit Deine vorherrschende Geisteshaltung war. Deine Aufgabe besteht darin, die Hinweise Deiner Sinne zu ignorieren und beharrlich an den neuen geistigen Bildern festzuhalten, bis sich diese auch auf wissenschaftliche Weise verwirklicht haben.

17. ,... *bereits erhalten hast.*' Wenn Du ein gläubiger Mensch bist - oder auch nicht - wird Dir hier deutlich werden, daß jegliches Beten (oder Gebet) ein Dankesgebet sein *muß* und kein Bitten um etwas, was es noch zu erreichen gilt. Du mußt alles als bereits bestehende Tatsache ansehen und dann das entsprechende Gefühl der Freude in Dir hervorrufen. Das hat unmittelbare Auswirkungen auf Dein emotionales und physisches Wesen und Deine Wahrnehmungsgabe.

18. ,... *als bereits bestehende Tatsache*' einprägen! Warum das und nicht irgendwas dazwischen? Weil dazwischen eben genau das ist - dazwischen - Du aber das Ziel erreichen willst, und um das zu erreichen, siehst Du es als bereits erreicht an und schenkst Dank dafür. Daß weltlich gesehen noch einige Zeit ins Feld zieht, liegt allein daran, daß dauerhafte Verwirklichung unterbewußt ist und sich dort erst einprägen muß, obwohl quantentechnisch eine Wesensänderung auch mit nur einem einzigen Atemzug herbeigeführt werden kann.

19. Und genau das bedarf Disziplin und Beharrlichkeit und für Dich um so mehr Zeit, wie Du daran noch zweifelst.

20. Auch hier wird deutlich, worum es geht. Nur durch eine genaue Beobachtung ist es uns gelungen, bestimmte Dinge zu erkennen und anschließend einzuordnen. Dadurch haben wir uns Gewißheit erschaffen, die uns innere Ruhe und Gelassenheit gibt. Aus dieser inneren Ruhe heraus treffen wir dann intelligente Entscheidungen.

Das läßt sich auf Dein Studium und das Verstehen des hier vermittelten Wissens übertragen. Durch eine genaue Beobachtung (Kapitel 8) erkennst Du Details und dadurch Muster. Diese geben Dir die Gewißheit und innere Ruhe. Du wirst so immer mehr in der Lage sein, intelligente Entscheidungen zu treffen, anstatt aus der Gewohnheit heraus gedankenlos zu reagieren.

21. Hier siehst Du, worauf Haanel hinaus will. Er zeigt Dir quasi an, was anschließend für Dich dabei herauskommt:

,all das besitzen'

,immer korrekt handeln'

,sich immer taktvoll aufführen'

,alles leicht erlernen'

,alles mit fröhlicher Natur vollenden'

,in ewiger Harmonie mit sich selbst leben'

,ohne jemals Schwierigkeiten oder Mühe erfahren'

145

Das ist die Anstrengung doch wert, oder?

22. ,... *ist von übersinnlicher Bedeutung'*. Und genau so ist es auch. Mehr als zwei Monate befaßt Du Dich nun schon mit dieser Lehre. Du hast eine Unmenge an Informationen aufgenommen, Hinweise erhalten und Anleitungen empfangen. Dein Verständnis über den schöpferischen Prozeß hat sich zunehmend vertieft, und Du kommst langsam in den Genuß dessen, was Deine innere Welt für Dich bereithält.

23. Das, was das Master Key System in dieser Hinsicht so besonders macht, ist, daß es der Wahrheit eine wissenschaftliche und daher unpersönliche und vorurteilsfreie Note gibt. Dir als Studenten hilft es, diese Thematik schneller zu verstehen und auch im täglichen Leben schneller anzuwenden.

24. So hat sich auch seit der Veröffentlichung des Master Key Systems viel im Bereich der Quantenphysik und auch der Gehirnwellenforschung getan. Dabei trat man immer tiefer in die Materie ein, aber nur um festzustellen, daß der Geist diese bestimmt und beherrscht. Als moderne Menschen haben wir dadurch aber viel über unsere unerschöpflichen Fähigkeiten gelernt. Auch können wir uns nun viel mehr auf bereits gemachte Erfahrungen stützen, gleichzeitig aber durch unser Denken immer wieder neuen Formen Ausdruck verschaffen.

25. Auch heute ergeben sich immer wieder neue Wege, die Wahrheit zu vermitteln. Die Grundlage ist aber immer dieselbe und zeichnet sich dadurch aus, daß sie Bestand und Struktur hat und dadurch stark und mächtig ist - und wir uns darauf verlassen können. Es bleibt auch die Grundaussage bestehen, daß wir das, was wir uns wünschen, als bereits bestehende Tatsache ansehen müssen. Nur dadurch lösen wir die Distanz zwischen uns und unserem Traum auf. Nur dadurch senden wir die ,richtigen' Schwingungen, die mit ähnlichen Schwingungen resonieren. Nur dadurch kräftigen wir das, von dem wir mehr verwirklicht sehen wollen.

26. Du magst Dich fragen, was von dem geblieben ist, wovon Charles Haanel bereits vor 100 Jahren schrieb. Die Antwort liegt - wie bereits erwähnt - in den beiden Weltkriegen, der Depression in den USA, der Währungskrise etc. Immer wieder gab es - letztem Wissen nach - geplante Ereignisse, welche die Welt und den Zeitgeist wieder zurückwarfen. Aber auch diese haben ihre Rolle erfüllt und dem Menschen durch viel Leid und Zerstörung, durch Manipulation und Entmachtung gezeigt, wovon er nichts mehr im Leben manifestiert sehen will. Da er bislang aufgrund des fehlenden Wissens aber ohnmächtig war, an der Situation etwas zu ändern, ging es das letzte Jahrhundert so weiter, bis sich nun die Ereignisse häuften und der gesellschaftliche und politische Umbruch überall immer deutlicher wurden. Hoffen wir nur, daß die Menschen dieses Mal schlauer sind, wenn ihnen von anderer Seite wieder Krieg vorgeschlagen wird.

27. Zur gleichen Zeit, in denen diese spirituellen Aktivitäten überall ersichtlich sind, gibt es natürlich auch einen Gegenpol dazu. Auch dieser ist überall ersichtlich. Hier bedarf es deswegen ganz besonderer Aufmerksamkeit, um sich davon nicht blenden und beeinflussen zu lassen, denn die Kräfte, die diese Gegenaktivitäten

steuern, haben gegenwärtig noch einen erheblichen, wenn auch stetig schwindenden Einfluß auf die noch unwissende Masse. Das bezieht sich insbesondere auf die traditionellen Medienkanäle wie Fernsehen, Radio und Zeitungen.

28. Dieser Satz sollte Dir aus ‚The Secret‘ gut bekannt sein, denn auch dort wurde er benutzt. Er sagt aus, daß wir durch unser bewußtes Denken einen größeren Einfluß auf das Universelle denen gegenüber haben, die diese Stufe der Entwicklung noch nicht erreicht haben.

29. Auch hier wird wieder deutlich, daß es sich nicht um oberflächliches und zerstreutes Wünschen handelt, sondern um zielgerichtete, systematische und aufbauende Arbeit. Denken muß so angeleitet werden, um wirkungsvoll zu sein.

30. Wenn Du bislang noch Fragen hattest, wie das ‚wie‘ auszusehen hat, ist Dir hiermit die Antwort gegeben: Nämlich durch das ‚Annähern, Erfinden, Beobachten, Trennen, Entdecken, Analysieren, Entscheiden, Regeln, Kombinieren und der Anwendung von Masse und Kraft.‘ Wie und wo Du all das einsetzt, das bleibt allein Dir überlassen und hängt natürlich von Deiner Absicht ab. Erinnere Dich aber stets daran, daß in jedem selbstsüchtigen Gedanken der Keim der Niederlage steckt.

Erinnere Dich in diesem Zusammenhang auch an Haanels Aussage aus dem Vorwort: ‚Die größte Kraft des Bewußtseins hängt somit vom Training seiner moralischen Kanäle ab und macht es erforderlich, daß jede bewußte geistige Anstrengung ein moralisches Ende (im Sinne von ‚sittlich‘) nach sich zieht.‘

31. Dieser wunderschöne Satz übermittelt die Freude, die Befriedigung und Verzückung, die mit wahrem Denken einhergeht. Es ist also wahrlich kein trockener und langweiliger Vorgang, sondern etwas höchst Lebendiges, das sich durch Inanspruchnahme immer mehr ausbreitet, farbenfroher und umfangreicher wird. Es versetzt seinen Auftraggeber - also Dich - in ein unbeschreibbares Wohlgefühl, da Du nur noch reine, klare und allen Wesenheiten nützliche Gedanken hegst. Dadurch wirst Du zu einem strahlenden Licht mit grenzenloser Macht und Kraft. Dein Vermächtnis auf dieser Erde wird dementsprechend ausfallen.

32. Eingebung und Erkenntnis sind nah miteinander verwandt. Eingebung bezeichnet hier das Ergebnis eines Informationsflusses in dem offenen Kanal zwischen dem Universellen und dem Individuum, während Erkenntnis das sich-bewußtmachen dieser und der durch Beobachtung entstandenen Einsichten beschreibt.

33. An dieser Stelle magst Du Dich kurz fragen, warum dieses Wissen nicht in der Schule gelehrt wurde und gegenwärtig immer noch nicht Teil des Lehrplans ist. Es ist höchste Zeit, daß die Kinder dieses Wissen aufnehmen und so ihr Leben von früh auf selbst bestimmen können, vor allem aber um Ursache und Wirkung ihrer Gedanken, Worte und Handlungen wissen.

34. Nochmals, weil es so wichtig ist: ‚Alles, was benötigt wird, ist ein Verständnis bestimmter genauer, fundamentaler Prinzipien und

147

*deren passende Anwendung.'* Dann kann man alles, einschließlich sich selbst, ändern.

35.　Wenn Du diese Übung eine Woche lange gewissenhaft durchführst, wird es Dir leicht fallen zu verstehen, warum immer in der Gegenwart affirmiert werden muß; warum der Wunsch immer als bereits bestehende Tatsache angesehen werden muß; warum das Verlangen nach etwas dadurch auch seinen Wunschcharakter verliert und als absolut und bereits vorhanden angesehen werden muß.

Hier kommt bei Studenten oft die Frage auf, was es mit dem Außen auf sich hat, welches einen wahrscheinlich verhöhnt, wenn man den erwarteten Reichtum als bereits bestehende Tatsache ansieht.
Die Antwort darauf ist einfach:

1. Wenn Dir so etwas geschieht, halte Dich von diesen Menschen fern, denn sie tun Dir nicht gut.

2. Halte den Gedanken in der Stille und posaune ihn nicht heraus, denn a) verliert er so an Kraft und b) solltest Du ihn solange stillhalten, bis Du selbst stark genug bist, die Kritik von außen zu überstehen und auch nicht Deinen eigenen (Rest-)Zweifeln zum Opfer zu fallen.

# 12

## Wissen, Wagen, Wollen, Schweigen

In diesem Kapitel geht es um das Erstellen eines Ideals. Wieviel Zeit und Aufwand haben wir vormals damit verschwendet, uns auf all die nicht wünschenswerten Umstände zu fokussieren? Wahnsinn, wenn man mal darüber nachdenkt! Wieviel Zeit verschwenden wir heute noch für Dinge, auf die wir absolut *null* Einfluß haben? Radio, Fernsehen, Magazine lesen... alles schöner Zeitvertreib - wir *vertreiben* die Zeit!- die, die uns in dieser Dimension nur in beschränktem Maße zur Verfügung steht, aber nützt es uns wirklich was? Geht es uns in allen Bereichen wirklich so gut, daß wir uns das leisten können? Fragen, die nur wir uns beantworten können.

Ich selbst habe keinen Fernseher, kein Magazin-Abonnement, lese keine Zeitungen, und Radio höre ich auch nicht mehr. Ich hatte davon mehr als genug in meinem vorigen ‚Leben', weiß nun aber, daß es mir nicht dienlich ist, zumindest der allergrößte Teil von dem, was dort ‚ausgestrahlt' wird. Aber wie gesagt, das entscheidet jeder für sich.

Um etwas zu erreichen, erstellen wir uns ein Ideal. Dieses wird dann mit Details versehen - wir erkennen Graustufen in einem Schwarzweißbild. Die Details entstehen in der Stille, in der Meditation, der Konzentration. Dann werden wir inspiriert - wir werden (durch das Universelle) *be-atmet*. Das ist es, was den Fluß ausmacht, dessen Kanal wir bereitstellen und ihn in die gewünschte Richtung lenken.

Du allein entscheidest, wie ausschweifend Dein Ideal ausfallen soll, wie großartig du es machst, wie prächtig, glorreich und strahlend. Wie Du bereits weißt, bestimmt die Nachfrage das Angebot, und wenn Du nicht fragst, dann erhältst Du auch nichts. Also muß das Ideal wunderschön und ausgeschmückt sein, damit Du es durch Aufmerksamkeit und Konzentration - die Bündelung bestimmter Gedanken unter dem Ausschluß aller anderen - mit Gefühlen versehen und ihm so Lebenskraft verleihen kannst.

Das Ideal ist Deines. Es hat nichts, aber auch gar nichts mit anderen Personen zu tun. So spielt es keinerlei Rolle, was andere Menschen sagen. Im besten Fall, und da verweise ich gern nochmal auf Kapitel 9, läßt Du die Saat ungestört, bis der Keim aufgegangen ist. Es muß genug Energie gespeichert werden, um die Pflanze dann zur Vervollkommnung, also zur Blüte zu bringen.

Der Grad, zu dem Du Dich auf das Göttliche und seine unveränderlichen Prinzipien einstellst und mit dieser Allmacht kooperierst -ändern kannst Du es ja nicht- zeigt sich im Ausmaß des Erfolges, den Du erfahren wirst.

## ÜBUNG

Es geht wiederum um die bewußte Kooperation mit der Allmacht, der Anerkennung und Schätzung der sich daraus ergebenden Möglichkeiten, sowie dem Gebrauch der Macht und Kraft zum Wohle aller Beteiligten. Du mußt Dir aber zunächst das Handwerkszeug besorgen, um einen Nutzen daraus ziehen zu können. Idealisierung, Visualisierung, Fühlen, Lieben, Vertrauen, Mut... all das gehört dazu, und so handelt auch die Übung dieses Kapitels wieder davon, ein genaues Verständnis von uns in Bezug zum Universellen zu erlangen. Ohne das Verständnis keine Gehirnzellen, ohne Gehirnzellen keine Wahrnehmung im Außen! Oben wie Unten, Innen wie Außen!

## AUFGABEN

1. Schreibe Dein Dir momentan wichtigstes Ideal auf und wie dieses Ideal nicht nur Dir selbst zugute kommt, sondern auch anderen Menschen.

   .......................................................................................................

   .......................................................................................................

   .......................................................................................................

   .......................................................................................................

2. Bewerte hier auf einer Skala von 1 – 10, wie Du Dich diese Woche gefühlt hast:

   |                    | Vorwoche | Jetzt |
   |--------------------|----------|-------|
   | Dein Selbstwert:   | _____  | _____ |
   | Dein Energieniveau:| _____  | _____ |
   | Dein Glücksgefühl: | _____  | _____ |
   | Deine Tatkraft:    | _____  | _____ |
   | Deine Gesundheit:  | _____  | _____ |
   | Dein Reichtum:     | _____  | _____ |

3. Erkläre die Rolle der Visualisierung bei der Erstellung eines Ideals.

   .......................................................................................................

   .......................................................................................................

   .......................................................................................................

   .......................................................................................................

4. Warum ist es so wichtig, daß Du an Deinem Ideal festhältst?

   .......................................................................................................

   .......................................................................................................

   .......................................................................................................

5. Warum kann das Unendliche nicht geändert werden?

   .......................................................................................................

   .......................................................................................................

   .......................................................................................................

6. Kreuze an, welche der folgenden Aussagen auf Dich zutreffen:
   - ☐ Ich habe mein Verhalten einer anderen Person gegenüber geändert.

☐ Ich reagiere auf alle Situationen gelassen oder lasse sie zumindest nicht mehr negativ an mich heran.

☐ Mein Ideal / Meine Ideale stehen fest und solide.

☐ Ich lache öfter über mich und meine „Fehler".

☐ Ich erkenne das Universelle (Gott) in allem.

☐ Ich fühle mich mehr und mehr verbunden mit dem Großen Ganzen.

☐ Ich dusche kalt und freue ich über die Reaktion meines Körpers.

☐ Ich bin gesund.

☐ Ich lenke immer mehr Aufmerksamkeit auf Reichtum, ganz gleich, ob er in Form von Geld oder einfach nur „genug von der Sache" kommt.

7. „Das Gesetz der Anziehung ist nichts Anderes als eine andere Bezeichnung für Liebe". Warum ist das so?

........................................................

........................................................

........................................................

........................................................

8. Erkläre, warum jeder dauerhafte Macht und Kraft lediglich auf positive Art und Weise verliehen werden kann.

........................................................

........................................................

........................................................

9. Die Absicht leitet die Aufmerksamkeit. Was verstehst Du darunter?

........................................................

........................................................

........................................................

## DU HAST DIESEN TEIL GEMEISTERT...

🢒 wenn Du Dein Wissen auch anwendest und es nicht im Bereich des reinen Denkens beläßt.

🢒 wenn Deine Ideale klar umrissen und wissenschaftlich exakt sind.

- wenn Du Deine Gedanken mit dem Gefühl der Liebe (Zuneigung, Hilfsbereitschaft, Verständnis, Dienst) versiehst und ihnen so Lebenskraft gibst.

- wenn Du verstanden hast, daß jeglichem Wandel eine Veränderung im Zustand, im Fokus und in den Gefühlen vorangegangen sein muß.

- wenn Du in der Lage bist, durch dieses Wissen Deinen emotionalen Zustand von einem Moment auf den anderen ins Gegenteil umzuwandeln.

- wenn Du in der Lage bist, Deine Einheit mit der Allmacht anzuerkennen.

## NOTIZEN

........................................................................................................

........................................................................................................

........................................................................................................

........................................................................................................

........................................................................................................

........................................................................................................

........................................................................................................

## LERNFORTSCHRITT

Schreibe hier in soviel Detail wie möglich, aber dennoch klar auf, was sich in den letzten 12 Wochen in Deinem Leben verändert hat. Wenn etwas zunächst einen negativen Anschein hat, betrachte es noch einmal und versuche zu erkennen, welch positive Aspekte dieser Veränderung abgewonnen werden können. Schreibe auch auf, was Dir im Vergleich zu vorher wichtiger in Deinem Leben erscheint und was keinen besonderen Stellenwert mehr hat.

153

## KOMMENTAR

Ab diesem 12. Kapitel geht es zunehmend um Konzentration. All die Übungen sind Konzentrations- und dadurch Schöpfungsübungen. Du lernst die hohe Kunst, im Objekt Deiner Gedanken aufzugehen. Du lernst also, Dich vollkommen mit ihnen zu identifizieren und eins mit ihnen zu werden. Dann gibt es auch keine Trennung mehr zwischen Dir und dem Objekt. Das ist harte Arbeit, die da verrichtet werden muß. Hart weniger im körperlichen Sinne als im Sinne von Beharrlichkeit, Disziplin und steter Wiederholung.

1.  Es ist dieses wissenschaftliche Verständnis über die schöpferische Kraft des Gedankens, das Dir im Master Key System vermittelt wird und was es so wertvoll macht. Der wissenschaftliche Aspekt dieser Methode(n) kann gar nicht oft genug erwähnt werden, denn über das induktive Denken kommen wir vom Glauben zum Wissen. Das ist nicht nur ein theoretisches Konstrukt, sondern gibt uns Sicherheit und Gewißheit, daß ein bestimmter Ansatz immer eine (ihm) entsprechende Auswirkung hat. So wissen wir bereits am Anfang der Verursachungskette, wie das Endergebnis aussehen wird.

2.  Erinnere Dich hier daran, daß Dein Gehirn eine embryonale Welt ist - eine Welt, die entsteht. Es ist immer wieder - im wahrsten Sinne des Wortes - eine Herausforderung, neue Gedanken zu denken – etwas zu denken, für das es kein vorheriges Muster gibt. Wie Du bereits gelernt hast, bedarf das Deiner Anerkennung der Allmacht und Dir als Kanal, durch den sich diese Allmacht ausdrückt.

3.  Dieses Problem löst sich aber durch das Verständnis und das Anwenden der in Kapitel 4 vermittelten Informationen über die wahre Natur unseres ‚Ich‘. Wenn ich wirklich weiß, wer ich bin und welche Möglichkeiten mir durch meine feinstoffliche Natur zur Verfügung stehen, gehen Angst, Sorge und Entmutigung automatisch zurück. Oft verschwinden sie vollständig, da sie durch Mut, Vertrauen und Zuversicht ersetzt werden. Warum ist das so? Weil Du Deine Kraft immer mehr aus dem Innen schöpfst, dort, wo sie in unendlichem Angebot zur Verfügung steht. Richtest Du Dich nach dem Außen, siehst Du zwangsläufig Beschränkungen. Wendest Du Dich nach innen, fallen diese Grenzen weg.

4.  Das Wissen um Deine Kraft hast Du bereits, da Du weißt, daß alle Kraft von Innen kommt. Der Mut, es zu wagen, entwickelt sich aus der inneren Kraft, sowie aus dem Verständnis, daß Du Dich bei Deinen Schöpfungsakten auf Gesetzmäßigkeiten verlassen kannst. Das wiederum führt zu dem Vertrauen, es auch zu tun, denn Du weißt, daß jeder Gedanke eine Ursache ist, die eine entsprechende Auswirkung hat. Du weißt also, welche Qualität die Auswirkung schließlich besitzen wird. Das reicht vollkommen aus, um Dir die notwendige Motivation zu geben, Großes anzugehen und es bis zum Ende durchzuführen.

5.  Nochmals, weil es so wichtig ist: ‚*Es stehen Dir unendliche Ressourcen zur Verfügung*‘. Jedes Mal, wenn Du die Stille aufsuchst und Dich konzentrierst, wirkst Du auf das Universelle ein. Wenn Du meditierst, öffnest Du Dich bewußt dem Fluß ‚von oben‘ und nimmst ihn willig in Dich auf.

Wenn Du kontemplierst, verbindest Du beide und kommst so zu neuen Einsichten und Erkenntnissen.

6.  Du wirst sicherlich schon Erfahrungen gemacht haben, wo Du Dir ein Ziel gesetzt hast, es durch eigene Zweifel und Kritik oder Hinweise anderer aber immer wieder untergraben und dadurch zunichte gemacht hast. Deshalb ist es so wichtig, daß Du Deine Gedanken erst einmal in der Stille hältst und Dich auch des in Kapitel 2 erwähnten Gegenvorschlags bedienst. Du erkennst hier auf Anhieb, wie wichtig es ist, sowohl Körper als auch Gedanken unter Kontrolle zu haben, einschließlich der Emotionen.

7.  Genau aus diesem Grund ist es unabdingbar, daß Du Dir hochbewußt bist, was Du eigentlich willst - also *Du*, nicht irgendein anderer. Da ein Teil Deiner Programmierung und Konditionierung fremdbestimmt war, kannst Du davon ausgehen, daß selbiges auch auf das zutrifft, was Du für vermeintlich wünschenswert hältst. Wenn Du Dich aber mit dieser Sache genauer und intensiver beschäftigst, magst Du feststellen, daß sie zwar oberflächlich attraktiv war, Dir auf Dauer aber nicht das bringt, was Du gerne sehen würdest – oder es bringt Dir eben das, worauf Du auch gerne verzichtet hättest.

Jetzt, wo wir beim Kern der Sache sind, laß es mich auf einen Punkt bringen: Wenn Dein Wunsch ein materieller ist, kannst Du das Teil immer noch mieten. Du mußt es nicht besitzen, um es zu benutzen! Noch einmal: Bei materiellen Dingen geht es Dir primär um den Gebrauch und nicht um den Besitz.

Du hast ja bereits gelernt, daß Besitztümer nur dann von Wert sind, wenn sie Macht übertragen, übermitteln oder darstellen. Da es Dir hier aber nicht um ein egozentrisches Machtgehabe anderer gegenüber geht, sondern um den Genuß - sagen wir - von einer Yacht, einem Auto oder Ferienhaus, ist es auch nicht so wichtig, es zu besitzen, solange Du es nutzen und genießen kannst.

8.  ... und das deswegen, weil Dir anders als Geld und Grundbesitz das praktische Wissen um die schöpferische Kraft des Gedankens jederzeit zur Verfügung steht und es Dir erlaubt, auf jedwede Situation angemessen zu reagieren. Daß das Resultat dann aber Geld und Grundbesitz mit beinhalten kann, steht außer Frage. Dennoch bist Du aber auch dann stets souverän und erfüllt mit Freude, wenn Du mal durch eine „Dürreperiode" gehen solltest. Du weißt ja nun, wie Du sie mit wissenschaftlicher Genauigkeit überwinden und ins Gegenteil umkehren kannst.

9.  Die natürlichen Gesetze, von denen Charles Haanel spricht, sind natürlich wieder einmal die sieben Hermetischen Prinzipien. Dabei gilt es vor allem beim Prinzip des Rhythmus zu erkennen, daß es davon auch planetarische und galaktische gibt, auf die man sich einstellen sollte. Auch hier wurde durch oft jahrhundertelange Beobachtung herausgefunden, wie sich die Präsenz eines Planeten in einem bestimmten Sternzeichen auswirkt. Wertvolle Einsichten diesbezüglich bietet hier Haanels ‚*Ein Buch über Dich*', das du über www.MrMasterKey.com oder den Buchhandel beziehen kannst, aber auch eine astrologische Beratung können Dir neue

Aufschlüsse über diese wiederkehrenden Rhythmen geben.

10. Mit Fälschungen meint Haanel all die geistigen Anstrengungen, die zu Auswirkungen führen, welche sich nicht im Einklang mit der Vorwärtsbewegung des Großen Ganzen befinden.

11. Hier wieder der Verweis auf das Prinzip der Entsprechung, nämlich durch ,*eine entsprechende Ernte*'. Entsprechung bedeutet auch Gewißheit. Das, was ich am Anfang sende, kommt am Ende zu mir zurück, ob auf dem Feld oder in meinen Gefühlen, Glaubensmustern, materiellen Gütern oder meiner Gesundheit.

12. Sicherlich mußt Du auch empfänglich sein, um mehr von dem zu erhalten, was Du Dir wünschst. Nur sind es hierbei Deine eigenen harmonischen, bewußten und aufbauenden Gedanken, anstatt von Gebilden, die nach kurzer Zeit wieder zusammenstürzen, weil es ihnen an Prinzip fehlt.

13. Hierbei sei angemerkt, daß auch bei Dir selbst ein Vergehen der vibratorischen Kräfte zu verzeichnen ist, wenn Du Deinen Willen entziehst. Eines ist dabei aber sehr wichtig zu verstehen: Es geht nicht darum, den Willen dauerhaft aufrecht zu erhalten, sondern darum, ihn gezielt einzusetzen, bis sich eine Sache im Unterbewußtsein eingeprägt hat. Dort führt sie dann ein Eigenleben, bis der Wille erneut benutzt wird, um das zuvor geschaffene Programm bewußt zu überschreiben. Sobald etwas der Domäne des Unterbewußtseins übergeben wurde, wird es dort generalstabsmäßig und zuverlässig ausgeführt.

14. Hierbei sei nur angemerkt, daß es beim Master Key System darum geht, eigene Impulse zu setzen, anstatt für die Dritter empfänglich zu sein. Dann bekommst Du das, was andere Dir zugedacht haben.

15. Im Bereich der therapeutischen Hypnose hat sich seit der Veröffentlichung des Master Key Systems sehr viel getan. Haanel spricht hier auch mehr über die Bühnenhypnose als über den Einsatz von Hypnose zu Heilungszwecken. Bei diesen geht es auch nicht darum, den Willen anderer zu beherrschen. Es geht vielmehr darum, dem anderen auf sein Geheiß hin dabei zu helfen, im Unterbewußtsein Anker zu setzen, um bestimmte Gewohnheiten zu durchbrechen und durch neue Glaubensmuster zu ersetzen.

Generell hat Haanel aber Recht mit seiner Aussage, weil es ihm darum geht, daß der Mensch seine innere Macht und Kraft erkennt und nutzt und dabei nicht auf Hilfe von außen angewiesen ist. Das ist bei der Hypnose nur beschränkt der Fall. Dennoch spielt die moderne Hypnose in vielen Anwendungsbereichen wie z.B. Gewichtsreduktion, Rauchentwöhnung, Schmerzreduktion und Anästhesie eine überaus wichtige Rolle.

16. Nochmals: Haanel hatte schon Recht, aber zu seiner Zeit konnte er die vielfältigen Einsatzmöglichkeiten der Hypnose und den Erkenntnissen, die seitdem gemacht wurden, noch gar nicht erfassen und in sein Bewußtsein mit einfließen lassen. Dies gilt auch für das Wissen und die Erkenntnisse, welche die Menschheit seitdem im Bereich der Gehirnwellen gemacht hat. Auch hier verwenden wir mittlerweile Techniken,

die uns helfen, Dinge noch schneller und effektiver zu lernen und zu verinnerlichen.

17. Dem letzten Satz dieser Passage gilt es besondere Aufmerksamkeit zu schenken. Wenn Du erkennst, daß allein das Gute Bestand hat, wird es Dir leicht fallen, auch nur dieses zum Ausdruck zu bringen. Wieviel davon dann zu Dir zurückkehrt, hängt davon ab, in welchem Maße Du es gibst, denn Du bist zu jedem Zeitpunkt eine vollständige Gedankeneinheit und kannst nur das empfangen, was Du ausgesendet hast.

18. Haanel weist hier nur kurz auf einen überaus wichtigen Aspekt hin: Das Gesetz der Anziehung und das Gesetz der Liebe sind ein und dasselbe. Liebe ist das, was Lebenskraft verleiht und Dingen oder Beziehungen Bestand gibt. Ist z.B. in Beziehungen keine Anziehung mehr füreinander da, schwindet auch die Lebenskraft. Das hat weniger was mit Emotionen zu tun als mit der schwingungstechnischen Natur der Schöpfung. Die Parteien sind einfach nicht mehr auf derselben Wellenlänge. So kann auch keine Verstärkung stattfinden, welche zur Fortführung der Beziehung geführt hätte. Die Parteien gehen auseinander und orientieren sich erneut in ihre eigenen und somit entsprechende Richtungen.

19. Es ist eine stete Heruntertransformation des Geistes auf die materielle Ebene. Sehr interessant und faszinierend in diesem Zusammenhang sind auch die Erkenntnisse von Nassim Haramein und dem *Resonance Project*, (www.theresonanceproject.org) aus dem u.a. hervorgeht, daß das Biologische das Bindeglied zwischen dem unendlich Kleinen und dem unendlich

Großen ist. Du als Individuum bist der *Ereignishorizont*. Du besitzt durch Dein Bewußtsein die Macht und Kraft, durch Deinen endlichen Körper unendlich vielen Möglichkeiten Ausdruck zu verschaffen.

20. Erkennst Du Dich da wieder? Hast Du auch dazugehört? Wo stehst Du jetzt, wo Du um Dein wahres ‚Ich‘ weißt, wie auch um die Dir dadurch zur Verfügung stehenden unendlichen Ressourcen? Vor allem, wie fühlt es sich jetzt an, wo Du weißt, daß der Glaube einen Sinn hat? nämlich den, zum Wissen zu führen. Mal für Mal!

21. Aus dieser Passage geht hervor, daß Du Verantwortung für Dein eigenes Leben übernehmen mußt. Es gibt niemanden, der Dir etwas kann oder auch will. Vor allem ist ‚da oben‘ niemand, der für Dich etwas Bestimmtes vorgesehen hat, sondern Du entscheidest bewußt, in welche Richtung Du Deine Aufmerksamkeit lenkst.

22. Dieses geschulte Wünschen führt aber zu einem wunschlosen Zustand, da man lernt, eins zu werden mit dem, was man sich wünscht. Dadurch schwindet die Distanz zwischen dem Wünschenden und dem Wunsch. Man ist bereits das, was man sich geistig vorstellt, und je schneller man diesen Gefühlszustand hervorrufen kann, desto schneller nehmen wir auch dessen Darstellung im Außen wahr.

23. In der Praxis bedeutet das, daß Du anfangs nur vage Vorstellungen von etwas hast, aber kein Bewußtsein für etwaige Details. Ein schönes Beispiel dafür ist der immer wieder gern ‚gewünschte‘ Luxussportwagen. Dazu ein paar Anmerkungen aus eigener Erfahrung, die das Dilemma oder

die Herausforderung deutlich illustrieren. Wenn Du gewohnt bist, Deinen Mittelklassewagen für 50 oder 60 Euro zu betanken, stelle Dich darauf ein, daß es nun 120 bis 150 Euro pro Tankfüllung sind. Stell Dich darauf ein, daß Dich ein Service im Schnitt 1500 Euro kostet und Du den Wagen nicht mal kurz zum Freund fahren kannst, damit er da ein paar Reparaturen vornimmt. Eine Frontscheibe kostet dann mal kurz über 1000 Euro - und das ohne Einbau.

Damit will ich zum Ausdruck bringen, daß am Anfang nur das Bild des Traumwagens in Deinem Bewußtsein existieren kann, nicht aber all das, was dem anhängt - es sei denn, Du machst Dich bezüglich der Unterhaltskosten schlau. Den Wagen dann zu bewegen, ohne ein schlechtes Gewissen zu bekommen, ist wiederum etwas anderes, denn im ‚alten Du' sind halt noch die Muster bzgl. Sparsamkeit oder vorangegangener Gewohnheiten vorhanden. Das soll nur als Hinweis dienen, was auf Dich zukommt, wenn sich so ein Traum verwirklicht.

24. Hiermit soll zum Ausdruck kommen, daß selbst wenn es technisch möglich ist, Dinge auf Anhieb zu materialisieren, es in den meisten Fällen immer noch eine Anpassung des Bewußtseins geben muß, damit Erscheinungen von Dauer sein können. Das führt zu einem Prozeß, den man einfach durchmachen muß. Das kann einem auch keiner abnehmen. Die Zeitspanne, die es in Anspruch nimmt, hängt natürlich von den Fähigkeiten des einzelnen ab.

25. Eine überaus wichtige Passage. Frage Dich, was Deine Absicht ist, denn diese bestimmt letzten Endes, worauf Du Deine Aufmerksamkeit richtest. Was Dir wichtig ist, das verbalisierst Du auch und setzt es in die Tat um. Aus diesem Schluß gibt es kein Entkommen. Sei deshalb schonungslos ehrlich zu Dir und anderen Menschen.

Dem Thema Konzentration widmet Haanel in der zweiten Hälfte noch viel Platz, denn es ist unter anderem durch Konzentration, daß wir zu intuitiver Wahrnehmung gelangen und uns so nicht mehr auf die langsamen und oft widersprüchlichen Prozesse des Verstandes verlassen müssen. Mehr dazu speziell in Kapitel 17.

26. Warum ist das so? Weil – so Haanel – die Allmacht selbst absolute Stille ist. Du kannst Dich nur in absoluter Stille mit ihr verbinden, weil Du dann eins mit ihr bist.

27. Die Stichworte hier: Übung und Selbstermächtigung.

28. Wieder einmal verweist Charles Haanel auf denselben Raum, denselben Stuhl und dieselbe Position. Bitte beachte es entsprechend. In dieser Übung geht es zusammenfassend darum, zu erkennen wer Du wirklich bist, welche Möglichkeiten Dir zur Verfügung stehen und welche Schritte vonnöten sind, um auf das Universelle so einzuwirken, daß es sich entsprechend auswirkt. Mit dem Meistern dieser Übung bist Du dann bereit, in den kommenden Wochen zunehmend komplexe Konzentrationsübungen zu absolvieren.

# 13

## Das Gesetz von Ursache und Wirkung

Bei diesem Kapitel angelangt zu sein bedeutet, daß Du die Hälfte des Master Key System Studienservices durchgearbeitet hast. Dazu von meiner Seite einen ganz herzlichen Glückwunsch - ich bin sehr stolz auf Dich, denn Du bist immer noch dabei, während viele „Mitstreiter" schon lange aufgegeben haben.

Die letzten drei Monate haben Dich konsequent darauf vorbereitet, jetzt auch in den Übungen immer größere Konzentrationskräfte darzustellen. Du hast nun die Grundlage, Dich auf all das zu konzentrieren, was Du Dir schließlich erfüllen wirst.

Kapitel 13 dreht sich um das Gesetz von Ursache und Wirkung. Davon haben wir ja bereits gehört, aber nun lernen wir, daß es nicht primär der materielle Wohlstand ist, dem wir entgegenstreben sollten, sondern Harmonie und Glückseligkeit. Als spirituelle Wesen, sagt Charles Haanel, werden wir keine dauerhafte Befriedigung in materiellen Gütern finden, und aus eigener Erfahrung kann ich dem nur beipflichten. Dennoch bescheren mir diese materiellen Güter immer wieder Freudenspitzen. Dann bin ich für all das dankbar, was ich bereits erreicht habe und wozu mich das Master Key System erst in die Lage versetzte. Dabei bleibe ich mir aber bewußt, daß es letztlich doch nur der Geist ist, der Bestand hat, und daß alles andere irgendwann wieder vergeht.

Bei dem Gesetz von Ursache und Wirkung handelt es sich um eines der sieben Hermetischen Prinzipien, die im Master Key System oft eher ‚durch die Blume‘ erklärt wurden, mit denen Du Dich in den vergangenen Wochen aber bereits bekannt gemacht hast.

Alles, was eine Wirkung ist – also auf jeden Fall alles Materielle, aber auch jede Gefühlsregung, ganz gleich welchen Ausmaßes – hat eine Ursache. Im Master Key System lernst Du, diese Ursache zu erkennen, denn wenn Dir die Wirkung auf Dauer nicht genehm ist, bedarf es der Erkenntnis der wahren Ursache, damit Du diese auflösen und loslassen kannst. Gleichzeitig bewegst Du Dich geistig zum anderen Pol hinüber, was dazu führt, daß Du automatisch mehr davon und weniger vom bisherigen bekommst.

Nochmals: Die Lösung für ein Problem ist *immer* am anderen Pol zu finden. Aufmerksamkeit fördert den Fluß von Energie, d.h. von Bewußtsein und von Verdichtung, sprich Vermehrung. Wir können keine Probleme lösen, wenn wir unsere Aufmerksamkeit immer wieder auf das Problem richten - wir *müssen* den Gegenvorschlag machen und kommen auch nur so zur Lösung. Das sollte jedem klar sein.

Charles Haanel sagt, daß ein glücklicher Gedanke nicht in einem unglücklichen Bewußtsein bestehen kann, und wir machen uns unsere Kenntnis von den Naturgesetzen zunutze, dieses Bewußtsein glücklich zu stimmen, uns darauf einzustimmen und diese Schwingung beizubehalten. Das greift unmittelbar in den vorigen Kapitel, in dem es um das Erstellen eines Ideals ging und um das Festhalten an ihm. Beharrlichkeit ist vonnöten, Disziplin und Ausdauer, denn tiefliegende Programmierungen sind nicht über Nacht aufgelöst, obwohl auch das rein technisch nur eines Gedankens und eines einzigen bewußten Atemzugs bedarf.

## ÜBUNG

Du lernst in diesem Kapitel erneut, daß die Anerkennung der Allmacht und Deine Fähigkeit, Dich in Einklang mit ihr einzufinden, die Grundlage allen Erreichens ist. Das aber geht nur in der Stille, in absoluter Ruhe, und somit führst Du auch diese Woche Deine Übung entsprechend durch - in der Ruhe verweilend und Deiner Einheit mit der Allmacht auf einer tiefen Ebene bewußt werdend.

Du siehst, daß die Übungen ab diesem Kapitel eine andere Qualität einnehmen. Sie sprechen immer weniger Deinen bewußten Verstand an und verlangen, daß Du Dich Deinem Inneren öffnest, damit Deine Intuition und Inspiration fließen können. Beide entstammen nicht dem Verstand, sondern dem Universellen Bewußtsein. Nimm Dir auch in dieser Woche die Zeit, Dich darauf zu konzentrieren, was es bedeutet mit der Allmacht eine Einheit zu bilden. Werden Dir da nicht Dinge klar, die Dich begeistern (ein schönes deutsches Wort), motivieren, nach vorne preschen lassen?

Alles, was möglich ist, steckt bereits in Dir. Als Potential ist es vorhanden und es wartet wirklich nur auf Deine Inanspruchnahme (auch das ein sehr deutliches deutsches Wort). Doch wo keiner Fragen stellt, gibt es auch keine Antworten. Oder passender ausgedrückt: Wo nichts gesucht wird, wird auch nichts gefunden. Setze neue Ursachen und bewahre Dir diese Einheit mit der Allmacht zu jeder Zeit im Bewußtsein. Es wird große Auswirkungen auf Deinen Mut haben, auf Dein Selbstvertrauen und -bewußtsein, aber vor allem wird es Dich anspornen, Dich geistig und körperlich weiter zu stärken, denn eine gesunde körperliche Basis ist Grundvoraussetzung für das Erfüllen all Deiner Wünsche.

## AUFGABEN

1. Schreibe auf, welche Rolle Harmonie und Glückseligkeit in Deinem Leben spielen.

   .................................................................................

   .................................................................................

   .................................................................................

   .................................................................................

2. Beantworte Dir so oft wie möglich die folgenden Fragen:

   ✓  Was habe ich heute gemacht?
   ✓  Was kann ich daran verbessern?
   ✓  Wer kann mir dabei helfen?

✓ Wann werde ich es vollenden?

3. Erkläre, warum wir erst geben müssen, bevor wir erhalten können.

........................................................................................

........................................................................................

........................................................................................

4. Denken muß bewußt, systematisch und konstruktiv sein. Warum?

........................................................................................

........................................................................................

........................................................................................

........................................................................................

5. Ungewöhnliche Beobachtungen und Tatsachen haben den höchsten Wert. Was bedeutet das für Dein eigenes Leben?

........................................................................................

........................................................................................

........................................................................................

........................................................................................

6. Kreuze an, welche der folgenden Aussagen auf Dich zutreffen:

☐ Das Gesetz von Ursache und Wirkung ist mir zunehmend bewußt geworden.

☐ Ich erkenne, daß jeder Gedanke von mir eine Ursache ist, die eine bestimmte Wirkung hervorrufen wird.

☐ Ich erkenne, daß meine Wahrnehmung negativer Dinge nicht gleichbedeutend damit ist, daß ich diese Eigenschaften selber auslebe.

☐ Jeden Tag fülle ich meine Lungen mit frischer Luft und erfreue mich der pranischen Energie, die ich dabei in meinen Körper aufnehme.

☐ Ich beobachte, wie Haustiere, aber auch Tiere in freier Wildbahn sich mir gegenüber anders verhalten.

☐ Ich zeige täglich meine Dankbarkeit für die Schöpfung und all das, was ich an diesem Tag erreicht habe.

☐ Ich bin aktiv und zielstrebig.

☐ Ich kommuniziere klar und deutlich.

☐ Ich bin mir meines eigenen Reichtums und Wohlstands mehr und mehr bewußt.

7. Was für eine Art von Bewußtsein muß vorhanden sein, damit sich Glück ausdrücken kann?

........................................................................

........................................................................

8. Erkläre, was es für Dich speziell bedeutet, daß Wissen sich selbst nicht anwendet.

........................................................................

........................................................................

........................................................................

9. Du bist ein Teil des Ganzen. Schreibe auf, wo Du Dir dieses Wissen bereits zunutze gemacht hast.

........................................................................

........................................................................

........................................................................

## DU HAST DIESEN TEIL GEMEISTERT...

▢ wenn Du verstanden hast, wie wertvoll es ist, durch Induktives Denken vom Besonderen auf das Allgemeine schließen zu können.

▢ wenn Du verstanden hast, daß die schöpferische Kraft des Denkens jeden möglichen Umstand oder jede Erfahrung erklären wird.

▢ wenn Du verstanden hast, daß diese Umstände im Verhältnis zu Deiner vorherrschenden Geisteshaltung stehen.

▢ wenn Du verinnerlicht hast, daß Du auf Bewußtseinszustände aus bist, nicht primär auf Dinge.

▢ wenn Du erkannt hast, daß Harmonie und Glückseligkeit von Gesundheit, Stärke, wohlgesonnenen Freunden, einer angenehmen Umgebung und einer ausreichenden Versorgung abhängig sind.

▢ wenn Du in der Lage bist, Dein Denken bewußt, systematisch und konstruktiv anzuleiten oder zu steuern.

- wenn Du verinnerlicht hat, daß die Universelle Substanz nicht nur allgegenwärtig, sondern auch allmächtig und allwissend ist und Dir jederzeit auf Abruf zur Verfügung steht.

- wenn Du erkannt hast, daß Du nicht in Trennung lebst, sondern mit dieser Universellen Substanz auf ewig verbunden bist und Dir dadurch unendliche Ressourcen zur Verfügung stehen.

- wenn Du das, was du bislang gelernt hast, immer mehr in Dein tägliches Leben mit einfließen läßt, sei es durch eine neue Betrachtungsweise gewöhnlicher Dinge; durch ein neues Verhalten bestimmten Personen gegenüber; durch mutige Handlungen, wo Du vorher noch gezögert hast; durch eine umgestellte und somit den neuen Anforderungen angepaßte Ernährungsweise; durch immer mehr unbegründete, wohlmeinende und anerkennende Handlungen; durch eine generell verbesserte Betrachtungsweise, was Deinen finanziellen Wohlstand anbelangt; und durch ein liebe- und verständnisvolleres Wesen allgemein.

- wenn Du Dich immer mehr dabei ertappst, wie Du bewußt mitschöpfst und Deine Umgebung in einem schöneren Licht siehst als zuvor.

# KOMMENTAR

Hier soll noch einmal darauf hingewiesen werden, daß das Gehirn eine embryonale Welt ist. Durch stille Gedankenkonzentration wird Neues erschaffen. Neue synaptische Verbindungen entstehen, alte werden gelöst. Du entwickelst dadurch neue Fähigkeiten und diese wiederum erlauben Dir, ganz andere Kräfte und Mächte zum Ausdruck zu bringen. Dein Wissen um Dein wahres ‚Ich', sowie die zu Deinem Nutzen bestehenden Gesetzmäßigkeiten, haben eine Flamme in Dir entfacht, die Dir Mut, Zuversicht und Vertrauen gibt, aber auch die Kraft, das in Gedanken Erschaffene bis zur Vollendung durchzuführen.

1. Die Notwendigkeit entsteht daraus, daß wir uns ja bestimmter Dinge oder Abläufe vergewissern wollen. Da war es schon wieder, das Wort ‚Gewißheit'.

2. Enthüllt, zeugt, erklärt. Immer wieder ist es unsere genaue Beobachtung seltener Ereignisse, die uns zu neuen Erkenntnissen führt. Für Dich heißt das insbesondere, Dich mit geistigen Gesetzmäßigkeiten vertraut zu machen, um zu neuen Einsichten über Deine eigene Funktionsweise und Deine innewohnenden Fähigkeiten zu kommen.

3. *Magnetische Nadel* deswegen, weil sie im wahrsten Sinne des Wortes richtungsweisend war. Vom Besonderen wurde auf das Allgemeine geschlossen. Durch die Beobachtung des Besonderen wurde immer wieder das Allgemeine entdeckt, welches der Menschheit dann auf vielfältige Art und Weise dienlich war.

4. So kannst und wirst auch Du nicht länger an Tradition, Gewohntem oder Überlie-fertem festhalten, wenn Du erkannt hast, daß sie nicht der Wahrheit entsprechen oder es Dir nicht mehr dienlich ist, daran festzuhalten.

5. Hier wird erneut deutlich, daß die eigentliche Macht in der Anwendung liegt, im Herausfinden, Ausprobieren, Gebrauchen etc. Kein noch so gelehrtes Tischgespräch kann die eigene Erfahrung ersetzen. Jede Erfahrung fügt dann ihren Teil zum Gesamtbild hinzu, wenn aus ihr gelernt wurde.

6. Haanels Verweis zu den Gelehrten vergangener Zeiten zeigt Dir auf, in welche Richtung er Dich lenken will. Mit dem Master Key System kannst Du - wenn Du so willst - ein für alle Mal die niederen Gedankenebenen verlassen und Dein Leben gesund, liebevoll und wohlhabend gestalten. Das ist unser aller Bestimmung, denn der Mensch – wie auch alle anderen Wesenheiten – entwickeln sich in aufwärts-steigender Richtung. Der Schlüssel dazu wird Dir durch dieses Studium in die Hand gelegt und Du allein entscheidest, welche Türen Du damit öffnest.

7. Noch einmal: All diese Dinge wurden nur dadurch möglich, daß beobachtet und geforscht wurde; daß man sich über Aberglaube und Tradition hinweggesetzt hat; daß man sich ein Ziel gesetzt und dieses auch unter oft schwierigen Umständen bis zum Erreichen nachverfolgt hat. Setze Dich mit diesen Entdeckern und Forschern gleich und Deine Ergebnisse werden ihren gleichen. Denke Großes und erschaffe Großes.

8. *'Sorgsam, geduldig und genau zu beobachten, bevor wir eine Aussage über allgemeine Gesetze wagen'*. Für Dich heißt das, Deine eigenen Glaubenssätze und Verhaltensweisen zu hinterfragen und sie unter diesem neuen Licht der Wahrheit und Deiner eigenen unendlichen Ressourcen zu beleuchten. Das führt zu ganz erstaunlichen Einsichten und Erkenntnissen. Der Schritt zur Handlung ist dann nicht mehr weit.

9. Immer deutet Haanel darauf hin, daß Du mutig fragen mußt, in noch unbekannten Gebieten forschen, Deinen Anspruch geltend machen und Dich generell behaupten. Es geht hier um wahre Selbsterkenntnis und -verwirklichung!

10. Für Dich bedeutet das, auch keine Vorurteile oder bloße Meinungen anderer mehr zuzulassen, sondern Dich durch aufmerksame Beobachtung zu vergewissern, was wirklich Sache ist - was die Wahrheit ist. Konkret bedeutet das, daß auch Du all das erreichen kannst, was andere erreicht haben. Klar, Du hast bestimmte Voraussetzungen mitgebracht und solltest diesen auch Beachtung schenken; dennoch ist es Deine geistige Kraft, die sich über alles Materielle hinwegsetzt und - für Dich - Wunder vollbringt. Wie bereits erwähnt mußt Du sie lediglich konstruktiv einsetzen.

11. Auf gut Deutsch: Das, was selten ist, ist meistens auch wertvoll, gerade weil es nicht von jedem beobachtet, erkannt und genutzt wurde. So wird ein Großteil der Menschheit auch weiterhin ohne das Wissen um diese spirituellen Gesetzmäßigkeiten leben und genau das erleben, was ihnen von anderen (tot oder lebendig) zugedacht wurde. Auch wird sie sich dadurch mehr in einem Konflikt zwischen ihrem wahren, perfekten und überschwänglichen 'Ich' und ihrer ausgelebten Persönlichkeit wiederfinden. Letztere ist ja das Produkt vergangenen Denkens und hat somit in den meisten Fällen absolut nichts mit den Qualitäten des wahren 'Ich' zu tun.

Du erkennst hier, daß es nichts zu beklagen und niemanden verantwortlich zu machen gibt, sondern einfach wertfrei zu erkennen, um anschließend durch neue Gedanken, Worte und Handlungen neue Ergebnisse herbeizuführen.

12. Im letzten Satz hält sich das eigentliche Geheimnis versteckt. Da Denken schöpferisch ist, wird es all das aufklären (!), worauf die gebündelte Aufmerksamkeit gerichtet wird. Es wird aus dem Unmanifesten 'geholt' und manifestiert. Es gibt also nichts, was durch bewußtes Denken nicht erschaffen werden kann. Alles ist möglich, auch in Deinem Leben, wenn Du ihm nur die entsprechende Aufmerksamkeit zukommen läßt.

13. Hier schließt sich der Kommentar des obigen Punktes nahtlos an, denn es gibt für Dich nichts Übernatürliches mehr, da Du Dir von nun an alles erklären kannst. Ob Du es auch tust, ist natürlich eine andere Frage, aber rein praktisch ist es möglich.

Auch hier wieder der mehrmalige Verweis, daß alles gesetzmäßig vonstatten geht und nicht Zufall, Launen oder Schicksal unterworfen ist.

14. Glücklicherweise ist dieser dritte Punkt heute zu vernachlässigen, denn der Mensch ist mittlerweile soweit erweckt und kritisch geworden, daß ihm solch eine Argumentation nichts mehr anhaben könnte. Ganz im Gegenteil: Es würde nur dazu führen, genauer hinzuschauen, da man gleich erkennt, daß hier etwas verborgen werden soll.

15. Das ist so, weil die Kraft des Denkens direkt auf der schöpferischen Ebene ansetzt und alles andere zwangsläufig untergeordnet ist.

16. Charles Haanel verdeutlicht hier noch einmal, daß es Deine vorherrschende Geisteshaltung ist, die Umstände erschafft, nicht das, was Du nur ab und zu mal denkst. Solche Gedanken sind viel zu schwach und nicht gebündelt, können also auch nicht wirklich etwas hervorbringen.

17. Das hier ist ein absolut grundlegender Punkt, vor allem deswegen, weil viele Menschen nach materiellem Wohlstand und mehr Besitztümern streben und ihnen dieses auch immer wieder als erstrebenswert oder gar notwendig suggeriert wird. Erinnere Dich daran, daß Materie an sich tot ist und kein Lebensprinzip hat. Sie entspricht nicht dem spirituellen Wesenskern, dem wahren ‚Ich‘.

18. Als spirituelles Wesen findest Du keine dauerhafte Befriedigung in materiellen Dingen, sondern nur darin, was Dir auch entspricht, und das sind Bewußtseinszustände wie Harmonie und Glückseligkeit (oder Freude). Materielle Dinge sind nur Hilfsmittel, um Dich dahin zu führen. Bedenke das bitte jederzeit, damit Du keinen Illusionen unterliegst und später nicht enttäuscht dastehst.

Du magst Dich fragen, warum Du alles hast, wenn Du glücklich bist. Das geschieht, weil andere Dir das Glück zukommen lassen, was Du ihnen zukommen läßt. Verstehst Du? Du hast ein Bewußtsein für Glück. Du sendest es durch Gedanken, Worte und Taten aus und machst Dich empfänglich für genau das, was Du gesandt hast. Ebenso verhält es sich mit Wohlstand und Liebe und Gesundheit. Du mußt Dir über das ‚Wie‘ keine Gedanken machen, denn Dein Verstand kann das in seiner Gesamtheit sowieso nicht nachvollziehen. Sei einfach dankbar dafür, daß es geschehen ist und weiterhin geschieht.

19. Hier zieht Charles Haanel wieder den Rückschluß auf das Körperliche und auf unsere Umgebung (Freunde, Versorgung etc.). Er macht auch klar, daß wir ein Anrecht auf Luxus haben und eben nicht nur unsere Grundbedürfnisse abdecken und uns damit zufrieden geben sollten. Warum? Weil das Grundprinzip des Lebens Wachstum ist, welches sicherlich gewissen Rhythmen unterliegt, aber dennoch eine bestimmte Richtung vorgibt, nämlich vorwärts.

20. Ganz wichtig! Es gilt sich zu erheben und sein Anrecht - sein Erbe (Kapitel 5) - in Anspruch zu nehmen. Da Du als spirituelles Wesen eins bist mit dem Vater und dieser alle Substanz darstellt, wird es Dir auch nie an etwas mangeln, wenn Du Deine Einheit mit der Allmacht, dem Vater – dem Universellen Bewußtsein – anerkennst und Dir zunutze machst.

167

21. Nochmals zur Erinnerung: Es geht hier nicht nur um ein Grundverständnis der Spiritualität und somit die natürlichen Gesetze in diesem Bereich, sondern um eine praktische Anwendung dieser im täglichen Leben und meist dort, wo man nicht mehr wirklich über etwas nachdenkt. Wie soll sich sonst eine Veränderung oder ein Fortschritt in Deinem Leben darstellen? Das geht ausschließlich durch Handlung, und die Handlung ist um so einfacher, je versierter und fundierter Dein Wissen um diese Gesetzmäßigkeiten ist.

22. Es werden ‚Ursachen in Bewegung‘ gesetzt. Zunächst gibt es die Gedanken, die dann nach reiflicher Überlegung in der Stille nach entsprechenden Worten greifen. Die damit verbundenen Gefühle führen dann zur abschließenden Handlung, denn auch hier gelten Gesetzmäßigkeiten. Die Handlung wird immer den Worten und Gefühlen ‚entsprechen‘. Erinnere Dich: Dinge müssen immer im Bezug zueinander stehen.

23. Darauf bin ich ja zuvor bereits eingegangen. Schenke dieser Aussage aber dennoch angemessene Aufmerksamkeit, denn wenn Du den Unterschied zwischen systematisch, bewußt und konstruktiv geleitetem Denken und bloßen Gedanken erkennst, hast Du auch die Antwort auf die Frage, warum sich das eine für Dich verwirklicht, das andere aber nicht.

24. Achte hier genau auf die Ausdrucksweise bzw. Wortwahl. Charles Haanel sagt nicht ‚Gedanken ändern‘, sondern ‚Bewußtsein ändern‘. Das Ändern der Gedanken ist selbstredend, aber die Umstände werden sich aber erst dann ändern, wenn sich Dein Bewußtsein geändert hat, und dazu bedarf es Zeit, Beharrlichkeit, Wiederholung, Vertrauen, Disziplin, Glauben sowie Gefühle von Freude und Dankbarkeit, während Du das von Dir Erwünschte stets als bereits bestehende Tatsache ansiehst. Das eliminiert die Trennung zwischen Dir und dem Erwünschten. Erinnere Dich: Es sind nicht die Gedanken, die etwas erschaffen, sondern die damit einhergehenden Gefühle. Durch Hormonausschüttungen ergibt sich nicht nur eine Veränderung auf körperlicher Ebene. Durch Dein stetes Befassen erschaffst Du zunächst neue neuronale Verbindungen im Gehirn, was Dich für das Thema empfänglicher macht. Durch die Wiederholung kommt es zur Gewohnheitsbildung. Schlußendlich übergibt der Verstand die Sache dem Unterbewußtsein, um sich neuen Dingen widmen zu können.

25. Wenn Du Dir den letzten Satz nochmal vornimmst, verstehst Du, warum ich oben sagte, daß Du Dir mit dem Verstand kein Bild davon machen kannst, wie etwas zu Dir kommt.

26. Du bist nicht jemand, der das Universelle informiert, sondern Du wirst durch das Universelle informiert. Du wirst dadurch inspiriert, was nichts anderes bedeutet als ‚beatmet‘ zu werden, und das erklärt wiederum Dein eigentliches Leben hier auf Erden. Je mehr Du Dich im Einklang befindest, um so mehr Lebenskraft erhältst Du. Je mehr Du Dich gegen das Große Ganze durch Gedanken, Worte und Taten auflehnst, desto mehr Lebenskraft entziehst Du Dir und verschlimmerst Dir dadurch die Lebensumstände, wodurch Dein irdi-

sches Leben auch zeitlich verkürzt werden kann.

Daher ist es unabdingbar, zu einem klaren Verständnis davon zu kommen, wer Du bist, was dieses Universelle Bewußtsein ist und welcher Zusammenhang dazwischen besteht. Aus dem Verständnis ergibt sich Deine Anerkennung, Dein Bewußtsein und letztendlich Dein Nutzen.

Wenn Du eine Woche lang bewußt Deine Aufmerksamkeit auf Deine Einheit mit dem Großen Ganzen richtest, wird es Dir helfen, Dich mit entsprechenden audio-visuellen Hilfen zu umgeben. Ergreifende Bilder des Kosmos, des Sonnensystems, der Schönheit und des Überflusses auf diesem Planeten werden Dich unterstützen, Dir dieser Gesamtheit bewußt zu werden.

YouTube hat zahlreiche Videos zum Thema ‚Größe des Universums‘ - und unter anderem die Benutzer ‚jezebeldecibel‘ und ‚mountainmystic9‘ einen fantastischen Kanal mit hochwertigen Solfeggio Tracks. Suche auch nach der Band ‚Telomere‘ und deren Album ‚Zeotosis‘. Immer wieder grandios sind die musikalischen Brainwave Kompositionen von Dr. Jeffrey Thompson, die es sowohl als MP3 als auch auf CD zu kaufen gibt.

27.  Schwelge für einen Moment in dieser grandiosen Aussage und Tatsache. Sie ist der Kern des Ganzen. Vorbei sind die Zeiten der Unterdrückung - der eigenen oder der durch andere. Bewußt, mutig und tatkräftig wirst Du von nun an voranschreiten und der Menschheit Großartiges hinterlassen. Du bist und bleibst von nun an derjenige, der darüber entscheidet, was erschaffen wird. Du wirst vermeintlich widrigen Umständen keine Beachtung mehr schenken, sondern Deine Gedanken in ihrer eigenen Tiefe versinken lassen, damit sie dort neue Wirklichkeiten erschaffen.

169

# 14

## Die Disziplin des Denkens

Diese Woche geht es um die Disziplin des Denkens. Disziplin hast Du bis jetzt schon an den Tag gelegt, denn sonst würdest Du das hier sicherlich nicht lesen.

Ich gehe davon aus, daß sich Dein Denken schon sehr stark Deiner neuen Geisteshaltung angepaßt hat. Du hast sowohl die Sinnhaftigkeit als auch die Sinnlosigkeit vieler Deiner Gedankens- und Verhaltensweisen erkannt und sie entsprechend abgeändert.

In diesem 14. Kapitel ist besonders herauszuheben, daß allem, dem Du Aufmerksamkeit schenkst, Lebensenergie zufließt - das ist Dir ja nichts Neues mehr. Das gleiche Prinzip gilt aber auch im Umkehrschluß, nämlich daß Du allem, was Du mit Nichtbeachtung versiehst, die Lebensenergie entziehst und es somit in Dir zum Sterben verurteilst. Das bedarf sicherlich einer anfänglichen Bewußtwerdung der negativen Umstände, damit Du Dich anschließend ganz bewußt auf das Gegenteil konzentrierst und ihnen selber keine Aufmerksamkeit mehr schenkst. So lernst Du richtig zu denken und dieses Denken bewußt zu Deinem und dem Vorteil aller anderen einzusetzen.

Charles Haanel sagte einmal in einem Interview, daß es keines Einreißens der alten Gebilde bedarf, sondern lediglich des Aufbauens neuer Gebilde. David Lynch, ein berühmter amerikanischer Regisseur, antwortete einmal auf eine

Publikumsfrage: ‚*Dadurch, daß Du Dir dessen bewußt geworden bist, ist es sicherlich nicht weniger geworden.*‘ Genau das ist der Punkt. Bewußtwerdung ist immer eine Zunahme, wobei es niemanden gibt, der darüber urteilt. Hier kommt schlichtweg das in Kapitel 13 erlernte Gesetz von Ursache und Wirkung zum Tragen. Mittlerweile weißt Du aber, worauf Du Dich zu konzentrieren hast, wobei es sicherlich hilft, erst einmal die Ursache einer nicht wünschenswerten Auswirkung zu kennen. Das Kennen allein heißt aber nicht, daß Du Dich darin suhlen mußt; eine einfache Kenntnisnahme reicht da oft vollkommen aus, denn aus der ergibt sich sehr schnell der Gegenpol und das, was Deine wahre Aufmerksamkeit verdient.

Beispiel: Wenn Du depressiv bist, dann liegt Deine Lösung in Deinem Fokus auf Freude und Überschwang. Wenn Du Dich darauf konzentrierst, wirst Du Dir der Details der Freude und des Überschwangs bewußt. Du bekommst immer mehr Informationen über Freude und Überschwang, wie z.B. kalte Duschen, geänderte Ernährung, sportliche Betätigung, Selbstliebe, Deiner Einheit mit der Allmacht etc. Dadurch verstärkt sich all das in Deinem Leben, während Du dem anderen durch Nichtbeachtung die Energie und Lebenskraft entziehst. Der Veränderungsvorgang ist ein gradueller. Sei geduldig und vertraue dem Funktionieren des Gesetzes von Ursache und Wirkung.

Ich habe es mir zur Gewohnheit gemacht, mich in Situationen, in denen negative Gedanken hochkommen, zu fangen und ihnen einen starken Gegenvorschlag zu unterbreiten. So gehe ich auch nicht hart mit mir ins Gericht, sondern korrigiere mich umgehend, stehe aufrecht und bewirke Wunder. Diese Aussage kennst Du doch bereits, oder? Auch wenn ein Tag mal auf einer niedrigen Note lief, weiß ich, daß ich einfach nur schlafen gehen und in Dankbarkeit verweilen muß. Der Verstand ist ja abgeschaltet und ich werde wieder mit göttlichen Energien versehen, ohne daß ich darüber nachdenken muß. So geht es am nächsten Morgen wieder wie gewohnt fröhlich, motiviert und freudvoll weiter.

In diesem Kapitel wird Dir erneut bewußt, daß Dir das Universelle unendliche Möglichkeiten zur Verfügung stellt, Du es aber bist, der diese in Anspruch nimmt – oder auch nicht. Das Verständnis über diese Gesetzmäßigkeiten bist Du ja im Begriff zu erlangen und Dir zunutze zu machen.

## ÜBUNG

Diese wird Dir Harmonie bescheren, denn für eine Woche konzentrierst Du Dich einmal pro Tag ca. 20-30 Minuten lang ausschließlich auf ‚Harmonie'. Werde Dir der Harmonie in allen möglichen Lagen, Situationen und Bereichen bewußt. Schließe auch mit ein, daß all das, was Du als negativ bezeichnen würdest, insofern ein Teil der Harmonie ist, daß sie es Dir ermöglicht, das Positive, Bejahende, Konstruktive, Schöne und Perfekte zu erkennen, im unendlich Kleinen, im unendlich Großen und in jeder einzelnen Zelle Deines Körpers.

Diese Übung ist besonders wichtig, wenn es Dir geistig oder körperlich noch nicht so gut geht. Stell Dir diese Harmonie und Perfektion in jeder einzelnen Zelle vor. Stell Dir vor, wie sich die Zellen umgehend ans Werk machen und Deinen Anweisungen folgen. Stell Dir dann die daraus entstehende geistige und körperliche Harmonie vor, wie Du Dich dadurch fühlst und – im wahrsten Sinne des Wortes – auflebst. Auch hier führt Wiederholung zur Meisterschaft. Lobe Dich für Deine Aufmerksamkeit und Deine Anstrengungen in die richtige Richtung.

Also überall, wo Du hinschaust, erkennst Du zunehmend Harmonie, puren Einklang. Deine konzentrierte Aufmerksamkeit darauf führt zu einer dauerhaften Bewußtseinserweiterung, und die besagte Harmonie wird sich immer mehr in Deinem Leben darstellen – es ginge auch gar nicht anders! Das bezweckt die Übung, weshalb Du sie diszipliniert und gewissenhaft durchführen wirst, bist Du sie gemeistert hast.

## AUFGABEN

1.  Schreibe auf, warum das Verleugnen unbefriedigender Zustände ebenso wirksam ist, wie das Konzentrieren auf wünschenswerte Zustände.

2.  Beantworte Dir so oft wie möglich die folgenden Fragen:

    ✓   Was habe ich heute gemacht?
    ✓   Was kann ich daran verbessern?
    ✓   Wer kann mir dabei helfen?
    ✓   Wann werde ich es vollenden?

3.  Schreibe auf, welche negativen Zustände Du von nun an mit Nichtbeachtung belegst.

    .................................................................................................

    .................................................................................................

    .................................................................................................

    .................................................................................................

4.  Das Individuum ist lediglich der Kanal für die Verteilung. Was bedeutet das für Dich als Person?

    .................................................................................................

    .................................................................................................

5.  Dinge selbst haben weder Ursprung, noch Beständigkeit, noch Realität. Warum ist dem so?

    .................................................................................................

    .................................................................................................

6.  Kreuze an, welche der untenstehenden Aussagen auf Dich zutreffen:
    ☐   Punkt 3 habe ich leer gelassen, denn wenn ich etwas niedergeschrieben hätte, hätte ich es mit Beachtung versehen und nicht mit Nichtbeachtung.
    ☐   Ich bin diszipliniert in meinem Denken und dem Durchführen meiner MKS Übungen
    ☐   Ich unterscheide Ursache und Wirkung.
    ☐   Ich fange mich bewußt in Momenten negativer Gedanken und kehre sie umgehend in positive Gedanken um.
    ☐   Ich bin mit mir selbst verständnisvoll und geduldig.
    ☐   Ich suche immer mehr Orte der Stille und der Inspiration.

- ☐ Ich affirmiere für mich Stärke und Gesundheit und lasse dem Taten folgen.
- ☐ Ich erkenne die Liebe des Großen Ganzen an und fühle auch mich selbst von ihm/ihr geliebt.
- ☐ Ich bin motiviert und brenne gerade darauf, zu neuen Erkenntnissen im Leben zu kommen.

7. Der Mensch ist das Spiegelbild seiner Gedanken. Was bedeutet das für Dich in Bezug auf Deine Zukunft?

........................................................................................

........................................................................................

........................................................................................

8. Erkläre, welche Rolle das Unterbewußtsein bei der Erfüllung Deiner Wünsche spielt.

........................................................................................

........................................................................................

........................................................................................

9. Schreibe auf, warum es so wichtig ist, daß sich niemand in Deine Entscheidungen einmischt.

........................................................................................

........................................................................................

........................................................................................

........................................................................................

........................................................................................

## DU HAST DIESEN TEIL GEMEISTERT...

- wenn Du verstanden hast, daß Du unerwünschte und unzufriedenstellende Umstände dadurch die Kraft entziehst, indem Du ihnen keine Aufmerksamkeit mehr schenkst, sondern Dich auf ihr Gegenteil konzentrierst.
- wenn Du verstanden und verinnerlicht hast, daß Du lediglich ein Vertriebskanal des Universellen bist.
- wenn Du verstanden hast, welche Funktion die Zellen in Deinem Körper ausüben und daß Du die bewußt anleiten kannst.

175

- wenn Du in der Lage bist, es sowohl geistig nachzuvollziehen als auch in die Praxis umzusetzen, daß der einzige Unterschied zwischen Dir und dem Universellen ein gradueller ist.

- wenn Deine Gedanken immer klarer umrissen sind; fest, stet und unveränderbar, und Du dadurch Mut und Zuversicht entwickeln kannst, welche Dir bei der Verwirklichung behilflich sind.

- wenn Du in der Lage bist, Deine Gedanken auf ein beliebiges Ziel auszurichten und sie im Bewußtsein festzuhalten, wie in diesem Teil am Beispiel Harmonie.

# KOMMENTAR

Der Fehler, der gewöhnlich begangen wird, ist der, sich mit den nicht zufriedenstellenden Umständen zu befassen und ihnen dadurch immer wieder Aufmerksamkeit zu schenken. So können sie ja niemals verschwinden. Es bedarf auch hier Deiner Disziplin und Beharrlichkeit, ihnen in vollem Bewußtsein die Aufmerksamkeit zu entziehen und das immer und immer wieder. Die Aufmerksamkeit kann ihnen aber nur dadurch entzogen werden, indem Du sie auf etwas anderes lenkst, nämlich auf das, was Dich zufriedenstellen würde. Da zwei Dinge nicht zur selben Zeit am selben Platz sein können, muß das, was nicht mehr beachtet wird, zwangsläufig auch aus dem Bewußtsein schwinden. Das ist Gesetz.

1. Eine Auswirkung ist relativ und deshalb per Definition beschränkt - sie ist etwas, gleichzeitig ist sie aber nicht das Gegenteil. Die Universelle Energie hingegen ist absolut und somit vollkommen unbeschränkt.

2. Erinnere Dich daran, daß Haanel in einem vorherigen Kapitel schrieb, daß Du als Individuum nicht die Intelligenz aufbringen, sondern Dich nur zu einem bewußten Kanal des Universellen machen mußt. Dort ist alles bereits vorhanden und es reicht aus, daß Du Dich damit im Einklang befindest.

3. Bisher wurde die Weisheit und so auch die Intelligenz außerhalb des Individuums geortet. Dadurch wurde dem Individuum aber auch gleichzeitig die Kraft und Macht entzogen. Es konnte sich nicht so entfalten wie es eigentlich vorgesehen war. Nun aber bemächtigst Du Dich zunehmend und entsagst (!) Dich den Manipulationen und Gedankenkonstrukten anderer - und das

auf allen Ebenen des Seins, wie auch des täglichen Lebens.

Täglich fließt mehr Macht und Kraft durch Dich und zwar deswegen, weil Du sie nun bewußt und konstruktiv in Anspruch nimmst. Du hast damit Dein göttliches Erbe angetreten.

4. Diese Aussage wird vielleicht noch etwas Ärger und Verwirrung in Dir hervorrufen, und das ist auch gut so. Sie gibt Dir nämlich zu erkennen, daß alles gesetzmäßig ablief, Du Dir dessen nur nicht bewußt warst. Somit konnten sich auch Dinge Platz schaffen, die Dir nun wahrlich mißfallen. Jetzt hast Du aber durch Deine hinzugewonnene Macht und Kraft die Möglichkeit, das ein für alle Mal zu ändern.

Schaue nicht zurück! Das Leben will nach vorn gelebt werden. Erkenne die Muster, die zu Deiner heutigen Realität geführt haben; erkenne dann Deine Macht und Kraft an, diese Muster aufzulösen und dorthin zurückzusenden, woher sie gekommen sind. Erinnere Dich: Schwäche kommt von nirgendwo und ist nichts. Sie hat kein Prinzip. Danke allem vermeintlich Negativen in Deinem Leben dafür, daß es Dir geholfen hat bewußt und mächtig zu werden; dann lasse es los und fixiere Deine Gedanken ausschließlich auf erbaulichen Dingen, damit sich auch diese gesetzmäßig verwirklichen können.

5. Du unterlagst auch bisher schon diesen Gesetzen, aber Du warst Dir ihrer nicht bewußt. Dein erweitertes Bewußtsein führt Dich dazu, daß Du Herr über sie wirst und Dein Leben entsprechend gestalten kannst. Da Du nur die Kräfte ausdrücken

kannst, die Du besitzt, ist es selbstredend, daß bestimmte Gedanken von Dir nicht gedacht wurden und sich so auch keine Geisteshaltung bilden konnte. Es war eine Art Teufelskreis, denn das Gedankengut, mit dem Du Dich befaßt hast, hat Dir Deine Realität beschert, sie verstärkt und dadurch aufrechterhalten. Nun aber ersetzt Du über Visualisierungs- und Konzentrationsübungen den Teufelskreis durch eine Lebensspirale und genießt das Leben auf höheren Ebenen.

6. Diese Passage mag vor allem zu Beginn unklar sein. Wenn Du aber erkennst, daß Dein wahres ‚Ich' perfekt und vollkommen ist, also eins mit dem Universellen Bewußtsein, und erkennst, daß Dein Verstand und Dein Körper lediglich Hilfsmittel sind, durch die sich Dein wahres ‚Ich' erfährt, dann ist es auch leicht nachzuvollziehen, daß Du lediglich ein Vertriebskanal dieses Universellen Bewußtseins bist. Dieses drückt sich gemäß Deiner Gedanken in Form aus, denn dafür gibt es keinen Herrscher, der bestimmt oder vorgibt, was Du denken mußt. Mit jedem Atemzug kannst Du einen neuen - dem Gewohnten entgegengesetzten - Gedanken aussenden.

7. Vielleicht war Haanel mit dieser Schlußfolgerung etwas voreilig, aber zum damaligen Zeitpunkt waren Elektronen die kleinsten vom Menschen entdeckten ‚Teilchen'. Heute meinen wir zu wissen, daß es die Neutrinos sind, die allen Raum ausfüllen und unter anderem auch dafür sorgen, daß unsere Erde an Größe zunimmt. Es spielt aber keine wirkliche Rolle, wie wir sie bezeichnen, sondern daß der Mensch durch sein Denken auf eine Art Substanz einwirken und sie anschließend in Form darstellen kann. Da diese Form vorher noch nicht bestand, müssen wir zwangsläufig davon ausgehen, daß Denken schöpferisch ist und daß das, was sich dann in Form darstellt, irgendwo bereits als reines Potential vorhanden ist.

8. Halte Dir hier kurz vor Augen, daß alles Materielle, aber auch die Vorstufe dazu, aus Ordnung und Struktur besteht, sonst könnte es nicht an und für sich bestehen. Stelle Dir im Geiste Gittermuster vor, durch die diese Struktur entsteht. Sieh sie dann nicht als etwas Festes, sondern einfach nur als Energieanhäufungen, als Knotenpunkte mit entsprechenden energetischen Verbindungen. Das wird Dir ein genaueres Bild der Schöpfung geben.

9. Beachte hier die Aussage, daß weder Raum noch Zeit Beachtung bedürfen. Deine Gedanken sind grenzen- und zeitlos. Sie sind überaus mächtig. Sie sind es, die die negativen Elektronen anleiten, sich in Form auszudrücken. Dabei machst Du Dir wie gesagt die natürlichen Gesetzmäßigkeiten zunutze, insbesondere das Gesetz der Anziehung, welches ja auch das Gesetz der Liebe genannt wird.

10. Auch hier wieder: Beobachtung, Klassifizierung, Gesetzmäßigkeit, Nutzen.

11. Du erkennst hier, daß jede Zelle eine bestimmte Aufgabe hat, der sie im Laufe ihres Lebens nachgeht. Dadurch, daß sie materiell ist, hast Du durch Deine Gedanken Einfluß darauf, ob sie ihrer Aufgabe ungehindert nachgehen kann. Das Geistige regelt alles Materielle. Je ausgeprägter Dein Bewußtsein ist, um so höher ist auch Deine Fähigkeit, Dich und andere

zu heilen. Gleichzeitig aber wirst Du Dich dadurch automatisch richtig verhalten und den Zellen nicht ‚dazwischenfunken‘. Mit Bewußtsein meine ich hier nicht den Verstand, sondern ein Einheitsbewußtsein, in dem es keine Trennung, sondern nur Vollkommenheit gibt.

12. Das bedeutet für Dich in der Praxis, lichtvolle Nahrung und wertvolle Informationen aufzunehmen. Alles, was übermäßig bearbeitet, verfremdet oder mit künstlichen Zusätzen versehen wurde, kann per Definition nicht mehr darunter fallen. Wenn Du es jetzt noch nicht tust, wirst Du auch diesem Thema immer mehr Aufmerksamkeit schenken, denn Du benötigst nicht nur zum Handeln ausreichend Energie (und körperliche Kraft), sondern vielmehr für Deine Gedanken. Deine Hirnaktivitäten benötigen sehr viel Energie. Wenn Dein Körper Dir dabei durch allerlei Zipperlein immer wieder Signale gibt, daß mit ihm etwas nicht stimmt, dann ist es nicht nur an Dir, darauf zu hören, sondern es hält Dich in dem Moment auch von Deiner geistigen Arbeit und Deinen schöpferischen Tätigkeiten ab.

13. Diese Wiederherstellung kannst Du durch entsprechende Gedanken (Affirmationen, Gebete, ...) und Gefühle auch wieder anregen. Dabei gilt es aber zu beachten, daß immer in der Gegenwart (‚Ich bin‘, ‚Er/Sie ist‘, ‚Wir sind‘) formuliert wird, sprich: Der Wunsch als bereits bestehende Tatsache. Die Sache ist in Deinen Gedanken bereits erledigt; Du bist dankbar dafür und drückst Diese Dankbarkeit entsprechend aus.

14. Hierdurch erklärt sich auch, was es mit Positivem Denken auf sich hat. Es ist das bewußte Setzen von Impulsen, anstatt negativ und empfänglich zu sein und das zu verwirklichen, was einem von außen aufgetragen wurde. Positives Denken bedeutet in letzter Instanz Selbsterkenntnis, Selbstbefähigung und Selbstverwirklichung - es geht ausschließlich um Dich selbst.

15. Auf der einen Seite findest Du den Impuls gebenden Verstand, auf der anderen Seite das Impulse aufnehmende Unterbewußtsein, das an der Entscheidungsfindung nicht teilnimmt, sondern mit höchster Genauigkeit schließlich all das umsetzt, was ihm aufgetragen wurde. Mache Dir noch einmal bewußt, daß es entweder Du selbst bist, der diese Aufträge erteilt, oder ein anderer.

16. Genau das ist Deine Chance. Alle Dinge können ungeschehen gemacht werden. Dabei sind - wie wir heute häufig feststellen - auch wundersame Heilungen möglich, bis hin zur Organerneuerung oder gar -erschaffung. Du siehst, daß wir uns als Menschheit denkend immer weiter hinausbewegen und dadurch immer mehr auf die Universelle Substanz einwirken. Dort ist ja bereits alles vorhanden - es gibt also nichts, was es nicht gibt. Alles besteht, und alles kann in Anspruch genommen werden. Es muß sogar in Anspruch genommen werden, um sich zu verwirklichen, da diese Universelle Substanz auf unser Denken reagiert.

17. Dazu kannst Du noch viel mehr dem zuvorgenannten ‚*Ein Buch über Dich*‘ von Charles Haanel lesen. Somit kommst Du in den Genuß von Fähigkeiten, die es Dir erlauben, menschliche Eigenschaften zu ‚lesen‘ oder Situationen richtig zu

erkennen. Das wiederum gibt Dir die Möglichkeit, bewußt auf jemanden oder auf etwas zu reagieren oder gar - Achtung! - Vorsicht walten zu lassen, weil Du bestimmte Ereignisse bereits vorhersehen kannst.

18. Mit der Zeit wirst Du immer fähiger, schnell die Ursache einer bestimmten Auswirkung zu erkennen und genaue Schlüsse daraus zu ziehen. Das hat es mit der Selbstbefähigung auf sich, die Dir durch das Master Key System zuteil wird.

19. Und diese Macht und Kraft, allgegenwärtig wie sie ist, ist auch in Dir vorhanden - in jeder einzelnen Zelle. Wenn diesem Konstrukt ‚Gott' schon so viel zugeschrieben wird, ist es dann nicht an der Zeit, daß auch wir als Individuen es in all seiner Pracht zum Ausdruck bringen?

20. Zehn Wochen nach Kapitel 4 hier nochmals ein Hinweis auf Deine wahre Macht und Kraft - auf Deinen göttlichen Ursprung und das damit einhergehende und Dir innewohnende Potential.

21. Du hast dieselbe Schöpferkraft, dasselbe Potential, aber was Du davon zum Ausdruck bringst, hängt davon ab, was Du in Anspruch nimmst - was Du anerkennst und gebrauchst.

22. Alles hängt natürlich davon ab, was Du in Anspruch nimmst; welche Gedanken Du denkst; wie oft und mit wieviel Nachdruck; ob Du sie dann mit entsprechenden Gefühlen versiehst und Handlungen folgen läßt. Wenn nicht, ist das auch in Ordnung. Dann bleibt Dein Wunsch oder Dein Ideal im Bereich des Potentials und verwirklicht

sich für Dich nicht. Wenn Dir aber wahrlich etwas daran liegt, weißt Du jetzt, wie die Verwirklichung herbeigeführt werden kann.

23. Diese Passage ist von ganz besonderer Bedeutung, denn es wird für viele Studenten neu sein, daß das Gebet auch wissenschaftlichen Prinzipien unterliegt. Ein Gebet ist ja nichts anderes als eine stille Gedankenkonzentration. Nur ist es so, daß meist in Form einer Bitte gebetet wird, nicht aber in Form einer Danksagung. Erinnere Dich: *Der Wunsch als bereits bestehende Tatsache.* So wird es deutlich, daß auch das Gebet anders formuliert werden muß, wenn es bis jetzt als Bitte und nicht als Danksagung erstellt wurde.

24. Was natürlich auch auf das Gebet zutrifft. Ein falsch formuliertes Gebet entspricht falschem Denken. Richtiges Denken führt zu richtig formulierten Gebeten und zu entsprechenden Auswirkungen.

Erinnere Dich: Bewußtsein ist schöpferisch, und die einzige Kraft, die das ‚Ich' hat, ist die Kraft zu denken. Da der Gedanke dem Gebet vorausgeht, ist richtiges Denken auch für das Gebet unabdingbar. Auch hier zeigt sich wieder Deine Selbstbefähigung, denn Du betest nicht mehr jemanden an oder bittest um irgendwelche Zuteilungen, sondern Du wirst Dir Deiner eigenen Macht und Kraft bewußt, welche durch Dich fließt, wenn Du Dich in Einklang mit der Universellen Substanz befindest. Es geht hier um Harmonie, um Übereinstimmung, um das Auflösen von Trennungen oder bestimmten Machtverhältnissen.

25. Es heißt also wieder einmal Eigenverantwortung zu übernehmen und zu erkennen, daß man der Schöpfer seiner eigenen Realität ist. Die Welt im Außen vermag man nur zu einem kleinen Teil mitzubestimmen oder zu ändern, aber wie man auf etwas reagiert, das unterliegt stets den eigenen Gedanken und der persönlichen Entscheidung. Vor allem unterliegt es Deiner persönlichen Entscheidung, was Du durch Deine Gedanken schöpfst, denn dafür gibt es ja in Dir noch kein bereits bestehendes Muster.

26. Diese Passage macht klar, daß es schon einiges an Zeit und Aufwand Deinerseits bedarf, vor allem wenn es darum geht, alte Programmierungen durch neue zu ersetzen. Du wirst auch nicht gleich beim ersten Mal erfolgreich sein, aber so wie Du damals als Baby immer wieder aufgestanden bist und schließlich Laufen gelernt hast, so lernst Du auch hier, durch stetes Dranbleiben erfolgreich zu sein.

27. Genau deshalb ist es so wichtig, die neuen Gedanken erst einmal in der Stille reifen zu lassen und vorerst nicht der Welt mitzuteilen. Zunächst mußt Du Dich intern mit ihnen anfreunden, sie hegen und pflegen, denn nur dann entwickeln sie die notwendige Kraft, auch dem Außen standhalten zu können.

    Du kannst davon ausgehen, daß Dir Dein Umfeld da aufgrund seiner Ignoranz nicht immer wohlgesonnen sein wird. Sinnfreie Kritik, Lächerlichkeitsbekundungen o.ä. werden Dir begegnen, zeigen Dir aber, daß Du auf dem richtigen Weg bist. Mach weiter so und laß Dich wirklich von nichts und niemandem davon abbringen. So schaffst Du eine Gewohnheit von Erfolg, und ein Erfolg wird Dich zum nächsten tragen!

28. Das sind nicht nur leere Worte, denn derjenige, der in den Besitz des Master Key gekommen ist, verschafft sich schrittweise - seinen Fähigkeiten und seinen Idealen entsprechend - ein besseres Leben, weil er neuen Gedanken neue Gefühle und Worte folgen läßt, die sich dann in mutigen und konsequenten Handlungen Ausdruck verschaffen.

29. Nicht nur Gedanken denken, sondern eine entsprechende Geisteshaltung entwickeln! Es muß so lange wiederholt werden, bis der Verstand überdrüssig wird und es dem Bereich des Unterbewußtseins übergibt.

30. Wie sollte es auch anders sein? Du kannst nur das empfangen, für das Du empfänglich bist, und Du bist nur für das empfänglich, was Deinem Wesen entspricht (,aus ihm herauskommt').

31. Wenn Du Dich eine Woche lang jeden Tag 20-30 Minuten auf Harmonie konzentrierst, wirst Du Dir der Harmonie immer mehr bewußt. Sie wird stärker in Deinem Leben auftreten, und das ist genau das, was Du willst und wünschst. Aber auch hier gilt: Übung macht den Meister. Auch hier unterliegt Deine Schöpfung Gesetzmäßigkeiten, denn die Harmonie, die Du Dir im Geiste erschaffst, wird sich alsbald über Gefühle auf der körperlichen Ebene Ausdruck verschaffen. Du siehst, wie das alles ineinandergreift und zusammenhängt.

# 15

## Die bewußte Zusammenarbeit
## mit der Allmacht

Nachdem Du in den letzten Wochen gelernt hast, daß Du ein Teil des Ganzen bist, eins mit dem Unendlichen, und daß der Unterschied lediglich im Grad der Ausprägung liegt, lernst Du in diesem Teil, bewußt mit der Allmacht zu kooperieren.

Du lernst, daß der Gedanke mit Liebe durchtränkt werden muß, um Lebenskraft zu erhalten. Noch einmal: Du lernst, daß der Gedanke mit Liebe durchtränkt werden muß, um Lebenskraft zu erhalten. Achte von nun an gut darauf, daß all Deine Gedanken von Liebe durchtränkt sind. Liebe sollte jede einzelne Deiner Handlungen begleiten.

Charles Haanel sagt, daß wir das loslassen müssen, was uns nicht mehr dienlich ist, und das akzeptieren müssen, was uns dienlich ist. Wir müssen uns öffnen und dafür empfänglich machen. Wenn Du also weiterhin ablehnst, das loszulassen, was Dir nicht dienlich ist, und Dich weigerst, das zu akzeptieren, was Dir dienlich ist, wie soll sich dann ein neues Leben auf höheren Ebenen für Dich entfalten können? Schwierigkeiten, Disharmonie und Hindernisse lösen sich dann auf, wenn Du endlich das akzeptierst, was Dir dienlich ist, und was das ist, das sollte Dir über die letzten Wochen und Monate schrittweise bewußt geworden sein.

Du lernst im Anschluß daran, Deine Sprache und Handlungsweise Deinem Denken anzupassen, nämlich nur noch eine bewußte, klar umrissene, harmonische Wortwahl zu treffen und dieses auch auf Dein Handeln zu übertragen. Das Wort ist die unmittelbare Folge Deiner Gedanken, und eine konfuse Wortwahl kann nur konfuse Handlungen nach sich ziehen, wenn überhaupt eine Handlung, denn Verwirrung lähmt. Klarheit dagegen regt zur Handlung an, weil es ja keine Zweifel mehr gibt, weder in Gedanken, noch in Worten.

Sprache ist Programm. Die wenigsten von uns sind sich dessen wirklich bewußt, was sie sagen. Mit dem Master Key System ändert sich das aber, denn Deine Wortwahl wird immer genauer, immer überlegter, immer harmonischer und besonnener. Achte gut darauf, denn Deine Ohren sind dazu da, Dir zu verstehen zu geben, was Du denkst und durch Deine Sprache ausdrückst.

## ÜBUNG

Diese Woche konzentrierst Du Dich auf Einsicht – auch Erkenntnis genannt. Diese Übung hilft Dir zu verstehen, daß *,das Wissen über die schöpferische Kraft der Gedanken nicht gleichzeitig bedeutet, daß Du auch über die Kunst des Denkens verfügst.*' Wissen muß angewandt werden, um einen Nutzen zu erbringen, und dieses zu verstehen und zu verinnerlichen bedeutet gleichzeitig, aktiv zu werden, im Dienst zu stehen, zu dem zu werden, was Du Dir wünschst, und all das durch eine bewußte Zusammenarbeit mit der Allmacht.

Wenn Du diese Übung absolvierst und immer mehr Erkenntnis erlangst, hat das eine unmittelbare Auswirkung auf Dein Denken und Deine Sprache. Du erkennst umgehend, wie die beiden zusammenhängen. Wenn Du wirklich Dinge in ihrem Kern erkennst, führt das unter anderem dazu, daß Du Deine Sprache viel bewußter einsetzt und überlegt und besonnen handelst.

Einsicht gibt Dir im wahrsten Sinne des Wortes auch die Möglichkeit, über eine große Distanz Informationen zu erlangen, die Dir dann wieder dienlich sind, ohne daß Du wirklich vor Ort sein mußt. Es ist ein überaus nützliches und machtvolles Werkzeug.

## AUFGABEN

1.  Schreibe auf, warum alle Gesetze zu unserem Vorteil arbeiten.

    ........................................................................

    ........................................................................

    ........................................................................

    ........................................................................

2.  Beantworte Dir so oft wie möglich die folgenden Fragen:

    ✓    Was habe ich heute gemacht?
    ✓    Was kann ich daran verbessern?
    ✓    Wer kann mir dabei helfen?
    ✓    Wann werde ich es vollenden?

3.  Schreibe auf, was uns Schwierigkeiten, Disharmonie und Hindernisse aufzeigen.

    ........................................................................

    ........................................................................

4.  Warum können wir nur empfangen, was wir geben?

    ........................................................................

    ........................................................................

    ........................................................................

    ........................................................................

5.  Warum sind alle Umstände und Erfahrungen, die zu uns kommen, zu unserem eigenen Nutzen?

    ........................................................................

    ........................................................................

    ........................................................................

6.  „Es gibt kein Prinzip des Fehlers." Was bedeutet das?

    ........................................................................

    ........................................................................

    ........................................................................

7. Erkläre die Bedeutung von Einsicht in Deinem Leben.

...............................................................................................

...............................................................................................

...............................................................................................

...............................................................................................

8. Schreibe auf, warum eine harmonische Sprache für die Verwirklichung unserer Ziele so wichtig ist.

...............................................................................................

...............................................................................................

...............................................................................................

...............................................................................................

...............................................................................................

## LITERATURHINWEIS

Walter Russell hat ein wunderbares Buch namens *„Geheimnis des Lichtes"* geschrieben. Es ist im Genuis-Verlag erschienen und wirft weiteres Licht auf Gott, die Schöpfung, Dich, Dein Leben und Deine Realität. Sehr lesenswert!

## DU HAST DIESEN TEIL GEMEISTERT...

- wenn Du verinnerlicht hast, daß die Universellen Gesetzmäßigkeiten zu Deinem Vorteil bestehen, Du Dich aber bewußt mit Ihnen in Einklang bringen mußt, um einen Nutzen daraus zu ziehen.
- wenn Du verstanden hast, daß Schwierigkeiten und Hindernisse nur so lange in Deinem Leben bestehen, bis Du ihre Weisheit aufgenommen und da Wichtigste für Dein weiteres Wachstum erworben hast.
- wenn Du verstanden hast, daß Du die größte Anziehung auf das ausübst, was in vollkommener Übereinstimmung mit Dir ist.
- wenn sich Deine Sprache zunehmend harmonisch und gewählt ausgedrückt gestaltet.
- wenn Deine Gedanken rein sind von körperlichen, geistigen und moralischen Keimen, die Du in Deinem Leben nicht dargestellt sehen willst.

wenn Du in der Lage bist, Dich auf Erkenntnis (oder Einsicht) zu besinnen und Du Dir ihrer Bedeutung für Dein Leben klargeworden bist.

## NOTIZEN

## VISUALISIERUNGSÜBUNG

Schau Dir die Fotos auf der nächsten Seite **genau** an. Nimm die Luxusyacht und das Haus aus gerammter Erde als Beispiel, um die vielschichtigen Verursachungsketten zu erkennen, die zu ihrer Verwirklichung geführt haben.

Beobachte Dich dabei sehr genau und prüfe, welche Deiner Glaubenssätze dabei eventuell noch zum Vorschein kommen. Verbringe ausreichend Zeit mit dieser Aufgabe, denn sie läßt Deine Wertschätzung wachsen, sowohl für die Objekte selbst, als auch für diejenigen, die sie durch ihre Visionen, Gedanken und Handlungen erschaffen und somit mehr als nur den Eigentümern eine Freude gemacht haben.

# KOMMENTAR

Auch wenn diese Natürlichen Gesetze zu unserem Vorteil entworfen wurden, bedarf es immer noch Deiner geistigen Inanspruchnahme. Diese ist es ja, die Deine Bewußtseinsentwicklung ausmacht und kennzeichnet. Durch Dein in den letzten Wochen erlangtes Verständnis und die stetigen Übungen wirst Du auch immer öfter in der Lage sein, Dich im Einklang mit diesen natürlichen Gesetzen einzufinden. Dein Denken, Sprechen und Handeln wird immer zielgerichteter, immer stärker und souveräner. Das, was Du in Form von Gedanken über Deine Einheit mit der Allmacht aussendest, muß aufgrund des Gesetzes der Schwingung unweigerlich zu Dir zurückkehren. Wie sollte es auch anders sein?

1.  Warum sind diese Gesetze zu unserem Vorteil? Weil sie uns Gewißheit geben und so verhindern, daß wir zu Schaden kommen. Sie ermöglichen es uns aber auch, weit über das hinauszugehen, was uns sonst möglich wäre. So können wir mit Präzision auf dem Mond landen, Funksignale von Raumsonden aus Millionen von Kilometern Entfernung empfangen und kilometerlange Brücken und Tunnel bauen. All das und noch viel mehr, das uns Menschen zum Leben und Fortbestand nützlich ist.

2.  In der Stille wirst Du inspiriert und so mit Lebenskraft versorgt. Vor allem schulst Du Dich dadurch, dem Äußeren weniger Bedeutung beizumessen als sonst. Die äußere Welt ist relativ - sie ändert sich stetig. Deine innere Welt ist es aber, in der Du Dir die Bilder der Liebe, der Gesundheit und der Fülle erschaffst. Das führt auch zu einem viel lockeren Wesen, was

natürlich unmittelbare Auswirkungen auf Deine Umgebung hat.

3.  Wenn Du Dich weigerst, das loszulassen, was Dir nicht mehr dienlich ist, kann auch nichts Neues in Dein Leben eintreten, da kein Platz dafür ist. Zwei gegenteilige Dinge können nicht zur selben Zeit am selben Platz sein. Daher sind auch die Schwierigkeiten und Hindernisse an sich nicht negativ zu bewerten, sondern fordern Dich auf, Dein Denken und Handeln abzuändern, damit Du Dich wieder in Einklang mit dem Großen Ganzen einfindest.

4.  Dies ist ein sehr wichtiger Punkt, denn es ist diese vollständige Gedankeneinheit, die Du bildest, die dazu führt, daß nur das zu Dir kommt, was Dir auch entspricht. In der Praxis heißt das nichts anderes, als daß Du Dich zunächst geistig auf bestimmte Schwingungen einstellen mußt, damit ‚sie‘ reagieren und mit Dir in Resonanz gehen. Du mußt also z.B. Reichtum denken, Reichtum sprechen und Reichtum handeln, damit dieser auch wieder zu Dir zurückkehrt. Ein Verständnis Deines wahren ‚Ich‘ und der damit verbundenen unendlichen Möglichkeiten sollte Dir dabei helfen.

5.  Nun bedarf es aber zunächst einmal eines Erkennens dessen, was Du erschaffen hast oder was sich Dir als Realität gegenwärtig präsentiert. Auch hier ist es ratsam, sich in die Stille zu begeben und Inventur zu machen - offen und ehrlich, ohne Bewertung oder Verurteilung. Mache es Dir zur Angewohnheit, das, was sich gegenwärtig verwirklicht hat, und das, wovon Du Dir wünschst, daß es sich noch verwirklicht, gegenüber stellst und Dich

189

in einer anschließenden Meditation tief in das Gewünschte hinein zu versetzen. Dann achte in Deinem täglichen Leben auf Hinweise, die Dich diesem Wunsch näherbringen. Sie sind überall vorhanden, nur mußt Du für sie auch empfänglich sein.

6. Dem letzten Satz sollte besondere Aufmerksamkeit geschenkt werden, denn in ihm wird erklärt, warum sich bestimmte Dinge in Deinem Leben (noch) nicht manifestiert haben. Sie dienen nicht Deinem Wachstum. Da sich dieses aber stetig ändert, kann es bereits in Kürze dazu kommen, daß Du ganz neue Dinge anziehst - Dinge, die nun zu Deinem Wachstum vonnöten sind. Der letzte Satz sollte also eher motivieren als Dir vermitteln, daß bestimmte Dinge nicht möglich sind. Sie sind jederzeit möglich, manifestieren sich aber nur dann, wenn Du auch bereit bist, an und mit ihnen zu wachsen. Erinnere Dich: Du bist stets eine vollkommene Gedankeneinheit.

7. Das wird natürlich nur derjenige so sehen, der auch das entsprechende Bewußtsein dafür hat. Jemand, der noch in der Opferrolle ('armes Ich') steckt, wird den Schuldigen im Außen suchen, anstatt die gegenwärtige Situation als Wachstumschance zu betrachten.

8. Das bedeutet für Dich, daß Dein Input das bestimmt, was Du schließlich erhältst. Siehst Du Dich als klein und unbedeutend, wirst Du auch nicht die Schritte tun, um Großartiges zu erreichen. Siehst Du Dich als Meisterschöpfer, kommen Dir nicht nur die entsprechenden Gedanken und Ideen, dann siehst Du Dich auch mit Mut und Vertrauen ausgestattet, diese Ideen in die Tat umzusetzen.

9. In vollkommener Übereinstimmung mit uns ist eben dieser geistige, dieser spirituelle Ursprung und das damit verbundene unendliche Potential. Wenn Du das erkennst und in Anspruch nimmst, säst Du die Saat, die dann entsprechende Früchte tragen wird. Es ist der Abschied vom 'klein und unbedeutend sein' und der Antritt Deines wahren Erbes.

10. Kontrolle über Deine Emotionen war ja bereits Bestandteil von Kapitel 2. Hier wird das aber nochmals deutlich hervorgehoben. Wenn Du Deine Emotionen nicht unter Kontrolle hast, kannst Du auch nicht lieben. So einfach ist es. Du bist dann ein Spielball biochemischer Abläufe und Opfer Deiner Umstände. Verstehst Du aber die wahre Macht und Kraft in Dir, wirst Du das Heft selbst in die Hand nehmen, Deine Emotionen kontrollieren und Raum für die Liebe machen - wahre Liebe, nicht die romantische, die betörende und vernarrte, die schnell kommt, aber auch genauso schnell wieder vergeht.

11. Es ist die Liebe, die dem Gedanken Lebenskraft verleiht. Liebe ist das Produkt von Emotionen/Gefühlen, und diese müssen gesteuert werden. Du steuerst durch Deinen Verstand - Dein Verständnis- und durch die praktische Anwendung der hier vermittelten natürlichen Gesetzmäßigkeiten. Aus der Liebe heraus entsteht somit mehr - von allem Guten und Schönen!

12. Hierzu gibt es auf YouTube sehr interessante Videos, die darstellen, wie Töne sich in geometrischen Formen darstellen, was eindeutig aufzeigt, daß Schwingungen Vorreiter der Materie sind.

13. Auch hier greift das Prinzip der Entsprechung. Der Gedanke will nur noch mehr von sich erschaffen. Er kann auch nur das tun, denn für alles andere ist er (und somit auch das Bewußtsein) nicht ‚wirklich‘ empfänglich.

Hier mußt Du Dich ehrlich fragen, wie Deine Gedanken aussehen. Sind sie wirklich wünschenswert? Oder haften Ihnen noch Elemente niederer Ebenen an? Hier kommt die Disziplin, das Vertrauen und die Beharrlichkeit zum Tragen, konkurrierende und unerwünschte Gedanken auszuschließen, bis ihnen so wenig Energie bleibt, daß sie sich aus Deinem Bewußtsein entfernen.

14. Hierzu gehört in der Neuzeit auch all das, was angeblich schief läuft und was man verhindern oder gar bekämpfen möchte. Du wirst wahrscheinlich genug Beispiele dazu finden, weil die Medien (vor allem die ‚sozialen‘) voll davon sind. Du weißt aber mittlerweile, daß alle Gedanken schöpferisch sind. Du weißt auch, was es bedeutet, sich mit dem zu befassen, was man gar nicht will. Man wird sich dessen durch seine eigene Beachtung und Aufmerksamkeit bewußt, und bevor man sich versieht, zieht man mehr und mehr davon in sein Leben. Daher ist es von größter Bedeutung, genau zu analysieren, was man an sich heranläßt und was nicht. Das wird mit der Zeit zunehmend schneller und intuitiv geschehen.

15. Siehe oben.

16. ‚...*Wortbilder, die klar definiert und frei von niederen Gedankenebenen sind.*‘ Das kannst Du Dir gar nicht oft genug zu Gemüte

führen. Da Du ja gerade gelernt hast, daß Sprache das Resultat von Gedanken ist, weißt Du jetzt auch, wie wichtig es ist, ‚schön zu reden‘. Der Begriff ‚Schönreden‘ wird leider in einem falschen Zusammenhang gebraucht, ist es doch genau das, was geschehen muß, wenn etwas nicht schön ist. Es muß zunächst schön gedacht und dann schön geredet werden. Das führt zu schönen Handlungen, die dann das umwandeln, was bis vor kurzem noch ‚schöngeredet‘ werden mußte.

17. Klarer und deutlicher kann es nicht mehr ausgedrückt werden. Hole Dir das (Gelesene) das nächste Mal ins Bewußtsein, wenn Du etwas sagst. Bedenke, daß die meisten unserer Handlungen - also auch die Wortwahl - unterbewußt sind und Du erst nachher über Deine Sinneswahrnehmung (Ohren) hörst, was Du ‚von Dir gegeben‘ hast. Es bedarf ewiger Aufmerksamkeit, damit nur wohlklingende und wahre Worte Deinen Mund verlassen.

18. Der Mensch hat seine Geschichte seit Anbeginn niedergelegt. Angefangen mit Höhlenmalereien, über Steintafeln, Pyramiden und Papyrus, bis heute zu Büchern, Computern und holografischen Speichermedien. So sind wir dazu in der Lage, Dinge aus der Vergangenheit bis ins kleinste Detail nachzuvollziehen und von ihnen zu lernen.

19. Verstehst Du, was Haanel damit sagen will? Nur weil wir in der Lage waren, Ereignisse aufzuschreiben, waren wir auch in der Lage, aus ihnen zu lernen. In der Tat haben wir vieles von dem, was uns hinterlassen wurde, filmisch dargestellt und so erneut ins Bewußtsein der Menschen geholt. Das

zeichnet den Menschen aus und erlaubt es ihm, Nutzen und Kapital daraus zu schlagen. Natürlich kann es auch negativ angewandt werden, aber auch das ist nur eine Erinnerung an uns, daß wir uns von unserer ‚Quelle' entfernt haben.

20. *‚Genauigkeit beim Bilden von Worten und Sätzen ist die höchste Form der Architektur der Zivilisation.'* Es wird Dir hier wohl ähnlich gehen wie mir. Du wirst Dir der Genauigkeit der deutschen Sprache immer bewußter. Du wirst Worte immer sorgfältiger auswählen und einsetzen. Dadurch wirst Du zum Meister Deines eigenen Lebens.

21. Das Hermetische Prinzip der Entsprechung zieht sich hier durch die gesamte Verursachungskette. Jeder Gedanke hat eine Schwingung, die sich auf niederer Ebene beim Menschen stets in Worten darstellt. Diesen Worten wurden wiederum ihrer Qualität entsprechende Begriffe (oder Worte) gegeben. Die letztliche Handlung und Auswirkung ist also durch die gesamte Kette hindurch nachvollziehbar und auf den Ursprung - die Gedanken - zurückführbar.

22. Worte stellen für Dich die primäre Manifestation der Gedanken dar. Daher hast Du immer die Gelegenheit, sie zu überprüfen, indem Du Deinen Worten lauschst. Bedenke auch hier, daß Du vieles von dem, was Du äußerst, un(ter)bewußt umsetzt. Durch Deine Ohren wirst Du Dir dessen erst im Nachhinein bewußt. Genau in solchen Situationen ist es dann angebracht, sich umgehend zu korrigieren, auch wenn das ‚Falsche' schon herausgerutscht ist.

23. Ursache: Gedanke; Auswirkung: Wort.

Ursache: Wort; Auswirkung: Gefühl.

Ursache: Gefühl; Auswirkung: Handlung.

24. Hier führt Haanel das fort, was er zuvor zum Thema Schwäche sagte: Sie ist nichts, entstammt nichts, hat keine Kraft. Sie ist die Abwesenheit von etwas, aber nicht die Gegenwart von etwas. Das ist sehr wichtig zu verstehen.

Dieser Punkt erklärt Dir, was es mit ‚Prinzip' auf sich hat. Erinnere Dich, daß Prinzip mit Wahrheit eng verbunden sind. Die Wahrheit hat Prinzip und ist kraft- und machtvoll und beständig.

25. Hier schlägt Haanel den Bogen zu dem, was zuvor schon behandelt wurde, nämlich daß genaue Beobachtung zu einer Mustererkennung führt und somit nicht nur zur Entdeckung von Gesetzen, sondern eben auch zu Gewißheit.

Ein Verständnis dieser überaus wichtigen Aussagen führt Dich in eine ganz neue Dimension des Seins ein, denn Schritt für Schritt erkennst Du die Zusammenhänge, erreichst einen höheren Grad der Erleuchtung und wirst dadurch ermächtigt, Dein Leben selbst zu bestimmen.

26. Nun wird auch der Bogen zwischen dem Gedanken und Prinzip ergänzt, und der Kreis ist vollkommen.

27. Es ist selbstredend, daß es hier primär um einen Ersatz geht. Die Zerstörung kommt durch den Ersatz durch das Gute, Schöne, Wohlwollende und Wohlhabende. Erin-

nere Dich, daß zwei Dinge nicht zur selben Zeit am selben Platz sein können.

28. „...weise genug, zu verstehen.' Der Lernprozeß des Master Key Systems ist darauf ausgerichtet, Dir dieses Verständnis zu vermitteln, damit Du es in Deinem täglichen Leben anwenden kannst. Dein Entfernen aus den niederen Ebenen läßt Dich in die höheren Dimensionen der Wahrheit und des Lichts emporstreben, zurück zu Deinem wahren Ursprung.

Es ist leicht zu verstehen, warum Dich diese Reise immer besser und leichter fühlen läßt. Nicht nur lebst Du ein Leben, in dem stets von allem genug da ist, sondern Du löst Dich auch schrittweise von alten Programmierungen, Gewohnheiten und Anhaftungen, die sich bis dato auf eine unerwünschte Art und Weise verkörpert haben.

29. Das führt uns zum Punkt der ,zu jeder Zeit vollständigen Gedankeneinheit' zurück, die besagt, daß Du nur das empfangen kannst, was Du auch gegeben hast. Es wird somit klar: Wenn Du Großes erhalten willst, auch Großes geben mußt. Erinnere Dich: Das Gesetz der Anziehung bringt Dir ,Dein Eigenes'.

30. Erkenntnis entsteht aus dem Verständnis. Erst verstehst Du, und dann erkennst Du neue Dinge, die Dir vormals entgangen waren, oder von denen Du noch Dir kein Bild machen konntest. Mit zunehmender Anwendung Deines Erkenntnisstandes nimmt auch Deine Macht und Kraft zu. Vor allem - mehr dazu in 2 Wochen - wirst Du dadurch Deine intuitiven Fähigkeiten schulen und Dich immer weniger auf

Deinen bewußten Verstand verlassen müssen. Besonders in der heutigen Zeit spielt das eine übergeordnete Rolle. Du wirst erkennen, daß Du mit dem Verstand einfach nicht mehr weiterkommst. Derjenige, dessen Intuition stark ausgeprägt ist und der weiß, wie sie einzusetzen ist, hat denen gegenüber einen großen Vorteil, die noch alles analysieren, zerlegen und beurteilen müssen.

31. Hier ein Verweis auf die Kapitel 8 und 11, in denen es um das genaue Beobachten unterhalb der Oberfläche sowie um induktives, d.h. vom Besonderen aufs Allgemeine schließendes Denken geht.

32. ... und hier auf Kapitel 13, Ursache und Wirkung.

33. Das wird eine der härtesten Aufgaben für Dich sein, denn Du wirst feststellen, daß Du Dich zahlreichen Aktivitäten hingibst, die keinerlei nennenswerte Rendite abwerfen. Sie müssen es auch nicht in jedem Fall, aber wenn Du Dich in einer Situation befindest, in der Du wirkliche Bedürfnisse hast, dann solltest Du Dir die Frage stellen, ob es Dir wirklich wichtig ist, daß sie befriedigt werden und was Du bereit bist dafür zu tun.

34. Ich habe ,Intuition' anstatt mit ,Einsicht' mit ,Erkenntnis' übersetzt, weil dieses Wort für mich etwas passender und aussagekräftiger war, obwohl beide eng miteinander verwandt sind.

35. Zur Wiederholung hier erneut der Hinweis auf die Stille, die innere Ruhe, die Du Dir erschaffen und aufsuchen mußt, um zu Erkenntnis zu kommen und Einsicht zu

erlangen. Erinnere Dich: Nur in absoluter Stille kommst Du in Kontakt mit der Allmacht, weil auch sie absolute Stille ist.

36. Diese komplexe und mehrschichtige Übung zeigt auch den Fortschritt an, den Du während des Studiums gemacht hast. Es geht um Deine Konzentrationsfähigkeiten, Dein Verständnis und Deine Erkenntnis. Es geht darum zu verstehen, was Prinzip ist und was Prinzip hat, und daß all das Erlernte schließlich angewandt werden muß, um zu einer materiellen Darstellung zu führen. Da es aber – wie bereits erwähnt – der Urtrieb des Bewußtseins ist, sich in materiellen Dingen darzustellen, ist das ‚In-Einklang-bringen‘ mit der Allmacht Deine Chance, all das zur Verwirklichung zu führen, dem Du Einlaß in Dein Bewußt-sein gewährst

# 16

## Das Erschaffen
## wissenschaftlich wahrer Ideale

Du lernst ja gleich in Kapitel 1, daß Du keine Kräfte ausdrücken kannst, die Du nicht besitzt. Du kannst also keine Ideale verwirklichen, zu denen es Dir noch an Kraft und Macht mangelt. Es gilt, nur solche („realistischen") Ideale zu erschaffen, von denen Du auch weißt, daß sie erreichbar sind. Die Betonung liegt hierbei auf ‚*weißt*', wobei die letzten Wochen und Monate Dich ja mit dem Wissen bekannt gemacht haben.

Der Zweck dieses Kapitels ist, zu verstehen, daß Entwicklung stufenweise vor sich geht und daß das Erreichen kleinerer Ideale Dich auf das Erreichen größerer vorbereitet. Deine Macht und Kraft, körperlich wie geistig, steigt durch das Studium und die Anwendung der Prinzipien im täglichen Leben ständig an, es sei denn, der innere Schweinehund holt Dich ein und Du verfällst erneut in Plan- und Tatenlosigkeit. Leben ist Bewegung; davon bist Du in keiner Sekunde ausgeschlossen.

Du lernst in diesem Kapitel von dem Gesetz der Sieben und daß alles von Perioden (‚Rhythmen' oder Auf- und Abbewegungen) bestimmt wird. Diejenigen, die die Gesetze und ihre Auswirkungen kennen, können sie sich zunutze machen. Da steckt sehr viel mehr dahinter, und genau darauf geht Charles Haanel intensiv in ‚*Ein Buch über Dich*' ein, wo er Dir die Verbindung der

Planeten mit den Energiezentren entlang Deiner Wirbelsäule (‚Chakras‘) erklärt.

In diesem Zusammenhang möchte ich darauf hinweisen, daß es zumindest über den Verstand *immer* um eine durch genaue Beobachtung hervorgerufene Mustererkennung geht, um eine Klassifizierung und Kategorisierung von Ereignissen, welche einem Gewißheit geben, Zentriertheit und innere Ruhe und letztlich zu intelligenten Entscheidungen führen. Diese Sequenz durchzieht Dein gesamtes bewußtes Leben. Viele Menschen haben davon aber nicht den geringsten Schimmer. Deshalb ist die Arbeit, die Du gerade an Dir verrichtest, so überaus wichtig, denn dadurch wirst Du für andere Menschen zum Vorbild – welch schönes Wort!

Wohlstand kommt durch Arbeit, diese Arbeit muß aber nicht körperlicher Natur sein. Du lernst auch, daß Wohlstand nur ein Hilfsmittel auf dem Weg ist, anderen zu dienen, anderen den Weg ins Licht zu zeigen. Dazu bedarf es einmal mehr Deiner Inanspruchnahme. Du erschaffst Dir Ideale, erschaffst sie vor Deinem geistigen Auge, versiehst sie mit den entsprechenden Details und verleihst ihnen durch Deine Gefühle Lebenskraft. Das gibt ihnen die Chance, Wirklichkeit zu werden. Es ist immer wieder derselbe Prozeß. Schöpfung ist so einfach.

Die stetige Verbesserung Deiner Fähigkeiten zieht ein größeres Leistungsvermögen nach sich. Das wiederum ist ausschlaggebend dafür, daß ‚viel‘ zu ‚noch mehr‘ führt, so wie in Kapitel 1 bereits erwähnt. Aus diesem Überfluß ergibt sich Deine Fähigkeit, anderen zu geben – für sie im Dienst zu stehen.

## ÜBUNG

Die Übung befaßt sich mit dem Erkennen der Tatsache, daß Glückseligkeit und Harmonie Bewußtseinszustände sind, die nicht von materiellem Wohlstand abhängig sind. Das heißt aber nicht, daß wir ihn ablehnen. Ganz im Gegenteil: Wir machen ihn uns zunutze, um noch höher zu streben und noch mehr im Dienste anderer zu stehen. Je mehr wir das tun, desto mehr stehen auch alle anderen uns im Dienst.

Werde Dir der Glückseligkeit und Harmonie als von Materie unabhängiger Bewußtseinszustände bewußt und lerne zwischen Erscheinungen (Materie) und der Wahrheit (Geist) zu unterscheiden. Nur Letzteres wird Dir das geben, wonach Du vielleicht schon ein Leben lang gesucht hast.

Schließe auch die Tier- und Pflanzenwelt in Dein Glück und Harmonie mit ein. Wir sind auch für sie verantwortlich, denn auch sie sind Teil der Evolution und wollen sich auf höheren Ebenen einfinden, genauso wie wir als Menschen uns immer mehr vom Animalischen entfernen und immer lichter, leichter, fröhlicher, wissender, intuitiver und weiser werden.

## AUFGABEN

1. Schreibe auf, warum Dich Dinge nicht mehr stören, die scheinbar falsch laufen.

   ........................................................................

   ........................................................................

   ........................................................................

   ........................................................................

2. Beantworte Dir so oft wie möglich die folgenden Fragen:

   ✓ Was habe ich heute gemacht?
   ✓ Was kann ich daran verbessern?
   ✓ Wer kann mir dabei helfen?
   ✓ Wann werde ich es vollenden?

3. Schreibe auf, warum Wohlstand lediglich ein Hilfsmittel sein soll.

   ........................................................................

   ........................................................................

   ........................................................................

   ........................................................................

4. Welche sind die drei Schritte schöpferischer Macht?
   1. ..................................................................
   2. ..................................................................

3.

5.  „Gebrauch bestimmt über Existenz." Erkläre diese Aussage.

6.  Kreuze an, welche der untenstehenden Aussagen auf Dich zutreffen:
    ☐   Ich bin ganz (gesund).
    ☐   Ich bin perfekt.
    ☐   Ich bin stark.
    ☐   Ich bin mächtig.
    ☐   Ich bin liebevoll.
    ☐   Ich bin harmonisch.
    ☐   Ich bin wohlhabend.
    ☐   Ich bin glücklich.

7.  Falls zutreffend, schreibe auf, was Dich davon abgehalten hat, alle obigen Kästchen anzukreuzen. (Erinnere Dich dabei an Teil 4, wo Du gelernt hast, daß das wahre "Ich" nichts außer perfekt sein kann.)

8.  Wovon hängt die Lebenskraft eines Gedankens ab und warum ist dem so?

9.  Wenn der Gedanke aus Schlagkraft, Stärke, Mut und Bestimmtheit ist, woraus wird dann das Material sein?

10. Die Verbesserung unserer Fähigkeiten bringt ein größeres Leistungsvermögen mit sich. Bringe das in Zusammenhang mit dem Wort "Frequenzerhöhung".

---------------------------------------------------------------

---------------------------------------------------------------

---------------------------------------------------------------

---------------------------------------------------------------

## LITERATURHINWEIS

 Jörg Starkmuths Buch *„Die Entstehung der Realität"* ist für all die empfehlenswert, die das Universum links-hirnig besser verstehen wollen.

## DU HAST DIESEN TEIL GEMEISTERT...

- wenn Du verstanden und verinnerlicht hast, welche Rolle die Zahl Sieben in den natürlichen Rhythmen spielt
- wenn Du verstanden hast, daß ein höheres Gesetz ein niederes steuert und eine höhere Schwingungsrate eine niedrigere ebenso regelt, steuert und kontrolliert, aber auch zerstören kann.
- wenn Du verstanden hast, daß sich Wohlstand durch seinen Tauschwert auszeichnet und es Dir erlaubt, Dinge von wahrem Wert zu sichern.
- wenn Du verstanden und verinnerlicht hast, daß es in Deinem Leben um höhere Ideale als das bloße Anhäufen von Reichtümern geht.
- wenn Du verstanden hast, daß der Gedanke mit Gefühlen durchtränkt werden muß, um Lebenskraft zu erhalten, und Du dieses Wissen im täglichen Leben zur praktischen Anwendung bringst.
- wenn Du verstanden hast, daß Orte, Personen und Umstände keinen Platz im Absoluten haben.
- wenn Du Anstrengungen unternimmst, die Dein Leistungsvermögen dauerhaft erhöhen.
- wenn Du Deine geistige Natur erkennst, Deine Einheit mit dem Universellen Bewußtsein bestärkst und Dir zum Verwirklichen all Deiner Wünsche zunutze machst.

## KOMMENTAR

Dem letzten Satz gilt es besondere Bedeutung beizumessen, denn es ist immer wieder unsere geistige Inanspruchnahme, die es uns ermöglicht, Herr über die Außenwelt zu werden. Da nirgends geschrieben steht, wie oder was Du denken mußt, steht Dir das zu jeder Zeit frei. Haanel schreibt später auch, daß es *,die Unendlichkeit der Weisheit ist, die Methoden zu erkennen und zu nutzen, durch die uns das Universelle Bewußtsein jederzeit zur Verfügung steht'*. So ist man nicht länger Opfer der Umstände, sondern Schöpfer der eigenen Realität.

1. Für alle, die mehr Reichtum (Wohlstand) in ihr Leben bringen wollen, ist das wohl die bedeutendste Passage im Master Key System. Arbeit ist aber nicht gleichbedeutend mit körperlicher Arbeit, wie Haanel später noch erwähnt. Es ist hauptsächlich geistige Arbeit, die verrichtet werden muß, denn nur große Ideen können zu großen Resultaten und großen Belohnungen führen.

 Charles Haanel macht auch deutlich, daß Geld an sich nicht das zu erstrebende Endziel ist, sondern lediglich ein Mittel zum Zweck, ein Diener. Präge Dir das deutlich ein, bevor Du ein neues Projekt angehst. Bedenke, daß die Absicht stets die Aufmerksamkeit lenkt und bestimmt.

 Um Wohlstand zu erlangen, reicht es nicht aus, einfach nur anders zu denken. Das Ideal muß in praktische Werte umgewandelt werden. Hier, in Kapitel 16, wirst Du mittlerweile an einem Punkt angelangt sein, wo Du sowohl das Vertrauen als auch den Mut besitzt, Deine Ideen auch zu verwirklichen. Dazu bedarf es aber

eines Verständnisses, wozu Geld wirklich da ist. An dieser Stelle soll auch erwähnt werden, daß sich seit der Veröffentlichung des Master Key Systems sehr viel im Geldwesen getan hat und es heutzutage sinnvoller ist, alternative, aber dennoch globale Währungssysteme zu verwenden, anstatt den Schwankungen und ausstehenden Zusammenbrüche der etablierten Währungen ausgeliefert zu sein.

2. Bedenke an dieser Stelle, daß Geld, das nicht benutzt wird, auch keine Macht darstellt. Erst der Gebrauch macht das aus, was wir geläufig mit Macht bezeichnen. Nur wenn Geld eingesetzt wird, haben auch andere was davon, ob direkt durch einen Warenaustausch oder indirekt in Form von Krediten.

3. Achte hierbei darauf, daß es sich beim Handel um einen steten Fluß an Waren und Dienstleistungen dreht. Hier geht es also primär ums Tauschen. Wenn Dir finanzieller Reichtum am Herzen liegt, mußt Du Dich in diesen Fluß begeben, d.h. mit Deinen Angeboten an diesem Tausch teilnehmen - ganz gleich in welchem System das stattfindet.

4. Die Betonung liegt hier auf *,wahrem Wert'*. Nur das, woran auch andere interessiert sind, ist gewöhnlich wertvoll, weil sie es besitzen wollen, es aber nicht tun.

5. In der heutigen Gesellschaft ist dieses Konstrukt leider noch umgekehrt. Anstatt des Ideals steht der eigene finanzielle Nutzen im Vordergrund. Auch sind viele sogenannte Führer in Wirtschaft, Politik, Kultur, Sport und Religion keine wahren Vorbilder mehr, an denen man sich

ausrichten könnte. So liegt es an Dir, ein Ideal zu erstellen, dem Du entgegenzustreben bereit bist. Sei durch großartige Gedanken, weise Worte und mutige Taten selbst ein Vorbild. So wird die Gesellschaft Schritt für Schritt von innen heraus transformiert, anstatt auf Impulse von oben oder außen zu warten.

6. Falls Du noch Schwierigkeiten haben solltest, dieses Ideal zu bestimmen, schau Dir einfach die Welt an, so wie Du sie jetzt wahrnimmst. Identifiziere - am besten in der Stille und möglichst in der Natur - eine Sache, die Du für verbesserungsfähig hältst oder erkennst, daß Du damit der Menschheit einen Gefallen tun würdest. Halte daran fest. Versieh es mit so vielen Details wie möglich. Das wird dazu führen, daß sich Dir die Wege und Möglichkeiten auftun, denen Du anschließend folgst.

Das ist es, was mit dem schöpferischen Prozeß gemeint ist. Du erschaffst Dir im Geiste Neues, welches Du dann stetig in der Schwingungsrate heruntertransformierst und in der Dichte erhöhst. Rein technisch schwingt natürlich alles noch mit derselben Rate, aber Du entfernst Dich schrittweise vom Ursprung, nimmst das Erschaffene auf seiner eigenen, niederen Schwingungsebene wahr und nennst es schließlich Materie.

7. Das sollte auch für Dich ein Fingerzeig sein, daß es nicht erst großen Kapitals bedarf, um etwas zu erschaffen. Erschaffen wird mittels Deiner Vorstellungskraft, und diese ist nicht an irgendwelche Mittel gebunden. Sie ist Deine Werkstatt - dort, wo Dinge geschaffen werden, die die Menschheit und den Planeten Erde in der Entwicklung voranbringen.

8. Industriekapitäne zeichnen sich u.a. dadurch aus, daß sie vieles von dem haben, wonach sich der Normalmensch sehnt. Achte jetzt *genau* auf Deine Gedanken! Was zeigt sich Dir gerade jetzt an Bildern? Sei ehrlich zu Dir! Stimmst Du dieser Aussage zu oder kommt da doch mehr an Ablehnung auf? Bedenke hier, daß auch wenn sie im Leben nicht alles richtig gemacht haben, das uns bekannte Leben so sonst nicht bestehen würde. Vor allem würden vielen Menschen jetzt die Beispiele fehlen, an denen sie sich orientieren könnten, um ihr Leben ebenso produktiv und erfüllend zu gestalten.

9. Wenn Industriekapitäne eins auszeichnet, dann doch genau das, was Haanel im Punkt zuvor erwähnt. Sie erstellen sich eine Vision und halten konsequent an ihr fest. Auch sie wissen nicht, wie im Detail die Erfüllung aussehen wird, aber das hält sie nicht davon ab, sich auf den Weg zu machen. Tesla konnte sich seine Maschinen vielleicht genau vorstellen, aber auch er hatte Mißerfolge. Die gehören mit dazu. Sie alle haben aber weiter gemacht, verfeinert, verbessert, Altes verworfen und Neues erfunden. So nahm ihre Vision genauso Form an wie Deine Formannehmen wird, wenn Du Dich an dieselben Prinzipien hältst. Tesla verdanken wir übrigens sowohl den Wechselstrom als auch das Radio, das Elektroauto sowie ferngesteuerte Geräte – und in Kürze auch kostenlose Stromgewinnung.

10. Hier möchte ich kurz zusammenfassen: Zunächst muß eine Vision - ein Ideal -

erstellt werden, das es nachzuverfolgen gilt. Gedanken haben immer eine ihnen entsprechende Auswirkung - das ist Gesetz. Es gibt keine Zufälle; alles ist Teil eines geordneten Systems. Der Wunsch muß als bereits bestehende Tatsache gesehen werden. Das ermöglicht und vereinfacht das Erzeugen von Gefühlen. Durch die Vorstellungskraft werden die notwendigen Details erschaffen, die einem dann die Wege und Möglichkeiten aufzeigen, das Ideal auch zu verwirklichen. Sie sind das ‚wie‘, über das Du am Anfang noch nicht Bescheid weißt und auch nicht wissen mußt. Durch das Gesetz der Anziehung ziehst Du gleiche und ähnliche Gedanken an, welche wiederum die Details sind, die dann die Wege und Möglichkeiten darstellen, etwas zu verwirklichen. Dann gilt es zu handeln, denn die Tat ist bekanntlich die Blüte des Gedankens. Da der Gedanke eine ihm entsprechende Auswirkung hat, kannst Du auch mit Zuversicht und Vertrauen an die Sache herangehen, da Du schon im Vorfeld weißt, wie das Endergebnis aussehen wird. Genau aus diesem Grund entwickelst Du Einsicht und Erkenntnis!

11. Diese Passage macht nochmal sehr deutlich, daß Wirtschaft und Spiritualität seit jeher Hand in Hand gehen - nur wurde Spiritualität geläufig mit allem anderen in Verbindung gebracht, nur nicht mit Wirtschaftskraft und den Visionen, Neues und Besseres zu erschaffen und vielen Menschen zugänglich zu machen. Henry Ford hätte nur ein Auto gebraucht, Bill Gates nur einen Computer, usw.

12. Eine Passage mit viel Sinn und Bedeutung. Denken führt in Dir zu einem wachsenden Begriffsvermögen vom Leben. Anders ausgedrückt bedeutet das, daß Deine Schwarz-Weiß-Sicht von Dingen in eine Graustufen-Sicht übergeht, welche Dir nicht nur mehr Details zu erkennen gibt, sondern auch mehr Möglichkeiten und mehr Handlungsfreiheit. Du kommst vom Groben ins Feine und steigst vom Niederen ins Erhabene auf.

Menschen, die über ein niedriges Bewußtsein verfügen, sehen auch nur wenige Optionen, wenn überhaupt welche. Sie können es sich nicht ‚vorstellen‘, daß sich ihre Situation durch ein geändertes Denken auch entsprechend anpassen kann.

13. Warum ist dem so? Warum verlieren z.B. Lottogewinner oft in kürzester Zeit ihr Geld wieder? Weil sie kein Reichtumsbewußtsein haben und dadurch auch nicht in der Lage sind, das Geld zu bewahren oder sogar gewinnbringend anzulegen. Es treffen da quasi zwei Dimensionen aufeinander, die nicht zueinander passen. Es bedarf Zeit, sich auf veränderte Umstände anzupassen; es ist - arbeitstechnisch gesehen - auch nicht nur ein einziger Impuls, der gegeben werden muß. Es muß beständig daran gearbeitet werden, den Markt mit neuen Produkten oder Dienstleistungen zu versehen, wenn man an dem finanziellen Reichtum teilhaben will, der in diesem Markt vorhanden ist.

Obwohl Entwicklungen auch spontan und sprunghaft stattfinden, ist der Mensch dennoch eher ein Gewohnheitstier, das sich – wenn nicht unter Druck oder Zwang – eher langsam an die veränderten Umstände anpaßt.

14. Sie stehen deshalb in Einklang mit unserer inneren Welt, weil wir dafür empfänglich geworden sind. Ohne diese Empfänglichkeit gäbe es für uns auch keine äußere Darstellung. Somit gilt erneut: Willst Du das Äußere ändern, ändere zunächst das Innere – Dein Inneres!

15. In dieser Passage wird nochmal der Unterschied zwischen dem deutlich, was durch vergangene Ursachen entstanden ist und unsere heutige Realität (das ‚Außen‘) darstellt. Im Gegensatz dazu steht die innere Welt der Gedanken – dem heutigen Erschaffen neuer Ursachen durch neue Denkvorgänge – die dann in dem, was wir Zukunft nennen, ihre Auswirkung finden. Das eine stellen wir heute durch Beobachtung (unsere Sinne) fest; das andere schaffen wir uns in unserer inneren Welt.

16. An dieser Stelle mag sich manch einem natürlich die Frage stellen, ob es wirklich allein ausreicht, sich den gewünschten Umstand vorzustellen, vor allem wenn es um Personen geht. Grundsätzlich muß dazu gesagt werden, daß alles eine Form von Bewußtsein ist, und wenn Du keinerlei entgegengesetzte Gedanken oder Gefühle mehr in Deinem Bewußtsein hast, wird das auch so eintreffen. Die Dualität des Verstandes macht das aber nicht unbedingt einfach. Bedenke hier auch, daß Du als spirituelles Wesen auf Bewußtseinszustände aus bist und alles Materielle, einschließlich Personen, lediglich Hilfsmittel sind, nicht aber das Endziel Deines Ideals, Deiner Vision.

17. Immer und ohne Ausnahme.

18. Die Form, Qualität und Lebenskraft ergeben sich hingegen aus dem Wissen oder Unwissen über den schöpferischen Prozeß. Da Du Dir dieses Wissen zunehmend aneignest, kommst Du dadurch in eine Position, die das Denken automatisch in eine bestimmte Richtung lenkt. Du kannst dann bewußt gar nicht mehr anders entscheiden, gerade weil Du um das Gesetz von Ursache und Wirkung weißt.

19. Hier soll nochmal hervorgehoben werden, daß es bei weitem nicht ausreicht, sich nur ab und zu mal etwas vorzustellen. Es ist ein Prozeß, der Aufmerksamkeit und Disziplin verlangt, und an dem festgehalten wird, bis sich die Vision erfüllt hat.

20. Haanel unterscheidet hier deutlich zwischen Bewußtsein und Gedanken. Bewußtsein ist die einzige Quelle, derer sich die Gedanken bedienen können. Bewußtsein ist das, womit Du Dich hauptsächlich befaßt. So erklärt sich auch der Mangel und die Beschränkung im Leben vieler Menschen. Sie befassen sich hauptsächlich *damit*. In Kapitel 23 wirst Du lernen, daß es Dienst bedarf, um Geld zu bekommen und so Überfluß im Leben darzustellen.

21. Diese Passage mag für Dich selbstredend und offensichtlich erscheinen. Sie enthält aber zwei sehr wichtige Punkte, nämlich den Punkt des Gefühls, mit dem der Gedanke durchtränkt werden muß sowie den Punkt des konstruktiven Denkens.

Ein Gedanke ohne Gefühl ist kalt. Er ist tot. Es ist das Gefühl, welches die Brücke zwischen dem rein intellektuellen Konstrukt und den biochemischen

Vorgängen in Deinem Körper herstellst. So wird der Gedanke ‚zu Fleisch'.

Konstruktiv muß das Denken deswegen sein, damit etwas von Bestand entsteht; etwas, worauf Du Dich verlassen kannst; etwas, was auch für andere von Nutzen ist und ihr Leben bereichert. Du willst die Wahrheit ausdrücken. Die Wahrheit auszudrücken bedeutet, daß etwas Prinzip haben muß. Etwas hat nur dann Prinzip, wenn es Macht, Kraft und Stärke ausdrückt. Es geht hier um die Anwesenheit von etwas und nicht um die Abwesenheit.

22. Aus diesem Satz geht hervor, daß all das, was von uns allgemein als ‚negativ', ‚böse', ‚schlecht', ‚unerwünscht' oder ‚krank' angesehen wird, nur scheinbar real ist. Was stattfindet, ist das Auflösen und Zersetzen von etwas Gutem oder Lebensrichtigem. Es ist also das Gegenteil von Konstruktivität. Vielleicht macht es das noch etwas klarer zu verstehen, was Prinzip hat und was nicht.

23. Erinnere Dich: Das Erscheinen von Energie an einem Ort bedeutet das Verschwinden einer gleichgroßen Menge an Energie an einem anderen Ort. Das allerdings nur, wenn wir dem Energieerhaltungsgesetz Glauben schenken. Was das aber für die schöpferische Kraft Deiner Gedanken bedeutet, das darfst Du Dir zum Thema Deiner nächsten Meditation machen und Dich dabei vielleicht gleichzeitig mit dem Thema Erdwachstum und Äther/Neutrinos befassen. Wenn das wahr ist, können wir nämlich etliche als Gesetz postulierte Thesen neu definieren.

24. Du erkennst hier auf Anhieb, daß es keine Bewertung mehr gibt. Dinge werden als das angesehen, was sie wirklich sind. Auch Du wirst das immer häufiger anwenden und Deine alte Programmierung und Konditionierung schrittweise erkennen und auflösen.

25. Geist ist schöpferisch. Es steht Dir vollkommen frei, in welche Richtung Du Dein Denken lenkst. Das Ergebnis aber unterliegt Gesetzmäßigkeiten, so daß niemand von Intelligenz und tiefer Weisheit sein Denken jemals in zerstörerische Kanäle lenken würde.

26. Siehst Du, wie sich hier der Kreis schließt? Erkennst Du hier, wie letztendlich alles auf Deine Gedanken und deren Qualität zurückgeführt werden kann? Dann erinnere Dich, daß Gedanken nach Worten greifen, um sich Ausdruck zu verschaffen. Diese Worte sind dann nahezu untrennbar mit Deinen Gefühlen verbunden – und so mit Deiner Realität.

27. Auch hier gilt es wieder zu bedenken, daß diese beiden Begriffe nicht voneinander getrennt sind, sondern der eine nur die Abwesenheit des anderen beschreibt. Doch nur das eine hat Prinzip und beschert Dir eine Zunahme an Lebensenergie, an Freude, Liebe und Genuß, während das andere durch die Abwesenheit des erstgenannten dazu führt, daß Dir Energie entzogen wird - mit den entsprechenden Konsequenzen für Dein Leben.

28. Wie schon an anderer Stelle erwähnt, bist Du reines Bewußtsein, welches sich durch Deinen Verstand und Deinen Körper in Form ausdrückt. Als solches bist Du auch ausschließlich auf Bewußtseinszustände aus und nicht primär auf ‚Personen, Orte

*oder Umstände*'. Erinnere Dich daran, daß das Endliche das Unendliche nicht informieren kann. Dein Verstand kann nicht alle Möglichkeiten mit in Betracht ziehen. Daher weißt Du auch nicht, ob die Person, der Ort oder der Umstand passend sind. Du kannst aber davon ausgehen, daß das, was sich nicht gut anfühlt, auch nicht gut ist und daher einer Änderung bedarf.

29. Somit bekommt der Begriff ‚Praktische Spiritualität' eine neue Bedeutung. Es zeigt aber auch auf, daß es sich hier nicht um eine Form von Wunschdenken handelt oder ein hoffnungsvolles Ausrichten an Symbolen. Es geht hier um beständige Arbeit an sich selbst und um ein Entwickeln eines Verständnisses natürlicher Gesetzmäßigkeiten, die - wenn auch von vielerlei Stellen noch angezweifelt - stets wirksam sind. Diese gilt es anzuerkennen und sich zunutze zu machen.

30. Im Klartext bedeutet das, daß es Dir immer leichter fällt, gewisse Dinge zu tun und sie zu verwirklichen. Was anfangs noch unüberwindbar erscheint, wird mit der Zeit zur Routine. Das wiederum befähigt, sich neuen Aufgaben zuzuwenden, denn nur das, was die Domäne des Wachbewußtseins verläßt und sich im Unterbewußtsein einnistet, verwirklicht sich auch ohne Dein weiteres Zutun.

31. Das kann man wunderschön in der Natur beobachten, wo vieles geradezu mühelos geschieht. Dort wird produziert, ohne daß es lähmende Zweifel gibt. Du als Mensch hast durch Deinen Verstand die Möglichkeit der sofortigen Analyse, was auch nützlich ist, wenn es denn richtig eingesetzt wird. Der Punkt ist aber, daß Du Dich zur letztendlichen Verwirklichung nicht mehr auf den Verstand verlassen, sondern intuitiv auf die tief im Unterbewußtsein abgelegten Informationen zugreifen willst.

32. Natürlich haben traditionelle Wissenschaftler eine andere Idee von ‚*wissenschaftlichen Methoden*'. Diese hier mögen ihrem Anspruch nicht standhalten, aber auch deren Anspruch ist nicht über alles andere erhaben. Hier geht es um ein schlichtes Verständnis, das kaum einfacher in Worten auszudrücken ist, ohne banal zu klingen. Auf gut Deutsch: Wenn Du jetzt diese Zeilen hier liest, bist Du nicht gleichzeitig auf dem Fußballplatz. Du lernst also mehr über das Master Key System als über Fußballspielen. Wem oder wohin Du Deine Aufmerksamkeit widmest, dessen wirst Du Dir bewußt – so einfach ist es. Dazu bedarf es auch keiner doppelten Blindstudien oder Kreuzgutachten, sondern im wahrsten Sinne des Wortes einfach nur eines gesunden Menschenverstandes.

33. Es besteht deshalb in der geistigen Welt, weil diese allmächtig, allwissend und allgegenwärtig ist. Natürlich ist es für die Menschen schwer, die sich allein auf ihre Sinne verlassen, aber genau deswegen studierst Du ja diese Lehre. Sie geht weit über Deine Sinneswahrnehmung hinaus. In der Tat bestimmt und beherrscht sie diese mit der Zeit. Das nennen wir dann ‚bewußte Realitätsgestaltung' oder ‚bewußtes Mitschöpfen'.

34. Das erklärt auch, warum von außen so viel getan wird, um unsere Gefühle zu erwecken - ganz gleich in welche Richtung. Das Gefühl bestimmt die Umsetzung von intellektuellen Gebilden in körperlich

wahrnehmbare Werte. Wenn jemand Deine Gefühle steuert, steuert er Dich! Daher ist es von so großer Bedeutung, daß Du Kontrolle über Deine Gefühle hast. Sollte das noch nicht der Fall sein, wiederhole bitte die Übungen der ersten vier Kapitel, bis Du Kontrolle über Deinen Körper und Deine Gedanken erlangt hast.

stete Erfüllen der eigenen Wünsche und Ideale.

35. Deshalb ist es so wichtig, sich ein Ideal zu erstellen, an dem dann bis zur Erfüllung festgehalten wird. Der erreichte Erfolg dient dann als vielseitige Basis für weiteren Erfolg in anderen Angelegenheiten. An dieser Stelle darfst Du Dich auch fragen, wie sehr Du nach 16 Kapiteln Kontrolle über Deine Gedanken hast und plausiblen Meinungen eben nicht ohne eine entsprechende analytische Untersuchung Zugang zu Deinem Inneren gewährst, oder sie intuitiv gleich als unerwünscht und unwahr abtust.

36. Genau das ist der Punkt: Überschätze Dich nicht. Fange klein an; erreiche diese Ziele zuerst. Dann schreite von einem Ziel zum nächsten, immer in dem Bewußtsein, daß Du das, was Du angehst, auch vollenden kannst –und wirst.

37. Es geht hier um Bewußtseinszustände und nicht um Dinge; um das Erlangen einer aufbauenden geistigen Einstellung; um das Erkennen Deiner Einheit mit dem Universellen Bewußtsein; um das Vorstellen Deines Wunsches als bereits bestehende Tatsache; es geht immer noch um die dadurch auf Null reduzierte Distanz und die daraus entstandene Einheit mit Deinem Wunsch, durch richtiges, der Wahrheit entsprechendes Denken und somit um das

# 17

## Durch Konzentration
## zu intuitiver Wahrnehmung

Diese Woche geht es darum, daß Du durch Konzentration zu intuitiver Wahrnehmung kommst, zu Einsichten und Erkenntnissen, die Dir ohne lange Analyse oder vorherige Erinnerung zukommen.

Du lernst in diesem Kapitel, daß die Schwingungen der geistigen Kräfte die feinsten und machtvollsten sind, die es gibt. Darüber hinaus lernst Du, daß Konzentration nur durch spirituelle Einsicht erlangt werden kann. Diese Einsicht besagt, daß eine Beschleunigung des Bewußtseins erforderlich ist und daß Schwingungen die Wirkung des Denkens sind. Das geht aber nur durch Konzentration, welche durch einen gleichmäßigen, ununterbrochenen Gedankenfluß dargestellt wird. Was die Einsicht anbelangt, da erkennst Du nun sicherlich den Sinn der vorigen Übung, in der Du Dich auf Einsicht (Erkenntnis) konzentriert hast.

Konzentration ist das Resultat eines geduldigen, beharrlichen, standhaften und wohlgeregelten Verfahrens und führt Dich zu dieser bereits erwähnten intuitiven Wahrnehmung. Die Dir dadurch zukommenden neuen Informationen kannst Du dann entweder analysieren oder daraufhin direkt in die Handlung übergehen. Sie helfen Dir also, die zu verrichtenden Schritte noch klarer, deutlicher und einfacher zu machen. Intuition oder Eingebung führt dazu, daß Dir in kürzester Zeit ohne jegliche Anstrengung sehr viele neue Informationen zukommen. Diese sollen Dich zur Handlung führen.

So ist es auch kaum überraschend, daß der Titel des nächsten Woche folgenden Kapitels ‚Das Gesetz der Anziehung' ist. Dazu ist es aber notwendig, daß Du losläßt. Du mußt die Informationen aus Deinem Kopf/Verstand rausbekommen und dem Unterbewußtsein aufprägen. Erinnere Dich: **Verwirklichung findet nicht im Bewußtsein, sondern im Unterbewußtsein statt**. Dazu bedarf es aber der steten Wiederholung und Übung. Ohne diese können keine Gewohnheiten und Automatismen geschaffen werden. Das wiederum wird durch das Durchtränken des Gedankens mit Liebe verstärkt, damit der Gedanke ausreichend Lebenskraft erhält, um sich zu verwirklichen. Das Gesetz der Liebe und das Gesetz der Anziehung sind ja bekanntlich ein und dasselbe.

Du lernst, daß der Wunsch die stärkste Art zu handeln ist, daß dieser Wunsch aber im Einklang mit den Naturgesetzen sein muß, und daß sich seine Stärke durch Deine geistige Einstellung ergibt. Charles Haanel sprach auch von *instinktivem Verlangen* im Vergleich zu *begründendem Willen*. Wenn Du instinktiv etwas verlangst, dann weißt Du, daß es Dir entspricht (auch hier wieder eine schöne Kombination deutscher Wörter), denn der bewußte Wunsch ist zu schwach (energielos), um an und für sich etwas zu bewirken.

## ÜBUNG

‚Wenn Du das Herz der Dinge erreichst, ist es vergleichsweise einfach, sie zu verstehen und über sie zu verfügen', schreibt Charles Hannel, und so gehst Du in die Stille, an den Ort der Macht und Kraft, dort, wo absolute Ruhe herrscht, und entspannst Dich vollkommen. Dann konzentrierst Du Dich auf das Ideal als bereits bestehende Tatsache und läßt Dich von nichts und niemandem davon abbringen.

Es gibt da noch einen anderen Aspekt: Wenn Du es schaffst, ohne jeglichen Zweifel geistig zum Ursprung einer Sache zu gelangen, wirkst Du dort auf atomarer Ebene auf die Schöpfung ein. Durch das Gesetz der Anziehung kann sich die Materie schlagartig verdichten, so daß etwas ohne den langsamen Wachstumsprozeß der Natur spontan entstehen kann.

## AUFGABEN

1.  Erkläre, warum physische Macht bedeutungslos wird

    _____

    _____

    _____

2.  Bewerte hier auf einer Skala von 1 – 10, wie Du Dich diese Woche gefühlt hast:

    |                       | Vorwoche | Jetzt |
    |-----------------------|----------|-------|
    | Dein Selbstwert:      | _____  | _____ |
    | Dein Energieniveau:   | _____  | _____ |
    | Dein Glücksgefühl:    | _____  | _____ |
    | Deine Tatkraft:       | _____  | _____ |
    | Deine Gesundheit:     | _____  | _____ |
    | Dein Reichtum:        | _____  | _____ |

3.  Wie kann eine Beschleunigung des Bewußtseins erreicht werden?

    _____

    _____

    _____

4.  Warum darf Konzentration nicht mit Anstrengung verwechselt werden?

    _____

    _____

    _____

5.  Warum führt bewußtes Wünschen nur selten zur Verwirklichung des Objekts?

    _____

    _____

    _____

    _____

6.  Kreuze an, welche der untenstehenden Aussagen auf Dich zutreffen:
    - ☐ Ich beende alles, was ich begonnen habe.

☐ Ich zeige Freude während meiner Arbeit.

☐ Ich bin dankbar.

☐ Ich weiß, daß mein Körper der lebendige Tempel Gottes ist, und ich verhalte mich ihm gegenüber dementsprechend.

☐ Ich setze mir ausschließlich Ziele, die ich erreichen kann.

☐ Ich gehe immer wieder zu den vorherigen Teilen zurück und nehme dadurch neues Wissen auf oder erinnere mich an bedeutsame Aussagen.

7.  Auf welche Art und Weise können wir dem begrenzten Erfolg entwachsen?

8.  Mit bloßem Denken ist es nicht getan. Warum muß der Gedanke in brauchbare Werte umgewandelt werden?

9.  Schreibe auf, warum es so wichtig ist, nur große Gedanken zu denken und nur höhere Dinge zu schätzen?

10.  Wie aktivierst Du die intuitive Kraft?

11.  Warum ist es so wichtig, in die Stille zu gehen?

12.   Was bedeutet es für Dich, inspiriert zu werden?

.................................................................................................

.................................................................................................

.................................................................................................

.................................................................................................

## DU HAST DIESEN TEIL GEMEISTERT...

- wenn Du die Symbole nicht mehr mit der Wirklichkeit verwirklichst - und das auf vielfältiger Ebene der Existenz.

- wenn Du die Schwingungen Deines Bewußtseins durch beharrliche Konzentration (Gedankenbündelung und ein Aufgehen im Objekt Deiner Begierde) erhöhen kannst.

- wenn Du verstanden hast, daß bewußtes Wünschen nur in den seltensten Fällen zur Verwirklichung des Objekts führt, weil Verwirklichung größtenteils unterbewußt ist.

- wenn Du Beständigkeit und Kontinuität in Deinen geistigen Anstrengungen entwickelt hast.

- wenn Du erkannt hast, daß Du über das bewußte Denken zur Stärkung Deiner intuitiven Fähigkeiten kommen sollst, da die Intuition ohne Hilfe von Erfahrungen oder Erinnerungsvermögen auskommt.

- wenn Du verstanden hast, daß Du regelmäßig die Stille aufsuchen mußt, um Dich zu konzentrieren und um zu intuitiver Wahrnehmung zu kommen und dieses auch zunehmend tust.

- wenn Du wirklich verstanden hast, daß der Geist einer Sache die Sache selbst ist.

- wenn Du Dich auf Mut, Überfluß und Gesundheit fokussieren mußt, d.h. das Ideal als bereits bestehende Tatsache.

## KOMMENTAR

Interessant in diesem Zusammenhang ist wie eben erwähnt die Aussage aus Kapitel 9, daß Du den Wunsch als bereits bestehende Tatsache ansehen sollst. Das bedeutet auch eine Wandlung der von Dir ausgesprochenen Gebete, und zwar weg von Bitten und hin zu Danksagungen. Die Danksagung ist nämlich das Resultat des Wunsches als bereits bestehende Tatsache. Das gilt es sich immer wieder ins Bewußtsein zu rufen, denn nur dadurch kommst Du aus der Trennung heraus und rein in die Einheit, auch durch die totale Identifikation mit dem Objekt Deiner Begierde als Teil der Übungen.

1. Da Denken eine spirituelle Aktivität und daher schöpferisch ist, muß es zwangsläufig alle untergeordneten Prinzipien lenken. Es wird hier erneut deutlich, welche Macht dem Denken innewohnt, und es erklärt, warum diejenigen, die denken, letzten Endes auch die Kontrolle über diejenigen ausüben, die nicht denken oder deren Denken auf einer niedrigeren Ebene stattfindet.

2. Das eröffnet Dir einen völlig neuen Bereich der Realitätsgestaltung. Wenn geistige Kraft körperlicher Kraft überlegen ist, stell Dir dann mal vor, was alles möglich ist. Das kannst Du mal zum Thema einer Meditation machen. Allein das Lenken Deiner Aufmerksamkeit auf wirklich große Dinge macht Dich ihrer verstärkt bewußt, wodurch Dein Nutzen im Verhältnis dazu ansteigt.

3. Konzentration führt zu einer Beschleunigung der Schwingungen. Konzentration bedeutet ‚Eins-werden' mit dem Wunschobjekt, gleichzeitig aber auch ‚Eins-werden' mit der universellen Intelligenz, der Allmacht – mit Gott. Die Schwingungen beschleunigst Du also dadurch, daß Du Dein Denken klärst und auf die Quelle aller Substanz ausrichtest.

4. Das sollte meines Erachtens aber nicht bedeuten, daß man sich von der Außenwelt abschließt und ein mönchartiges Leben führt, auch wenn dieses auf seine Art zur Bewußtseinserweiterung der Menschheit beiträgt. Es soll lediglich klarmachen, daß wahre Einsicht und Erkenntnis nur in der Stille kommen. Ob durch Konzentration (aktiv), Meditation (passiv) oder Kontemplation (beides), Du kommst nicht umhin, Signale von der Außenwelt abzuschalten, um neue aufzunehmen. Deine Tasse muß zuerst entleert werden, bevor sie neu angefüllt werden kann.

5. Das alles ist zu Deinem Vorteil. Jahrhunderte lang haben sich andere Menschen über diese Gesetzmäßigkeiten den Kopf zerbrochen. Du wirst nun dadurch belohnt, daß Du sie Dir zunutze machen kannst, ohne durch denselben Prozeß der Wahrheitsfindung gehen zu müssen. Sei all diesen Genies gegenüber dankbar und erkenne die von ihnen geleistete grandiose Arbeit an.

6. Das ist ein weiterer bedeutsamer Punkt. Konzentration bedeutet ein Aufgehen in etwas, nicht eine verstärkte körperliche oder geistige Anstrengung. Es steht in gewisser Hinsicht für ein neues Sein, so wie sich die Schauspielerin für die Zeit des Spiels als Person vergißt und vollkommen in der von ihr gespielten Rolle aufgeht.

7. Genauso verhält es sich mit Dir. Wenn Du den Wunsch hast, reich oder gesund sein zu wollen, wird Dich Deine Aufmerksamkeit in diese Richtung lenken und Dein Bewußtsein wird dem folgen. So kommst Du schrittweise von einer vagen Idee, einer Hoffnung oder einem Funken an Vorstellung, durch nachvollziehbare Gesetzmäßigkeiten zur letztendlichen Verwirklichung.

8. Erinnere Dich hier an Haanels Aussage, daß es zum instinktiven Verlangen Deinerseits kommen muß. Es darf bei Dir keinerlei Zweifel bezüglich des Ziels geben. Du verlangst es, ohne Dir irgendwelche Gedanken darüber zu machen. Es ist zu einem Anrecht geworden, das fest im Unterbewußtsein verankert dort nun mit mathematischer Genauigkeit ausgeführt wird.

9. Hier der nächste Hinweis: ‚*Das Unterbewußtsein wird durch Konzentration erweckt.*‘ Wie zuvor erwähnt ist es nicht der bloße Gedanke, der sich in einer neuen Wirklichkeit darstellt, sondern der konzentrierte Gedanke, der als konzentrierte Energie tiefe Furchen ins Unterbewußtsein zieht - so wie gebündelte Sonnenstrahlen durch die Lupe hindurch das Papier entzünden.

10. Charakter und Bewußtsein deswegen, weil Du immer höheren Idealen entgegenstrebst und Dich Deinem eigenen Ursprung näherst - Deinem wahren Wesen. Mit Charakter und Bewußtsein ausgestattet lebst Du Dein Leben auf einer viel höheren Ebene als zuvor. Diese Ebene wird sich erst mit der Zeit im Außen zeigen, formt sich aber durch Deine Aufmerksamkeit stetig und unwiderruflich in Deinem Inneren.

11. Hier ein weiterer, wenn auch nicht ganz neuer Hinweis: Konzentration muß in praktische Werte umgewandelt werden. Es muß am Ende ja etwas dabei herauskommen, ansonsten bleibt es ein rein intellektuelles Gebilde. Konzentration führt zum Entstehen einer Unmenge an Details. Diese bestehen aus Ideen, Konzepten, Möglichkeiten etc. Sie alle tragen dazu bei, daß sich Dir ein Weg ebnet, der Dich Deinem Ziel näherbringt. Das wird Dich zunächst verunsichern, weil du es nicht gewohnt bist, mit dieser Informationsflut umzugehen. Mit der Zeit lernst Du aber, erfolgreich zu filtern und Dir nur das Beste zu eigen zu machen.

In der Praxis wirst Du hellhöriger und hellsichtiger werden. Du wirst offen für Informationen in Form von kleinen Schnäppchen, die Dir sonst nichts gesagt hätten. Nun aber spürst Du ihre Bedeutung und folgst ihnen, und schon wieder bist Du dem Ziel einen Schritt näher. All das geschieht zunehmend intuitiv, also ohne großes Denken oder Analysieren. Du wirst sehen, wie sich Dein Wesen dadurch ändert und wie sich das auf die Ereignisse im Außen auswirkt.

12. Robert F. Kennedy war es, der sagte, daß nur diejenigen, die es auch wagen, spektakulär zu scheitern, spektakuläre Erfolge vorweisen können. Der britische Unternehmer Richard Branson ist einer dieser Sorte Mensch, die viele Male in ihrem Leben gescheitert sind, aber niemals auch nur im geringsten daran gedacht haben,

213

aufzugeben. Sein Lebenswerk spricht für sich.

Falls der Hinweis an dieser Stelle noch nötig ist, lies Dir die Biographien solcher Menschen durch. Du kannst ihnen viel an Information, Motivation und Erkenntnis entnehmen. Ein großartiger Mensch zeichnet sich oft dadurch aus, daß er viele Bücher gelesen hat. Ein Buch zu lesen bedeutet, in die Stille zu gehen, sich Raum für sich zu schaffen und durch die Lektüre zu besagten neuen Erkenntnissen zu kommen.

13. Alles, was sich anfänglich als schwierig darstellt, verliert mit der Zeit diesen Charakter. Es ist die Wiederholung, die Disziplin und Beharrlichkeit, die Dich zu noch größeren Erfolgen tragen und jene Dinge ein für alle Mal hinter Dir lassen, die bis vor kurzem noch Normalität für Dich bedeuteten.

14. So konzentrierst auch Du Dich auf die Belange Deines Lebens, auf das, was Dir am Herzen liegt. Das wird auch Dir die Geheimnisse offenbaren, was wiederum anderen Menschen ebenso dienlich ist. Erinnere Dich: In jedem selbstsüchtigen Gedanken liegt der Keim der Niederlage.

15. Da kommt unweigerlich die Frage auf, wie wichtig ist für Dich eine Sache wirklich? Welche Priorität hat sie? Dein Handeln zeigt letztendlich auf, was Dir wichtig ist. Da kannst Du auch noch so viel reden oder beschwichtigen; das, was Du bist, zeigt sich am deutlichsten in Deinen Taten. Das ist der Maßstab Deiner Prioritäten. Alles andere hat keine wirkliche Bedeutung, auch weil es nicht mit der notwendigen Energie und den entsprechenden Gefühlen versorgt wird, die ihm Lebenskraft verleihen würden.

16. In der Praxis bedeutet das, daß Du Dich mit ganz anderen Dingen befassen wirst. Erinnere Dich an Eleanor Roosevelts Worte, daß kleine Menschen sich mit Menschen befassen, mittelmäßige mit Dingen und großartige mit Ideen. Du wirst Dich von bestimmten Menschen abwenden und anderen zu. Du wirst bestimmte Orte nicht mehr aufsuchen, dafür aber die, die Dir in Deiner Entwicklung weiterhelfen. Du wirst bestimmte Worte nicht mehr äußern und bestimmte Gefühle nicht mehr fühlen, weil Du den Raum, in dem sie sich aufhalten, verlassen hast.

17. ,Genuß der Siegesfreude' hört sich doch besonders schön an, oder? Aus diesem Grund fühle Dich doch gleich jetzt mal genau da rein und beobachte genau, was es mit Deinen Gefühlen macht.

18. Auch hier wird wieder deutlich, wie verwoben die wirtschaftlichen Aktivitäten mit gelebter Spiritualität in Wahrheit sind. In der Tat kann man sie gar nicht trennen, denn wo ist man zielstrebiger und auch einem gewissen Nachdruck ausgesetzt als in der Geschäftswelt. Dort geht es seit jeher darum, zu verändern und zu verbessern, während diese Entwicklung auf der persönlichen Ebene nur sehr schleppend vorangegangen ist.

19. Was für eine Passage! Auch wenn Du es Branson, Gates, Trump o.a. nicht nachahmen willst, sei Dir geraten, Dich mit dieser Materie zu befassen, denn die Qualitäten, die Du dadurch erlangst, sind

von ausgesprochen hoher Bedeutung. Dazu soll aber angemerkt werden, daß es hierbei um die schöpferischen Prozesse geht, nicht um ein auf Angst basierendes, zerstörerisches Konkurrenzdenken. Du hast ja mittlerweile erkannt, daß von allem für alle genug da ist und es lediglich ein Verteilungsproblem geben mag.

20. Lies Dir diesen Satz bitte mehrmals durch. Bewußtsein ist einfach nur. Denken aber ist die dynamische Kraft, die dieses Bewußtsein antreibt und es dazu bringt, sich in Form darzustellen. Der Denkende ist allen anderen überlegen - und wird es immer sein. Damit ist natürlich nicht der Kopflastige gemeint, sondern derjenige, der erkennt, daß alles über das Verstehen ins Herz geht; daß er für eine erwünschte Verwirklichung auch die richtigen Gedanken denken muß; daß er sich auf den Vorgang der Verwirklichung verlassen kann, da er natürlichen Gesetzen unterliegt; daß das Leben eine einzige Symphonie der Liebe und Freude ist und sich denen offenbart, die den Anspruch darauf erheben und sich anschließend dafür empfänglich machen.

21. Hierzu zur Erinnerung nur das eine Huna Prinzip: ‚Energie folgt Aufmerksamkeit‘, sowie die Aussage des verstorbenen Maya- und Bewußtseinsforschers, Ian Xel Lungold: „Wem oder was Du Deine Aufmerksamkeit schenkst, dessen wirst Du Dir bewußt."

22. Ganz wichtig: Erinnere Dich daran, daß die Intuition ohne vorheriges Wissen oder auch lange Analyse zu Ergebnissen kommt. Es ist zunehmend Deine intuitive Kraft, die Du einsetzt. Bedenke dabei aber, daß sich

Intuition und Verstand gegenüberstehen. Erstere ist blitzschnell und kann sehr viel erfassen, während letzterer sich oft abquält, überhaupt ausreichend Informationen zu sammeln, um sie dann einzuordnen.

23. Diese Passage ist von überaus großer Bedeutung, weil sie die nächste Stufe des Seins ist. Zu Beginn Deines Studiums hast Du die ersten Chakras behandelt, um dann dem Solarplexus besondere Aufmerksamkeit zu schenken. Der Solarplexus steht für Selbsterkenntnis und Selbstschätzung. Genau das ist in den letzten Monaten geschehen. Die Reise war dort jedoch nicht zu Ende, sondern führte Dich schließlich in Dein Herz, welche laut neuesten Erkenntnissen die stärkste magnetische Quelle im Körper darstellt. Dort ging es um Mitgefühl, Vergebung und Dankbarkeit.

Im Kehlkopfchakra ging es um Kommunikation und Autorität (durch angewandtes Wissen). Nun sind wir im Chakra des 3. Auges angelangt, wo wir uns mit Intuition und übersinnlichem Wissen befassen.

Du erkennst hier mit Leichtigkeit, wie das Master Key System nicht nur den sieben Hermetischen Prinzipien eine praktische Note verleiht. Es bringt Dich über das Studienmaterial auch an einen Punkt, wo Deine Chakras voll funktionstüchtig sind und Dir in Deiner bewußten Lebensgestaltung helfen. Es verbleibt dann nur noch das Scheitelchakra, welches u.a. die Qualitäten von Ausgleich, Heilung und Dienst darstellt. Mehr dazu kannst Du in den letzten Kapiteln Deines Studiums erwarten.

215

24. Es ist nicht ohne Grund, daß Haanel hier spezifisch darauf hinweist. Du bist bei Kapitel 17 angelangt, also am Beginn des 5. Monats. Das Studium war nicht darauf ausgelegt, ausschließlich Deine intellektuellen Bedürfnisse zu befriedigen, sondern darauf, tatkräftig zu werden. Wenn er in dieser Passage auf ein Büro hinweist, dann deshalb, weil er davon ausgeht, daß Du mittlerweile Deinen eigenen Ansinnen nachgehst, große Gedanken denkst und diese systematisch in die Praxis umsetzt. Selbst wenn das nicht der Fall ist, sollte es ein Hinweis darauf sein, Dir Deinen eigenen Raum zu schaffen, in dem Du ungestört bist und so Deine eigenen Gedanken erschaffen und ihnen folgen kannst.

25. „... *den Verstand befreien*‘ deshalb, weil er zwar eine wichtige Aufgabe hat, aber zur Erfüllung des Wunsches selbst nichts beitragen kann. Deshalb muß der Wunsch mit entsprechendem Nachdruck ans Unterbewußtsein weitergeleitet und dort fest eingeprägt werden. Dann aber ist er wirklich aus Deinen Gedanken heraus und wird lediglich als Wirkung über Deine Sinne wahrgenommen. Darüber nachdenken wirst Du aber wahrlich nicht mehr. Das habe ich aus gutem Grund nun bereits mehrfach wiederholt, weil es auch erklärt, warum Du erst ‚sein‘ mußt, bevor Du ‚haben‘ kannst.

26. Das Augenmerk liegt hier auf ‚*still verlangt*‘. Das stille Verlangen ist eine Eigenschaft einer im Unterbewußtsein verankerten Energiequalität. Still verlangen tust Du nicht über den Verstand. Stilles Verlangen geschieht automatisch – es ist ein Teil von Dir. Wie es dazu kam, ist mittlerweile mehr als klar.

27. Es ist sinnlos, mit dem Verstand all die Wege und Möglichkeiten nachvollziehen zu wollen, die sich im Unsichtbaren regen. Genau aus diesem Grund wird Dir geraten, den Wunsch als bereits bestehende Tatsache anzusehen – Dich also auf das Endergebnis zu fixieren – aufmerksam und dankbar zu sein. Der Verstand gibt uns nur Zugriff auf etwa 10% – wenn überhaupt. Haanel schreibt ja, daß der Versuch, das Leben nur mit dem Verstand zu betrachten, dem Ausleuchten des Universums mit einem kleinen Binsenlicht (einer Taschenlampe) gleich käme.

28. Und warum? Weil erstere schlichtweg Auswirkungen niederer Gedankenformen sind, während letztere Ausdruck höherer Gedankenformen sind. Ihre Schwingungen sind hochwertiger und dadurch mächtiger. Da wir in unserem Wesenskern die höchsten Schwingungen in uns tragen, entsprechen uns diese höheren Gedankenformen mehr als die niederen. Daher finden wir dort viel mehr Zufriedenheit und Befriedigung als auf den niederen Ebenen, auch wenn das manchmal nicht den Anschein hat - vor allem dann nicht, wenn Du die tolle Blonde mit den großen Brüsten oder den knackigen Jungen mit den prallen Muskeln mal so richtig durchnimmst, bis es klatscht, ihr euch Tiernamen zuruft und in wilder Ekstase schreit und grunzt. Na, welche Bilder kommen Dir da hoch? Hast Du in diesem Moment noch Kontrolle über Deine Gedanken oder spult sich unterbewußt ein Programm ab? Mußtest Du lachen oder bist Du empört? Ganz gleich, Du weißt, worauf ich hinaus

will – aufgeweckt und zum Nachdenken angeregt habe ich Dich bestimmt.

29. Aus diesem Grund ist es auch so wichtig, vor allem nach überschwänglichen Anfangserfolgen dabei zu bleiben und sich nicht auszuruhen. Die materielle Belohnung tritt meist viel schneller ein als das eigene Wesen nachvollziehen kann. Deshalb verlieren auch viele Lottogewinner ihren finanziellen Reichtum wieder. Geld zu haben ist eines, damit aber umzugehen und es zu vermehren oder nutzbringend einzusetzen etwas ganz anderes.

30. Damit soll zum Ausdruck gebracht werden, daß weder finanzieller Reichtum noch spirituelle Erkenntnis und Einsicht groß nach außen getragen werden. Es reicht vollkommen aus zu wissen, daß man im Besitz davon ist und jederzeit Gebrauch davon machen kann. Das muß anderen nicht erst noch bewiesen werden, u.a. auch deswegen nicht, weil derjenige, der nicht auf derselben Wellenlänge ist, dafür auch gar keine Wertschätzung hätte.

31. Das Herz repräsentiert für uns Menschen die Liebe. Das Ziel dieses Studiums ist also, mittels des Verstandes vom Solarplexus ins Herz zu kommen. Du sollst durch Deine Selbsterkenntnis und Selbstbefähigung an einen Punkt kommen, an dem Du Deine Einheit mit allem nicht nur erkennst, sondern auch lebst. Das resultiert in Liebe für alles und jeden. Diese Liebe äußert sich natürlich durch Deine Gedanken, Deine Worte und Deine Handlungen. Alles von Dir wird unter dem Gesichtspunkt der allumfassenden Liebe gelenkt.

Auch wenn es zum gegenwärtigen Zeitpunkt noch etwas esoterisch anmutet, steckt dahinter doch nicht nur eine wissenschaftliche Wahrheit, sondern auch die Tatsache, daß Du Dich weiter entwickelst. Es ist Dir gar nicht mehr möglich, all das, was in der heutigen Welt erschaffen wird, verstandesmäßig nachzuvollziehen. Daher hat dieses ‚sich ins Herz bewegen‘ auch rein evolutionäre Gründe, die letztlich wiederum Dein Überleben und Wohlbefinden sichern.

32. Das hier ist ganz besonders wichtig zu verstehen, denn es ist das Geistige, das Spirituelle, was dem Äußeren überhaupt erst Form gibt. Erinnere Dich daran, daß alles schwingt und die äußere Manifestation lediglich einer niedrigeren Schwingungsrate entspricht. Im Inneren bestimmt das Geistige aber immer noch über die feinstofflichen Strukturen und Gitter, welche Materie schlußendlich ausmachen.

33. Diese Übung, dessen Wirkungsweise ja zuvor bereits beschrieben wurde, wird Dir eine Vielzahl neuer Informationen und Einsichten bescheren. Sie ist überaus wichtig. Führe sie daher auch gewissenhaft durch, bis Du in der Lage bist, vollständig im Objekt Deiner Gedanken aufzugehen. Das wirst Du hier nicht nur einmal machen, sondern jedes Mal, wenn Du Deinen Blick auf etwas gerichtet hast, was Du erreichen oder erlangen willst.

34. Frage: Tust Du selbst wirklich das, oder befaßt Du Dich hauptsächlich mit der Angst, die primär eine Auswirkung ist und die Du durch Dein Befassen sekundär zu einer neuen Ursache machst?

217

35. Frage: Setzt Du das so um oder befaßt Du Dich hauptsächlich mit dem Mangel, der primär eine Auswirkung ist und den Du durch Dein Befassen sekundär zu einer neuen Ursache machst?

36. Frage: Tust Du selbst wirklich das, oder befaßt Du Dich hauptsächlich mit der Krankheit, die primär eine Auswirkung ist und die Du durch Dein Befassen sekundär zu einer neuen Ursache machst?

37. Wenn Du das nicht tust, wirst Du Dich immer in Trennung wähnen – immer entfernt von der Erfüllung des Wunsches oder Traumes. Daher ist es so wichtig, zu dieser Einheit mit dem Objekt Deiner Gedanken zu kommen. Das bringt dann das notwendige Gefühl hervor, welches vonnöten ist, um diesen Transformationsprozeß weiter fortzuführen und ihn erfolgreich abzuschließen.

# 18

## Das Gesetz der Anziehung

Wachstum ist das Einzige, was Dich vom Universellen unterscheidet. Dieses wächst nicht, da es ja alles ist, alles durchdringt, alles hervorbringt, Substanz im Gleichgewicht– reines Potential.

Deine Persönlichkeit besteht aus nichts anderem als Deinem Verhältnis zum Ganzen, da Du Dich nur über das Ganze definierst. Erinnere Dich: Du bist der Kanal, durch den sich das Ganze Ausdruck verschafft.

Das Bewußtsein ist der Materie und dem Spirituellen vorstehend - das hast Du ja bereits gelernt. Rufe Dir hierzu nochmal die Grafik über die Beziehung von Frequenz und Dichte (gegenüber) ins Bewußtsein. Sie zeigt Dir auf, daß das Materielle *immer* nach dem Spirituellen kommt.

Intelligenz wird über die Macht angezeigt, ihre Handlungsweisen zu lenken und sich bewußt an ihre Umgebung anzupassen. Es ist wieder einmal Deine Inanspruchnahme und die darauf folgende Handlung. Diese Inanspruchnahme ist geistig; sie besteht aus Deinem konstruktiven, harmonischen und systematischen Denken. Denken ist die unsichtbare Verbindung, durch die das Individuum mit dem Universellen kommuniziert. Denken ist die dynamische Phase des Bewußtseins – welches selber nur statisch ist – die bereits erwähnte Substanz im Gleichgewicht.

Du lernst, daß der einzige Glaube, der von Wert ist, derjenige ist, der auf die Probe gestellt werden kann, der als lebendige Wahrheit bewiesen werden kann. Von jedem anderen Glauben kann beruhigt gelassen werden, denn er ist wertlos.

Du lernst auch, daß Wachstum von einer Wechselwirkung abhängig ist, nämlich von Deinem Geben und der daraus entspringenden Reaktion des Universellen durch das Gesetz der Anziehung. Anders als auf der materiellen Ebene zieht auf der geistigen Ebene Gleiches Gleiches an. Somit spiegelt z.B. der Wohlstand eines Individuums seinen inneren SEINSzustand, hier also inneren Wohlstand, wider. Innerer Wohlstand ist das Geheimnis, um äußeren Wohlstand anzuziehen. Je mehr Du gibst, desto mehr wirst Du erhalten.

Schlußendlich lernst Du, daß Macht nicht nur vom Machtbewußtsein abhängt, sondern auch von seinem Gebrauch. Ohne Bewußtsein, keine Verwendung. Ohne Aufmerksamkeit, kein Gebrauch. Ohne Gebrauch, keinerlei Bedeutung für Dein Wesen. Aufmerksamkeit hängt aber von Übung ab. Deine Motivation für Aufmerksamkeit ist Interesse, Dein erweitertes Blickfeld durch das Anerkennen und ‚In-Einklang-bringen' mit dem Unendlichen, sowie Deine Begierde nach neuem Wissen, neuen Erkenntnissen, neuen Erfahrungen und letztendlich neuem Leben.

## ÜBUNG

Aus der Übung dieses 18. Kapitels sollte nun ein für alle Mal hervorgehen, daß Du mit den Aufgaben wachsen mußt. Sie ist daher auch die bislang umfangreichste. Da reicht es nicht mehr, mit dem Bewußtsein der ersten Wochen ranzugehen, denn sie verlangt Dir eine ganze Ecke mehr ab. Charles Haanel geht hier auch nochmal auf den Atem ein, etwas, worauf er dann in ‚Die erstaunlichen Geheimnisse der Yogis' im Detail eingeht und dazu Atemübungen zur Verfügung stellt, die positive Auswirkungen auf Deinen Körper und Deinen Gemütszustand haben. Sei bitte auch bei dieser anspruchsvollen Übung konsequent und gewissenhaft, damit Du auch über sie Meisterschaft erlangst.

## AUFGABEN

1. Erkläre, was es bedeutet, das Selbst als Individualisierung der Universellen Intelligenz anzuerkennen.

   .................................................................................

   .................................................................................

   .................................................................................

2. Bewerte hier auf einer Skala von 1 – 10, wie Du Dich diese Woche gefühlt hast:

   |                    | Vorwoche | Jetzt |
   |--------------------|----------|-------|
   | Dein Selbstwert:   | _____  | _____ |
   | Dein Energieniveau: | _____  | _____ |
   | Dein Glücksgefühl: | _____  | _____ |
   | Deine Tatkraft:    | _____  | _____ |
   | Deine Gesundheit:  | _____  | _____ |
   | Dein Reichtum:     | _____  | _____ |

3. Erkläre, warum die schöpferische Kraft nicht aus dem Individuellen entspringt.

   .................................................................................

   .................................................................................

   .................................................................................

   .................................................................................

4. Was ist die unsichtbare Verbindung, mit dem das Individuelle mit dem Universellen kommuniziert?

   .................................................................................

5. Warum ist nur der Glaube von Wert, der auf die Probe gestellt werden kann?

   .................................................................................

   .................................................................................

   .................................................................................

   .................................................................................

6. Kreuze an, welche der untenstehenden Aussagen auf Dich zutreffen:
   - ☐ Ich ziehe mich immer öfter zurück und suche Orte der Stille.

☐ Meine Konzentrationsfähigkeit hat sich verbessert.

☐ Ich kann mir Dinge vorstellen und sie mit umfangreichen Details versehen.

☐ Ich kann mich in eine Situation hineinfühlen und die Energie körperlich spüren.

☐ Ich erkenne meine Rolle als Mensch in der Evolution der Menschheit.

☐ Ich bin mir meiner Verantwortung anderer Wesenheiten gegenüber bewußt.

☐ Ich bin dankbar für die vielen neuen Einsichten, die sich durch das Studium ergeben haben.

☐ Meine körperliche Leistungsfähigkeit steigt mit meiner geistigen Kraft.

7. Auf der spirituellen Ebene zieht Gleiches Gleiches an. Warum?

8. Warum ist es so wichtig, sein Herz in eine Sache mit einzugeben?

9. Wovon hängt Macht ab?

10. Wovon hängt Aufmerksamkeit ab?

## TIPP

💬 Um das Große zu schätzen, bedarf es das Kleine schätzen zu lernen. Schau Dir mal Dinge bewußt an, denen Du sonst keinerlei Aufmerksamkeit schenken würdest. Du wirst Details wahrnehmen, was Deine Beurteilung oft grundlegend ändert. Je mehr Details Du erkennst, desto größer Deine Schätzung für alles-was-ist.

## LITERATURHINWEIS

Die „*Thoth*" Bücher von Kerstin Simoné sind zwar Channelings, aber sie haben mir geholfen, zu verstehen, was es mit unserem Entwicklungspfad auf sich hat. Auch diese Bücher sind MKS-konform. Die Wahrheit ist letztlich immer dieselbe.

## DU HAST DIESEN TEIL GEMEISTERT...

- wenn Du verstanden hast, daß Deine Persönlichkeit ausschließlich aus dem Bezug zu Deiner Umwelt entstanden ist und dadurch geprägt wurde.
- wenn Du verstanden hast, daß Denken die unsichtbare Verbindung zwischen Dir und dem Universellen ist.
- wenn Du in der Lage bist, durch Dein Denken vom Glauben zum Wissen kommst und so Abschied nimmst von Spekulation, Aberglauben, Meinungen, Vermutungen oder Behauptungen.
- wenn Du verstanden hast, daß Gedanken des Überflusses nur auf ähnliche Gedanken antworten werden.
- wenn Du begonnen hast, Deine Aufmerksamkeit zu kultivieren und Dank dafür aussprechen kannst, daß Du Dir dieser Sache gewahr geworden bist.
- wenn Du verstanden hast, daß Interesse der Aufmerksamkeit voraus geht, sie sich dann aber beide hochschaukeln und so mehr zu noch mehr führt.
- wenn Du deine Macht gebrauchst, um sie so wachsen zu lassen.

## KOMMENTAR

Du wärst nichts ohne bestimmte Beschreibungen. Sie sind es erst, die Deine Persönlichkeit ausmachen, aber sie sind es auch, die Dich einschränken können, wenn Du ihnen zu viel Bedeutung beimißt.

Die Titel oder Beschreibungen richten sich natürlich nach dem, was Du tust, und was Du tust, richtet sich nach dem, was Du denkst, und das richtet sich nach dem, was Du bist. Änderst Du Dein Denken, ändern sich auch die Titel und Beschreibungen. Gleichzeitig aber solltest Du Dich stets daran erinnern, daß diese duale Sichtweise auch Probleme birgt, denn sie kann Dich ‚um den Verstand bringen‘. Dieser ist ja darauf ausgerichtet, zu trennen und Unterschiede zu erkennen, kann aber mit einer Einheitssichtweise zunächst gar nichts anfangen. Das bedarf Übung, denn mit der Zeit weißt Du, wann der Verstand eingesetzt werden sollte und wann nicht.

Mit der Zeit fällt es Dir immer leichter, das zu entwickeln, was ich oben mit ‚Einheitssichtweise‘ bezeichnet habe. Diese entsteht durch dieses Studium; durch genaue und wertfreie Beobachtung; durch das Erkennen des Ganzen im unendlich Kleinen und im unendlich Großen. Dadurch entwickelst Du Scharfsinn, Einsicht, Souveränität und Vertrauen. Diese wiederum führen Dich zu wahrer Freiheit und der damit verbundenen Losgelöstheit. Dort findest Du dann auch Deine Glückseligkeit, anstatt Dich durch bestimmte Beschreibungen eingrenzen zu lassen. Am Ende des Tages ‚bist‘ Du einfach nur, wodurch Labels und Kategorien keine wirkliche Bedeutung mehr haben.

1.   Dieser Satz mag etwas seltsam anmuten, wenn man ihn 100 Jahre später liest und sich fragt, was sich denn wirklich verändert hat. Um die damalige Jahrhundertwende erfuhren die Geisteswissenschaften eine wahre ‚Hochzeit‘. Die damaligen Autoren haben eine immense Vorarbeit geleistet, auf der wir jetzt aufbauen. Leider findet das mit sehr viel Verspätung statt, da die Weltkriege und Rezessionen die Menschen in ihrer spirituellen Entwicklung immer wieder zurückgeworfen haben. Nun stehen wir erneut vor großen Herausforderungen, sind aber hoffentlich in der Lage, sie kollektiv mit möglichst wenig Schmerz zu meistern. Es liegt wieder einmal an uns selbst – an jedem einzelnen von uns.

2.   Das ist heute noch viel zutreffender, auch wenn durch die schiere Bevölkerungswachstumsrate immer mehr Menschen geboren werden, die in ihrer Bewußtseinsentwicklung noch am Anfang stehen. Dennoch kommen sie durch die von Rupert Sheldrake postulierten morphischen Felder in den Genuß alles vorher Gedachten. Sie lernen also sehr viel schneller. Das ist bei vielen Kindern bereits über jeden Zweifel erhaben zu beobachten, nur sind oft die Eltern nicht in der Lage, das richtig einzuschätzen und damit umzugehen. Die gesamte ADHS Problematik hat ihren Ursprung darin und nicht etwa im Kind selbst. Darüber hinaus kann die Gesellschaft mit ihren Strukturen derzeit nur ungenügend damit umgehen, obwohl sich auch hier Besserungen einstellen.

3.   Interessanterweise hat die Religion in diesem Schritt nicht mithalten können und sich erst in letzter Zeit etwas mehr geöffnet. Darin steckt natürlich auch ein großes Machtpotential. Deswegen wird die individuelle Entwicklung des Einzelnen hin zu einer souveränen, weisen und intel-

ligent fühlenden Person nicht von allen gutgeheißen. Dadurch werden nämlich die alten Strukturen unwirksam gemacht, sollten diese nicht in der Lage sein, sich der neuen Zeitqualität anzupassen.

4. Was Charles Haanel damit zum Ausdruck bringen will, ist folgendes: Die Strukturen, die allein auf unbewiesenem Glauben und Aberglauben oder einfach nur überliefertem Material beruhen, können sich in diesem neuen Licht nicht länger halten. Der Mensch befähigt sich zunehmend selbst, erkennt sich aber auch gleichzeitig als Teil eines viel größeren Systems, welches er durch diese Einheit nicht länger bekämpft oder ignoriert, sondern es verschönert, verbessert und verfeinert – und dadurch natürlich auch sich selbst.

5. Zu der Zeit, zu der Haanel dies schrieb, gab es noch keine Weltkriege. Um die damalige Jahrhundertwende erfuhr der Bereich der Geisteswissenschaften einen gewaltigen Schub nach vorne. Leider waren damals die Kommunikationskanäle noch nicht vorhanden, um eine große Menge an Menschen zu erreichen. Heute ist das glücklicherweise anders. So hat das im Master Key System vermittelte Wissen nach all dieser Zeit endlich die Möglichkeit, genau das zu erreichen, was Haanel mit ihm anstrebte, nämlich eine grundlegende Transformation der Gesellschaft und des gesamten Planeten.

6. Hier wird erneut die Brücke zwischen der Wissenschaft und dem Glauben geschlagen. Denken ist die dynamische Phase des Bewußtseins. Bewußtsein, zumindest im Falle des Menschen, entsteht immer durch Beobachtung, d.h. Aufmerk-

samkeit. Dadurch verschiebt sich das Energiegleichgewicht, welches im Zustand der Nichtbeobachtung besteht. Die Beobachtung lenkt die Aufmerksamkeit auf eine bestimmte Sache, entzieht sie aber gleichzeitig allen anderen. Daher auch: ‚Worauf wir unsere Aufmerksamkeit lenken, dessen werden wir uns bewußt.‘ Das ist sogenanntes Kollabieren der Wellenfunktion des Lichts, welches sich bei Beobachtung wie ein Teilchen verhält und dadurch bestimmte Merkmale annimmt. Wir sind es, die durch unsere Beobachtung ‚Scheibchen von Bewußtsein‘ aus der Universellen Substanz herausziehen, dafür aber anderen ‚Scheibchen‘ keine Aufmerksamkeit und Energie schenken. Dadurch gibt es für uns dort kein Bewußtsein und auch kein Leben.

7. ... und es ist Deine Chance, Dir all Deine Wünsche zu erfüllen. Alles steht für Dich auf Abruf bereit. Erinnere Dich an Kapitel 5, wo es darum ging, daß Du nur Dein Erbe antreten mußt. Alles ist bereits vorbereitet, aber Gebrauch ist die Bedingung für den Nutzen.

8. Natürlich finden wir diese Intelligenz auch im Pflanzen- und Tierreich, aber der Mensch hat dem noch ganz andere Fähigkeiten abgewonnen. Interessanterweise stellen wir aber mit unserer eigenen zunehmenden Intelligenz diese immer mehr in den anderen Bereichen fest. So bewahrheitet sich auch auf dieser Ebene das hermetische Axiom: ‚Wie innen, so außen‘.

9. An dieser Stelle wird erneut deutlich, daß es darum geht, Ordnungen und Strukturen zu entdecken. Dafür gab es auch Kapitel 11, wo Du ins Induktive Denken eingeführt

wurdest. Diese Ordnungen und Strukturen entstehen durch genaue Beobachtung und führen zur Entdeckung von Gesetzen oder Gesetzmäßigkeiten. Diese wiederum geben Dir Gewißheit, welche zur inneren Ruhe und dann zu intelligenten Entscheidungen führt.

Du kannst aber nicht erwarten, diese übergreifenden Muster zu erkennen, wenn Du Dich mit ihnen nicht befaßt. Daher ist ‚ewige Aufmerksamkeit der Preis des Erfolges.‘ Für das tägliche Leben bedeutet das, daß Dir all das, was Du von außen ohne eigenes Zutun aufnimmst, von anderen zugedacht wurde und somit deren Eigentum ist. Vor allem, wenn Dir die Auswirkungen nicht gefallen, hast Du durch die Allgegenwärtigkeit der Universellen Substanz jederzeit die Möglichkeit, etwas Neues zu erschaffen, dessen Qualität der gegenwärtigen Auswirkung entgegengesetzt ist.

10. Es ist Deine Absicht und Beobachtung, die Dich zum Anerkennen dieser Universellen Gesetzmäßigkeiten führt. Daher bedarf der ganze Prozeß auch viel Stille, die für den untrainierten Studenten anfangs zu etwas Verwirrung führen mag, aus der sich dann mit der Zeit eine Klarheit entwickelt, die mit nichts zu vergleichen ist.

11. Der Fokus liegt auch hier auf dem ‚alles durchdringen‘ und ‚immer bereit, in Aktion zu treten‘. Es geht auch deutlich daraus hervor, daß die höheren Ebenen der Intelligenz die niederen beherrschen, weil diese sich nur auf eine beschränkte Art und Weise Ausdruck verschaffen können. Die höheren Ebenen haben dagegen einen viel größeren Handlungsspielraum und

auch das Bewußtsein, sich auf bestimmte Situationen einzustellen.

Hier sei erneut ein Verweis auf ‚Die erstaunlichen Geheimnisse der Yogis‘ sowie auf ‚Ein Buch über Dich‘ erlaubt. Beide liefern überaus nützliche Hinweise zur Selbstermächtigung und Selbstbefähigung, lehren Dich aber auch viel über den Menschen im allgemeinen sowie über dessen Schicksal.

12. Durch die geistige Inanspruchnahme dieser universellen Substanz wird das Individuum zu einem bewußten Kanal des Ausdrucks. Das führt dazu, daß es für das Individuum gar nicht mehr möglich ist, sich von außen durch andere Menschen steuern oder manipulieren zu lassen. Man nimmt das Heft selbst in die Hand, beschreitet aber auch einen Weg, der dem üblichen sehr unähnlich ist. Man entwickelt Einsicht und Vertrauen, und durch geistige Inanspruchnahme bringt man genau die Qualitäten zum Ausdruck, auf die man seine Aufmerksamkeit richtet.

13. Auch das hat der Mensch durch Beobachtung herausgefunden und entsprechend klassifiziert. Die gesamte Schöpfung beruht auf genauen numerischen Verhältnissen. (Diese numerischen Verhältnisse lassen dann wiederum wunderschöne geometrische Figuren entstehen. Das, was stimmt, sieht auch immer gut aus. Auch hier der Bezug zwischen der Mathematik und unserer visuellen Empfindung.) Wissenschaftler wie Hartmut Warm haben festgestellt, daß sich das gesamte Planetensystem um die Sonne in genauen numerischen Verhältnissen zueinander bewegt. Dieser ‚Tanz der Planeten‘ ist an geometrischer Schönheit kaum zu überbieten.

14. Achte hier bitte genau auf die Reihenfolge: Denkend, wissend, fühlend und tatkräftig. Das Denken kommt zuerst und führt durch Beobachtung und Klassifizierung zum Wissen. Dieses gibt Gewißheit und läßt das Erwünschte bereits im Geiste erfühlen. Das führt zu Mut und Tatendrang und dadurch schließlich zur Manifestation.

15. Dieses Beispiel sollte es deutlich machen, was mit der Entwicklung des Bewußtseins gemeint ist. Je besser der Apparat, desto umfangreicher offenbart sich die Schöpfung in all ihrer Pracht. Ob es nun neue Sterne sind oder ein neuer Beruf, eine erfüllte Partnerschaft oder gesundheitliche Stärke, überall greifen dieselben universellen Gesetzmäßigkeiten.

16. Weil es so wichtig ist, hier nochmal zur Erinnerung. Du lernst hier, daß Glaube nur eine Funktion hat, und zwar aussschließlich die, zum Wissen zu führen.

17. Das ist genau der Punkt des gesamten Studiums. Der Glaube oder das Vertrauen wird konsequent genutzt, um bestimmte geistige Konstrukte im Bewußtsein zu halten. Diesen wird dann in der schöpferischen Werkstatt der Vorstellungskraft Form und Gestalt gegeben. Schlußendlich kann man von dem Glauben ablassen, weil man das Wissen erlangt hat. Dann kann man sich wieder etwas Neues vornehmen und daran glauben und damit denselben schöpferischen Prozeß in Gang setzen.

18. Interessant ist in diesem Zusammenhang die Beziehung zwischen Wahrheit und Nutzen. Wenn etwas falsch ist, hat es auch keinen Nutzen, außer vielleicht den Anwender darauf hinzuweisen, daß es so nicht weitergeht und eine gedankliche Umorientierung stattfinden muß.

19. Wie bereits in der Übung von Kapitel 8 erlernt, gehört es dazu, genau – unterhalb der Oberfläche – zu schauen. Dort finden sich weitere Details zu dieser Sache, die einem zusätzliche Informationen vermitteln, ganz gleich ob zu einem Kriegsschiff oder zu Deinem Ideal, das Du zu erreichen suchst.

20. Ausschließlich darum dreht es sich in diesem Studium. Das neue und tiefere Verständnis der universellen Gesetzmäßigkeiten versetzt Dich in die Lage, Dein Leben ganz anders zu gestalten als zuvor, wo Dir nur beschränkte Möglichkeiten zur Verfügung standen. Nun entdeckst Du Deine Vorstellungskraft als die wahre Macht, neue Dinge in Dein Leben zu lassen und zu genießen.

21. Manifestiert wird immer nur durch Anziehung, denn ein Abstoßen führt zur Zerstreuung und somit zum Gegenteil von Manifestation.

22. Bei der Absicht der Schöpfung handelt es sich zumindest laut der Mayas darum, daß Du zu einem bewußten Mitschöpfer wirst. Durch Deinen höheren Grad an Intelligenz drückst Du andere Formen von Leben aus und hörst vor allem auf, Dir die Lebensgrundlage zu entziehen. Dafür richtet sich Deine Aufmerksamkeit zunehmend auf Dinge, die allen Wesenheiten und nicht nur dem Menschen selbst mit seiner heutigen, leicht verwirrten und unwissenden Auffassung hilfreich sind.

23. Bedenke an dieser Stelle, daß Du als Wesen wachsen willst und sollst. Alle Wesenheiten haben eine Bestimmung, und dieser gilt es nachzugehen. Wenn Du verstehst, wie das Gesetz der Anziehung in dieser Hinsicht anzuwenden ist, wird es Dir immer leichter fallen, es in Deinen Alltag zu integrieren. In der Tat geht es irgendwann gar nicht mehr anders - es geschieht durch die viele Wiederholung wie von selbst. Das– und das sei hier nochmal wiederholt – ist Teil des Designs, des göttlichen Plans. Es gibt aber auch andere Schulen, die dazu raten, den Wunsch einmal und stark zu formulieren, ihm dann aber keinerlei Aufmerksamkeit mehr zu schenken.

24. Aus dieser Passage geht hervor, daß Du geben mußt, und dieses Geben ist zunächst allein ein geistiger Vorgang. Es ist Dein Beschäftigen mit diesen Dingen, die Dein Bewußtsein entwickeln und schärfen. Mit der Zeit stellst Du fest, daß je mehr Du gibst, um so mehr wirst Du erhalten. Auch das Geben ist eine Kraft, die trainiert und geschult werden muß, um sie zum Ausdruck zu bringen. Das dadurch wachsende Bewußtsein in Verbindung mit dem Gesetz der Anziehung führt aber schließlich dazu, daß Du auch entsprechend empfängst.

Durch Dein Geben hilfst Du auch anderen, und wenn Du anderen hilfst, helfen sie Dir. Das haben die mächtigen Menschen der Welt erkannt. Sie geben etwas und erhalten etwas. Im Idealfall sind beide Seiten mit dem Tausch zufrieden. Sollte das nicht der Fall sein, hat jede Seite die Möglichkeit, durch sein Denken individuell auf die Universelle Substanz einzuwirken. Unterläßt er das, hat er nur sich

selbst dafür verantwortlich zu machen. Auch dahin führt Dich das Master-Key-System-Studium: Zum Übernehmen von Eigenverantwortung.

25. Hier gilt es, ‚[...] *die Fähigkeit, etwas zu erschaffen*‘ und ‚[...] *sein Herz in geistige Arbeit steckt*‘ zu verbinden, denn so wird daraus eine Einheit. Du erschaffst etwas durch Deine geistige Arbeit, die sich dann im Leben auf materieller, mit den Sinnen wahrnehmbarer Ebene entsprechend darstellt.

26. Sie alle haben gemein, daß sie regelmäßig die Stille aufsuchen und generell ihre eigenen Gedanken denken. Sie lassen sich von anderen nichts vorschreiben, und genauso solltest auch Du Dir von anderen nichts vorschreiben lassen, sondern selbst bestimmen. Achte genau auf die Bedeutung von ‚*vor-schreiben*‘ und ‚*be-stimmen*‘.

27. Ergo, wenn Dir nach Überfluß ist, denke Überfluß. Wenn Dir nach Gesundheit ist, denke Gesundheit. Das sollte jetzt wirklich klar und deutlich sein, daß es allein Dein Denken ist, welches diese neuen Zustände und Umgebungen erschafft und herbeiführt.

28. Denken relativiert. Es richtet seine Aufmerksamkeit auf eine bestimmte Sache, läßt aber zwangsläufig von anderen Sachen ab. Dadurch entsteht Bewegung im Universellen Bewußtsein, welches sich dem zuneigt, das von ihm in Anspruch genommen wurde. Das vormals statische wird nun dynamisch, und all die vom Menschen herausgefundenen Naturgesetze greifen nun.

29. Charles Haanel sagte an einer Stelle so schön: ‚*Wir können keine Kräfte ausdrücken, die wir nicht besitzen.*‘ Genau darauf spielt diese Passage an. Der Besitz kommt durch Bewußtsein, und Bewußtsein kommt durch Gebrauch. Daher sind Macht und Bewußtsein letztendlich synonym, denn je mehr Bewußtsein Du hast, um so mehr Macht hast Du auch. Dabei handelt es sich um *Ge-brauch*, nicht *Miß-brauch*.

30. Du kennst ja den Ausspruch: ‚Wissen ist Macht.‘ Wissen heißt einfach nur, über eine hohe Informationsfülle zu verfügen. Diese Informationsfülle erlaubt es Dir dann, aus mehreren Alternativen auszuwählen, anstatt nur eine beschränkte Auswahl zu haben. Hier wird auch deutlich, daß es um die Anwendung des Wissens geht, nicht allein um den Besitz. Nochmals zur Erinnerung: Gebrauch ist die Bedingung.

31. Übung und Aufmerksamkeit sind identisch, denn Aufmerksamkeit ist gleichsam eine Übung, und zu üben bedeutet aufmerksam zu sein.

32. Wer sich mit Buddhismus befaßt hat, dem wird diese Aussage nicht neu vorkommen. Gewahrsein ist der Aufmerksamkeit ähnlich. Durch Aufmerksamkeit wirst Du Dir bestimmter Dinge gewahr, und durch Übung und Wiederholung letztlich bewußt. Gewahrsein ist aber stets wert- und urteilsfrei.

33. Diese Übung sollte Dir mit all Deinem neuen Verständnis sehr leicht fallen. Schöpferisch zu denken hast Du bereits gelernt. Nun kommt lediglich die Komponente hinzu, daß Du anziehen wirst, was Du aussendest - daß zwischen Gedanke

und Manifestation das Gesetz von Ursache und Wirkung herrscht, aber auch das Gesetz der Entsprechung. In der Tat kommen dort - wie auch woanders - alle sieben Hermetischen Prinzipien gleichzeitig zur Anwendung.

229

# 19

## Die Entwicklung der Lebenskraft

Du lernst in dieser Woche, daß Angst eine machtvolle Gedankenform ist und daß Du sie überwindest, indem Du Dir Deiner Macht bewußt wirst. Das Gespür für Macht entwickelst Du in diesem Kapitel.

Die Suche nach der Wahrheit ist ein logischer, systematischer Vorgang. Die Wahrheit zu suchen bedeutet, die ultimative Ursache zu suchen. Sowohl Schicksal als auch Glück sind von Dir beeinflußbar und unterliegen keineswegs Launen oder Zufällen. Nur Dein fehlendes Verständnis würde es dem noch zuordnen.

Geist ist das einzig wirksame Prinzip - es ist das Wahre, das Ewige. Materie ist nur ein Zustand, den der Geist annimmt, und ist dadurch Veränderungen unterworfen; Materie trägt kein Prinzip in sich. Alle Dinge können somit nur in Verbindung, niemals im Widerspruch zueinander stehen, da sie alle aus demselben entstanden sind, nämlich dem Geist. Extreme wie Armut und Wohlstand oder Krankheit und Gesundheit sind also nur relativ - sie sind zwei Einheiten eines Ganzen. Das ist wichtig zu verstehen, denn das befähigt Dich, den in Kapitel 2 erlernten, starken Gegenvorschlag zu unterbreiten, damit das Unbefriedigende durch das Befriedigende ersetzt wird.

Interessant ist in diesem Zusammenhang auch die Tatsache, daß Spirituelles sich durch Gebrauch vermehrt, während Materielles sich durch Gebrauch abnutzt.

Jede spirituelle Aktivität bedarf allerdings materieller Hilfsmittel, in unserem Falle u.a. der Nahrung, die wir zu uns nehmen und die uns die umgewandelte Lichtenergie bereitstellt, die wir zum Funktionieren des Körpers brauchen. Deshalb hier nochmal der Appell an ein Überprüfen Deiner Ernährungsgewohnheiten.

Kraftvolle Gedanken zeigen sich also im Gesundheitszustand, den Geschäftsbeziehungen und der Umgebung. Wohlstand ist das Ergebnis von Macht. Geistige Macht und Kraft ist überlegen, weil sie auf einer höheren Ebene existiert als physische Macht und Kraft. Sie schwingt höher, ist dem Unendlichen näher. Du erkennst dadurch auch, daß Dich das Master-Key-System-Studium befähigt, mit Problemen oder Herausforderungen, die im Leben auftreten sollten, ganz anders umzugehen als zuvor. Du bist im wahrsten Sinne des Wortes *überlegen*, was aber nicht heißt, daß dadurch dem anderen Schaden zugefügt wird, sondern Du handelst immer zum Wohle aller Beteiligten.

Die Substanz, aus der alle Dinge entstehen, ist in der Menge unbegrenzt/unbeschränkt. Sie steht Dir durch Dein bewußtes, harmonisches, konstruktives und systematisches Denken zur Verfügung. Die Auswirkung dessen zeigt sich in der Form, welche von der Schwingungsrate abhängig ist. Um die Wirkung zu ändern, mußt Du die Polarität umkehren. Das Verständnis von Ursache und Wirkung läßt Dich all das erreichen - so auch hier nochmal ein Verweis auf Kapitel 13.

## ÜBUNG

Als Übung dieser Woche gehst Du im Objekt der Gedanken auf, bis Du Dir nichts anderem mehr bewußt bist. Werde Dir auch bewußt, daß Erscheinungen trügerisch sind und vor allem, daß das, was Du jetzt durch Deine Sinneswahrnehmung aufnimmst, das Resultat vergangenen Denkens ist. Im Falle einer unerwünschten Manifestation muß *jetzt* gedanklich eine neue Ursache gesetzt werden. Sollte das noch unklar sein, verweise ich auf die ersten Kapitel des Master Key Systems.

## AUFGABEN

1.  Erkläre, wie Angst ein für alle Mal überwunden werden kann.

    ............................................................................

    ............................................................................

2.  Bewerte hier auf einer Skala von 1 – 10, wie Du Dich diese Woche
    gefühlt hast:

    |                      | Vorwoche | Jetzt |
    |----------------------|----------|-------|
    | Dein Selbstwert:     | _____  | _____ |
    | Dein Energieniveau:  | _____  | _____ |
    | Dein Glücksgefühl:   | _____  | _____ |
    | Deine Tatkraft:      | _____  | _____ |
    | Deine Gesundheit:    | _____  | _____ |
    | Dein Reichtum:       | _____  | _____ |

3.  Wonach suchen wir, wenn wir nach der Wahrheit suchen?

    ............................................................................

4.  Wovon werden Deine Erfahrungen mit dem von Dir gewonnenen
    Wissen von nun an abhängig sein?

    ............................................................................

    ............................................................................

5.  Erkläre, was es bedeutet, daß beide Extreme einer Sache relativ sind.

    ............................................................................

    ............................................................................

    ............................................................................

    ............................................................................

6.  Kreuze an, welche der untenstehenden Taten oder Handlungen Du diese
    Woche unternommen hast oder welche eingetreten sind:
    - ☐ Ich weiß, daß es Verantwortung gibt, aber keine Schuld.
    - ☐ Ich lenke meine Aufmerksamkeit bewußt auf das, was Prinzip hat.
    - ☐ Ich kooperiere mit anderen Menschen bei dem Erreichen meiner

233

Ziele.

- ☐ Ich kommuniziere klar und deutlich.
- ☐ Meine Sprache ist wohlwollend und harmonisch.
- ☐ Ich halte mich von Tratsch und Geschwätz fern.

7. Warum ist der Geist das einzig wirksame Prinzip, das es gibt?

........................................................................

........................................................................

........................................................................

8. „Aller Wohlstand ist das Ergebnis von Macht. Besitztümer sind nur soweit von Wert, wie sie Macht verleihen. Ereignisse sind nur dann von Bedeutung, wenn sie sich auf Macht auswirken; alle Dinge stellen gewisse Formen und Grade von Macht da." Erkläre die Bedeutung dieser Aussage.

........................................................................

........................................................................

........................................................................

........................................................................

........................................................................

9. Erkläre das Prinzip der Polarität und welchen nutzen dieses Verständnis für Dich bedeutet.

........................................................................

........................................................................

........................................................................

........................................................................

## TIPP

🔘 Unser Kalender bestimmt unser Bewußtsein. Da er aber linear ist, während sich das Bewußtsein exponentiell entwickelt, ist es ratsam, sich neu auszurichten. Dazu eignet sich der Tzolk'in Kalender der Maya. Unter www.mayakalender.net kannst Du Dir Informationen bezüglich der Tagesqualitäten besorgen. Der asymmetrische Rhythmus von 13-20 richtet Dein Bewußtsein neu aus. Versuche es - Durch Aufmerksamkeit zum Erfolg! :)

## LITERATURHINWEIS

Die Bücher von Gregg Braden sind allesamt lesenswert. Dort lernen wir über die *Göttliche Matrix*, *Fraktale Zeit*, *Die Kraft des Betens* oder *Die Wissenschaft der Wunder*, u.v.m. Seine Webseite findest Du unter www.greggbraden.com

## DU HAST DIESEN TEIL GEMEISTERT...

- wenn Du dabei bist, Anstrengungen zu unternehmen, die Deine Lebenskraft erhöhen, sei es sportliche Betätigung, ein Ernährungsumstellung, die Reduktion oder Eliminierung von negativen Elementen in Deinem Leben, oder neue Beschäftigungen in neuen Umgebungen mit Dir dienlichen Menschen.
- wenn Du verstanden hast, daß die Suche nach der Wahrheit bedeutet, die ultimative Ursache zu suchen.
- wenn Du verstanden hast, warum Dinge übertragbar und somit immer im Bezug zueinander stehen müssen.
- wenn Du verstanden hast, daß es mit ‚Bewußtsein‘ nur ein operatives Prinzip gibt.
- wenn Du in der Lage bist, Dir ein beliebiges Objekt auszusuchen und es unter verschiedenen Blickwinkeln betrachten, sowie die Verursachungskette erkennen kannst, die zur Darstellung des Objekts geführt hat.
- wenn Du verstanden hast, daß jeglicher Wohlstand ein Ergebnis von Macht ist.
- wenn Du in der Lage bist, exakte – d.h. detaillierte – Pläne gemäß Deiner Ideale auszuarbeiten und konsequent zu verwirklichen.
- wenn Du in der Lage bist, Dich tief und dauerhaft auf eine bestimmte Sache zu konzentrieren, d.h. komplett in ihr aufzugehen.
- wenn Du nun wirklich verstanden hast, daß Du „in Ihm lebst, Dich bewegst und Dein Leben hast" und dir somit keinerlei Begrenzungen auferlegt sind, Dich keiner verurteilt und Du nicht in Sünde lebst, sondern Du ein grenzenloses, liebevolles und mächtiges

Energiewesen bist, das wissenschaftliche Methoden anwendet, um sich auf eine höhere Ebene der Existenz zu erheben!

## NOTIZEN

# KOMMENTAR

Es sollte mittlerweile klar geworden sein, daß es Hilfsmittel bedarf, um die Lebenskraft zu stärken. Dazu gehören wie bereits erwähnt entsprechende Nahrungsmittel, aber auch ein effizientes Ausscheiden der Schlacken. Um das zu bewerkstelligen, gibt es vielfältige Möglichkeiten, wie z.B. basische Ernährung, Fastenkuren, Einläufe, Lymphdrainagen, Massagen, Saunieren, Wechselbäder – nur um einige der bekanntesten zu nennen. Wenn Du es nicht bereits getan hast, wirst Du Dich auch in diesen Bereichen informieren und das für Dich nutzen, was Dir hilfreich erscheint.

Was die Angst anbelangt, sei an dieser Stelle nochmals darauf hingewiesen, daß sie lediglich die Abwesenheit von etwas ist, aber nicht die Präsenz von etwas. Genauso verhält es sich mit der Schwäche und jeder anderen negativen Emotion. Deine Bewußtwerdung führt dazu, daß Du diese Energien als solche erkennst und ihnen entsprechend begegnest.

1. Mit dem letzten Satz will Charles Haanel sagen, daß Du auf Deine Erfahrungen zurückgreifen oder sie auch ignorieren kannst. Jede Erfahrung ist in Dir gespeichert (sonst würdest Du sie nicht als Erfahrung bezeichnen können) und kann zwecks neuer Entscheidungen von Dir genutzt oder auch außer Acht gelassen werden - entweder bewußt durch Energieentzug oder unbewußt durch das Treffen einer anderen Wahl.

2. Das ist ein ganz entscheidender Punkt. Es gilt aber zu beachten, daß es vor allem am Anfang schwierig oder gar unmöglich erscheint, die ultimative Ursache zu finden. Durch stille Gedankenkonzentration, Meditation und Gewahrsein aber befähigst Du Dich zunehmend und das Erkennen der ultimativen Ursache kommt mehr aus dem Bauchgefühl (der Intuition) heraus als durch den bewußten Verstand. Erinnere Dich, daß – so sagt man – 90% Deines Leistungsvermögens unterbewußt ist und sich dort – im Solarplexus – das Zentrum dieser Art von Intelligenz befindet.

3. Bei Kapitel 19 angelangt sollte es für Dich kein besonderes Hindernis sein, diese Aussage anzuerkennen, und zwar nicht nur für andere, sondern auch für Dich selbst. Schrittweise wirst Du durch das Anerkennen Deiner eigenen Macht und Kraft zu einem bewußten Mitschöpfer, der sich selbst schätzt, dadurch klare Visionen seines Lebens hat und diese konsequent nachverfolgt.

4. Wenn diese Passage noch keinen Sinn ergeben sollte, in der nächsten wird sie erklärt.

5. Hieraus entsteht eine sehr wichtige Erkenntnis, nämlich die des Bezugs zueinander. Hier treten die Hermetischen Prinzipien der Polarität und der Entsprechung in Aktion. Die angeblichen Gegenpole stehen in engem Bezug zueinander, da sie jeweils ihre eigene Präsenz und dadurch die Abwesenheit des anderen beschreiben, aber eben Teil einer Einheit sind, wie Charles Haanel in der nächsten Passage anführt.

6. Es ist unabdingbar, daß Du diesen Punkt vollkommen verstehst. Es gibt keine wirkliche Trennung dieser beiden Dinge. Sie bedeuten in Fällen negativer Ereignisse auch gleichzeitig, daß selbst in Extrem-

237

situationen die andere Qualität stets vorhanden ist, wenn auch nur in einem geringen Maße. Das kann aber als Anfangspunkt genommen werden, um mehr dieser Qualität für sein Leben zu gewinnen. In anderen Worten: Durch Deine geistige Inanspruchnahme ist von allem genug vorhanden, aber eben auch ein Überfluß an Mangel.

7. Das ist ganz besonders wichtig zu verstehen, denn es baut auf Kapitel 10:22 auf, in dem deutlich gemacht wird, daß Schwäche nirgendwo herkommt, nichts ist; daß sie die Abwesenheit von etwas ist, anstatt der Gegenwart von etwas. Dadurch wird auch klar, daß sie kein Prinzip hat und auch nicht der Wahrheit entspricht, selbst wenn sie sich für viele Menschen wahr anfühlt. Es ist aber Dein jetzt übergeordnetes Verständnis dieser Themen, welches Dich dazu befähigt, das Wahre von dem Unwahren zu trennen und Dich in Deinem Wesen (Denken, Sprechen, Handeln) entsprechend anzupassen.

8. In dieser Passage findest Du zahlreiche Antworten auf Fragen des täglichen Lebens. Aus ihr geht hervor, in welche Richtung Du Dich zu orientieren hast, um qualitativ neuartige Ergebnisse herbeizuführen. Du siehst es als zunehmend sinnlos an, Dich mit energetischen Konstrukten zu befassen, von denen Du weißt, daß sie kein Prinzip haben und auch keine Lebenskraft besitzen. Durch Dein Wissen und Deine Einsicht bist Du auch in der Lage, bestimmte Ereignisse vorauszusagen, da Du Dich der Ursache vergewissern konntest. Das Prinzip der Entsprechung ist zwingend. Ein schwacher Gedanke oder ein schwaches Wort können nicht zu einem starken Ergebnis führen – das ist schlichtweg unmöglich.

9. Bewußtsein entdeckst (!) Du genau dann, wenn Du Dich tiefer mit der Materie befaßt. Das ist es ja, was viele Naturwissenschaftler erfahren haben. Je mehr sie die Materie aufgelöst haben, um so mehr haben sie Bewußtsein gefunden, welches sich durch Ordnung, Struktur und somit durch bestimmte mathematische Verhältnisse zum Ausdruck gebracht hat.

10. Es lohnt sich, über diese Passage ein wenig nachzudenken. Stelle Dir vor, was vor einhundert Jahren an der Stelle stand, wo Du jetzt sitzt. Stelle Dir auch vor, wie diese Stelle wohl in einhundert Jahren aussehen wird. Bewußtsein will sich auf eine immer vollkommenere Art und Weise Ausdruck verschaffen, und Du als bewußtem Wesen hast die Möglichkeit, auf das zurückzugreifen, was andere Geister vor Dir geschaffen haben, wie z.B. die Weisheit um den Master Key, der vor gut einhundert Jahren ins Leben gerufen wurde. Frage Dich in der Stille, was Du *jetzt* aus diesem Wissen machst und was in einhundert Jahren zurückblickend daraus entstanden ist.

11. Alles schwingt, alles ist in Bewegung. Das ist ein weiteres Hermetisches Prinzip. Durch die Veränderung der Schwingungsrate - durch Bewegung - entstehen neue Formen, neue Darstellungen und auch neues Leben. Neue Umstände machen Anpassungen erforderlich. Diese Anpassungen sind für Dich dann am besten möglich, wenn Du erkennst, daß Bewußtsein die Quelle ist, aus der all diese Veränderungen hervorgehen.

12. Es sollte Dir jetzt klar sein, daß Du durch Dein Bewußtsein jegliche äußere Umstände ändern kannst - so Du es denn willst – und den entsprechenden Weg einschlägst. Nichts Unerwünschtes muß für Dich weiterhin Bestand haben. Es liegt allein in Deiner Macht, Dein Erbe (Kapitel 5) anzuerkennen und es in Anspruch zu nehmen. Du - durch Deinen Verstand und Deinen Körper - bist ein Ausdruck dieses Universellen Bewußtseins. Du bist es, was diesem Universellen Bewußtsein Form gibt. Achte hier genau auf die deutsche Sprache, denn sie ist außergewöhnlich ausdrucksstark. Du wirst bestimmt schon festgestellt haben, daß Du seit Studienbeginn aufmerksamer geworden bist, was Deine Sprache anbelangt. Das ist eine natürliche Folge der Aufmerksamkeit, die Du Deinen Gedanken hast zukommen lassen. Auch hier greift das Prinzip der Entsprechung, und Du weißt ja auch, daß Gedanken nach Worten greifen, um sich Ausdruck zu verschaffen.

13. Die Betonung liegt hier auf ‚tätig‘.

14. Es ist genau dieses Universelle Bewußtsein, welches Dir die unendlichen Möglichkeiten zur Verfügung stellt, weil es eine schöpferische Welt ist, die sich Ausdruck verschaffen *will*. Es bedarf dazu aber nicht nur eines Verständnisses, sondern auch der Anerkennung seitens des Individuums.

15. Was hier wie selbstredend erscheint, d.h. ‚*Du mußt Nahrung aufnehmen, um zu denken*‘, läßt sich natürlich auch auf eine ganz andere Ebene übertragen. Es ist in spirituellen Kreisen eine weitverbreitete Unsitte, bestimmte materielle Güter abzulehnen. Das führt vor allem beim Geld oft zu drastischen Mangelzuständen, was wiederum die ewige Suche nach ‚der Antwort‘ füttert, obwohl diese Antwort unverzüglich ersichtlich wäre, wenn man über ein entsprechendes Verständnis verfügte. Alles hat seinen Sinn und Zweck, sonst würde es nicht bestehen. Es gilt ja zu erkennen, sich dieser Hilfsmittel zu bedienen, anstatt ihnen hörig zu sein oder von ihnen abhängig zu werden.

16. Hier sollte angemerkt werden: Je reiner die Nahrung ist, die Du aufnimmst, desto mehr lebensrichtige Informationen bist Du in der Lage aufzunehmen. Auch hier solltest Du darauf achten, daß die Nahrung Dir entspricht. Zu dem Thema Ernährung gibt es ja umfangreiche Literatur, aber Du wirst Dich auch hier mehr und mehr auf Deine Intuition verlassen und automatisch bestimmte Nahrungsmittel ausschließen, während Du andere vermehrt aufnimmst und genießt.

17. In Kurzform kann man also sagen, daß Dein Gesundheitszustand in direktem Verhältnis zu Deiner geistigen Gesundheit steht. Somit ist Deine körperliche Gesundheit ein direkter Hinweis darauf, wie es um Deine Gedanken steht. Erkennst Du unerwünschte körperliche Manifestationen, weißt Du, daß es an gedanklicher oder moralischer Reinheit mangelt und daß diesen Bereichen mehr Aufmerksamkeit gewidmet werden muß. Es geht hier keineswegs um eine Verurteilung, sondern darum, zu erkennen, daß Deine ‚körperliche Materie‘ eine Auswirkung Deines Geistes ist, die durch falsche Anleitungen (Überzeugungen, Glaubensmuster etc.) in entsprechende Richtungen geleitet wurde, von Dir nun aber auch wieder korrigiert

werden kann. In der Tat muß der Geist korrigiert werden, damit Du die notwendige Energie zum Erreichen Deiner Ziele hast.

18. Der zweite Satz mag anfänglich zu Mißverständnissen führen, aber er wird dann klar, wenn Du verstehst, daß all das, was keine Bedeutung hat, auch keine wirkliche Macht besitzt. Es fehlt dem Ereignis schlichtweg an Energie, um bedeutend, kräftig und mächtig zu sein. Macht steht in Bezug auf Gebrauch, und Gebrauch impliziert die Transformation von Energie. Dort, wo keine Energie fließt, fehlt es auch an Bedeutung, also an Wichtigkeit.

19. Geistige Kraft hat dazu geführt, daß der Mensch in Verbindung mit seinen Entdeckungen in der Naturwissenschaft heute zu ganz anderen Erkenntnissen kommt, was möglich ist und was nicht. Durch genaue Beobachtung, gepaart mit einer neugierigen, offenen Geisteshaltung, dringt er immer tiefer in die ‚Materie' ein. Dabei kommt ihm die allgemeine Annäherung der Kulturen von Ost und West, Nord und Süd und der dadurch entstehende Wissensaustausch zu Hilfe.

20. Hier stellt sich natürlich die Frage, was an den Schulen gelehrt wird. Werden die von Haanel genannten Natürlichen Gesetze dort den Schülern vermittelt oder werden sie noch gänzlich ignoriert? Auch hier darfst Du Dich nicht vom *Status Quo* blenden lassen, sondern solltest Dein Augenmerk auf das richten, was wünschens- und erstrebenswert wäre. Im Klartext: Das im Master Key System vermittelte Wissen, welches sich heute immer noch relativ wenigen Menschen offenbart, wird

in Zukunft an jeder Lehranstalt Teil des Lehrplans sein. Kinder werden damit aufwachsen, anstatt es - wie viele von uns - erst in späteren Lebensjahren kennenzulernen und zu nutzen. Das Bild, das sich dadurch ergibt, kann kaum großartiger sein.

21. Damit meint Haanel natürlich, daß der Mensch durch seine geistige Kraft in der Lage ist, die Natur auf bestimmte Weise zu nutzen, wie z.B. durch Staudämme oder -heutzutage- Windkraftanlagen.

22. Zur Erinnerung: Der vom Menschen geschaffene Unterschied zwischen Bewußtsein und Denken besteht darin, daß das eine ist, während das andere im Begriff ist, zu werden. Ersteres bleibt auf absehbare Zeit reines Potential, während Letzteres dieses Potential mit dem Ziel in Erregung versetzt, etwas Bestimmtes zu erreichen.

23. Erkennst Du langsam, welche Macht und Kraft dem Denken innewohnt? Welche Bedeutung es hat? Für Dich und die Welt? Es ist immer wieder dasselbe: Absicht, Aufmerksamkeit, Beobachtung, Detail- und Mustererkennung, Finden des gemeinsamen Nenners, Klassifizierung, Wahrheit, Gesetz und Prinzip, Gewißheit, innere Ruhe, intelligente Entscheidungen, ein Leben auf höheren Ebenen.

24. Hierbei gilt es aber zu beachten, daß immer noch Kräfte wirken, deren Ziel es scheint, zum eigenen Vorteil Leid und Zerstörung bei anderen hervorzurufen und sie entwicklungstechnisch wieder zurückzuwerfen, auch wenn solche Ereignisse auch immer wieder neue Denk- und Lebensformen sowie Strukturen hervorbringen. Wenn

Du erkennst, daß auch diese Kräfte genährt werden müssen, weißt Du gleichzeitig auch, wie ihnen beizukommen ist. Dafür müssen sie nicht bekämpft werden, was ihnen ja noch mehr Energie geben würde, sondern es muß ihnen selbige entzogen und auf entgegengesetzte Bereiche gelenkt werden. Es hilft also nicht, gegen etwas zu sein – es soll ja vielmehr etwas aufgebaut werden. Somit müssen Gedanken, Worte und Handlungen bewußt in die andere Richtung gesteuert werden. Du darfst Dich nicht auf die Hinweise Deiner Sinne verlassen, denn diese zeigen Dir immer noch die Auswirkungen vergangenen Denkens an.

25. In ‚*Ein Buch über Dich*' nimmt Charles Haanel eine andere Haltung ein, nämlich die, daß das, was wir mit Licht bezeichnen, allein in unserem Bewußtsein entsteht, daß die Schwingungen aber dennoch universell vorhanden sind. Wenn z.B. eine Fledermaus die Schwingungen ganz anders aufnimmt - oder ganz andere Schwingungen wahrzunehmen in der Lage ist - dann bedeutet das doch, daß nicht nur von allem genug vorhanden ist, sondern auch, daß es vom Empfänger abhängig ist, wie sehr er sich auf bestimmte Schwingungen einstellen und sie dadurch nutzen kann.

26. Mit ‚*Polarität ändern*' meint Haanel, daß sich generell etwas ändern muß, also etwas in eine andere Richtung bewegt werden muß, um auch etwas anderes wahrzunehmen. Du kannst nicht weiterhin das gleiche denken, aber erwarten, daß sich im Außen etwas anderes darstellt. Um eine Auswirkung umzukehren, muß die Ursache durch einen Polaritätswechsel geändert werden. In der Tat ist es der Polaritätswechsel, der eine neue Ursache in Bewegung setzt, welche dann wieder entsprechende Auswirkungen hat.

27. Es ist von außerordentlicher Bedeutung, daß Du lernst, Dich zu konzentrieren. Erinnere Dich daran, daß Konzentration nichts mit Anstrengung gemein hat. Es ist - wie bei einem Schauspieler - das komplette Aufgehen in dem Objekt der Begierde. Du gehst so sehr darin auf, daß Du Dir keine Gedanken mehr darüber machen mußt, weil Du und das Objekt (der Wunsch, das Ideal) eins seid. Wenn Ihr eins seid, bedarf es keiner Polarisierung mittels der Gedanken mehr.

28. Charles Haanel bringt damit zum Ausdruck, daß mehr hinter dem steckt, was man gewöhnlich beobachtet. Erst die genaue Betrachtung offenbart die Wahrheit und die wahren Werte. Darüber hinaus will er darauf hinaus, daß in Dir selbst ungeahnte Kräfte stecken, die Du so lange nicht nutzen kannst, wie Du ihnen die Anerkennung verweigerst.

29. Diese Formen des Denkens und Handelns werden nun immer schneller angepaßt, u.a. deshalb, weil es nicht mehr zu übersehen ist, daß sich alte Denk- und Verhaltensweisen überholt haben. Sie sind Dir und auch Deiner Umwelt nicht mehr dienlich und müssen ersetzt werden. In der Tat werden sie durch Dich kontinuierlich ersetzt, wodurch Du Dir völlig neue Realitäten erschaffst als noch vor wenigen Monaten.

Du erhältst immer mehr ein Verständnis über Dich und die Welt, in der Du lebst. Du erlangst immer mehr Verständnis der unendlichen Möglichkeiten, die sich dem denkenden Menschen eröffnen. Du wirst immer mutiger und motivierter, dieses Verständnis auch in täglichen Leben anzuwenden. So wird sich zunächst Deine eigene Welt, dann aber auch die aller anderen zum ‚Himmel auf Erden' wandeln, denn als bewußter Mensch kannst Du irgendwann gar nicht mehr anders als Dich lebensrichtig zu äußern.

# 20

## Das Denken
## als wirkliche Aufgabe des Lebens

Du lernst in diesem Kapitel, daß Denken die einzige Fähigkeit ist, die der Geist besitzt, und daß jegliche Formgebung das Ergebnis von Denkvorgängen ist. Denken geht also der Handlung voran - erst das Spirituelle, dann das Materielle. Geist wird nur dann aktiv, wenn man ihn und seine Möglichkeiten anerkennt. Daher kommen alle großartigen Dinge durch Anerkennung zu uns - das ist auch bei Dir keineswegs anders.

Wenn Denken die wirkliche Aufgabe des Lebens ist, dann ist Macht das Ergebnis. Das Geheimnis der Macht ist das Verständnis der Prinzipien, Kräfte, Methoden und Kombinationen des Geistes und ein perfektes Verständnis Deiner Beziehung zum Universellen Bewußtsein.

Alle Prinzipien sind unveränderlich, sonst wären es keine Prinzipien und während das Universelle nur durch das Individuelle tätig werden kann, erkennst Du auch, daß die Essenz des Universellen in Dir selbst ist - Du sie selbst bist. Diese Erkenntnis führt Dich zu wahrer Macht und Kraft.

Wahrnehmungsvermögen kann sich nur in der Stille entwickeln. Inspiriert zu sein heißt, vom Pfad abzuweichen. Es ist die Kunst des Aufnehmens; die Kunst der Selbstverwirklichung; die Kunst, sich dem Universellen Geist anzupassen.

Macht ist nichts anderes als Bewußtsein. Intellektuelles Verständnis hilft nicht, wenn keine Gefühle aktiviert sind. Deshalb ist es so wichtig, den Gedanken mit Gefühlen zu versehen, um ihm Lebenskraft zu verleihen. Das wiederum tun wir in der Stille, während wir uns konzentrieren.

Wir lernen, daß Macht Dienst voraussetzt. Inspiration setzt Macht voraus. Um das Angebot zu erhöhen, muß die Nachfrage erhöht werden. Das ist nichts anderes als die bereits mehrfach von mir genannte Inanspruchnahme - Dein bewußtes Denken.

Denken ist das eine, Atmen das andere. Jedes Mal wenn Du atmest, nimmst Du pranische Energie auf, atmest Du Ihn ein - Gott, das Universelle Bewußtsein, die Allmacht, das Unendliche. So ist es von großer Bedeutung, daß Du Dich auf den Atem konzentrierst. In Haanels Buch ‚Die erstaunlichen Geheimnisse der Yogis‘ gibt es dazu zahlreiche Übungen.

Die Qualität der Dir erlebten Umstände hängt von der Qualität Deiner Gedanken ab. Denken im Einklang mit dem Universellen Bewußtsein wird in den entsprechenden Umständen resultieren. Somit hängt Dein dauerhaftes Wohlbefinden von der Zusammenarbeit mit der beständigen Vorwärtsbewegung des Großen Ganzen ab.

## ÜBUNG

*‚Als Übung dieser Woche gehe in die Stille und konzentriere Dich darauf, daß die Tatsache, daß wir in ihm leben, uns in ihm bewegen und in ihm unser Wesen haben, wörtlich zu nehmen und wissenschaftlich genau ist.‘* Wenn Du Dich auch hier wieder an die Vorgaben von einer Übung pro Tag, ca. 20-30 Minuten hältst, wirst Du Dir dieser Einheit von Dir und dem Unendlichen bewußt, aber auch die Tatsache, daß Dir unendliche Ressourcen zur Erfüllung Deiner Träume zur Verfügung stehen. Alles steht auf Abruf bereit und wartet auf Deine Inanspruchnahme. Nichts ist von Dir getrennt und außerhalb von Dir zu finden.

Allein Du bist für Dein leibliches und seelisches Wohl verantwortlich. Das siehst Du aber nicht mehr in einem negativen Licht, sondern als Herausforderung, als Möglichkeit Dich zu entfalten und das von Charles Haanel in der Einführung genannte *Leben auf höheren Ebenen* zu leben.

244

## AUFGABEN

1.  Schreibe auf, wann ein Ergebnis als "gut" bezeichnet wird.

    .................................................................

    .................................................................

    .................................................................

    .................................................................

2.  Verinnerliche Dir, warum "gut" und "böse" letztendlich einem Prinzip zugrunde liegen.

3.  Bewerte hier auf einer Skala von 1 – 10, wie Du Dich diese Woche gefühlt hast:

    |                    | Vorwoche | Jetzt |
    |--------------------|----------|-------|
    | Dein Selbstwert:   | _____  | _____ |
    | Dein Energieniveau:| _____  | _____ |
    | Dein Glücksgefühl: | _____  | _____ |
    | Deine Tatkraft:    | _____  | _____ |
    | Deine Gesundheit:  | _____  | _____ |
    | Dein Reichtum:     | _____  | _____ |

4.  Was ruft die Anerkennung des Geistes einer Sache hervor?

    .................................................................

5.  Was ist die wahre Aufgabe des Lebens, und was ist das Ergebnis?

    .................................................................

6.  Was ist das Geheimnis der Macht?

    .................................................................

    .................................................................

7.  Kreuze an, welche der untenstehenden Aussagen auf Dich zutreffen:
    - ☐ Ich bin souverän im Denken.
    - ☐ Ich überlege erst, bevor ich spreche.
    - ☐ Ich meditiere regelmäßig oder suche die Stille.
    - ☐ Ich kann mich mit Leichtigkeit auf Einsicht konzentrieren.
    - ☐ „Negative" Bemerkungen anderer Menschen bewirken bei mir nichts mehr.

☐ Ich habe einem anderen Menschen eine unerwartete Freude gemacht.

☐ Meine Sprache ist harmonisch und wohlwollend.

☐ Ich fühle jeden Tag meine Verbindung mit der Allmacht.

☐ Ich habe Liebe, Gesundheit und Erfolg verdient.

☐ Ich bin gut genug, ein Leben im Überfluß zu leben.

☐ Ich bin mutig und voller Tatendrang.

☐ Mein körperlicher Zustand spiegelt meinen geistigen Zustand wider.

8. Wo kann sich Wahrnehmungsvermögen entwickeln?

......................................................................................................................

9. Was muß getan werden, damit ein größeres Angebot sichergestellt
werden kann?

......................................................................................................................

10. Was ist die Kosmische Energie und wie kann sie aktiviert werden?

......................................................................................................................

......................................................................................................................

11. Wovon hängt die Qualität der geschaffenen Umstände ab?

......................................................................................................................

12. Wie kann unser dauerhaftes Wohlbefinden bewahrt werden?

......................................................................................................................

......................................................................................................................

## TIPP

In den letzten Wochen haben wir gelernt, uns zu konzentrieren.
Davor haben wir gelernt, unsere Vorstellungskraft zu schulen und
zu erweitern. Viele Aufgaben davon haben Deinen Verstand ge-
prüft und Deine Aufmerksamkeit erweitert. Versuche als Ausgleich
dazu immer öfter einfach nur „zu sein", d.h. einfach zu erlauben,
zuzulassen, loszulassen. Das ist ein wahrer Ausdruck von Macht
und Kontrolle über Dich selbst, denn Du triffst hier bewußt die
Entscheidung, nicht in eine Sache einzugreifen, sondern sie sich

einfach entwickeln zu lassen. Du beobachtest unparteiisch aus der Distanz und kannst daraus wieder ganz andere Schlüsse ziehen.

## DU HAST DIESEN TEIL GEMEISTERT...

- 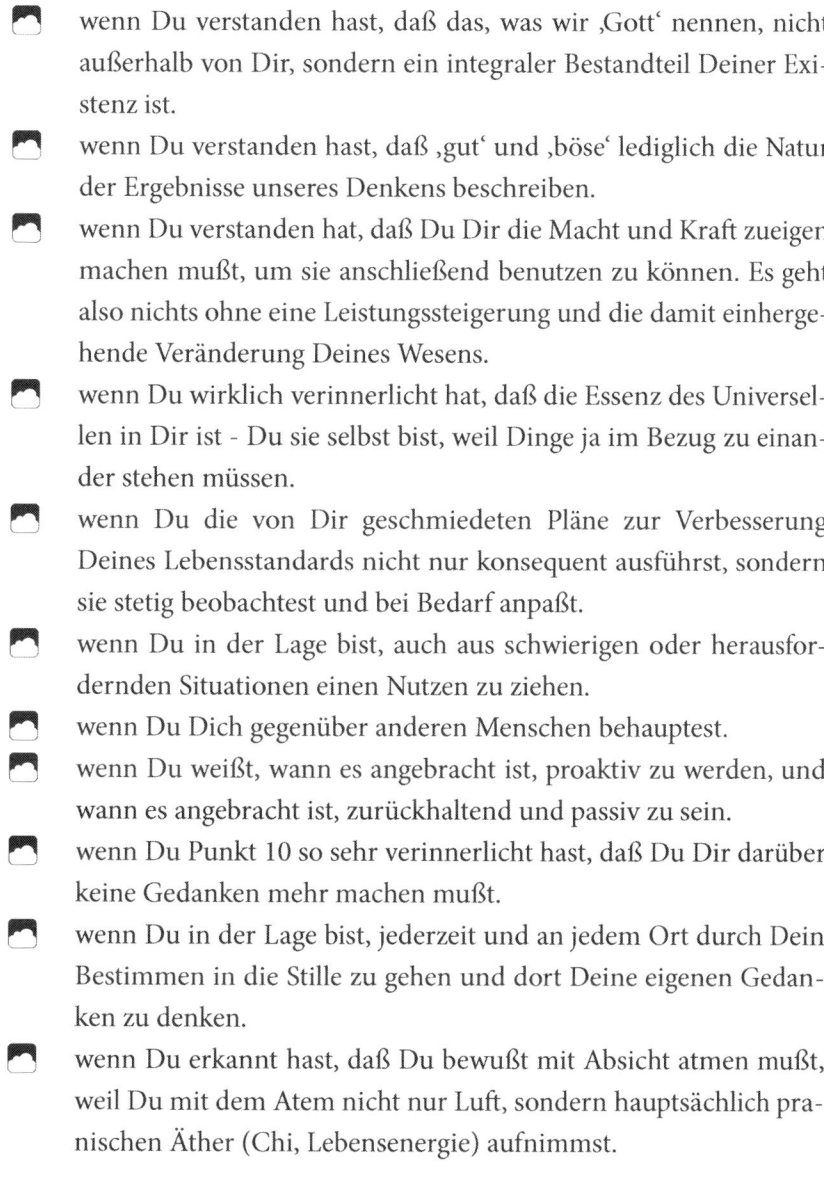 wenn Du verstanden hast, daß das, was wir ‚Gott' nennen, nicht außerhalb von Dir, sondern ein integraler Bestandteil Deiner Existenz ist.
- wenn Du verstanden hast, daß ‚gut' und ‚böse' lediglich die Natur der Ergebnisse unseres Denkens beschreiben.
- wenn Du verstanden hat, daß Du Dir die Macht und Kraft zueigen machen mußt, um sie anschließend benutzen zu können. Es geht also nichts ohne eine Leistungssteigerung und die damit einhergehende Veränderung Deines Wesens.
- wenn Du wirklich verinnerlicht hat, daß die Essenz des Universellen in Dir ist - Du sie selbst bist, weil Dinge ja im Bezug zu einander stehen müssen.
- wenn Du die von Dir geschmiedeten Pläne zur Verbesserung Deines Lebensstandards nicht nur konsequent ausführst, sondern sie stetig beobachtest und bei Bedarf anpaßt.
- wenn Du in der Lage bist, auch aus schwierigen oder herausfordernden Situationen einen Nutzen zu ziehen.
- wenn Du Dich gegenüber anderen Menschen behauptest.
- wenn Du weißt, wann es angebracht ist, proaktiv zu werden, und wann es angebracht ist, zurückhaltend und passiv zu sein.
- wenn Du Punkt 10 so sehr verinnerlicht hast, daß Du Dir darüber keine Gedanken mehr machen mußt.
- wenn Du in der Lage bist, jederzeit und an jedem Ort durch Dein Bestimmen in die Stille zu gehen und dort Deine eigenen Gedanken zu denken.
- wenn Du erkannt hast, daß Du bewußt mit Absicht atmen mußt, weil Du mit dem Atem nicht nur Luft, sondern hauptsächlich pranischen Äther (Chi, Lebensenergie) aufnimmst.

## KOMMENTAR

Hier erkennst Du erneut, daß Worte Energie sind. Sie stehen für etwas. Sie beschreiben etwas. Sie sind aber zu jeder Zeit Gedankenkonstrukte, die herunter transformiert wurden, um sich Ausdruck zu verschaffen. Wenn Dir also das Ergebnis nicht gefällt, weißt Du nun, daß es an Dir liegt, neue Ursachen ins Leben zu rufen, damit sich auch neue Auswirkungen einstellen können. Es wäre schizophren, wenn man erwarten würde, daß sich etwas Neues einstellte, ohne daß dafür eine neue Ursache geschaffen wurde.

1. Anders ausgedrückt besagt das nichts anderes als: Gedanken als Ursachen haben entsprechende Auswirkungen, so daß das Bewußtsein, welches zu einer Sache geführt hat, diese Sache selbst ist. Es ginge auch gar nicht anders. Willst Du eine Sache ändern, mußt Du das Bewußtsein ändern. Sachen als Auswirkungen haben kein Lebensprinzip; nur Bewußtsein (über das Denken) hat Prinzip.

2. Gebrauch und Anerkennung sind letzten Endes auch das, was zu ‚mehr' führt - mehr von allem. Gebrauch, Anerkennung, Macht, Bedeutung, Wohlstand, Wachstum, Freude, ... sie alle stehen in engster Beziehung zueinander

3. Anerkennung führt unweigerlich zur Inkraftsetzung des Gesetzes der Anziehung, denn nur das, was Du anerkennst, kann auch zu Dir kommen. In Kapitel 14 hast Du ja bereits gelernt, daß Du Dinge durch Nichtbeachtung aus Deinem Leben entfernen kannst. So macht es perfekten Sinn, daß Anerkennung zu mehr führt, Nichtbeachtung zu weniger.

4. Erinnere Dich, daß Du (Deine Persönlichkeit) das Ergebnis vielfältiger Prägungen bist. Du wurdest zu etwas, worauf Du anfangs keinerlei Einfluß hattest. Nun aber kannst Du mittels der Macht der Gedanken und dem Verständnis um diese Natürlichen Gesetze jeglichen widrigen Umstand in eine Segnung umwandeln. Du bist der Meisterschöpfer - Du hast den Master Key dazu in der Hand.

5. Ganz wichtig: Wer nicht denkt, der muß arbeiten! Wer denkt, wird wahrscheinlich auch arbeiten, aber anders als Nichtdenkende hat er Handlungsfreiheit. Er entscheidet selbst, wie der Tag aufgeteilt wird. Hier wird es ganz deutlich, daß der Nichtdenkende die Befehle oder Anordnungen anderer empfängt und dadurch deren Wunsch erfüllt, aber nicht seinen eigenen - es sei denn, sie sind deckungsgleich. Daher muß dem eigenen Denken die größtmögliche Aufmerksamkeit zukommen.

6. *‚Prinzipien, Kräfte, Methoden und Kombinationen des Bewußtseins'.* Das zu verstehen ist am Anfang vielleicht nicht einfach, aber nach fünf Monaten Studium ist Dir klar, was es bedeutet. Ich möchte noch einmal darauf hinweisen, daß es eines der Ziele dieses Studiums ist, Deine intuitiven Fähigkeiten zu schulen, damit Du nicht erst lang und umfangreich analysieren mußt. Wenn Du durch Übungen diese Themen verinnerlichst und Dir zueigen gemacht hast, mußt Du darüber auch nicht mehr nachdenken, sondern handelst automatisch richtig. Überlege einmal, was das in Bezug auf Zweifel, Arbeit und Zeitersparnis bedeutet. Es soll keineswegs so sein, daß Du Deinen bewußten Verstand

überanstrengst, sondern ihn dazu einsetzt, wozu er da ist. Er – als Wächter vor dem Tor – soll lediglich lebensrichtige Signale weitersenden. Auf die Verwirklichung durch das Unterbewußtsein kannst Du Dich anschließend verlassen.

7. Es gibt keine wirkliche Trennung zwischen Dir und dem, was Du vielleicht mit ‚Gott‘ bezeichnet hast. Das Allgegenwärtige muß zwangsläufig auch in Dir vorhanden sein, wenn auch nur zu einem kleineren Grad. In Art und Qualität bist Du aber eins mit ihm. Es ist durch Dein Denken, daß Du dem Unmanifestierten Form gibst und ihm dadurch Ausdruck verschaffst. Ohne das wäre es im Raum des unendlichen Potentials geblieben und wäre vielleicht durch jemand anderen verwirklicht worden.

8. Die Betonung hier liegt auf ‚*Dinge zu tun*‘. Du kannst - Du wirst nicht länger untätig herumsitzen, sondern in der Stille Deine Visionen erschaffen und dann im wirklichen Leben zur Darstellung bringen. Du verläßt Dich dabei auf die Natürlichen Gesetze und findest Dich in Einklang mit ihnen. ‚*Der Wunsch als bereits bestehende Tatsache.*‘ Es wird einige Zeit in Anspruch nehmen, um sich darin zu schulen und alle Zweifel auszuräumen, aber Übung macht den Meister.

9. Bedenke an dieser Stelle, daß Du ja sowieso den ganzen Tag geistig tätig bist, nur daß Du Dir jetzt diese Tätigkeit bewußt zunutze machst und durch Deine Absicht gezielt steuerst.

10. Verstehst Du, was hiermit gemeint ist? Du bist eine visualisierende, schöpferische Einheit und Dein Anerkennen dieser Methoden und Gesetzmäßigkeiten wird sie zur Darstellung bringen. Diese ist stets in Übereinstimmung mit Deinem Verständnis ihrer und somit Deiner Kraft, Deine Vision auch zu verwirklichen. Bist Du schwach und ungeübt, ist Dir auch nur möglich, Schwäche auszudrücken. Bist Du stark, souverän, versiert und erfahren, bist Du in der Lage, ganz andere Dinge zum Ausdruck zu bringen.

11. Absolut grandios! Es bedeutet die Befreiung Deines Selbst, auf einer größeren Ebene eine vollständige Transformation der Gesellschaft, der Wirtschaft und der kulturellen Beziehungen. Es bedeutet eine Abkehr von Selbstsucht und eine Zuneigung zu all dem Schönen, Wissenswerten, Wohlwollenden, Überschwänglichen, Liebevollen, Verständnisvollen. Durch Dein Dich selber Füllen mit diesen Attributen gibst Du sie auch an Deine Umwelt, welche darauf in entsprechendem Maße reagieren wird.

12. Dein Verstand mag hier versuchen, Erklärungen für bestimmte Ereignisse zu finden, aber ungeschult wird er keine zufriedenstellende Antwort finden. Das mag zu Beginn dazu führen, daß man bestimmte Dinge mißachtet, aber Du kannst Dir sicher sein, daß Schöpfung immer Gesetzmäßigkeiten unterliegt, selbst wenn Du als Mensch diese nicht verstehst, Ereignisse mit Deinen eigenen Urteilen versiehst und sie dann als absolute Wahrheit bezeichnest.

13. Verstehst Du? Durch das Denken hat sich der Mensch bestimmter Dinge vergewissert, sie gemessen, klassifiziert und genormt. Das gab ihm Gewißheit beim Erschaffen noch viel leistungsstärkerer

Hilfsmittel - das Mobiltelefon ist da ein ausgezeichnetes Beispiel. Somit konnte der Mensch sein Leben immer mehr verbessern, angefangen von der Kommunikation bis hin zur Erdbebenvorhersage oder dem möglichen Aufschlagen von Meteoriten.

14. Eine ganz besondere Passage, denn sie zeigt Dir auf, daß gewöhnliche Aktionen gewöhnliche Ergebnisse herbeiführen. Außergewöhnliche Ergebnisse bedürfen außergewöhnlicher Ursachen. Dazu hast Du die Stille, Deine Aufmerksamkeit und Beobachtungsgabe, um besondere Dinge zu erkennen und ihnen einen entsprechenden Wert zuzuordnen. Das ist es, was große Meister ausmacht. Sie geben sich nicht mit kleinen Dingen zufrieden. Sie geben auch nicht auf, wenn sie mal fehlschlagen sollten. Sie arbeiten kontinuierlich weiter und verbessern sich dadurch stetig, weil sie genau wissen, wie das Endresultat aussehen wird. Sie haben eine Vision, die von ihnen auch erfüllt wird. Sie verlassen sich bei ihrer Arbeit auf das unermüdliche Wirken natürlicher Gesetzmäßigkeiten und werden dadurch entsprechend belohnt.

15. Hier erkennst Du, daß Inspiration auch viel mit Konzentration im ursprünglichen Sinne zu tun hat. Wenn Du im Objekt Deiner Gedanken voll aufgehst, kommen Dir dadurch und währenddessen immer neue Ideen, die Du dann gleichzeitig *bist*. Es gibt in diesem Zustand keine Trennung zwischen Dir und dem Objekt.

16. Das Vorhandensein dieses Bewußtseins an allen Punkten ist besonders wichtig, denn es gibt weder Raum noch Zeit, wo Dir dieses Bewußtsein nicht zur Verfügung

stünde. Du hast es stets auf Abruf, und es antwortet Dir in genau dem Maße, zu dem Du es ,*in Anspruch*' genommen hast.

17. Noch einmal: Es ist das Gefühl, das dem Gedanken Lebenskraft gibt. Gefühle bezüglich einer Sache zu haben bedeutet, daß eine Identifikation damit stattfindet, welche sich für Dich auf körperlicher Ebene darstellt. Da Du als spirituelles Wesen auf Bewußtseinszustände aus bist, anstatt auf die Anhäufung materieller Dinge, geht es bei dem Gefühl um pure Freude. Wenn Du das Gefühl der Freude und Liebe in Dir erwecken kannst, bist Du der materiellen Erfüllung einen Riesenschritt nähergekommen, denn nun schwingst Du mit dem Lebensprinzip des Universums auf derselben Wellenlänge. Dadurch führt es Dir Unmengen Energie zu, welche Dich beflügelt, anspornt und gut fühlen läßt.

Freude ist etwas, was Du ganz spontan entstehen lassen kannst. Sie kostet weder was, noch bedarf sie großartiger Anstrengung. Sie muß von Dir lediglich gewollt sein und zugelassen werden. Also, freue Dich über all das, was sich Dir in den letzten Monaten offenbart hat und noch offenbaren wird. Freude und Dankbarkeit sind dabei vertraute Nachbarn.

18. Spätestens jetzt erkennst Du, warum die Übungen der ersten vier Kapitel so wichtig waren. Sie haben Dich mit der Grundlage versehen, auf der Du anschließend aufgebaut hast. Darum, falls es an dieser Stelle noch notwendig ist, auch immer wieder der Hinweis darauf, die Stille aufzusuchen oder sich zu entspannen, um inspiriert zu werden.

19. *„...diese unsichtbaren Kräfte zu verstehen und zu befehligen'*. Darum – und nur darum – geht es hier. *‚Macht bedeutet Dienst'* sagt anschließend alles aus, u.a. auch was mit denen geschieht, die Macht mißbrauchen. Darüber hast Du bestimmt schon einige Male nachgedacht. Es ist aber nicht an Dir, sie zu verurteilen. Wenn, dann tun sie das bereits selber, weil auch sie *vollständige Denkeinheiten* sind. Aus ihrer Sicht mißbrauchen sie die Macht jedoch nicht. Wenn aber das, was sie tun, nicht der größtmöglichen Menge von Nutzen ist und sie nicht Qualitäten wie Liebe, Mitgefühl, Verständnis, Vertrauen etc. einsetzen, werden auch sie entsprechend ‚belohnt' werden. Wir können uns darauf verlassen, daß keine Tat unausgeglichen bleibt, und wenn nicht in diesem Leben, dann im nächsten. Als spirituelle Wesen gehen wir ja weit über unsere körperliche Existenz hinaus.

20. In dieser Passage verbindet Charles Haanel die Absicht (also die geistige Vorgabe) mit dem Atmen, einer körperlichen Funktion, die uns nicht nur mit Sauerstoff versieht, sondern auch mit Prana (Chi, Ki, Äther, Orgon, Mana, Lebenskraft). Wir können das Spirituelle mit dem Physischen über den Vorgang der Atmung miteinander verbinden - und das mit erstaunlichen Resultaten.

21. Du erkennst, daß es hier ganz anders abläuft, als Dir bislang bekannt war. Wir gingen bislang davon aus, daß das Angebot beschränkt sei. Nun aber stellst Du fest, daß dem ganz und gar nicht so ist. Das Angebot ist nur dann beschränkt, wenn auch die Nachfrage beschränkt ist. Bedenke bitte, daß Du hier Gebrauch von schöpfe-rischen Methoden machst und Dich nicht auf evolutionäre Kanäle beschränkst. Du bringst etwas ins Leben, wovon es vorher noch nichts gab und Deine Fähigkeiten zu manifestieren zeigen sich in dem, was Du für Dich und die Menschheit erschaffst.

22. Auch hier geht es erneut um die reine geistige Anerkennung, durch die Dinge zu Dir kommen und Geheimnisse in Wirklichkeiten umgewandelt werden. Wenn niemand die Frage stellt, kann es auch keine Antwort geben. Wo kein Bedarf ist, entwickelt sich auch keine Befriedigung dieses Bedarfs.

23. Ah, da haben wir es doch! Wir kommen zurück zu Kapitel 3, wo es um den Solar-plexus geht; wo es darum geht, ihn zum Strahlen zu bringen; wo erklärt wird, daß Du dadurch zu einer magnetischen Person wirst, einer Person, die eine große Anzie-hungskraft hat, weil sie eine große Strahl-kraft hat. Auch hier wieder ein perfektes Gleichgewicht der beiden Polaritäten.

24. Es ist immer wieder eine Frage der Übung, der Wiederholung und natürlich der Achtsamkeit. Wenn Du darauf achtest, bewußt zu atmen, wirst Du auch schneller in den Genuß des Erwünschten kommen, weil Du Dir diese Qualitäten mit starkem Nachdruck in Deinen Körper einbaust.

25. Es klingt fast zu einfach und schön um wahr zu sein, aber dennoch ist es das. Inwie-weit Dir noch alte Programmierungen und Glaubensmuster im Weg stehen, das entscheidest letztendlich Du selbst. Auch das Auflösen dieser Muster ist ein Vorgang, der denselben Gesetzmäßigkeiten zugrunde liegt. Sie sind nur Bewußtsein,

selbst wenn sie sich bereits auf körperlicher Ebene manifestiert haben. Es gibt immer mehr Spontanheilungen, die nahezu an Wunder grenzen, aber auch sie sind nichts anderes als Bewußtsein in Bewegung. Auch sie können nur in Erscheinung treten, weil jemand sie in Anspruch nimmt.

26. An dieser Stelle erneut ein Verweis auf Charles Haanels Buch ‚Die erstaunlichen Geheimnisse der Yogis'. Atmen bedeutet Leben. Ohne Atmung kein Ausdruck von Leben und somit keine Entwicklung. In der westlichen Welt atmet man im Allgemeinen weder bewußt noch ausreichend tief und rhythmisch. Dabei kann durch eine richtige Atmung manch eine Heilung herbeigeführt werden. Das, was im Fernen Osten seit Jahrtausenden zum Alltag gehört, sollte auch von Dir entsprechende Aufmerksamkeit bekommen.

27. Hier nochmal eine schöne Erklärung des Konstrukts und der Interaktion von Handeln, Sein und Denken. Das Denken steht dabei an erster Stelle und führt zu allem weiteren. Es ist ein Kreislauf, denn über das Denken hinaus handelst Du und wirst schließlich zu einem neuen Menschen. Das befähigt Dich schließlich, andere Dinge anzugehen und sie zu verwirklichen. So steigst Du in der Entwicklung stetig auf, bis Du diesen Körper hinterlegst und Dich auf eine neue Reise mit neuen Aufgaben machst - oder unerledigte Aufgaben in neuer Gestalt und mit einem neuen Anlauf erledigst.

28. Spätestens hier wird Dir einleuchten(!), daß es sich wahrlich nicht lohnt, schlechte Denk- und Verhaltensweisen weiterzuführen. Ihre letztendliche Manifestation beruht auf unveränderlichen Gesetzmäßigkeiten, welche Du im Laufe der letzten fünf Monate kennengelernt und wertzuschätzen gelernt hast.

29. Dieser Passage gilt es besondere Aufmerksamkeit zu schenken. Sie sollte mehrfach gelesen werden, damit Du sie vollständig verstehst. Hier ist es auch angeraten, darüber zu meditieren, was wirklich damit gemeint ist und was nicht. Suche die Stille auf, um zu einem perfekten Verständnis dessen zu kommen, was Charles Haanel mit Willenskraft bezeichnet.

30. Es stellt sich bestimmt die Frage, was denn diese Vorwärtsbewegung des Großen Ganzen ist und wie sie sich ausdrückt. Erinnere Dich daran, daß jedes Unterfangen der größtmöglichen Menge zum Nutzen sein muß. Was einem nutzt, muß allen nutzen. Daher darf Dein Ideal nicht selbstsüchtig sein. Du kannst Dir bestimmt vorstellen, daß es sich hier um größere Dinge als z.B. die Wiedervereinigung mit dem Ex-Partner handelt.

31. Es ist nicht schwer zu erkennen, wie die Übungen mit der Zeit immer anspruchsvoller wurden. Hier geht es darum, Dein wahres Ich und unendliches Potential nicht nur erkannt zu haben, sondern diese Erkenntnis auch in praktische Werte umzuwandeln. Die Übung beinhaltet erneut mehrere Aspekte, und es ist angeraten sie solange durchzuführen, bis Du Meisterschaft darin erlangt hast. Es gilt zu erkennen, daß zwischen Dir und dem Universellen Bewußtsein über Dein Denken eine Wechselwirkung besteht und Du Dir dadurch all Deine Wünsche erfüllen kannst.

# 21

## ‚THINK BIG‘ als Geheimnis des Erfolges

Das wahre Geheimnis von Macht ist ein Bewußtsein von Macht. Es gilt große Gedanken zu denken. Es ist das Wissen, daß das Universum durch Gesetze geregelt wird; daß es für jede Wirkung eine Ursache gibt. Unsere Fähigkeit zu denken ist unsere Fähigkeit, auf den Universellen Geist einzuwirken. Sich der Macht bewußt zu werden heißt zu einem Energiebündel zu werden. Je bewußter Du Dir Deiner Einheit mit der Quelle der Macht wirst, desto größer wird Deine Macht.

Große Ideen haben die Tendenz, kleinere zu verdrängen. Durch eine größere Gedankenwelt erhöhst Du Deine geistige Kapazität und bringst Dich in eine Position, in der Du Wertvolles erreichen kannst. Laß das bitte noch einmal auf Dich wirken. Wenn Du weiterhin auf dem Niveau denkst, das Du bisher innehattest, dann kann sich auch nichts ändern. Nimm Dir also die Zeit und benutze Deine Vorstellungskraft, um Dir etwas *vor-zu-stellen*, was sich außerhalb dessen befindet, was sonst auf Deinem Radar erschien.

Neues ist neuer als das bisherige. Groß ist größer als das bisherige. Nimm Dir den Mut voranzuschreiten. Es wird Dir keine Aufgabe vorgelegt, die Du nicht bewältigen kannst, womit sich auch die Frage des Nicht-Erreichens erledigt hätte. Du hast ja in den vergangenen Kapiteln gelernt, wissenschaftlich wahre

Ideale zu erstellen, was bedeutet, daß das, was Du Dir nun vorstellst und visualisierst, auch im Bereich des Erreichbaren ist. Das allein sollte Dir genug Mut geben, entsprechend tatkräftig zu werden. Wenn es Dir immer noch an Mut mangelt, wovon ich in dieser 21. Woche aber nicht mehr ausgehe, dann weißt Du, daß Du Dich erneut mit den vorigen Kapitel befassen mußt, bis Du ein Energie- und Verständnisniveau erreicht hast, das jegliche Hemmungen bezüglich Mut und Tatendrang ein für alle Mal beseitigt.

Alles, was eine bestimmte Zeit im Bewußtsein gehalten wird, wird dem Unterbewußtsein aufgeprägt und so zur Gewohnheit. Das ist nichts Neues mehr. Mit der Eigenschaft dieser Gewohnheit bezeichnen wir, wer oder wie wir sind. Das ist das Ziel Deiner Reise, nämlich genau diese neuen Gewohnheiten zu schaffen, nur jetzt als Resultat Deiner bewußten Mitschöpfung.

Gleiches zieht Gleiches an. Um Umstände zu ändern, mußt Du Deine Gedanken ändern. Das ist es, was Du bereits über fünf Monate getan hast. Aus Deiner neuen Geisteshaltung heraus ergibt sich Deine neue Persönlichkeit, und daraus ergeben sich Deine neuen Erfahrungen, Deine Umgebung und die Personen, auf die Du triffst. Das ist Dir sicherlich schon aufgefallen, daß Dir viele neue Dinge in Form von Büchern, Menschen oder Ereignissen zugefallen sind, denen Du vorher keine Beachtung geschenkt hättest, die nun aber in Dein Leben treten. Die Dinge, die Du anziehst, stimmen mit den Bildern überein, die Du geformt hast. Innen wie außen, oben wie unten. Verweile auf diesem Satz, denn Deine eigene Veränderung zieht *immer* eine entsprechende Veränderung sowohl in der Welt oberhalb als auch der Welt unterhalb von Dir nach sich. Wenn gesagt wird, daß wir alle eins sind, dann ist das wörtlich zu nehmen. Daraus geht hervor, daß Deine Verantwortung weit über Dich hinausgeht.

Noch einmal: Gib dem Bild -Deinem Ideal- Gefühle. Es sollen Gefühle von Mut, Talent, Fähigkeit, Bestimmtheit und Macht sein. Traue Dich, an Deine eigenen Ideen zu glauben. Der gestalterische Gedanke wird vom Ideal bestimmt; der passive von Erscheinungen. Jetzt, vier Wochen vor Ende des Lehrgangs, bist Du nun tief in diesem gestalterischen Gedanken verankert. Du setzt immer wieder neue Ursachen, suchst und findest die Stille, die Ruhe, die Du brauchst, um zu neuen Einsichten und Erkenntnissen zu gelangen. Du bist auf dem besten Weg, Dein Schöpferpotential auszunutzen und Deine Seelenpotentiale auszuleben. Erinnere Dich stets daran, daß das, was Du tust, eine Spiegelung auf den anderen Ebenen nach sich zieht.

Der Göttliche Geist ist der Universelle Geist; er macht keine Ausnahmen, verteilt keine Vorzüge, handelt nicht aus Laune, Eifersucht oder Wut. So viel weißt Du nun, und Du als Individuum stimmst Dich auch nicht mehr auf diese Energien ein, sondern erkennst sie als wertvolle Hilfen in Deinem Identifikations- und Wachstumsprozeß und benutzt sie, um Dich am entgegengesetzten Pol festzusetzen.

*‚Allmacht selbst ist absolute Stille, alles andere ist Wechsel, Aktivität und Beschränkung.‘* Du erkennst daraus die Notwendigkeit der Stille, denn je ruhiger Du wirst, desto mehr wirst Du Dir der Allmacht bewußt. Du verweilst aber nicht in diesem Zustand, sondern machst Dir die neu gewonnenen Informationen zunutze und zur gelebten Wahrheit. Dadurch entwickelst Du Dich als Person, wirst größer und wirkst anziehender auf andere. Das gilt für jene, die sich auf einem ähnlichen Energieniveau wie Deinem befinden, als auch auf jene, die auf einem niedrigeren Niveau sind. Deshalb gibt es ja auch den ganzen Rummel um Stars, sei es in der Politik, im Sport, in der Musik oder im Film.

## ÜBUNG

Die Übung dieser Woche handelt vom Konzentrieren auf die Wahrheit. Wenn Du Dich gewissenhaft damit beschäftigst, was diese Wahrheit ist, nimmst Du – so wie schon zuvor erfahren – neue Informationen auf, die Dich zu mehr Einsicht bringen. Daraus und dem damit verbundenen Gebrauch ergibt sich neue Macht und Kraft. Verweile insbesondere auf dem Hermetischen Prinzip der Polarität und erkenne, daß letztlich alles eins ist; daß das voneinander-getrennt-sein nur eine Illusion ist; daß der, der sich im Geiste Begrenzungen und Hindernisse schafft, diese auch im wirklichen Leben antreffen wird, während derjenige, dessen Bewußtsein grenzen- und zeitlos ist, auch diese Erfahrungen machen wird. Es ist die Wahrheit, die uns frei machen wird, siehe Kapitel 24.

## AUFGABEN

1. Schreibe auf, was vorhanden sein muß, damit unserem Bewußtsein etwas aufgeprägt werden kann.

.......................................................................

.......................................................................

2.  Beantworte Dir so oft wie möglich die folgenden Fragen:

    ✓   Was habe ich heute gemacht?
    ✓   Was kann ich daran verbessern?
    ✓   Wer kann mir dabei helfen?
    ✓   Wann werde ich es vollenden?

3.  Wodurch wird das Universum geregelt?

    .......................................................................

4.  Was ist das Resultat unseres Denkens?

    .......................................................................

5.  Was hat es zur Folge, wenn wir uns unser Einheit mit dem Universellen bewußt werden?

    .......................................................................

    .......................................................................

    .......................................................................

    .......................................................................

6.  Große Ideen verdrängen kleine Ideen. Warum ist diese Aussage wissenschaftlich wahr?

    .......................................................................

    .......................................................................

    .......................................................................

7.  Kreuze an, welche der untenstehenden Aussagen auf Dich zutreffen:
    ☐   Meine Ideen sind größer und umfangreicher als zuvor.
    ☐   Ich bekomme von anderen Menschen Unterstützung für mein Ideal oder Vorhaben.
    ☐   Ich spreche meine Vorhaben offen an, nachdem ich sie in der Stille habe wachsen und gedeihen lassen.
    ☐   Ich spüre die sich in mir entwickelnde Macht und Kraft nun auch zunehmend auf körperlicher Ebene.

☐ Ich entscheide bewußt, worauf ich meine Aufmerksamkeit richte.

☐ Ich absolviere weiterhin täglich die Übungen dieses Teils.

☐ Ich spüre die Liebe meiner Mitmenschen.

☐ Ich liebe mich selbst und bringe das auf vielfältige Art und Weise zum Ausdruck.

☐ Ich erfreue mich am Leben und all dem, was es zu bieten hat.

☐ Ich bin voller Energie und Zuversicht.

8. Durch welches Gesetz kommen unsere Erfahrungen zu uns?

9. Wie können wir äußere Umstände ändern?

10. Der gestalterische Gedanke wird von einem Ideal bestimmt. Wovon wird der passive Gedanke bestimmt?

11. Der göttliche Geist macht keine Ausnahmen. Erkläre, warum dem so ist.

12. Was ist Allmacht selbst?

## DU HAST DIESEN TEIL GEMEISTERT...

🔲 wenn Du weißt, wie man richtig betet.

🔲 wenn Du Deine großartigen Ideen so lange im Bewußtsein halten kannst, bis sie kleinere zerstört haben.

🔲 wenn Du verstanden hast, warum in der geistigen Welt Gleiches Gleiches anzieht.

- wenn Du bereit bist, dauerhafte Anstrengungen zum Erreichen Deiner Ziele zu unternehmen und Dich von nichts und niemandem davon abbringen läßt.

- wenn Du verinnerlicht hast, warum Mut, Bestimmtheit, Talent, Fähigkeit, Macht oder andere geistige Kräfte in Dein Bild mit eingebaut werden müssen.

- wenn Du verstanden hast, warum der passive Gedanke von Erscheinungen beherrscht wird, der schöpferische Gedanke aber von Idealen.

- wenn Du verstanden und verinnerlicht hast, warum Allmacht selbst absolute Stille ist.

## NOTIZEN

# KOMMENTAR

Solltest Du für großartige Dinge noch kein Bewußtsein entwickelt haben, lernst Du in diesem Kapitel, wie der Gedanke für längere Zeit im Bewußtsein gehalten wird.

Deine Konzentration auf das gewünschte Objekt wird dazu führen, daß Du über das Unterbewußtsein auf die Universelle Substanz einwirkst und sie zum Reagieren bringst. So entwickelst Du schrittweise ein zunehmend größeres Verständnis für großartige Dinge und Ideen. Während Du das tust, wird sich Dir der Weg auftun. Menschen kommen auf Dich zu; Du stolperst über hilfreiche Informationen; Du erkennst immer mehr Möglichkeiten der Verwirklichung etc. All das war Dir zu Beginn noch fremd und unbekannt, aber nun bist Du auf dem Weg, Dir Dein Ideal nicht nur groß und ausschweifend vorzustellen, sondern es auch in die Tat umzusetzen. Du schaust nun zurück und fragst Dich bestimmt, warum Du nicht schon immer so gedacht hast, erfreust Dich aber der neuen Dinge und schreitest mutig und dankbar voran.

1. Verstehst Du, was Haanel damit zum Ausdruck bringen will? Je mehr Du Deine Einheit mit dem allmächtigen Bewußtsein anerkennst und Dir zunutze machst, desto weniger Beschränkungen unterliegst Du, weil Du diese auflöst und als unwirklich ansiehst. Du findest immer häufiger und leichter Lösungen für vermeintliche Probleme. Dein zunehmendes Leistungsvermögen versetzt Dich in die Lage, Hindernisse auf Anhieb zu erkennen und gar nicht erst zur Entwicklung kommen zu lassen. Du wirst immer stärker, souveräner und machtvoller, wohlwissend, daß Gebrauch die Bedingung ist.

2. Beachte bitte den Umkehrschluß: Was uns nicht bewußt ist, können wir auch nicht in der äußeren Welt darstellen. Ohne ein entsprechendes Bewußtsein gibt es keine Wahrnehmung durch die 5 Sinne, somit keine Klassifizierung und letztendlich auch keinen Nutzen. Das erklärt, warum ein höheres Bewußtsein immer mächtiger ist als ein niedriges.

3. Dabei gilt natürlich zu jeder Zeit, daß das, was Du für unmöglich hältst, für Dich auch unmöglich bleiben wird. Die Betonung liegt hier auf ‚für Dich‘, denn ‚unmöglich‘ ist nicht absolut und für jedermann gültig, sondern allein Dein Bewußtseinskonstrukt, welches sich allein für Dich verwirklichen wird. Erinnere Dich: Es gibt niemanden, der Dir bewußt etwas zuteil kommen läßt oder auch nicht. Deine Fähigkeit, wahrhaft zu denken, ist Deine Fähigkeit, auf das Universelle einzuwirken, welches an sich nur Bewußtsein im Ruhezustand ist, also reines Potential.

4. Beim Lesen dieser Zeilen sollte Dich eine Energie durchfahren, die Dich Gänsehaut spüren läßt. Es bedeutet die Abkehr von Beschränkungen, Mangel, Krankheit, Depression, Verlust und von widrigen Lebensumständen allgemein. Die in diesen Worten enthaltene Weisheit wird Dir von nun an gute Dienste leisten und Dir den Weg zum Erfolg ebnen. Es bedarf nur Deine Anerkennung und Inanspruchnahme dieser unendlichen Macht. Noch einmal: Gebrauch ist die Bedingung, um dieses grandiose Erbe anzutreten.

5. Du erkennst hier auf Anhieb, daß Haanels Gebrauch des Wortes ‚Macht‘ wenig mit dem zu tun hat, wie dieses Wort in der

heutigen Gesellschaft bewertet wird. Es ist an dieser Stelle hilfreich, sich in Erinnerung zu rufen, daß viele Menschen genau zu diesen machtvollen Menschen aufschauen und sich deren Leben wünschen, ohne sich bewußt zu sein, was dazu gehört und welche Opfer sie täglich erbringen. Dazu führe ich immer folgendes Beispiel an.

Generell kann man sagen, daß diejenigen, die vor dem Fernseher sitzen, kein Geld haben, während diejenigen, die ,im Fernseher' sind, Geld haben. Letztere betätigen sich kreativ und werden dafür finanziell belohnt, während erstere lediglich konsumieren, was bekanntlich Geld kostet. Du kannst davon ausgehen, daß je mehr Geld die Menschen haben, um so weniger Zeit verbringen sie vor dem Fernseher. Das heißt, wenn Du mehr Geld haben willst, Du Deinen TV-Konsum auf nahezu null schrauben solltest. In der Tat wirst Du das zwangsläufig tun, da Du mit Wichtigerem beschäftigt bist und keine Zeit mehr für solcherlei Aktivitäten hast.

6. All das bedarf Beharrlichkeit und Disziplin. ,Es ist noch kein Meister vom Himmel gefallen' ist hier ebenso eindeutig wie mehrdeutig und beinhaltet sogar noch eine humorvolle Komponente. Weil es aber zu Beginn nahezu unmöglich ist, die Sinneswahrnehmung mit den neuen Gedanken in Übereinstimmung zu bringen, ist es angebracht, die Zeit in der Stille zu verbringen und die Ideen dort erst einmal reifen zu lassen. Gehe erst damit an die Öffentlichkeit, wenn Du stark genug bist, denn nur dann bist Du in der Lage, mögliche Kritik und die eigenen Restzweifel zu überwinden.

7. Wenn Du Dich an dieser Stelle fragst, was große Gedanken sind, dann ist die Antwort diese: Große Gedanken sind Gedanken über Ziele, die über Dich als Person hinausgehen und vielen anderen Menschen, Tieren, Pflanzen oder Mineralien dienlich sind. Das Stichwort hier: Dienst; Dienst am Nächsten. Erschaffe etwas, wofür es sich lohnt die Zeit aufzubringen, nicht unbedingt, um einen finanziellen Erfolg zu erzielen, sondern primär, um den Wesenheiten auf diesem Planeten zu helfen, sich weiter zu entwickeln.

8. Halte Dir stets vor Augen, daß es aus gutem Grund ,Unterbewußtsein' heißt, denn es findet unterhalb Deines bewußten Verstandes statt. Du nimmst über Deine Sinneswahrnehmung ausschließlich die Resultate des vom Unterbewußtsein erschaffenen wahr, trägst zur Umsetzung selbst bewußt allerdings nichts mehr bei.

9. Dein Leben muß zwangsläufig das Spiegelbild Deiner hauptsächlichen Gedanken sein, weil Gedanken Ursachen sind und Du nur für das empfänglich bist, wofür Deine Aufmerksamkeit eine Empfänglichkeit erschaffen hat.

Natürlich hat man als Teil der Menschenrasse bestimmte Grundprogramme mit auf den Weg bekommen, die nur schwerlich zu verändern sind, wenn sie überhaupt verändert werden sollen. Dennoch sind wir in der Lage, durch unser Denken unseren Verstand zu reinigen und unserem Körper neue Anweisungen zu geben. Es gilt zu beachten, daß Gesundheit der Normalzustand ist, nicht Krankheit; daß Wohlstand der Normalzustand ist, nicht Mangel; daß Liebe und Zuneigung der Normalzustand ist, nicht Haß, Neid, Mißgunst und Eifersucht. All diese vermenschlichenden Konzepte wurden erst durch unser Vergessen erschaffen, unsere Abkehr von der Quelle, dem Ursprung allen Lebens. Nun aber erinnern wir uns wieder daran, und Dein Studium beschleunigt diesen Prozeß um ein Vielfaches.

10. Die Herausforderung besteht anfangs darin, neue Gedanken zu denken, Gedanken, für die Du noch keine synaptischen Verbindungen erstellt hast. Da helfen Dir aber Mittel wie eine Visionstafel oder das Aufschreiben Deiner Wünsche. Da Du Dich bereits an einem Punkt befindest, von dem Du weg willst, bist Du Dir des Gegenpols durchaus bewußt, weißt aber zunächst nicht, wie dieser zu erreichen ist. So machst Du Dir diese Hilfsmittel zunutze, um schrittweise ein Bewußtsein dafür aufzubauen.

Die Bilder des Gegenpols, die Du aus Magazinen ausschneidest und auf die Tafel klebst, geben Dir erste visuelle Anreize, welche Du dann mittels Deiner Vorstellungskraft mit weiteren Details versiehst. Dadurch bilden sich neue synaptische Verbindungen im Gehirn, und eine Idee, die anfangs noch vollkommen fremd, weit entfernt oder gar unmöglich erschien, nimmt nun immer mehr Form und Gestalt an. Bevor Du Dich versiehst, bist Du mitten drin und dadurch auf dem Weg zur gesetzestreuen Erfüllung.

11. Weil das Thema der inneren gegenüber der äußeren Welt so wichtig ist, wird es von Haanel auch immer wieder erwähnt. Du mußt es zutiefst verinnerlichen, daß es in der inneren Welt ist, wo die wahren Ursa-

chen gesetzt werden. Gleichzeitig mußt Du lernen, Deine Sinneswahrnehmung zu ignorieren, da diese Dir auf absehbare Zeit immer noch die Resultate vergangenen Denkens vorspiegelt. Läßt Du Dich von ihnen verleiten, setzt Du damit wieder neue Ursachen, und das bereits Erhaltene bekommt neuen Auftrieb zur erneuten Verwirklichung.

12. Diese Aussage liest Du wahrlich nicht zum ersten Mal. Haanel wiederholt sie so oft, damit es wirklich einsinkt, daß Du nicht das Produkt von Launen oder Zufall bist, sondern von Gesetzmäßigkeiten. Als Schöpfer Deiner eigenen Gedanken übernimmst Du nun Verantwortung für Dein Leben, bist dankbar für die Gegenwart der Allmacht und freust Dich, daß Dir dadurch ein Zepter der Macht in die Hand gelegt wurde, das mit nichts zu vergleichen ist. Der Master Key (Universalschlüssel) wird unter anderem so genannt, weil er Dir wirklich all die Türen öffnet, die Du für wertvoll genug betrachtest, geöffnet zu werden.

13. Gedanken, Geisteshaltung, Gewohnheit, Automatismen, Unterbewußtsein, Verwirklichung.

Gedanken, Schwingung, Resonanz, Macht, Lebenskraft.

Gedanken, Wahrheit, Prinzip, Ordnung, Struktur, Proportion, Schönheit, Liebe, Bestand, Genuß.

14. ‚*Die Negative [zu] zerstören*‘ ist eine Metapher für ‚Gedanken nicht zu denken‘. Gefällt Dir das Bild (die Auswirkung)

nicht, siehe zu, daß Du das Negativ (den Gedanken als Ursache) nicht mehr denkst.

15. Im Englischen sagt man so schön: ‚*Winners never quit. Quitters never win.*‘ Gewinner geben nie auf. Vorzeitige Aufgeber gewinnen nie. Es ist immer wieder die Beharrlichkeit, die Dich Ziele erreichen lassen wird. Diese ist aber nicht mit einem zähen Kampf gleichzusetzen, sondern mit einem freudvollen und dankbaren Prozeß. Auf dem gibt es sicherlich Rückschläge, aber die führen nur dazu, daß man den Prozeß optimiert, ohne aber vom Ziel abzulassen. Wenn es zäh ist, bestehen dort Widerstände, die es zu erkennen und aufzulösen gilt. Wo Harmonie und Einklang bestehen, ist alles im Fluß!

16. Dr. John Demartini, ein bekannter amerikanischer Chiropraktor und weltweit anerkannter Sprecher, schrieb in seinem Buch ‚*Wie Visionen wahr werden*‘ über ein Erlebnis, das er als junger Mann hatte. Dort wurde ihm von einem Lehrer namens Paul Braggs eingetrichtert, daß er folgende Worte immer wieder wiederholen sollte: ‚*Ich bin ein Genie, und ich wende meine Weisheit an.*‘ Das ist eine äußerst machtvolle Aussage. Wiederhole auch Du sie, bis sie in Fleisch und Blut übergegangen ist. ‚*Ich bin ein Genie, und ich wende meine Weisheit an.*‘ ‚*Ich bin ein Genie, und ich wende meine Weisheit an.*‘ ‚*Ich bin ein Genie, und ich wende meine Weisheit an.*‘

In dem Buch geht es darum, daß man sein übergeordnetes Ziel im Leben erkennt und diese Vision dann glasklar formuliert und mit so viel Details wie möglich versieht. All das ist aber immer noch ohne wirkliche Macht und Kraft, wenn man nicht anerkennt, daß man ein Genie ist und seine Weisheit anwendet. Wenn Du Deine Lebensaufgabe noch nicht erkannt hast, dann ziehe Dich zurück in die Stille und mache Dir Gedanken darüber, was Du wirklich machen willst; was Du zu tun liebst; was Dich morgens aus dem Bett springen läßt und abends auch mal lange Stunden arbeiten läßt. Wenn Du da ein Bild hast, verfolge es konsequent und laß Dich durch nichts davon abbringen, denn das ist Deine Berufung!

17. Du siehst, daß das Erkennen Deiner Berufung dann von geistigen Kräften unterstützt wird, Kräfte, auf die Du Dich verlassen kannst. Wenn Du etwas gefunden hast, was Du auf jeden Fall verwirklichen willst, werden sich Dir die Wege und Möglichkeiten auftun, um das auch zu erreichen. Das, was Du tust, unterliegt aber zu jeder Zeit Gesetzmäßigkeiten.

18. ‚*Das Gesetz rechnet uns jede Anstrengung und jeden Erfolg hoch an.*‘ Das sollte auch Dir Vertrauen geben, Neues anzugehen und Dich von Fehlschlägen nicht entmutigen zu lassen. Jeder noch so kleine Schritt voran wird entsprechende Auswirkungen haben. In den Worten von Johann-Wolfgang von Goethe.

*Was immer Du tun kannst oder erträumst zu können, beginne es.*

*Kühnheit besitzt Genie, Macht, und magische Kraft!*

*Beginne es jetzt!*

19. Immer wieder wird der Verweis auf das Betrachten des Ideals als bereits bestehende Tatsache gegeben. Das ist deswegen so wichtig, weil Du ja am Endresultat interessiert bist und weniger am Prozeß. Da das Endresultat aber auch nur eine Schwingungsform ist, die einer entsprechenden Ursache zugrunde liegt, muß eben auch der ursprüngliche Gedanke derselbe sein. Sonst gibt es kein *vibrational match*, wie Esther Hicks (,Abraham') sagt, keine *schwingungstechnische Übereinstimmung*. Der Wunsch und Du müssen eins sein. Wenn nicht, wirst Du Dich weiterhin ,auf dem Wege' befinden, Dein Ziel aber deswegen nicht erreichen, weil es schwingungstechnisch gar nicht möglich ist. Es gibt keine *Über-ein-stimmung*.

20. *,Der schöpferische Gedanke wird von einem Ideal bestimmt.'* Es ist dieses Ideal, welches auch Dich antreiben muß, wenn Du Großes erreichen willst. Es ist Dein Ideal. Es hat mit anderen nichts zu tun. Ganz gleich, was sie darüber denken und zum Ausdruck bringen, es ist weiterhin Dein Ideal, Deine Lebensaufgabe, Deine Berufung - nicht ihre!

21. Natürlich kann es nicht nur Häuptlinge geben, sondern es muß auch Indianer geben. Nicht jeder hat hohe Ambitionen und ist willens, die dafür erforderlichen Opfer zu erbringen. Viele sind schon mit weniger zufrieden. Doch auch in solchen Situationen ist das Wissen um den Master Key von übergeordneter Bedeutung, da Geist nicht nur auf höheren Ebenen tätig ist, sondern überall.

Vielleicht ist es dort, wo die schöpferische Kraft der Gedanken noch nicht verstanden wurde, daß dieses Wissen seine größten Wirkungen erzielt und somit auch zu einer Entspannung zwischen den beiden Ebenen führt. Das wiederum würde einen Nutzen für die gesamte Gesellschaft ausmachen, sowohl auf kultureller als auch auf wirtschaftlicher und politischer Ebene.

22. Im letzten Satz verweist Haanel ganz klar darauf, daß es für die Masse an Menschen nicht den Stillstand, die Stabilität gibt, die sie sich erhoffen. Natürlich geben einem die Naturgesetze Rückhalt und Stabilität, aber es gibt über den Wunsch des Menschen hinaus noch eine andere Realität: Den Entwicklungstrieb der Schöpfung. Diesem unterliegen wir, und haben die Möglichkeit, uns in Einklang mit ihm einzufinden oder uns gegen ihn aufzulehnen. In beiden Fällen sind die Ergebnisse ,entsprechend'.

23. Interessant, daß es damals auch schon so zuging. Heutzutage hat sich das ja nochmal verstärkt, nur mit dem Unterschied, daß man heute nicht mehr in die Arme eines Retters flüchten muß, sondern gemeinschaftlich für sich selbst bestimmt. Dazu befähigt ja das Master Key System.

24. Hier hat die Geschichte leider gezeigt, daß diese ,Gefahr' durch Rezessionen und Weltkriege immer wieder entschärft wurde. Auch heute befinden wir uns wieder in einer ähnlichen Situation. Geldentwertung, Kriege und zahlreiche Manipulationen deuten darauf hin, daß der vom Menschen gemachte Fortschritt durch andere Kanäle bewußt zunichte gemacht wird. Andererseits ist es auch eine Segnung, denn die Menschheit kann dieses Mal zeigen, daß sie aus der Geschichte sehr wohl gelernt hat und sie nicht wiederholen wird.

Es ist letzten Endes eine Frage von Macht. Bleibt das gegenwärtige Machtgefüge bestehen, ist die Wahrscheinlichkeit hoch, daß sich die Geschichte wiederholt, denn die Absichten sind noch dieselben. Ermächtigt sich aber das Individuum auf einer breiten Ebene und erkennt seine Einheit mit allem was ist, wird es sich auch entsprechend verhalten, ungeachtet der Angst- und Panikmache, des Kriegstreibens und der Polarisierung von Bevölkerungs- und Religionsgruppen.

25. Es wird für Dich nicht schwer zu erkennen sein, daß das Studium des Master Key Systems und die Anwendung der darin gelehrten Wahrheiten dazu führt, daß Du Dir Deine eigenen Privilegien erschaffst. Du entziehst anderen aber keine, sondern bist schöpferisch tätig. Durch den Master Key kommen einfach nur mehr Menschen in den Genuß von dem, was wir mit Privilegien bezeichnen. So erhebt sich die gesamte Menschheit auf eine höhere Ebene.

26. Ich denke, damit ist bezüglich der gegenwärtigen Machtstrukturen und ihrer momentanen Auswirkungen alles gesagt.

27. Ich habe schon mehrmals geäußert, daß es ‚Gott‘ egal ist, was Du denkst, es *Dir* aber nicht egal sein sollte. Das stieß bei einigen auf Unverständnis, aber diese Passage rückt meine Aussage ins rechte Licht. ‚Gott‘ ist es deswegen gleichgültig, weil ‚Er‘ keine Vorzüge verteilt - es fehlt dazu an der Absicht. ‚Gott‘ ist das Universelle Bewußtsein, welches sich durch uns als Kanal Ausdruck verschafft. Wenn es so etwas wie eine übergeordnete Absicht geben sollte, dann ist es die von uns erkannte Vorwärtsbewegung des Großen Ganzen, die immer wieder neue und bessere Formen hervorbringt, während sie sich durch alle Geschöpfe erfährt.

Das Universelle Bewußtsein ist einfach nur - es ist reines Potential. Es ist absolute Stille. Stille und Potential vertragen sich aber gar nicht mit Launen, Vorzügen etc. Es ist lediglich der höhere Grad an Intelligenz, der dazu führt, daß manche mehr Macht haben, sprich: Mehr Kontrolle über ihre Umgebung. Da Du nun weißt, wie auch Du auf diese Universelle Substanz einwirken kannst, steht Dir der Verwirklichung Deiner Ideen und Vorhaben nichts mehr im Wege.

28. Diese Übung ist so bedeutsam, weil das Kennen der Wahrheit der Master Key ist. Die Wahrheit ist der Pfeiler, um den die gesamte Lehre aufgebaut ist. Die Wahrheit beruht auf den sieben Hermetischen Prinzipien und wird durch sie bewerkstelligt. Dein Studium hat Dich zu einem tiefen Verständnis dieser Prinzipien geführt. Nun müssen sie von Dir lediglich angewandt werden.

# 22

## Neues Denken, neuer Mensch

Der Titel dieses Kapitels ist nach nunmehr fünf Monaten kaum überraschend. In der Stille bist Du herangereift und gewachsen, hast Dein Potential schrittweise zur Entfaltung gebracht und bist im Begriff, zu einer herausragenden Persönlichkeit zu werden. Du bist vollkommen, perfekt, stark, mächtig, liebevoll, harmonisch und glücklich!

Vorbei sind die Zeiten der Launen, der Emotionalität, des unkontrollierten Hin-und-Herschwingens, der Unberechenbarkeit, der Abhängigkeit von anderen Menschen oder äußeren Umständen. Du setzt neue Ursachen in Bewegung. Diese sind in Übereinstimmung mit Deinen Fähigkeiten des Ausdrucks und immer zum Wohle aller Beteiligten. Deine körperliche und geistige Kraft reflektiert Deinen Einsatz über die letzten Monate hinweg und bringt sich durch das ins-Leben-rufen von Schönem und Wohltuendem zum Ausdruck. Du erfüllst Deine Aufgabe als bewußter Mitschöpfer, und die Schöpfung beschenkt Dich reichhaltig.

Durch Dein Denken definierst Du Dich kontinuierlich aufs Neue. Dieses Kapitel handelt von Deiner Gesundheit. Es erinnert Dich, daß negative Emotionen Krankheiten verursachen. Negative Gedanken haben die Tendenz, das Nerven- und das Drüsensystem anzugreifen und anschließend zu zerstören. So wird umgehend klar, daß Du nur positive und harmonische Gedanken hegen darfst. Du mußt Dir ein Bild körperlicher Perfektion schaffen und es solange im Bewußtsein halten, bis es dem Unterbewußtsein aufgeprägt wurde. Immer wieder derselbe Vorgang: Vom Glauben zum Wissen, vom Verstand zum Unterbewußtsein, dem Solarplexus, dem Verteilungspunkt aller Energien an den Körper.

Ohne eine ausreichende Gesundheit nützt Dir auch das liebe Geld nichts, um das es sich im 23. Kapitel handelt. Somit bereitest Du Dir mit dem Wissen dieses Teils eine Grundlage für den Genuß Deines finanziellen Wohlstands.

Das Gesetz der Schwingung führt Dich auf den Weg der Gesundheit. Die Schwingung kommt vor der Materialisierung, und wenn Du mit der Materialisierung (der Auswirkung) nicht zufrieden bist, dann mußt Du die Schwingung ändern (die Ursache).

Es geht also darum, Dir bewußt zu werden, wann Du negative Emotionen an den Tag legst, damit Du dich fangen und entscheiden kannst, in welche Richtung Du gehen willst. Du hast stets die Wahl – zu jeder Zeit. Das bedarf Mut, Zuversicht und Vertrauen, denn ohne diese bliebest Du durch Deine Zweifel gelähmt, außer Stande, nach vorn zu schreiten. Auch hier führt die Wiederholung zur Meisterschaft. Hier darfst Du nicht schlappmachen, sondern bleibe dran, ermächtige Dich und meistere schließlich auch diese Aufgabe. Am Ende nimmt all das sogar humorvolle Züge an, wenn man sich mal wieder im Moment ertappt hat, wo eine negative Emotion oder Äußerung kurzzeitig Oberhand gewonnen hat.

In diesem Zusammenhang möchte ich nochmals auf ‚*Ein Buch über Dich*‘ aufmerksam machen. Wenn Du weißt, welche planetarischen Schwingungs einflüsse Dich erreichen, dann weißt Du auch, wie Du Dich darauf einstellen kannst. So bewahrst Du Dich vor eventuellen negativen Einflüssen.

## ÜBUNG

In der Übung geht es um Tenneysons Zitat; Du bist in Verbindung mit der Allmacht, wenn Du mit Ihm sprichst. Er ist so nahe, daß Dir nun wirklich bewußt wird, daß Er Du bist und zwar mit und in jeder einzelnen Zelle Deines Körpers. Diese Übung bitte nicht vernachlässigen, denn Deine Anerkennung

Deiner Einheit mit der Allmacht befähigt Dich *‚die Abgründe des Zweifels zu überspringen, mutig zu planen und furchtlos durchzuführen.'*

## AUFGABEN

1.  Schreibe auf, durch welche beiden Vorgänge Lebensvorgänge aufrecht erhalten werden.

    .............................................................................

    .............................................................................

    .............................................................................

2.  Beantworte Dir so oft wie möglich die folgenden Fragen:

    ✓   Was habe ich heute gemacht?
    ✓   Was kann ich daran verbessern?
    ✓   Wer kann mir dabei helfen?
    ✓   Wann werde ich es vollenden?

3.  Was ist die Ursache aller Krankheiten?

    .............................................................................

4.  Worauf beruht unsere momentane körperliche Verfassung?

    .............................................................................

5.  Was muß zum Erreichen körperlicher Perfektion getan werden, damit sie sich verwirklichen kann?

    .............................................................................

    .............................................................................

    .............................................................................

    .............................................................................

    .............................................................................

6.  Was ändern wir, wenn wir die Schwingungsfrequenz ändern?

    .............................................................................

    .............................................................................

    .............................................................................

7. Durch welches Gesetz übt der Geist Kontrolle über seinen Körper aus?

8. Durch welches Gesetz kommen wir zu perfekter Gesundheit?

9. Was wird aktiviert, wenn wir fortschrittliche, mutige, edle, aufbauende und freundliche Gedanken hegen, und wie drücken sie sich in Form aus?

10. Warum dürfen dem Unterbewußtsein nur perfekte Bilder vorgelegt werden?

11. Wie wirkt sich eine höhere Schwingungsfrequenz auf eine niedrigere aus?

12. Kreuze an, welche der untenstehenden Aussagen auf Dich zutreffen.
    - ☐ Mein Leben hat sich in den vergangenen 22 Wochen vollkommen geändert.
    - ☐ Ich bin diszipliniert.
    - ☐ Ich kann mir große Ziele vorstellen und weiß auch, wie ich sie erreichen kann.
    - ☐ Meine Mitmenschen arbeiten mir zu.
    - ☐ Synchronizitäten fallen mir heutzutage viel häufiger auf als in der Vergangenheit.
    - ☐ Ich habe mein Idealgewicht.
    - ☐ Ich bin viel stärker als noch bei Beginn meines Studiums.
    - ☐ Ich bin mir etlicher alter Muster und Programmierungen bewußt

geworden und weiß nun, wie ich sie allesamt auflösen und zurück ins Licht schicken kann.

☐ Ich umgebe mich mit Menschen, die auf derselben Wellenlänge sind wie ich.

## LITERATURHINWEIS

Ⓦ Charles Haanels *„Ein Buch über Dich"* verbindet auf eindrucksvolle Weise das Wissen des Altertums und bindet die verschiedensten Formen von Schwingungen in unser Leben ein. Er erklärt, wie Planeten auf uns wirken und welchen Chakras sie zugeordnet sind, ebenso wie die Manifestationen anderer Arten von Schwingungen. Es kostet 21,95 Euro, als eBook nur 16,95 Euro. Beide sind über *www.mrmasterkey.com* erhältlich.

Ⓦ Wer noch mehr über bewußte Atemtechniken wissen möchte, der sollte Charles Haanels letztes Buch, *„Die erstaunlichen Geheimnisse der Yogis"* lesen. Dort gibt es viel darüber zu lernen und gleich praktisch anzuwenden, wie z.B. eine Übung zum Überwinden der Angst. Das mag für Dich nicht mehr zutreffen, kann aber auch anderen Menschen helfen. Der Preis ist derselbe wie beim oben genannten Buch.

## DU HAST DIESEN TEIL GEMEISTERT...

☐ wenn Du Deine Ernährungsgewohnheiten Deinen neuen geistigen Anforderungen angepaßt hast.

☐ wenn Du Dir vorgenommen hast, Dich regelmäßig von körperlichen Giften und Schlackesetoffen zu befreien – oder es bereits in Dein Leben integriert hast.

☐ wenn Du in der Lage bist, durch Konzentration neue Neigungen im Unterbewußtsein hervorzurufen.

☐ wenn Du verstanden hast, in welchem Bezug das Gesetz der Schwingung zu Deinem Körper steht.

☐ wenn Du ermutigende, fortschrittliche, erhabene, aufbauende, noble, freundliche und wünschenswerte Gedanken hegst und dabei bist, dieses zu Deiner vorherrschenden Geisteshaltung zu machen.

- wenn Du verinnerlicht hast, daß jede Zelle Deines Körpers Intelligenz besitzt.
- wenn Du wirklich verstanden hast, daß es die Aufgabe des Unterbewußtseins ist, Leben auszudrücken und Zustände allgemein zu verbessern.

## NOTIZEN

# KOMMENTAR

Für den Normaldenkenden wird es natürlich schwer zu verstehen sein, daß das Abstellen zerstörerischer Gedanken solch profunde Auswirkungen auf den gesamten Körper hat. Als Master-Key-System-Student hast Du aber mittlerweile ein sehr viel umfangreicheres Verständnis über die Verbindung von Geist und Körper erlangt. Du achtest ja bereits verstärkt darauf, Deine Gedanken zu kontrollieren. Dazu gehören letztlich aber auch Dinge wie Sorge, Kummer und Ängstlichkeit. Du wirst Dich mehr und mehr damit befassen, Gedanken des Mutes, der Heilung, der Segnung, des Friedens und des Mitgefühls einzusetzen, anstatt die erstgenannten weiterhin zu hegen.

Du wirst feststellen, wie sich Dein Körper teils sanft aber auch drastisch umstellt. Das allein führt zu einer bedeutenden Erhöhung der Lebensqualität. Es versetzt Dich aber auch in die Lage, ganz andere Projekte in Deinem Leben anzugehen und auch die erwünschte Ruhe zu finden, um in Dich zu kehren und so zu neuen Erkenntnissen zu gelangen.

1. Die Betonung hier liegt eindeutig auf ‚von unschätzbarem Wert‘. Angewandtes Wissen wird sich immer vorteilhaft darstellen, wenn die Ursache sich im Einklang mit der Vorwärtsbewegung des Großen Ganzen befindet. Ist es nicht so, wird die Erfahrung als ‚fehlerhaft‘ notiert und ein weiterer Versuch gestartet, durch Erfahrung zur Wahrheit und somit zur Garantie des Fortbestands zu kommen.

2. Daß jeder Gedanke einen Eindruck im Bewußtsein hinterläßt, sagt aber nichts über die Tiefe aus. Daher verwirklichen sich Gedanken auch nicht automatisch, sondern erst dann, wenn sie zur Gewohnheit geworden sind und im Unterbewußtsein einen entsprechend tiefen Eindruck hinterlassen haben.

3. Die Antwort darauf ist einfach: Das, was wir denken, erschaffen wir. Das, was wir erschaffen, ist die Ernte, die wir einbringen.

4. Der französische Doktor Emile Coué hat schon vor vielen Jahren Erstaunliches durch Affirmationen und Autosuggestionen erreicht. Er hat sich der schöpferischen Kraft der Gedanken bedient, um körperliche Leiden zu mildern oder ganz aufzulösen. Es mußten beim Patienten aber erst einmal die entsprechenden Bilder geschaffen werden, um sich anschließend zu verwirklichen. Hier der Anspruch, da das Resultat.

5. Hier wird die wahre Macht und Kraft deutlich, die Dir gegeben wurde, um von Dir entsprechend eingesetzt zu werden. Die Macht der Gedanken über die Materie ist mittlerweile eine anerkannte Tatsache und wird auch Dir in dieser fortgeschrittenen Phase des Studiums keine Probleme mehr bereiten.

6. Durch unsere Beobachtung sind wir in der Lage, bestimmte Dinge zu messen, auch Schwingungsraten. Das, was nicht beobachtet wird, kann auch nicht gemessen werden, und das was nicht gemessen werden kann, besteht auch nicht als solches. Als geistiges Konstrukt – als Glaube – besteht es durchaus, aber das allein besagt rein gar nichts.

7. Wenn man sich seiner Macht und Kraft noch nicht bewußt geworden ist und in

einer Situation festzustecken scheint, ist es hilfreich, sich bewußt zu werden, daß der gegenwärtige Zustand kein Dauerzustand ist. Er ist durch irgendetwas entstanden, kann so aber durch etwas anderes auch wieder aufgelöst werden. Dadurch entsteht sogleich ein Gegenpol und auch eine Alternative.

Die Erfahrungen, von denen Haanel hier spricht, deuten auf selbiges hin: Daß jeder von uns weiß, wie sich gute Gefühle anfühlen, was sie in uns auslösen etc.. Es bedarf eines Einstimmens auf diese Situation, um sich von der gegenwärtigen zu entfernen und den Umschwung einzuleiten. Das kannst Du Dir durch schlichtes Bewußtwerden – ein Fangen im Moment – vergegenwärtigen und die Macht wieder an Dich reißen.

8.  Beachte genau die Aussage, *,Jede dieser Schwingungsraten, wenn aufrechterhalten, hat sich dann in Form ausgedrückt'*. Einfache Schwingungen sind jedoch zu schwach, um sich auf Materie auszuwirken. Werden diese Raten aber aufrechterhalten, verstärken sie sich durch Resonanz und bekommen dadurch die notwendige Stärke und Struktur, um Einfluß zu üben. Deswegen verwirklicht sich auch nicht jeder einzelne Gedanke, falls das an diesem Punkt noch zur Debatte stehen sollte.

9.  Über den Körper hinaus kann der Verstand seine Kraft noch in ganz andere Richtungen lenken – Richtungen, denen Du Dich in Zukunft noch vermehrt widmen wirst. Diese Kräfte sind es, die es uns als Menschen erlauben werden, auf dem Planeten Erde in Einklang mit der Schöp-

fung zu leben, anstatt mit allem und jedem einen sinnlosen Krieg zu führen.

10. Rein schwingungstechnisch betrachtet, kannst Du es auch so sehen: Der wache Verstand schwingt schnell auf und ab. Das Unterbewußtsein dagegen hat eine viel längere Wellenlänge. Es wird nicht so schnell erregt wie der Verstand und arbeitet auch entsprechend sorgfältiger und zuverlässiger.

11. Das bedeutet – wie schon zuvor erwähnt – nichts anderes, als daß Du Dich auf das Wirken des Unterbewußtseins verlassen kannst. Erinnere Dich, daß das Unterbewußtsein u.a. zur Aufgabe hat, *,Leben auszudrücken und Zustände allgemein zu verbessern'*.

12. Sie sind deshalb gelähmt oder wirkungslos, weil die Schwingungen, denen sie durch den fehlgeleiteten Verstand ausgesetzt sind, ihren eigenen gegenüberstehen und sie dadurch im wahrsten Sinne des Wortes *entkräften*. Zerfall muß an dieser Stelle zwangsläufig entstehen, weil die Lebenskraft der Zellen – ihre innewohnende Intelligenz – gestört wurde. Das geschieht natürlich nicht auf Anhieb, sondern - wie Haanel zu Beginn des Studiums erwähnte - nur durch einen sorgfältigen Unterminierungsprozeß.

13. Das Ignorieren der äußeren Welt wird Dich vor eine große Probe stellen, sind doch Deine fünf Sinne untrennbar damit verbunden. Es ist aus diesem Grund so wichtig, regelmäßig die Stille aufzusuchen und sich auch von Menschen fernzuhalten, deren geistige Haltung der eigenen abträglich ist.

14.    ... und je öfter Du es machst, desto leichter fällt es Dir, bis es aus Deinem Wachbewußtsein entschwunden und gänzlich unterbewußt geworden ist.

15.    Hier möchte ich auf Bruce Liptons Buch ‚*Intelligente Zellen*‘ verweisen, welches zu diesem Thema umfangreiche Hintergrundinformationen und wissenschaftliche Darlegungen liefert. Dadurch unterstützt es in gewisser Hinsicht das Master Key System und macht den Leser auf sein wahres Potential aufmerksam. Selbst genetische Defekte sind nicht mehr das, für die wir sie einmal hielten. ‚Der Geist ist stärker als die Gene.‘ Nicht die Gene steuern uns, sondern unsere Gedanken beeinflussen unsere Gene.

16.    Es ist wahrlich kein Rätsel, wer dafür verantwortlich ist, daß dem Unterbewußtsein perfekte Bilder vorgesetzt werden. Es ist auch kein Rätsel mehr, wie der Vorgang aussieht, dem Unterbewußtsein neue Bilder aufzuprägen. Es ist also alles da, was Du benötigst, um einen Wandel Deines Wesens zu vollziehen.

17.    Nur zur Erinnerung: Das Unterbewußtsein nimmt an der Beweisführung nicht mehr teil. Es führt mit Schweizer Präzision aus und setzt ohne Fehl und Tadel um.

18.    Jedes Element, nicht nur im menschlichen Körper, wird durch seine Schwingungsrate bestimmt. Durch deren Klassifizierung ist der Mensch in der Lage, diesen bestimmten Schwingungsraten Namen und Charakter zuzuordnen.

19.    Das ist wahr, weil wir Gehirnströme bereits seit vielen Jahren messen können.

Die verschiedenen Frequenzbereiche der Hirnwellen wurden mit *Beta, Alpha, Theta, Delta* und *Gamma* bezeichnet. Dieses Wissen wird u.a. bereits zum schnelleren Lernen und zur Heilung eingesetzt. In der Zukunft werden sich dort noch ganz andere Einsatzgebiete auftun, und auch diese werden uns allein durch geistige Inanspruchnahme und eine sorgfältige Beobachtung unterhalb der Oberfläche eröffnet.

20.    Das bedeutet, daß eine höhere Form von Bewußtsein stets über eine niedrigere herrscht. Das erklärt es auch, warum sich Millionen von Menschen in Situationen befinden, die sie für nicht wünschenswert halten. Sie sind noch nicht zu einem Bewußtsein für Macht und Kraft erwacht, welches in ihnen steckt. Somit ist es entsprechend leicht, sie von anderer Stelle zu steuern. Sie *werden* gedacht - sie denken nicht selbst. Es wird sich für sie also so lange nichts ändern, wie sich ihr Denken nicht ändert.

21.    Nicht nur den Charakter der Gehirnzellen, sondern den Charakter von allem, was existiert. Alles wird ja bekanntlich durch dessen Schwingungsrate bestimmt.

22.    Durch das gleichzeitige Wirken der sieben Hermetischen Prinzipien bilden sich durch lebensrichtiges Denken in Deinem Gehirn neue synaptische Verbindungen. Dadurch bist Du in der Lage, Neues aufzunehmen und Altes bei Bedarf anders zu interpretieren als zuvor.

23.    Dafür gibt es doch nur ein Wort für, oder? *Geil*! Also nicht grandios oder fantastisch oder toll, sondern *geil*! Da werden alle

273

Körperzellen in freudige Erregung versetzt, weil der Verstand nach all den Jahren endlich mal was begriffen hat und zur Wahrheit erwacht ist. Endlich besteht die Chance, daß sich dieses Erwachen auch in entsprechenden Worten, Gefühlen und Taten Ausdruck verschafft – Worte, Gefühle und Taten, die bewußt, systematisch, konstruktiv, also harmonisch, schön, liebevoll und voller Lebenskraft sind.

24. Wie Charles Haanel war auch Dr. Schofield seiner Zeit um Längen voraus. Es sollte viele Jahrzehnte dauern, bis Heilung durch Bewußtsein zu einer gewissen Anerkennung führte. Mit dem Master Key System wird dem aber noch die Krone aufgesetzt, denn damit kann jeder Mensch lernen, sich selbst zu heilen, ganz gleich, welcher Art das Gebrechen sein sollte.

25. Auch durch Methoden wie Quantenheilung und Matrix Energie kommt diesem Thema heute immer mehr Aufmerksamkeit und Bedeutung zu. Es wird nicht mehr lange dauern, bis sich dieses Wissen in den Köpfen der Allgemeinheit festgesetzt hat und das göttliche Potential der Heilung und des Erreichens von immer mehr Menschen erkannt und genutzt wird.

26. Noch sind wir nicht soweit, daß dieses Thema in der Schule behandelt wird, aber es bekommt immer mehr Aufmerksamkeit. Auch hartgesottene Skeptiker werden langsam weich, spätestens dann, wenn ihnen bei eigenen Krankheiten auf traditionelle Weise nicht mehr geholfen werden konnte und sie sich zwangsläufig der Gegenseite öffnen müssen.

27. Hier nochmals kurz der Verweis auf Emile Coué, aber auch auf Koryphäen wie Florence Scovel-Shinn, Catherine Ponder oder Louise Hay, die allesamt keine Doktoren sind, aber eine Vielzahl von Affirmationen ausgearbeitet haben, die der Patient benutzen kann, um sich gedanklich umzuorientieren.

28. Auch wenn es anfangs etwas Überwindung kosten sollte, sich mit dieser Macht und Kraft zu verbinden, gibt es dazu letztlich keine Alternative. Diejenigen, die es nicht tun, werden sich immer größeren Herausforderungen ausgesetzt sehen, weil ,*die Natur uns alle dazu zwingt, uns vorwärts durch das Leben zu bewegen*', wie Frederick Burgess es einmal ausdrückte.

29. Hier wird noch einmal deutlich, daß das, was wir ,Gott' nennen, außer der Selbsterfahrung keinen besonderen oder gar persönlichen Willen hat, und daß Krankheit und Leid keine Normalzustände sind. Viele Menschen halten sich durch Ausreden und Entschuldigungen für ihr eigenes Versagen weiterhin in der Opferrolle, anstatt sich durch richtiges Denken zu korrigieren und sich wieder im Einklang mit der Vorwärtsbewegung des Großen Ganzen einzufinden. In Kapitel 22 wirst Du - falls es auf Dich zutrifft - dem bereits entkommen sein oder Dich auf dem Weg dorthin befinden.

30. Du erkennst hier, daß Haanel sehr klar zwischen Theologie und Christentum unterscheidet. Das wahre Christentum – das Erkennen Deines göttlichen Kerns und Deiner Verbundenheit mit allem was ist – hat rein gar nichts mit dem zu tun, was durch die Jahrhunderte

daraus entstanden ist. Ganz gleich ob durch Absicht einiger weniger Menschen oder durch Unterlassung der Masse, das Resultat ist das gleiche.

Von großer Bedeutung ist in diesem Zusammenhang die Tatsache, daß Haanel als einziger die freimaurerischen Aspekte des ,Meißelns am eigenen Stein' mit der christlichen Nächstenliebe – Dienst – verbindet und somit die Perfektion herstellt, die den Einzelteilen stets versagt bleibt.

Wenn man die Geschichte betrachtet, gibt es zwischen der römischen Kirche und den Tempelrittern – aus denen die Freimaurer hervorgingen – seit Anbeginn einen Konflikt. Die einen gaben vor, an Gott zu glauben und predigten Nächstenliebe. Die anderen waren mehr daran interessiert, ihre Verbindung zu Gott dadurch zum Ausdruck zu bringen, daß sie ein Verständnis der geistigen Prinzipien (Hermetik) erlangten, Phänomene genau beobachteten und anschließend klassifizierten und dadurch die Wahrheit erkannten, was sie zu Selbsterkenntnis, Selbstbefähigung und Selbstverwirklichung führte.

31.   ,... der im Abbild oder der Ähnlichkeit Gottes erschaffen wurde'. Na, das ist doch mal ein schöner Schlußsatz für dieses 22. Kapitel. Da er ja Teil der Übung ist, wirst Du zu entsprechenden Erkenntnissen kommen, wenn Du gedanklich für einige Zeit auf ihm verweilst.

# 23

## Das Geldbewußtsein
## im Dienste der Menschheit

Wie Du sicherlich weißt, gab es für die 24 Kapitel keine Kapitelüberschriften. Diese habe ich erst mit der Übersetzung eingeführt, um dem Studenten eine Idee zu geben, worum es sich beim Master Key System handelt. Einige Teile können vom bewußten Verstand nicht so einfach aufgenommen und auf ihre Essenz reduziert werden. So habe ich auch dieses Kapitel bewußt benannt, und es wird offensichtlich, daß das liebe Geld, dem wir so viel Beachtung schenken, im Master Key System erst ganz am Ende behandelt wird. Das geschieht aus gutem Grund: Es wäre nämlich sinnlos, dieses Thema, welches doch so viele Menschen berührt, gleich am Anfang durchzunehmen, wo es weder ein Verständnis Deiner Selbst noch der universellen Gesetzmäßigkeiten gab. Erst jetzt, wo diese in Dir stärker verankert sind, wirst Du ‚aufs Geld losgelassen‘, denn jetzt verstehst Du noch viel besser, was es damit auf sich hat.

Geld durchzieht das gesamte Muster unserer Existenz. Du lernst diese Woche, daß es lediglich ein Hilfsmittel ist, um die Umstände herbeizuführen, die Du Dir wünschst, daß Du aber schlußendlich erkennst, daß lediglich das Spirituelle Bestand hat und daß das Materielle Dir auf Dauer keine Befriedigung geben kann und wird.

Um in der Zwischenzeit die von Dir gewünschten Umstände herbeizuführen, muß das Geld fließen. Damit das der Fall sein kann, mußt Du ein Geldbewußtsein entwickeln, ein Gespür für Macht und Kraft. Durch den Gebrauch davon kommt Dir so immer mehr davon zu. Der Gebrauch ist gleichzusetzen mit Dienst am Nächsten. Charles Haanel schreibt diesen Dienst sehr hoch, und auch Dir ist es klar geworden, daß Selbstsucht nicht zum Ziel führt. , weil auch die Natur Deines Wesens nicht selbstsüchtig handelt, sondern immer im Überfluß.

Du lernst auch, daß Du erst geben mußt, bevor Du erhalten kannst. Als mir klar wurde, daß Geben ein geistiger Vorgang ist, fiel mir ein riesiges Gewicht von den Schultern, und ich denke, Dir wird es ähnlich ergehen. Auf einmal macht das Geben nicht nur Sinn des Herzens, sondern auch vom Verstand. Vom Geistigen bekommst Du durch den Gebrauch immer mehr, und das Materielle ist nichts anderes als das Resultat des Zusammenkommens von ‚vielem Geistigen'. Energie folgt der Aufmerksamkeit, und Materie ist ja verdichtete Energie – verdichteter Geist.

Wenn Du das Material dieses 23. Kapitels beherzigst und mit dem verbindest, was Du in den vergangenen fünfeinhalb Monaten gelernt hast, wird es Dir leichter fallen, mehr Geld für Dich und andere anzuziehen und daraus einen Nutzen zu erwirken. Mit diesem Wissen sollte niemand mehr – wirklich niemand mehr – Mangel leiden. Du hast nun den Master Key und damit die Befähigung zu einem Geldmagneten zu werden. Du bereicherst durch Deinen Dienst gleichzeitig andere Menschen, da Dein Lohn immer ein Teil höherer Wertschöpfung ist. Setze das auf jedem einzelnen Schritt um, denn dann steht einer wunderbaren Zukunft nichts mehr im Wege. Zeiten von Mangel oder Beschränkung sind vergangen.

## ÜBUNG

Die Übung dieser Woche besteht aus Deiner Konzentration auf Geld als Hilfsmittel, auf spirituelle anstatt materielle Dinge. Wenn Du Dir dadurch im Klaren bist, daß Du ein Vielfaches von dem an Wert schöpfen mußt, was Du am Ende erhalten möchtest, ruft das natürlich das vorherige Kapitel mit dem Denken großer Gedanken in Erinnerung. Du kannst im Prinzip davon ausgehen, daß Du 6 bis 7-fache an Werten schöpfen mußt als das, was nachher als Ertrag für

Dich übrig bleibt. Das sind in etwa 13-17%. Richte deine Gedanken auch in dieser Woche entsprechend aus, so daß Dir bewußt wird, daß die Anhäufung von Geld nicht der Zweck Deines Lebens ist, sondern durch seinen bewußten Gebrauch und den natürlichen Gesetzmäßigkeiten durch Dich fließt. Je stärker die Ursache, desto stärker wird auch die Auswirkung sein und desto kräftiger wird der Strom fließen.

Genieße Deinen neu gewonnenen Reichtum. Ich selber freue mich auf den Tag, wo jemand zu mir kommt und sagt: ‚*Helmar, weißt Du noch damals, das Master Key System... Dadurch habe ich mir eine Yacht gekauft (oder eine Alm oder ein Kinderdorf) und ich möchte Dich als Dank herzlich einladen.*‘ Vielleicht bist Du es ja, der mir das sagt oder schreibt.

## AUFGABEN

1.  Schreibe auf, was der "Hauptgedanke" des Universums ist, und welche Auswirkungen das auf Dein Leben hat.

    ..................................................................

    ..................................................................

2.  Beantworte Dir so oft wie möglich die folgenden Fragen:

    ✓  Was habe ich heute gemacht?
    ✓  Was kann ich daran verbessern?
    ✓  Wer kann mir dabei helfen?
    ✓  Wann werde ich es vollenden?

3.  Was ist das Gegenteil vom Armutsbewußtsein?

    ..................................................................

4.  Was ist das erste Erfolgsgesetz und worauf baut es auf?
    1. ...............................................................
    2. ...............................................................

5.  Was ist unsere Herausforderung, was die unbeständigen Kräfte des Lebens anbelangt?

    ..................................................................

6. Was ist der erste Schritt, aus Dir einen Geldmagneten zu machen?

7. „Was für einen von Nutzen ist, muß für alle von Nutzen sein." Warum?

8. Warum ist es so wichtig, daß wir ausschließlich selbständig denken und es auf keinen Fall anderen überlassen?

9. Was ist die praktischste Sache überhaupt, die eine Person nur hoffen kann, zu finden?

10. Warum hat das Universelle keinen Einspruch gegen Deine Inanspruchnahme spiritueller Gesetzmäßigkeiten?

11. Erkläre die Bedeutung von Geld im Bezug auf die von uns gewünschten Umstände.

## TIPP

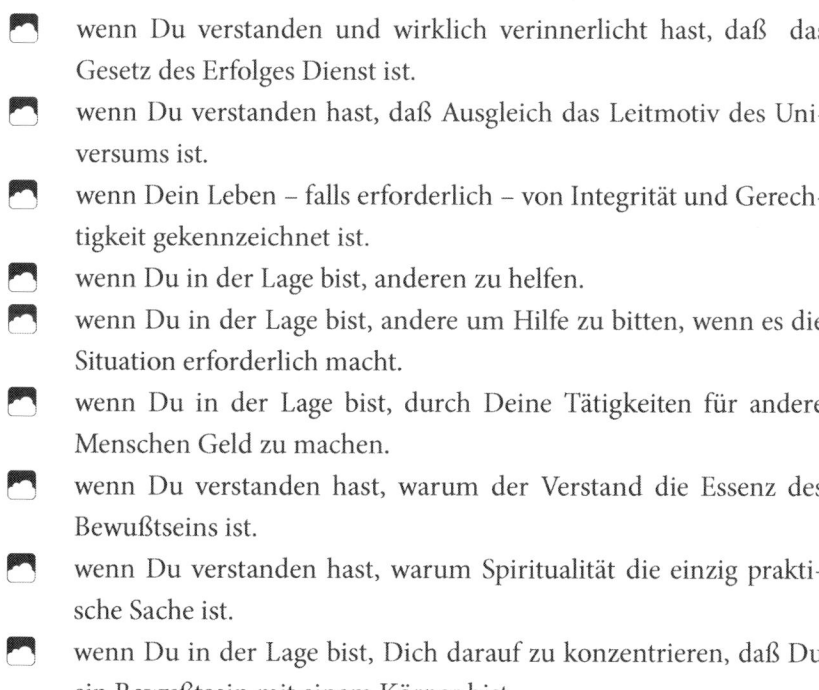 Wenn finanzieller Wohlstand für Dich immer noch ein Thema ist, nimm Dir Zeit für Dich und überlege, was Du wirklich dafür getan hast, um mehr Geld zu erhalten. Du erhältst immer nur einen Teil dessen, was Du für andere an Werten geschaffen hast. Wenn Du also €10.000 auf Deinem Konto sehen willst, überlege Dir, wie Du Werte in Höhe von ca €80-100.000 schaffen kannst. Darauf muß Deine Aufmerksamkeit gerichtet sein und NICHT auf das Endresultat. Die 10.000 sind nur die Auswirkung Deiner großen Gedanken und Deines Dienstes. Die €100.000 stehen für eine Wertschöpfungskette, die Du erschaffen hast und dessen Teilhaber Du als Verursacher bist.

## DU HAST DIESEN TEIL GEMEISTERT...

- wenn Du verstanden und wirklich verinnerlicht hast, daß das Gesetz des Erfolges Dienst ist.
- wenn Du verstanden hast, daß Ausgleich das Leitmotiv des Universums ist.
- wenn Dein Leben – falls erforderlich – von Integrität und Gerechtigkeit gekennzeichnet ist.
- wenn Du in der Lage bist, anderen zu helfen.
- wenn Du in der Lage bist, andere um Hilfe zu bitten, wenn es die Situation erforderlich macht.
- wenn Du in der Lage bist, durch Deine Tätigkeiten für andere Menschen Geld zu machen.
- wenn Du verstanden hast, warum der Verstand die Essenz des Bewußtseins ist.
- wenn Du verstanden hast, warum Spiritualität die einzig praktische Sache ist.
- wenn Du in der Lage bist, Dich darauf zu konzentrieren, daß Du ein Bewußtsein mit einem Körper bist.

## KOMMENTAR

Charles Haanel hat das Thema Geld bewußt ans Ende des Studiums gelegt, damit Du Dir vorher ein solides Fundament aufbaust und auch wirklich verstehst, was es mit dem Geld als Tauschmittel auf sich hat. Anders als bei Lehren, die das Materielle - insbesondere Geld - ablehnen, geht es im Master Key System um die Erkenntnis, daß sich das Geld durch die gesamte menschliche Existenz zieht. Wenn Du erkennst, daß es eben nur ein Mittel ist und kein Zweck, ändert sich auch Deine Einstellung dazu.

1.  Wenn Haanel schreibt, daß *das Geldbewußtsein die offene Tür zu den Arterien des Handels ist*', meint er damit: Wenn Du Dir finanziellen Reichtum im Leben wünschst, mußt Du durch diese Tür schreiten und am Handel teilnehmen. Jeder Handel hat eine Spanne, eine Profitmarge, eine Belohnung für geleistete Dienste oder Mehrwerte. Das mag selbstredend erscheinen, ist aber zumindest bei der Teilnahme am heutigen Handelssystem von grundlegender Bedeutung.

    Finanzielle Belohnung entsteht niemals aus sich selbst heraus, sondern ist ein integraler Teil einer Wertschöpfungskette - einer Kette, bei der Werte geschöpft werden. So sollte auch nicht die Belohnung das Ideal darstellen, sondern der Dienst, durch den neue Werte geschöpft werden, durch den etwas hervorgebracht wird, für das andere Menschen bereit sind, etwas zu zahlen. Das Augenmerk muß auf den Dienst ausgerichtet sein. Die eigene Belohnung kommt dann automatisch als Teil des Prozesses. Das ist wichtig zu verstehen, denn viele wünschen sich mehr Geld, wissen aber nicht, daß das Geld ein Resultat eines

Vorgangs ist. Es ist dieser Vorgang, auf den man sich konzentrieren sollte, damit dieser so optimal wie möglich abläuft, was sich auch in der eigenen Belohnung widerspiegelt.

2.  Wenn Du Kapitel 4 wirklich verstanden und verinnerlicht hast, weißt Du, daß es nichts gibt, vor dem Du Angst haben mußt. Dein ‚Ich' ist perfekt und vollkommen. Ihm stehen unendliche Ressourcen zur Verfügung und somit auch passende Antworten auf bestimmte Befürchtungen oder Ängste. Bedenke hier auch, das Angst die Abwesenheit von Mut ist. Angst, so real wie sie zeitweise erscheinen mag, kommt von nichts, ist nichts und wird zu nichts.

3.  Diese Passage lohnt es mehrmals zu lesen, denn in ihr stecken zahlreiche wertvolle Aussagen. Es geht im Leben natürlich nicht primär ums Geld, aber Du kannst davon ausgehen, daß sich jemand von Dir fernhalten wird, wenn Du ihm Verlust zufügst. Wenn Du ihn bereicherst, wird er sich Dir hingezogen fühlen.

    Geld hat auch nichts mit Bereicherung zu tun, sondern mit Dienst. Die Absicht sollte also immer die sein, Dienst zu leisten. Geld ist dann wie bereits erwähnt ein Resultat davon. Integrität und Gerechtigkeit treten dabei in den Vordergrund. Kein wahrlich rechtmäßig denkender Mensch würde irgendetwas unternehmen, das anderen Schaden zufügen könnte. Da das in der heutigen Gesellschaft aber immer noch der Fall ist, wird es deutlich, wie wichtig es ist, diese neue Denk- und Herangehensweise bezüglich Handel und Kommerz einzuführen und zu verbreiten. Sie ist ein integraler Teil des gesellschaftlichen

Wandels, der im Kleinen bereits überall begonnen hat, schrittweise nun aber ganz andere Dimensionen annimmt.

4. Neuem gegenüber offen zu sein bedeutet auch Raum zu schaffen für neue Gelegenheiten. Wenn Du stur an dem festhältst, was Du bereits hast oder bist, kann Neues nicht eintreten. In der Praxis ist es deshalb auch immer gut, sich systematisch von alten oder nutzlos gewordenen Dingen zu trennen und sie denen zukommen zu lassen, die daran eine Freude haben.

Auch das mit dem Bestreben mag Dir neu vorkommen. Wir alle wurden darauf getrimmt, zu besitzen anstatt anzustreben. Hier kommt noch ein weiterer Aspekt hinzu: Am Ende des Tages ist es ja wieder der Gebrauch, an dem wir interessiert sind. Ob wir eine Sache besitzen, ist dabei eher nebensächlich. Solange wir sie gebrauchen können, ist unser Ziel erreicht.

5. Hier wird erneut deutlich, daß das Ideal über Dich als Person hinausgehen muß, wenn Du Dir eine Rendite versprichst. Es sind die großen Gedanken, die Gedanken des Dienstes, die Dich oftmals lange Stunden arbeiten lassen. Stunden, die Du in stiller Konzentration und dennoch höchster Verzückung und Zufriedenheit verbringst und dabei Gefühle entwickelst, die dem bewußt gestalteten Schöpfungsprozeß inne sind und ihm entsprechen.

Für viele Menschen wird das ein gänzlich neuer Gedankenansatz sein. Sie dachten immer nur an sich und wie sie für sich Geld machen können. Hier aber wird klar, daß man für andere Geld machen muß, um es durch das Gesetz des Ausgleichs wieder

zu empfangen. Erinnere Dich: Wenn wir vom Leben etwas erhalten wollen, müssen wir es ihm zuerst geben. Dieser Prozeß ist hauptsächlich ein geistiger, der sich dann in Worten und Taten Ausdruck verschafft, so wie diese Zeilen Dir gerade dienen, das Master Key System noch besser zu verstehen.

6. Wisse, daß es beim Reichtum nicht darum geht, große Summen zu horten, sondern sie einzusetzen, sie zu gebrauchen. Nur dann können sie wachsen. So mußt auch Du Deine Einnahmen wieder produktiv einsetzen, um sie zu vermehren. Dieses ,Einsetzen' von Kapital sollte von Gefühlen der Großzügigkeit begleitet werden. So hilfst Du anderen, nach oben zu streben und sich zu verbessern. Am Ende des Tages haben alle etwas davon, weil so die schöpferische Kraft der Menschheit bestmöglich zum Einsatz kommt, ohne daß dabei auch nur irgendeiner übervorteilt oder ausgebeutet wird.

7. Auch hier geht es primär um ein Bewußtsein, und zwar das des Überflusses, bzw. das des Mangels. Wenn man das Geldsystem als ein System des Mangels betrachtet, werden natürlich entsprechende Gedanken erschaffen, die wiederum entsprechende Auswirkungen haben. Mehr Mangel wird die Folge sein. Das geschieht nicht aus Böswilligkeit, sondern deshalb, weil es rein gesetzmäßig gar nicht anders geht. Derjenige aber, der das Geldsystem als eines des Überflusses ansieht, wird sich ihm auch entsprechend anpassen und immer genug für sich haben. Auch das ist Gesetz. Es ist immer Deine vorherrschende Geisteshaltung, die am Ende über Deine Lebensumstände bestimmt.

283

Frage Dich an dieser Stelle einmal, wie Du zum Thema Geld stehst. Hast Du negative Gedanken darüber? Irgendwelche Vorurteile, die Du vielleicht von jemand anderem übernommen hast? Überlege hier genau, was Deines ist und was von außen an Dich herangetragen und von Dir kritiklos übernommen wurde. Es geht hier ja um eigenständiges Denken; um induktives Denken; um die Wahrheit, also das, was Prinzip und dadurch Bestand hat. Es lohnt sich, mit diesem Thema mehr Zeit zu verbringen. Es ‚lohnt‘ sich im wahrsten Sinne des Wortes.

8. Es sei mal dahingestellt, ob Morgan, Rockefeller und Carnegie sich in allen Situationen sauber verhalten oder auch zu großem Leid beigetragen haben. Entscheidend ist, daß sie eigenständig dachten, auch wenn es mal fehlerhaft war. Sie lassen sich nicht vorschreiben, was sie zu denken haben. Genauso wenig solltest Du es Dir vorschreiben lassen. Denke Deine eigenen Gedanken und gehe Dingen auf den Grund, bevor Du Entscheidungen triffst. Achte aber immer wieder genau auf Deine Intuition – Dein Bauchgefühl.

9. Genau das ist der Punkt. Die Masse denkt nicht, sondern wird gelenkt. Sie beschwert (!) sich dann über die Auswirkungen, die sie auch ganz anders hätte haben können. Sie hätte nur denken müssen. Nie war es so einfach wie heute, die Wahrheit zu erfahren. Auch das Master Key System trägt seinen Teil dazu bei, daß der Mensch wissend, fähig und weise wird. Es bedarf aber immer der individuellen Inanspruchnahme, denn es ist Gesetz, daß nur das zu Dir kommt, was Dir entspricht. Ah, wieder einmal diese geniale deutsche Sprache...

‚was Dir ent-spricht.‘ Wir müssen erst ‚sein‘ bevor wir ‚haben‘ können, und was wir ‚sind‘, hängt davon ab, was wir ‚denken‘ – das nur noch einmal zur Erinnerung.

10. Unsere Sinneswahrnehmung tut uns da wahrlich keinen Gefallen, zeigt sie uns doch das an, was wir in der Vergangenheit gedacht haben. Daher ist es von so überaus großer Bedeutung, in die Stille zu gehen, zu meditieren, sich zu konzentrieren und somit seine eigenen Gedanken zu denken. Dort ist es, wo neue Realitäten erschaffen werden – nicht durch ein blindes Verlassen auf unsere Sinnesorgane.

11. Um das folgende Zitat in Bezug zu setzen: William Walker Atkinson (1862-1932) war ein amerikanischer Anwalt, der über 100 Werke zum Thema ‚New Thought‘ verfaßte. Er wird als einer der Autoren des Kybalion - einer aus dem Anfang des 20. Jahrhunderts stammenden Erklärung der sieben hermetischen Prinzipien - genannt, wenn nicht gar aller drei, da Atkinson zahlreiche Pseudonyme hatte und sein Schreibstil dem des Kybalion sehr ähnelt.

12. Es ist Deine Aufgabe, das so sehr zu verinnerlichen, bis es zu einem Teil von Dir geworden ist. Dann wirst Du in den Vollbegriff Deiner Macht und Kraft kommen und mutig voranschreiten, Altes zurücklassen und Dir neue, wunderschöne Realitäten schaffen. Du wirst Deinen Geist genau dazu benutzen, wozu er da ist, und Dein Leben wird ein einziger Lobgesang sein.

13. Kannst Du diese grundlegende Tatsache begreifen? Ergibt es nun wirklich Sinn für Dich, daß das Spirituelle – Geist oder Bewußtsein – das einzig Wahre ist? Daß

es auch die Antwort auf jegliche Form finanzieller Probleme ist? Es geht hier um Schöpfung, nicht um Evolution. Es geht hier um das Schaffen von etwas Neuem, und Du bist der Meisterschöpfer. Hier sei nochmal an Kapitel 5 erinnert, wo es um körperliche, geistige und moralische Reinheit geht. Es gilt Hausputz zu betreiben und wirklich nur die Informationen zuzulassen, die Dir auch dienlich sind - die Du Dir wünschst. Im täglichen Leben mußt Du da besonders auf der Hut sein, vor allem dann, wenn Du Dich mit Menschen umgibst, für die das Glas halb leer ist oder die an allem etwas auszusetzen haben.

14. Auch hier wird nochmals deutlich, welchen Beitrag das Master Key System zur Geschäftsentwicklung leistet und wie wertvoll es im unternehmerischen Bereich ist. Das Wissen ist universell anwendbar, aber dafür muß es natürlich anerkannt und genutzt werden. In dem folgenden Beispiel wird das auf eindrucksvolle Weise dargelegt, auch wenn ich persönlich gerne weitere Details zu dieser Geschichte erhalten hätte.

15. Es ist genau diese ‚direkte Verbindung zum Unendlichen Bewußtsein‘, die Du für Dich herzustellen hast. Es ist in absoluter Stille, daß Du Kontakt zur Allmacht hast. Dazu bedarf es körperlicher und gedanklicher Kontrolle sowie körperlicher und gedanklicher Entspannung - allesamt Fähigkeiten, die Du bereits am Anfang des Studiums erworben hast. So gibt es auch keine Situation mehr, auf die Du keine Antwort hast. Es gibt kein Problem mehr, das Du nicht zu lösen in der Lage wärst. Geist (oder Bewußtsein) ist überall verfügbar und wartet darauf, von Dir in Anspruch genommen zu werden. Wenn Du die Absicht hast, das zu tun, wird Deine Aufmerksamkeit dem folgen.

16. ‚Er ist der Mann, der dieser Firma die große Idee geliefert hat.‘ Siehst Du, das war sein Dienst, und dafür wurde er belohnt. Er hat genau hingeschaut und eine Lücke gefüllt, wo er sie erspäht hatte. Dem gewöhnlichen Menschen mit einer nur oberflächlichen Beobachtungsgabe und beschränkter Aufmerksamkeit ist dies nicht möglich. Er ist Gelegenheiten blind gegenüber, während derjenige, dessen Sinne scharf sind (Scharfsinn!), diese wahrnimmt und auch für sich einen Profit daraus schlagen kann.

17. Du wirst es diesem Mann gleich tun und auch das Universelle Bewußtsein für Dich arbeiten lassen. Erinnere Dich: Du machst Dir hier die gewaltige Domäne des Unterbewußtseins zunutze, denn dieses ist mit dem Universellen Bewußtsein verbunden. Es ist nicht der Verstand, weil dieser relativ ist, während das Universelle Bewußtsein absolut ist. Es kann also bewußt gar nicht wahrgenommen werden – sich selbst aber auch nicht wahrnehmen.

18. Solange der Mensch das persönliche Element aufgrund seiner beschränkten Auffassungsgabe aber noch beibehält und dabei vielleicht auch der Meinung ist, daß ihm ‚von oben‘ etwas zuteil wird, ohne daß er etwas dafür tun mußte, wird er starken Einschränkungen unterliegen. Derjenige aber, der diese Allgegenwartsmacht im Bewußtsein und somit in sich selbst ausmacht, wird überall Wege zum Erreichen des Ziels finden.

19. Hier wird der gesamte schöpferische Prozeß noch einmal gut zusammengefaßt. Hier ein Bedürfnis, dort die Stille, dann das Ideal, an dem festgehalten und welches verfeinert wurde, dann die mutige Handlung und als Ergebnis genau das, was man sich - Achtung! – (im Geiste) vorgestellt hat. Der gesamte Prozeß wurde dann noch von Synchronizitäten und Gelegenheiten begleitet, die ihn verbessert und beschleunigt haben. All das geschah zu keiner Zeit aufgrund göttlicher Zuordnung, sondern allein durch die eigene Inanspruchnahme – die eigene Geisteshaltung.

20. Das Universelle mag sehr wohl auf sich selbst aufpassen können. Das bedeutet für Dich aber nicht, daß Du andere mißbrauchen oder übervorteilen solltest. Auch hier kommt das Gesetz des Ausgleichs zum Tragen. Das Große Ganze ist sehr wohl das Lagerhaus all dessen, was Du Dir wünschst. Du bist aber zu jedem Zeitpunkt eine vollständige Gedankeneinheit, und nur das wird zu Dir kommen, was Du von Dir gegeben hast. Das kann gar nicht oft genug betont werden.

21. Diese Passage sollte besonders gut beachtet werden, denn wie Du in den letzten Monaten herausgefunden hast, geht es hier ausschließlich um ein Verständnis von natürlichen Gesetzen und deren Anwendung. Spiritualität ist nichts anderes als dieses Verständnis, und da Geist schöpferisch ist, ist Spiritualität auch die praktischste Sache, die es gibt. Auch wenn Du immer wieder Hilfsmittel verwendest, ist es doch Dein Denken – Dein geistiges Vermögen – welches über Liebe, Gesundheit und Wohlstand entscheidet. Das trifft in diesem Kapitel natürlich besonders auf das Geld zu, über dessen Schöpfungs- und Verteilungsprozeß Du nun viel mehr Klarheit hast als je zuvor.

22. ‚Geld hat somit keinen Wert, außer die von uns erwünschten Umstände herbeizuführen.‘ ‚Die Seele von Geld ist Dienst‘. Wenn Du bislang noch ein gestörtes Verhältnis zum Geld hattest, helfen Dir vielleicht diese beiden Aussagen. Bedenke, daß Geld dazu da ist, um als Tauschmittel im Fluß gehalten zu werden; um Dinge zu verbessern und nicht um gehortet und aus dem Verkehr gezogen zu werden. Wer den Auslaß verschließt, macht so letzten Endes auch den Einlaß zu und schadet sich selbst sowie allen Beteiligten.

Viele Menschen, denen es an Geld mangelt, haben eine ablehnende oder zumindest keine wertschätzende Haltung zum Geld. Oft ist es ihnen sogar egal. Das steht einer Zunahme natürlich völlig im Wege. Das hat nichts mit Gelassenheit oder Zuversicht zu tun - bitte das an dieser Stelle nicht verwechseln! Es geht darum, eine wertschätzende Haltung aufzubauen, ungeachtet des Tauschmittels. Es spielt keine Rolle, ob es offizielle oder alternative Währungen sind - hier geht es allein um die Wertschätzung.

Wichtig an dieser Stelle ist auch, diese Haltung auch beim Bezahlen einzusetzen, nämlich daß man mit Freude seine Rechnungen bezahlt. Die Energie, die dort hineingeht, hilft Dir, Dich vom Geld zu trennen, und den anderen, es mit der richtigen Energie aufzunehmen.

In Kürze: Es gilt daher eine wertschätzende Haltung zum Geld zu entwickeln, sowohl auf der empfangenden als auch der gebenden Seite. Geld ist ein Mittel, kein Zweck. Es hilft Dir immer höher zu streben sowie anderen Menschen nützlich zu sein.

# 24

## Die Wahrheit, die Dich frei macht

Zunächst einmal ein Kompliment und meinen allerherzlichsten Dank dafür, daß Du die gesamte Zeit dabei warst und auch mir das Vertrauen entgegengebracht hast. So hast Du das Master Key System nicht nur kennengelernt, sondern auch verinnerlicht und durch die Übungen und die Anwendung im täglichen Leben zur gelebten Wahrheit gebracht. Ein schöner Ausdruck, dieses ‚zur gelebten Wahrheit gebracht‘.

Auch wenn Du von nun an immer weiter nach vorn und nach oben schreiten wirst, hast Du jetzt schon denjenigen gegenüber, die dieses Wissen und diese Einsicht noch nicht erlangt, geschweige denn erfahren haben, einen Riesenvorteil. Sei aber behutsam mit ihnen - hilf ihnen da auf den Weg, wo es paßt und angebracht ist, und zwar dadurch, daß Du es ihnen vorlebst. Es muß niemand überzeugt werden, und ein Vorbild zu sein ist immer noch das Beste für alle.

Du lernst in diesem Kapitel, daß es die Wahrheit ist, die Dich frei macht. Diesen Spruch hast Du bestimmt vorher schon mal gehört, aber nun wird er wohl zum ersten Mal überhaupt Sinn ergeben.

Du lernst auch, daß es keinen Patienten außer Dir selbst gibt und daß letztendlich alles nur Bewußtseinszustände sind, die in Dir und durch Dich wirken. Befasse Dich also nicht mit Auswirkungen, die sich ja bekanntlich ausgewirkt haben, sondern setze in Deinem Bewußtsein neue und der Wahrheit entsprechende Ursachen, damit sich diese ihrer Natur entsprechend auswirken können.

Da, wo Dir Ablehnung entgegenschlägt, erinnere Dich an Deine Verbindung mit der Allmacht und Deinen dazugewonnenen Fähigkeiten, wie auch an die obigen Zeilen. Eine Ablehnung im Außen wird von Dir nur dann registriert, wenn es diese Ablehnung in Deinem Innen noch gibt – wenn Du dafür aufnahmefähig bist. Wie sehr sie sich aber dann auf Dich auswirkt, das liegt allein bei Dir, denn diese Ablehnung ist auch nur eine Bewertung Deinerseits. Du hast ja in den letzten Monaten gelernt, nicht mehr zu bewerten und den Sinn in allem zu erkennen. Auch wenn er Dich nur daran erinnern möchte, daß Du so nicht mehr bist oder sein willst.

Dadurch wirst Du von nun an auch in jeder Situation die richtige Antwort haben. Dein Leben hat sich in den letzten sechs Monaten stark verändert. Warum? Weil Du Dich verändert hast. Weil Du neues Wissen dazugewonnen hast und es tagtäglich anwendest. Du bist bewußter, ruhiger, abgeklärter – souveräner – geworden und hast ein viel höheres Energieniveau.

Wir sind in eine fantastische Zeit aufgebrochen. Vieles um uns herum ändert sich mit steigender Geschwindigkeit. Das ist auch notwendig, denn wir sind mit dem Planeten Erde und der Menschheit ein wenig in Verzug geraten. Nun wird der Gasfuß der Evolution ein wenig mehr heruntergetreten und wir entwickeln uns entsprechend rasanter. Es ist wirklich aufregend, dabei zu sein.

Durchtränke Dein weiteres Tun mit Liebe, Vertrauen, Mut und Zuversicht und stehe in Dankbarkeit dem Mann gegenüber, der Dir dieses geniale Wissen auf eine Art und Weise vermittelt hat, die nützlich, einprägsam und praktisch war - zu Deinem Wohl und dem der gesamten Menschheit! Zum Abschluß hier noch einmal meine Anmerkungen zum Inhalt und der Übung dieses letzten Kapitels.

## ÜBUNG

Da zitiere ich einfach, denn zur letzten Übung muß nicht viel angemerkt werden, außer daß es ein ellenlanger Satz ist.

,*Versuche Dir diese Woche klar zu machen, daß es wirklich eine wundervolle Welt ist, in der wir leben; daß Du ein wundervolles Wesen bist; daß viele zum Wissen der Wahrheit erwachen. Je schneller sie erwachen und zu einem Verständnis „der Dinge, die für sie vorbereitet wurden" kommen, auch sie begreifen werden, daß „das Auge sie nicht gesehen, das Ohr sie nicht gehört, noch sie ins Herz des Menschen vorgedrungen ist", jene Pracht, die für diejenigen bestimmt ist, die sich im versprochenen Land einfinden. Sie haben den Fluß des Urteilens überquert und sind an einem Punkt der Trennung zwischen dem Wahren und dem Falschen angelangt; sie haben herausgefunden, daß all das, was sie jemals gewollt oder geträumt haben, lediglich eine blasse Vorstellung einer viel umwerfenderen Wirklichkeit war.*'

## AUFGABEN

1. Schreibe auf, warum Du dem Leben erst geben mußt, was Du möchtest, bevor Du das erhalten kannst, was Du Dir wünschst.

   ........................................................................

   ........................................................................

   ........................................................................

2. Beantworte Dir so oft wie möglich die folgenden Fragen:

   - ✓ Was habe ich heute gemacht?
   - ✓ Was kann ich daran verbessern?
   - ✓ Wer kann mir dabei helfen?
   - ✓ Wann werde ich es vollenden?

3. Warum können wir uns nicht auf die Hinweise unserer Sinne verlassen?

   ........................................................................

   ........................................................................

   ........................................................................

4. Warum ist jede Form von Leiden, Krankheit, Mangel und Beschränkung eine Form falschen Denkens?

   ........................................................................

   ........................................................................

5. Was unterscheidet diejenigen, die Gesundheit, Liebe und Reichtum besitzen, von denjenigen, die nicht im Besitz dieser Qualitäten sind?

6. Welche ist die passende Methode, jegliche Art von Fehler zu beheben?

7. Was ist die richtige Methode, anderen zu helfen?

8. Warum haben Umstände keine Wirklichkeit?

9. Was deutet auf den Fortschritt hin, den wir machen?

10. Was ist das Produkt logischen Trainings?

11. Was bedeutet, die Wahrheit zu denken?

12. Kreuze an, welche der untenstehenden Taten oder Handlungen Du diese Woche unternommen hast oder welche eingetreten sind:
    - ☐ Andere Personen erfüllen immer mehr die Wünsche, die ich ihnen auftrage. Diese Wünsche sind harmonisch.
    - ☐ Es gibt keine unerwünschten Situationen mehr. Sie sind einfach

nur noch. Ich lerne aus allem.

☐ Ich muß mir immer weniger überlegen, was ich zu denken habe, weil es Teil meines Unterbewußtseins geworden ist.

☐ Die Meinung anderer Menschen ist mir wichtig, doch ich überlasse niemandem die Entscheidungen.

☐ Mein Unterbewußtsein wird von mir dort aktiv gelenkt, wo es noch nötig ist.

☐ Ich bereite anderen Menschen zunehmend Freude, oft auch völlig unerwartet. Das wiederum macht mir viel Freude.

☐ Meine Atmung ist harmonisch, tief und rhythmisch.

☐ Ich suche regelmäßig die Stille auf und finde dort Eingebung und Einsicht.

☐ Meine Ess- und Trinkgewohnheiten sind harmonisch und lebensrichtig. Ich passe sie meinen persönlichen Erfordernissen an und achte auf ein ausgeglichene Säure-Basen Verhältnis.

☐ Meine körperliche Verfassung ist zu meiner vollsten Zufriedenheit. Ich strotze vor Kraft, Dynamik und Beweglichkeit.

☐ Mein Tatendrang kennt keine Grenzen. Die Ideen oder Ideale, die ich mir erschaffe, setze ich konsequent um.

☐ Ich erfreue mich an meinen Schöpfungen - ich habe sie wahrlich verdient.

☐ Ich zeige still, aber auch öffentlich meine stetig zunehmende Dankbarkeit für das, was mir widerfahren ist oder was ich erschaffen habe.

☐ Ich bin erfüllt von Liebe und zeige dieses im Außen durch meine Worte, Gefühle und Handlungen.

☐ Ich bin mutig, frei von Angst oder Befürchtungen.

☐ Ich genieße meinen Wohlstand. Ich bereichere andere Menschen durch meine schöpferischen Tätigkeiten. Sie wiederum bereichern mich. Ich erkenne den Bezug dieser Dinge.

☐ Ich bin mir meiner göttlichen Natur bewußt und freue mich auf all die Aufgaben, die sich mir noch stellen werden.

13. Ich habe den Master Key, wenn ich verinnerlicht habe, daß:

✓ Gedanken schöpferisch sind, da Geist schöpferisch ist;

✓ Ich einen starken, oft wiederholten Gegenvorschlag unterbreiten, Affirmationen einsetzen und mir der Wahrheit gewahr werden muß, um alte Denkmuster und Verhaltensweisen zu durchbrechen und durch neue zu ersetzen;

✓ Diese Macht unpersönlich ist und sie mich befähigt, Gedanken zu meinem Nutzen und dem anderer Wesenheiten einzusetzen;

✓ Mir unendliche Ressourcen zur Verfügung stehen und auf meine geistige Inanspruchnahme warten und reagieren;

✓ Ich erst geben muß, bevor ich erhalten kann;

✓ Mein geistiges und körperliches Haus rein sein muß;

✓ Macht durch Gebrauch kommt;

✓ Die Wahrheit das ist, was Prinzip und somit Bestand hat.

## DU HAST DIESEN TEIL GEMEISTERT...

- wenn Du in der Lage bist, dem Leben das zu geben, was Du von ihm wünschst oder erwartest.

- wenn Du in Deinem Bewußtsein Gefühle der Liebe hervorrufen kannst und somit das Gesetz der Anziehung und das Gesetz des Wachstums zum Tragen bringst.

- wenn Du verstanden hast, warum es in Gegenwart der Wahrheit keinen Fehler geben kann.

- wenn Du verstanden hast, warum sich die Wahrheit nicht in Glaubensbekenntnissen, sondern im Verhalten äußert.

- wenn Du erkannt hast, daß nur Du es bist, in dessen Bewußtsein das entsteht, was Du Leben nennst.

- wenn Du verstanden hast, warum Du Dein einziger Patient bist und somit ‚an Deinem Stein meißeln‘ mußt.

- wenn Du weise genug bist, zu verstehen; beständig genug, Deinem eigenen Urteilsvermögen zu folgen; offen, die Beweise abzuwägen, und stark genug, die von Dir verlangten Opfer zu erbringen.

# KOMMENTAR

Du bist hier im 24. und letzten Kapitel angelangt. Du hast mindestens sechs Monate Studium hinter Dich gebracht und bist zu vielen neuen Erkenntnissen und Einsichten gekommen. Deine Fähigkeiten haben sich erweitert, und so bist Du zu einem neuen Menschen geworden: Souverän, mit Mut, Tatenkraft und viel mehr Freude und Gelassenheit. Die wunderschöne Welt, in der wir leben, ist die, die Du Dir erschaffst. Du kannst und willst es gar nicht anders. Das von Dir Erschaffene ist eine Reflexion Deines Inneren und das ist zunehmend schöner, liebevoller, wohlwollender, unterstützender und vor allem positiv schöpferisch.

Du hast gesehen, daß es keinerlei Rolle spielt, aus welchem Kultur-, Gesellschafts- oder Religionskreis Du stammst. Das im Master Key System vermittelte Wissen steht allen offen, ist für alle da und sollte auch so behandelt werden.

In diesem Kapitel lernst Du auch, daß Du keinen Patienten außer Dir selbst hast. Es gibt keinen anderen, kein Außen. Alles ist eine Reflexion dessen, was Du in verschiedenem Maße in Dir trägst. Wahrnehmung heißt dennoch nicht ,Sein'. Du kannst also sehr wohl etwas wahrnehmen oder beobachten, ohne Dir die gewöhnliche Qualität dessen zu eigen zu machen. Heilung jeglicher Art findet aber immer nur in Dir selbst statt, denn außerhalb Deines Bewußtseins gibt es rein gar nichts, also auch nichts, was geheilt werden müßte oder könnte.

1.  Am Anfang stand purer Glaube, ohne jeglichen Beweis. Dann wurde genau beobachtet und der Beweis erbracht - in diesem Fall wurde das Gegenteil bewiesen. Daß dieses zunächst abgelehnt oder der Überbringer gar verfolgt wurde, ist dem niedrigen Bewußtsein der damaligen Machthaber zuzuschreiben. Du solltest weiter fortgeschritten sein und neue Entdeckungen oder Erkenntnisse nicht ohne weiteres abtun oder ins Lächerliche ziehen, sondern Notiz nehmen und dann für Dich herausfinden, ob sie der Wahrheit entsprechen. So kommst auch Du vom Glauben zum Wissen, also zur Gewißheit und der damit verbundenen Verläßlichkeit.

2.  Ob der gewöhnliche Mensch heute noch 38.000 Hz hören kann, sei dahin gestellt, aber Tatsache bleibt, daß er lediglich Schwingungen gemäß seiner eigenen Fähigkeiten interpretiert.

3.  Diese Aussage ist von ganz besonderer Bedeutung, da wir uns nach unseren äußeren Sinnen orientieren. Das, was wir über sie wahrnehmen, ist für uns real. Das Problem hierbei ist aber bekanntermaßen, daß Gedanken schöpferisch sind und erst mit Verzögerung von den Sinnen registriert werden können. Es ist genau hier, wo Du Vertrauen und Zuversicht benötigst und an Deinem Ideal festhältst und arbeitest, bis es sich verwirklicht hat.

Für den westlich orientierten und rational denkenden Menschen ist das eine große Herausforderung, da seine Sinne ihm auf absehbare Zeit noch etwas anderes vorgaukeln, was in Konflikt mit den im Innen gesetzten Impulsen steht. Da Du Dich aber durch Erscheinungen nicht mehr täuschen läßt und mittlerweile weißt, das Bewußtsein das einzig Wahre ist, wird es für Dich auch kein Hindernis mehr darstellen. Es bedarf halt neben Vertrauen und Zuversicht auch Übung.

4. *„… die Bekundungen Deiner Sinne umkehren'.* Deine Vorstellungskraft ist Deine Werkstatt. Dort erschaffst Du Dir die neuen Bilder, die dann schrittweise im Außen Form annehmen. Daher ist es so wichtig, daß Du Dir Zeit und Raum verschaffst, um diese Bilder zu erstellen und wachsen zu lassen. Gib nichts auf äußere Umstände, denn sie sind trügerisch. Erinnere Dich auch, daß Dein Endziel das Schaffen von Bewußtseinszuständen ist. Dadurch sollte klar werden, daß die Reise das Ziel ist und es keine wirkliche Endstation gibt, wo Du aussteigen mußt und der Schaffner sagt: ‚Es ist nun wirklich alles getan und geschafft.' Es sind alles nur Zwischenstationen, wobei Dir jede davon größte Freude und Verzückung bereiten sollte, weil Du dem nachgehst, was Du wirklich liebst.

5. Wenn sie von Dir nicht entfernt werden, werden sie sich weiterhin verwirklichen. Sie zu entfernen bedeutet nicht, sie zu bekämpfen. Ganz im Gegenteil: Du beseitigst sie, indem Du der Gegenseite mehr Aufmerksamkeit und somit Energie verleihst. Das, was nicht mehr beachtet und gebraucht wird, wird letzten Endes durch etwas Neues ersetzt. Dabei gilt es natürlich zu beachten, daß viele Vorgänge unterbewußt sind. Diese mußt Du Dir zunächst ins Bewußtsein rufen, um dann ihren Gegenpol zu erkennen und diesem dann entgegenzustreben.

Die Wahrheit wird Dich genau dann freimachen, wenn Du erkennst, daß das eine Prinzip hat, das andere aber nicht. Eines davon besitzt Lebenskraft, weil es Ordnung, Struktur, Proportion etc. beinhaltet, während das sich andere dadurch auszeichnet, daß es diese Ordnung stört, Strukturen auflöst und Proportion zunichte macht. Das eine besitzt Stärke; dem andere fehlt sie. Wenn Du das erkennst, bist Du in der Lage, jeglichen widrigen Umstand zu transformieren, transmutieren oder transzendieren. Du bist dann Meister Deines Lebens und nicht länger ein Opfer Deiner Umstände.

6. Du überzeugst Dich dadurch von der Wahrheit dieser Aussage, daß Du Dich gedanklich mit ihr befaßt; daß Du in die Stille gehst und induktiv denkst.

7. Du siehst, daß sich bestimmte, unerwünschte Zustände durch Unterlassung verwirklichen konnten. Nun aber hast Du die Zügel fest in der Hand und die Kontrolle über diese Zustände. Dein Verständnis der Wahrheit und Dein unablässiges Wirken im Bereich des Lebensrichtigen werden sich für Dich auch genauso darstellen. Du verläßt Dich dabei auf Gesetze, die legitim sind und von jedem überall beobachtet werden können, der es für Wert hält, auch genau hinzuschauen.

8. Natürlich fühlt sich Krankheit wirklich an. *‚Ich habe doch den Schnupfen'* oder *‚Schau, meine Haut ist so entzündet und mein Bein geschwollen; das ist doch alles real.'* Klar, es kann ja auch von jedem als solches vernommen werden. Worum es hier aber geht, ist folgendes: Dieser Zustand ist *nicht* der Normalzustand. Der Normalzustand ist Gesundheit. Die Entzündung oder die Überfettung sind abnormale Zustände, die sich allesamt dadurch auszeichnen, daß sie Dir Lebenskraft rauben, anstatt sie Dir zuzuführen. Mache Dir das nochmal klar. All das, was schwach, krank, fehlerbehaftet, arm etc. ist, zeichnet sich dadurch aus, daß

es keine Ursprungszustände sind, sondern welche, die durch falsches Denken oder das kritiklose Übernehmen von Informationen aus zweiter Hand entstanden sind. Nun aber bist Du durch das Master Key System zu einem völlig neuen Verständnis über die Realität der Dinge gekommen und hast Dich gleichzeitig auch über alle Maße selbst erkannt, ermächtigt und befähigt. Du bist nun in der Lage, ganz andere Dinge zum Ausdruck zu bringen als noch vor wenigen Monaten. Darum und nur darum ging es. Wissen folgt Verständnis und führt zur Anwendung. Anwendung führt zum Erleben. Erleben wiederum führt zum Beschreiben, welches Dir ermöglicht, Dinge einzuordnen und Dir Gewißheit und innere Ruhe zu verschaffen.

9. Ein ganz besonderer Punkt: Man kann es für sich selbst, aber auch für andere tun. Dadurch hilfst Du aber nicht nur ihnen, sondern auch Dir selbst. Das, was Du aussendest, kommt wieder zu Dir zurück. In der Tat ging es nie von Dir weg, weil Du es ja bist. Durch den Gebrauch aber stärkst Du es, was sich für Dich so anfühlt, als würde es zu Dir zurückkommen. Es findet aber nichts anders statt als eine Energie-verdichtung, die aus groben Gedanken schließlich feine Strukturen erschafft, die auch über die Sinne wahrzunehmen sind. Der Kreis ist dann komplett.

10. Jetzt ergeben auch Aussagen wie ‚wir sind alle eins‘ oder ‚es gibt keinen anderen‘ einen Sinn. Die Arbeit muß an Dir selbst verrichtet werden, da außerhalb Deines Bewußtseins nichts vorhanden ist. Du bist die Gesamtheit Deiner Gedanken, die stetig danach streben, sich in Form auszu-drücken. Es ist stets Deine Interpretation

von äußeren Ereignissen oder Umständen, welche Deine Lebensqualität bestimmt. Wenn Du aber die Einheit allen Bewußt-seins anerkennst, bist Du auch nicht mehr in der Lage, andere verantwortlich zu machen, zu übervorteilen, zu kritisieren, zu erniedrigen, zu beleidigen oder ihnen weh zu tun. Du weißt, daß es Dir entstammt und zuerst in Dir Schaden anrichtet, um dann durch das Gesetz der Anziehung auch noch zu Dir zurückzukehren. Du machst Gebrauch von fehlerhaften und lebenswid-rigen Denkstrukturen. Dadurch wachsen sie und bringen Dir die entsprechende Ernte ein.

11. Der Fokus hier liegt auf ‚*dauerhaft*‘. Es geht nicht darum, spontan ein paar Verbesserungen oder Linderungen zu erzielen, sondern durch ein vollständiges Verständnis seiner selbst und seiner Umgebung zu einem neuen, machtvollen und weisen Wesen zu werden, das sich so verhält, daß es überall heilt, segnet oder liebt.

12. Es gibt also mehrere Methoden, sich von der Wahrheit zu überzeugen. All diese Methoden wurden im Master Key System ausführlich behandelt.

13. Der Fokus liegt hier ganz eindeutig auf ‚*aus Deinem eigenen Bewußtsein*‘, denn nur das unterliegt Deiner Kontrolle. Da ist diese fehlerhafte Annahme ja auch entstanden. Erinnere Dich: Das Licht oder der Klang entsteht nicht in der Sonne oder in der Glocke, sondern in Dir selbst. Das ist eine profunde Tatsache, die alles in Deinem Leben in einem neuen Licht erscheinen läßt. Du bist in Art und Qualität gleich dem Universellen - der einzige Unterschied

besteht in der Ausprägung. Du hast die Macht und Kraft, das Verständnis und die Weisheit, von nun an Dinge ganz anders anzugehen und Dir und Deiner Welt eine ganz andere Lebensqualität zu bescheren.

14. Diese Logik mag nicht einfach nachvollziehbar sein. Bewußtsein ist die einzige Wirklichkeit, aber Bewußtsein kann auch unerwünschte Zustände herbeiführen. Gedanken sind in jegliche Richtung schöpferisch, aber nur eine Richtung hat Prinzip, hat Lebenskraft, macht Freude, ist liebevoll, fühlt sich gut an und lädt ein zu mehr. Das ist die Richtung, die der Wahrheit *entspricht*.

Etwas Unharmonisches zeichnet sich dadurch aus, daß genau das oben erwähnte zerstört und zersetzt wird. Da es aber nicht außerhalb von Dir besteht, sondern in Dir, zerstörst und zersetzt Du Dich dadurch selbst.

Verstehst Du, was hier zum Ausdruck gebracht wird? Es geht hier um das Verständnis Deiner selbst und Deines Lebens. Du kannst zu jeder Zeit frei entscheiden, in welche Richtung Du Dich entwickelst, aber die Ergebnisse unterliegen absoluten, unveränderlichen Gesetzmäßigkeiten.

15. Warum sollte Wahrheit die höchste bekannte Schwingungsrate sein? Weil die gesamte Schöpfung darauf aufgebaut ist! Alles entsteht aus der Wahrheit heraus. Fehler erschaffen von selbst rein gar nichts, sondern leben auf Kosten der Wahrheit. Daher haben sie auch kein Prinzip.

16. Es ginge auch gar nicht anders, da die äußere Welt eine Welt der Auswirkungen ist. Auch hier ist der Name wieder stellvertretend für den Charakter oder die Qualität: Außen, geäußert, Auswirkung. Konzentration ist die nach innen gerichtete, zusammenziehende Aktivität, die sich dann in nach außen gerichteten Handlungen darstellt. Hier werden das Prinzip des ‚Innen wie Außen‘ und auch das allgemeine Wirkungsprinzip des Universums nochmal auf menschlicher Ebene verdeutlicht. Es zeigt sich wieder einmal, daß alles eins ist  – es bedarf halt des Erkennens und der anschließenden Anerkennung, um daraus auch einen Nutzen zu ziehen.

17. Was hiermit zum Ausdruck gebracht werden soll, ist folgendes: Verstand kommt ja von Verstehen. Bevor Du aber verstehst, mußt Du es zunächst tun. Daher darfst Du nur wahre Umstände ausdrücken, weil sich Dein Verstand nur dann ein wirkliches (!) Bild davon machen kann. In anderen Worten: Tue so, als ob Du es bereits bist, oder auf Englisch: *fake it until you make it*! Dazu bedarf es besagten Mutes und Vertrauens, denn Deine Sinneswahrnehmung wird sich erst mit der Zeit den neuen Umständen anpassen, womit es dann auch für den Verstand Sinn ergibt.

18. Erinnere Dich daran, daß Du lediglich der Kanal bist, durch den sich das Universelle Ausdruck verschafft. Du selbst mußt nicht die Intelligenz aufbringen, denn diese ist im Universellen bereits zu Genüge vorhanden. Du mußt Dich lediglich richtig einstimmen – in Einklang bringen – und nur wahre Umstände ausdrücken. Wahrheit in Form von Fülle, Liebe, Gesundheit

und allem Schönen wird dann durch Dich fließen, da Du zu jeder Zeit eine vollständige Gedankeneinheit bist. Siehst Du, wie hier alles zusammenkommt und einen perfekten Sinn ergibt?

19. Charles Haanel bringt zum Ausdruck, daß die Handlung letztendlich der Gradmesser für jeglichen Erfolg ist. Es bringt nichts, allein darüber zu meditieren oder sich darauf zu konzentrieren, wenn die dadurch gewonnenen Erkenntnisse nicht in praktische Werte zum Wohle aller umgesetzt werden. Gerade weil Du von nun an viel tatkräftiger und bestimmter zur Sache gehst, ist es unabdingbar, daß Du auch körperlich und emotional stark und ausgeglichen bist. Die für die neuen Taten benötigte Energie muß ja irgendwie bereitgestellt werden. Erinnere Dich an dieser Stelle aber bitte auch an die Tatsache, daß ein aktives Gehirn ein wahrer Energieschlucker ist und entsprechend genährt werden will. Möchte jemand Walnüsse?

20. Wenn Du Dich über den Verlust Deines Vermögens beklagst, gibst Du etwas Raum, was weder Kraft noch Prinzip hat, sondern nur die Abwesenheit von etwas Wirklichem darstellt. Daher richte Dich auf, korrigiere Dich umgehend und bewirke Wunder!

21. Hier wirst Du bei der Suche auf einige Skelette in Deinen Schränken stoßen, die ans Licht gebracht werden wollen. Anders als zuvor bist Du nun aber bewußt und bestärkt. Du kannst mit ihnen also entsprechend umgehen, und sie wirken sich nur noch schwach, wenn überhaupt auf Dich aus. Das versetzt Dich in die Lage, sie liebevoll als das anzuerkennen, was sie sind, nämlich nur Illusionen, die Dir dazu dienen, Dein wahres ‚Ich‘ zu erkennen. So kannst Du sie umgehend auflösen, indem Du neue Ursachen setzt, denen dann wiederum die notwendige Energie zufließt.

22. Hier macht Charles Haanel noch einmal deutlich, daß Schwierigkeiten aus Deinem Leben nicht verschwinden. Du bist aber durch das Erkennen der Wahrheit befähigt, sie zu überwinden. Das ist ein kleiner, aber entscheidender Unterschied! Erinnere Dich an Haanels Aussage aus Kapitel 2. Der bewußte Verstand ist gar nicht dazu in der Lage, die Gesamtheit aller Existenz zu erfassen – und daher bedarf es vor allem zu Beginn auch den Glauben und das Vertrauen. Daher wirst Du im Leben als Teil Deines Wachstumsprozesses immer wieder auf Umstände stoßen, die Dich auf die Probe stellen. Genau da ist es, wo Du dann dieses neu gewonnene Wissen anwenden wirst. Das ist wahre Meisterschaft: Das Erkennen der Dualität des bewußten Verstandes und das Überwinden der Dualität durch angewandtes Wissen, durch das zum Ausdruck bringen der Wahrheit.

23. Erinnere Dich, daß Du Dich von nichts und niemandem davon abbringen läßt, sobald Du Dir ein Ideal gesetzt hast. Die Entscheidung ist getroffen; nun werden die Wege und Möglichkeiten aufgetan und verfolgt, dieses Ideal auch zu erreichen. Natürlich ist es leichter, vorzeitig aufgeben und sich neuen Dingen zuzuwenden, aber erreichen wirst Du dadurch nichts. Daher ist es auch so wichtig zu wissen, was Du wirklich willst, wofür Du brennst und was Du so sehr liebst, daß die dafür aufgebrachten Opfer auch nicht wirklich ins Gewicht fallen.

24. Es ist doch alles Gesetz! Wie und warum sollte man eine andere Frucht ernten, als es der Saat entsprechen würde? Es ist doch ein Schwingungsuniversum, in dem wir leben und welches auf genau das reagiert, was wir aussenden. Warum solltest Du Dich glücklich fühlen, wenn Du sagst, daß Du mies drauf bist? Die Worte haben doch alle eine Bedeutung und eine Entsprechung. Diese Entsprechung – diese Quelle – ist der Gedanke. Das, was Du denkst, hängt von Deinem Verständnis der hier gelehrten Schöpfungsprinzipien oder ‚natürlichen Gesetzmäßigkeiten' ab.

25. Das mag am Anfang noch schwer nachvollziehbar sein, aber Du weißt ja, daß zwei Dinge nicht zur selben Zeit am selben Platz sein können, und wo Wahrheit ist, kann demnach kein Fehler sein, weil Fehler die Abwesenheit von Wahrheit darstellen.

26. Noch einmal zur Erinnerung: Bewußtsein ist solange statisch, bis es durch Denken angeregt wird und durch einen systematischen Prozeß in wahrnehmbare Ebene umgewandelt wird.

27. Somit mußt Du Dir auch keine Gedanken über Deine Intelligenz machen, denn es reicht aus, ein Verständnis des Ganzen zu erlangen und Dich in Einklang mit ihm einzufinden, d.h. Dich harmonisch und wahrheitsgetreu auszudrücken. Der Rest folgt dann wieder den Universellen Gesetzmäßigkeiten. Du wirst sehen, daß es nicht wirklich großer Intelligenz bedarf, um das System zu verstehen und den richtigen Haftungsmechanismus zu benutzen, der dann die entsprechenden Auswirkungen hervorbringt. Erinnere Dich: ‚Der Vater und Ich sind eins.'

Hättest Du gedacht, daß es so einfach ist? Alles was es weiterhin bedarf ist die konsequente Anwendung und Umsetzung Deinerseits, denn Deine Handlungen zeigen sich nicht nur in Deinem Charakter, sondern schlußendlich auch in Deinen Besitztümern.

28. Diese Aussage mußte zwangsläufig folgen. Das, was wir Gott nennen, ist unsere gesamte Existenz, unser Wesen, unser Leben. Doch nur die wenigsten haben dieses Lebensprinzip für sich bewußt anerkannt. Die meisten wähnen Gott als ein Konstrukt außerhalb von ihnen, während die anderen ihn aufgrund eines ähnlich gearteten Unverständnisses komplett ablehnen. Doch derjenige, der genau hinschaut, durchschaut und erkennt, macht sich diese Erkenntnisse zunutze, während die anderen meist weit unterhalb ihres wahren Potentials agieren – dabei könnte alles so schön sein.

29. Geist, Bewußtsein, Intelligenz, Denken, Kontrolle, Schöpfung, Nutzen, Harmonie, Schönheit, Freude, Überfluß, Liebe.

30. Das ist einer der schönsten Sätze im gesamten Master Key System und so klar, daß er keines weiteren Kommentars bedarf.

31. Natürlich ist es eine schöne Welt – was denn sonst? Du hast sechs oder mehr Monate mit Deinem Master-Key-System-Studium verbracht, hast tiefgreifende Einsichten erlangt und bist zu vielen neuen Erkenntnissen gekommen. Durch die Übungen hast Du Dir die Grundlage für ein bewußtes Mitschöpfen gelegt. Sie haben Dich befähigt und gestärkt. In der Zwischenzeit hast Du all das auch schritt-

weise in die Praxis umgesetzt. Dadurch hast Du erkannt, daß das, was im Master Key System gelehrt wird, gültig ist und somit der Wahrheit entspricht.

Nun wünsche ich Dir viel Freude beim Erschaffen einer noch viel umwerfenderen Wirklichkeit. Du hast sie Dir wahrlich verdient! Belasse es aber nicht mit diesem einmaligen Durchgang, denn in es dauert ca. 4-5 Jahre, bis aus den ersten Schritten eine neue Persönlichkeit entstanden ist. Numerologisch steht die 4 für Ordnung und Struktur, während die 5 für die Quintessenz steht, für das Erkennen des Ganzen und ein Durchdringen zum Kern.

Mache also weiter und wende die hier erlernten Schöpfungsprinzipien so lange an, bis Du Dir keine Gedanken mehr über sie machen mußt. Erst dann sind sie zu einem integralen Teil von Dir geworden. Dann aber bist Du auch zu der herausragenden Persönlichkeit geworden, von der Charles Haanel in der Einführung spricht. Die Schöpfung freut sich und belohnt Dich über alle Maße.

So sei es!

# Herzlichen Glückwunsch!

Seit mindestens sechs Monaten bist Du dabei, mehr über Dich, die schöpferischen Gesetze und somit Deine wahre Macht und Kraft in Erfahrung zu bringen. Du hast unzählige neue Erkenntnisse gesammelt und die Übungen des MKS konsequent angewendet. Das hat Dich befähigt, Dein Wissen auch zur gelebten Wahrheit werden zu lassen, es also im täglichen Leben konsequent anzuwenden.

Du weißt, wer Du bist und wie Du etwas aus dem Feinstofflichen ins Materielle holen kannst. Das Studium hat Dich auf eine höhere Ebene des Lebens gehoben - Du bist ein/e bewußte/r MitschöpferIn geworden.

Ich freue mich für Dich und mit Dir über all Deine Errungenschaften, ganz gleich welcher Natur sie sind. Ich bin stolz auf Dich, denn das, was Du erreicht hast, haben nur sehr wenige erreicht. Deine Beharrlichkeit, Dein Durchsetzungsvermögen, Deine Disziplin, Deine Freude am Lernen, Deine Fähigkeiten, Dich über Vorurteile oder bloße Meinungen hinwegzusetzen, sowie Dein Wissenshunger sind die idealen Voraussetzungen für ein wohlgelebtes, gesundes und erfolgreiches, weil selbstbestimmtes Leben.

Es war mir ein Vergnügen, Dich über diese erlebnisreiche Zeit begleiten zu dürfen. Es würde mich freuen, wenn Du mir zu gegebener Zeit von Deinen Erfolgen und Errungenschaften berichtest. Dazu gibt es mit *www.mks.me* sogar eine eigene Webseite.

Auf auf der Facebook Fanpage (*www.facebook.com/mrmasterkey*) freue ich mich jederzeit über Feedback von Dir.

*Peace and Blessings!*

# Begriffserklärungen

**Ablehnung** — Aversion, Abneigung oder Ablehnung (von lat. *aversatio* zu *aversio*, „Ekel") bezeichnet die Neigung eines Organismus, auf bestimmte Reize mit Unlust zu reagieren. Eine Aversion kann gegenüber jeder Art von Reizen oder Objekten bestehen, zum Beispiel gegenüber bestimmten Menschen, Handlungen, Dingen (Nahrungsmitteln) oder Situationen und Erinnerungen.

**Absicht** — Der grundlegende Ausgangspunkt einer jeden geistigen oder körperlichen Folgehandlung.

**Affirmation** — Ein Polaritätswechsel fürs Bewußtsein mittels Worten oder Sätzen, die positiv und aufbauend sind, und die Geisteshaltung entwickelt und stärkt.

**Aktiv** — Eigenschaft des Männlichen. Ein vererbter Wunsch oder Antrieb, zu bewegen, zu verändern, zu handeln, Dinge anzugehen und zu verbessern. Gewöhnlich mit Materie in Verbindung gebracht.

**Allmacht** — Das, was alle Macht und alle Möglichkeiten zur Entwicklung und Ausdehnung beinhaltet. Allgegenwärtig und allwissend.

**Anerkennung** — Das bewußte Bemerken und Wertschätzen einer jeden Gedankeneinheit. Die Identifizierung von etwas, was man vormals gesehen, gehört oder gewußt hat.

**Angebot** — Das Resultat von Nachfrage. Unbegrenzt in seiner Art, da in direkter Verbindung zu Spirit oder Geist.

**Anpassung** — Das, was wir tun, um etwas durch etwas Besseres zu ersetzen. Die aktive Handlung, passiv und somit empfänglich zu sein.

**Anwendung** — Das, was Theorie in die Praxis umsetzt und somit zu Erfahrungen und letztendlich Wissen führt.

**Anziehung** — Die Kraft, die durch Gedanken in Bewegung gesetzt wird. Siehe auch Liebe.

**Atmung** — Der Prozeß, pranischen Äther (Lebenskraft) in den Körper aufzunehmen, sowie dem Körper Sauerstoff und Stickstoff hinzuzufügen, um Leben aufrecht zu erhalten und zum Ausdruck zu bringen.

**Aufmerksamkeit** — Das, was der Absicht folgt. Die Bündelung von Geisteskräften, ausgerichtet auf ein bestimmtes Ziel.

**Aufrichtigkeit** — Das, was wahr, ehrlich oder offenherzig ist.

**Ausgleich** — Das, was Dinge zum Zweck der Dauerhaftigkeit im Gleichgewicht hält.

**Ausscheidung** — Der Vorgang des Entledigen dessen, was nicht länger gebraucht wird.

**Äußere Welt** — Die mit den Sinnen wahrnehmbare Umgebung aus Materie, Erscheinungen und Dingen - die der Auswirkungen.

**Auto-Suggestion** — Der Vorgang, seinem Bewußtsein durch Bejahungen neue Muster aufzuprägen.

**Autorität** — Das Resultat von Stärke, Kraft und Bestimmtheit. Die Fähigkeit, andere Elemente oder Einheiten unterzuordnen und anzuweisen.

**Begrenzung** — Das, was ein Ende hat und dadurch nicht über sich hinauswachsen oder entwickeln kann.

**Beharrlichkeit** — Das, was einen auf einem vorgegebenen Pfad hält, um ein bestimmtes Ziel zu erreichen.

**Beobachtung** — Das was einen auf Erscheinungen aufmerksam macht und das Bewußtsein entwickelt.

**Bewußter Verstand** — Das, was es einem ermöglicht, Dinge im Außen wahrzunehmen, Konstrukte zu unterscheiden und sich gedanklich in eine selbstbestimmte Richtung zu bewegen.

**Bewußtsein** — Das, was durch eine Kombination von Absicht, Interesse, Aufmerksamkeit und Gefühlen entwickelt wird.

**Brauch** — Das, was durch gesellschaftliche und kulturelle Informationen zur Gewohnheit geworden ist, wenn auch oft nicht mehr von Nutzen oder anwendbar.

**Chakras** — Energiewirbel , bzw. -punkte entlang der Wirbelsäule und außerhalb des Körpers, die dazu dienen, kosmische Intelligenz und Energie auf ein für den Menschen nützliches Niveau herunter zu transformieren.

**Dankbarkeit** — Die Qualität oder das Gefühl, daß sich durch Erkennung und Anerkennung, aber auch durch wertgeschätzten Nutzen und Gebrauch entwickelt.

**Darstellungen** — Das, was mittels der Sinne wahrgenommen und als wirklich angesehen wird; ohne Prinzip und somit ohne Lebenskraft.

**Dauerhaftigkeit** — Abgeleitet von Prinzip. Ohne Dauerhaftigkeit kann es keine Lebensdarstellungen geben.

**Demut** — Das unausweichliche Resultat von Weisheit. Die Art und Weise, auf die man sich im Angesicht von Wertschätzung und Weisheit gegenüber anderen Wesenheiten verhält.

**Denken** — Die systematisch, bewußt und konstruktiv geleiteten geistigen Handlungen mit dem Ziel des Erreichens oder Erlangens.

**Details** — Das, was durch Beobachtung, Visualisierung und Konzentration in Erscheinung tritt, wenn auch erstmal nur geistig.

**Dienst** — Das, was wir anderen leisten, so daß ihr Leben verbessert und bereichert wird.

**Ehrlichkeit** — Eine Qualität, die auf Wahrheit, Offenheit, Vertrauen und Treue beruht, mit dem Zweck des Weiterbestandes wahrhafter Dinge.

**Eindruck** — Das Resultat einer dauerhaften geistigen Handlung, versehen mit den entsprechenden Gefühlen.

**Eingebung** — Auch Intuition oder Erkenntnis genannt; ein unmittelbares inneres Wissen, das sich durch Konzentration und Meditation ergibt, ohne vom bewußten Verstand vorher abgewägt, analysiert oder erfaßt zu werden.

**Einheit** — Das, was durch den Menschen nicht beschrieben, sondern nur erfahren werden kann.

**Einklang** — Der Vorgang, sich in einer harmonischen Einheit mit einem anderen Wesen einzufinden, um daraus einen Nutzen zu ziehen, für dieses Wesen nützlich zu sein, oder um sich gegenseitig zu bereichern.

**Emotionen** — Ein Bewußtseinszustand, in dem Freude, Trauer, Angst, Haß oder ähnliches erfahren wird, im Gegensatz zu kognitiven und freiwilligen Bewußtseinszuständen.

**Empfangen** — Der Vorgang, geistige Informationen oder Einsichten oder materielle Güter entgegen zu nehmen oder sich zu eigen zu machen, um daraus einen Nutzen zu ziehen. Direkter Bezug auf Geben und Dienst.

**Ende** — Das, was nicht länger entwickelt werden kann, weil es sein vorbestimmtes Ziel oder seinen Zweck erreicht hat.

**Endokrine Drüsen** — Körperliche Gebilde mit dem Ziel, bestimmte Sekrete oder Hormone ins Blut oder die Lymphe abzusondern, mit dem Ziel des energetischen Ausgleichs auf körperlicher Ebene.

**Energie** — Das, was IST; Gedanken in Aktion.

**Entscheidung** — Das, was sicherstellt, daß ein bestimmtes Ziel erreicht wird, ungeachtet äußerer Faktoren.

**Entsprechung** — Das, was Ursache und Wirkung miteinander verbindet. Das Prinzip, welches einem erlaubt, ein bestimmtes Ende vorherzusagen.

**Erbe** — Das, was uns durch eine andere Wesenheit, geistig oder materiell, vermacht wird und von dem wir durch Gebrauch Besitz ergreifen.

**Erfolg** — Das Resultat einer bestimmten Folge von Ereignissen, die mit einer geistigen Ursache in Bewegung gesetzt wurden. In seiner bevorzugten Form das Ergebnis von Dienst, Beharrlichkeit, großen Gedanken, Wunsch, Mut und konsequenter Handlung.

**Erkenntnis** — Das Ergebnis von tiefer Konzentration. Die Fähigkeit, Dinge umgehend einzuordnen und zum eigenen Nutzen zu gebrauchen. Direkter Bezug zu Weitsicht.

**Ernährung** — Das, was der Mensch in guter Qualität benötigt, um die entsprechenden Information zwecks harmonischer Weiterführung des Lebens aufzunehmen.

**Ewigkeit** — Das, was man mit dem bewußten Verstand nicht nachvollziehen kann. Alles, was weder Anfang noch Ende hat.

**Fähigkeit** — Das Resultat von Übung. Die Möglichkeit, Dinge zum Ausdruck zu bringen.

**Fairneß** — Das, was sicherstellt, daß niemand übervorteilt wird. Das Resultat eines erwachsenen Charakters.

**Fibonacci** — Die spiralförmige Ziffernfolge von 1,1,2,3, 5,8,13,21,34, 55,89... deren Divisionsschema im Goldenen Schnitt (ca. 1,6181) resultiert und die überall in der Schöpfung der Natur ersichtlich ist.

**Flexibilität** — Die Qualität, sich an eine Sache anzupassen, um ein Ereignis oder Ergebnis bewußt hervorzurufen.

**Form** — Energie in ihrem dichtesten und strukturiertesten Ausmaß. Das Maß aller Dinge im ursprünglichen Sinne.

**Fortschritt** — Das, was das Alte durch das Neue ersetzt, das Gute mit dem Besseren. Gleichzeitig die Rückerinnerung an die unendliche Weisheit.

**Fraktale** — Sich selbst ähnliches Wachstum oder Struktur. Grundkonzept des Schöpfungsvorgangs.

**Freiheit** — Das, was angewandtes Wissen mit sich bringt. Die Fähigkeit, ohne Zwang oder äußere Auswirkung das zu wählen, was einem beliebt oder behagt.

**Freude** — Ein Bewußtseinszustand, der aus harmonischen Umständen und einer angenehmen Umgebung hervorgeht. Energiezuführend. Lebensbejahend und somit lebensrichtig.

**Freunde** — Wesenheiten, die einen eine Zeitlang im Leben begleiten und die zur gegenseitigen Bereicherung beitragen.

**Frieden** — Das Resultat von Gewißheit und einem harmonischen und freudvollen Zustand, aus dem intelligente Entscheidungen hervorgehen können.

**Fühlen** — Der allgemeine Zustand des Bewußtseins, der unabhängig von Gedanken auftritt und meist durch Hormonausschüttungen hervorgerufen wird. Direkter Bezug zu Empfindsamkeit und Nervensystem.

**Führung** — Die Qualität, eine bestimmte Richtung einzunehmen und dabei andere Wesenheiten mit einzuschließen.

**Geben** — Der Vorgang, jemand anderem etwas zu überreichen, ohne daß einem oder anderen dabei etwas weggenommen wird.

**Gebrauch** — Das, was erforderlich ist, damit Wissen einen Praxisbezug hat; der Vorgang des Anwendens von Wissen.

**Geduld** — Das, was uns passiv, abwartend und empfänglich sein läßt, damit sich externe Elemente darstellen oder ausspielen können, über die wir keinen Einfluß oder Kontrolle ausüben wollen oder auch können.

**Gegenargument** — Ein geistiges Konstrukt, daß der momentanen Sinneswahrnehmung entgegengestellt ist, mit dem Ziel, neue Ursachen zu setzen und somit neue Wirkungen zu erreichen. Muß oft wiederholt werden und stark sein.

**Gehirn** — Der Sitz unseres Bewußten Verstandes und das Zentrum holografischer Informationsverarbeitung.

**Geisteshaltung** — Das, was durch die gebündelten Gedankenkräfte erworben wird und letztlich zu der individuellen Realität führt; das, was andauernd gedacht und gedanklich gehegt wird.

**Geistigkeit** — Das erste der 7 Hermetischen Prinzipien. Aller Geist ist ein Geist. Alles entspringt einer geistigen Ursache.

**Gelassenheit** — Ein Zustand des Entspanntseins aufgrund von Zentriertheit und Mustererkennung; die Fähigkeit, auch auf negative Ereignisse entspannt zu reagieren.

**Gerechtigkeit** — Das, was sicherstellt, daß ein Ausgleich zwischen der gebenden und empfangenden Seite hergestellt und aufrechterhalten wird.

**Geschäft** — Das, was Fortschritt und eine materielle Darstellung menschlicher Gedanken darstellt, mit dem Ziel, das Leben zu verbessern und die Schöpfung zu beschleunigen; Handel; Austausch.

**Geschlecht** — Die Trennung in zwei von Natur aus gegensätzliche, aber dennoch in Übereinstimmung zu bringende und aufeinander angewiesener Teile einer Einheit. Untrennbar.

**Gesetz** — Das, was in einem jeden System Struktur und Harmonie aufrechterhält.

**Gesundheit** — Ein Zustand geistigen, emotionalen und körperlichen Wohlbefindens; ein Zustand energetischer Harmonie.

**Gewahrsein** — Der Zustand nicht-urteilender Informationsaufnahme.

**Gewißheit** — Das, was ganz natürlich geschieht, wenn man Muster erkennt; Vorreiter der inneren Ruhe oder des Friedens; die Fähigkeit, bestimmte Ereignisse vorherzusagen, da man die Muster erkannt hat.

**Gewohnheit** — Ein erworbenes Verhaltensmuster, das durch Wiederholung und Nichthinterfragung unterbewußt wird.

**Glaube** — Das Resultat von Vererbung und von nicht begründeten Annahmen. Oftmals falsch oder lebenswidrig. Gleichzeitig der Beweis der noch nicht sichtbaren Dinge.

**Glückseligkeit** — Ein Bewußtseinszustand, der sich aus der Wertschätzung aller Dinge ergibt; direkter Bezug zu Anerkennung und Freude.

**Gnade** — Die Fähigkeit, sowohl aktiv als auch passiv bestimmte Zustände zu akzeptieren und zu schätzen. Vergebung. Nachsichtigkeit. Eleganz oder Schönheit von Form, Darstellung, Bewegung oder Aktion.

**Goldener Schnitt** — Eine endlose Zahl, die sich 1.6181 annähert. Das Verhältnis zweier Längeneinheiten zueinander, welches als schön oder harmonisch angesehen wird und überall in der Natur vorkommt.

**Gott** — Der von Menschen geschaffene Begriff, das Allmächtige, Allwissende und Allgegenwärtige zu beschreiben; das leitende Prinzip, daß Gesetzmäßigkeiten erschuf, auf denen Dinge bestehen können. In der letzten Instanz mit Liebe gleichzusetzen.

**Göttlichkeit** — Das, was Gerechtigkeit und Ausgleich sicherstellt und die Schöpfung mit unendlichen Möglichkeiten des Ausdrucks versieht. Höhere Intelligenz.

**Große Gedanken** — Der Vorreiter großartiger Resultate und die Konsequenz einer mutigen und bestimmten Geisteshaltung.

**Großzügigkeit** — Das intelligente Resultat von Fülle (Überfluß) und Wohlstand. Der Wille, anderen am eigenen Überfluß teilhaben zu lassen.

**Güte** — Der Ausdruck von Freundlichkeit und Hilfsbereitschaft.

**Haltung** — Ein würdevoller, selbst-bewußter Auftritt; das Resultat körperlicher Kontrolle durch Gedankenkraft.

**Handlung** — Der Vorgang, Gedankenformen in brauchbare Werte umzuwandeln; die unabdingbare Folge des Denkens.

**Harmonie** — Eine beständige, geordnete oder angenehme Anordnung von Teilen. Das, was ausgeglichen, in Proportion und frei von Widerstand ist.

**Heilung** — Das, was den ursprünglich vorhergesehenen, harmonischen Körper- und Geisteszustand wiederherstellt.

**Hermetische Prinzipien** — Sieben universelle Gesetzmäßigkeiten oder Prinzipien, die durch Hermes Trismegistus (der Dreifach-Große) niedergeschrieben wurden.

**Herz** — Ein Organ im Brustbereich, welches sich das Vortex Prinzip zunutze macht und dadurch über den Blutkreislauf den Körper mit Lebenskraft versieht. Starke magnetische Ausstrahlung.

**Höflichkeit** — Die Höflichkeit ist eine Tugend, deren Folge eine rücksichtsvolle Verhaltensweise ist, die den Respekt vor dem Gegenüber zum Ausdruck bringen soll.

**Höhere Ordnung** — Das, was zu solch einem Grad entwickelt ist, daß es niedere Ebenen steuert, beherrscht, kontrolliert, leitet oder führt; das Fortbestehungsprinzip des Universums; eine verläßliche Quelle von Weisheit.

**Hologramm** — Ein 3-dimensionales Überlagerungsmuster (Interferenzmuster), das durch zwei unterschiedliche Wellenbewegungen hervorgerufen wird, und welches in seiner Dreidimensionalität in jedem einzelnen Teil einen Abdruck des Gesamtbildes enthält.

**Ich** — Eine spirituelles Konstrukt, welches sich zwecks Erfahrung auf menschlicher Ebene des Verstandes und des Körpers als Hilfsmittel bedient.

**Idealisierung** — Das Schaffen eines zu verwirklichenden geistiges Bildes, das in seinem Kern göttlich ist, d.h. gut, schön, liebevoll und harmonisch.

**Inanspruchnahme** — Der Akt, sich mit einem beliebigen Objekt geistiger Natur in Verbindung zu setzen, mit dem Ziel, es im eigenen Leben darzustellen.

**Induktion** — Herleitung. Das, was es uns ermöglicht, vom Besonderen aufs Allgemeine zu schließen und somit Gesetzmäßigkeiten und Strukturen zu erkennen.

**Information** — Etwas, das im Begriff ist, sich zu formieren, d.h. Gestalt anzunehmen. Das

Resultat von Aufmerksamkeit, Beobachtung und Konzentration.

**Innere Einkehr** — Die Kombination von Meditation und Konzentration; Kontemplation; Nachsinnen; die Fähigkeit, Dinge oder Konstrukte zu beobachten und ihre Weisheit aufzunehmen, ohne aber zu beurteilen.

**Innere Welt** — Der ‚Ort‘ der Manifestierung; das, was unendliche Möglichkeiten besitzt; der Ursprung; die Quelle; Gott; das, was sich dann in Worten und Handlungen ausdrückt.

**Inspiration** — Die Fähigkeit, mit neuen Informationen beatmet zu werden.

**Instinktives Verlangen** — Der unterbewußte Trieb, Dinge zu erreichen. Das, was der Materialisierung zugrunde liegt, da diese aufgrund des fehlerlosen Handelns unterbewußt abläuft.

**Intelligenz** — Die geistige Fähigkeit, zu unterscheiden, die Aufmerksamkeit auf das gewünschte Objekt zu legen, und jene Lebensformen zu steuern oder anzuweisen, die diese Stufe der Evolution noch nicht erreicht haben.

**Interesse** — Die Folge von Absicht. Das geistige Konstrukt, welches zur Informationsaufnahme, d.h. Aufmerksamkeit führt; das, was Dinge in Bewegung hält.

**Jugend** — Ein Zustand, den Gesundheit zu erreichen oder aufrecht zu erhalten versucht. Charakterisiert durch straffe Haut, Beweglichkeit, geistige Frische, Freude und Tatendrang.

**Kanal** — Das Konstrukt, durch den sich das Universelle Ausdruck verschafft und deren Auslaß das Individuum ist.

**Klarheit** — Das Resultat von Erkenntnis; ein wichtiger Bestandteil von Frieden und Harmonie.

**Kontrolle** — Die Fähigkeit, Elemente in eine gewünschte Richtung zu steuern oder sie so zu handhaben, daß das Resultat den eigenen Vorstellungen entspricht; Herrschaft.

**Konzentration** — Ein aktiver Prozeß der Gedankenbündelung mit dem Ziel der Bewußtwerdung.

**Körperlich** — Materiell. Anfaßbar. Ohne Prinzip. Ewig Veränderungen unterworfen.

**Kreativität** — Das, was Dinge erschafft; die Fähigkeit, neue Gedankenkonstrukte zu entwerfen, und daraus Dienste oder Sachen zu schaffen.

**Leben** — Der Herzschlag des Universums. Der Weg des Geistes (Gottes), sich zu erfahren.

**Leichtigkeit** — Das, was durch Wiederholung und Übung erworben wird. Direkter Bezug zu Perfektion.

**Licht** — Die erste Aussendung des Geistes; die Grundlage jeglichen Lebens.

**Liebe** — Die Anziehung, die zwei oder mehr Elemente aufeinander ausüben, mit dem Ziel, Leben weiterzuführen oder Umstände allgemein zu verbessern.

**Loslassen** — Die Fähigkeit, sich gedanklich und somit energetisch in Liebe und Anerkennung von etwas zu verabschieden, ganz gleich welche Wertigkeit es für einen hat.

**Macht** — Das Resultat von angewandtem Wissen; die Kraft, die sicherstellt, daß kontinuierlicher Wechsel stattfindet.

**Manifestierung** — Das Resultat einer Umwandlung von Energie vom feinstofflichen zum grobstofflichen und somit wahrnehmbaren Bereich.

**Männlich** — Aktive, dynamische, zielgerichtete Kraft, die passive Einheiten dazu bringt, sich anzupassen und Anweisungen auszuführen.

**Materialisierung** — Das Resultat eines geistigen Vorgangs mit dem Ziel der Formgebung, des Ausdrucks.

**Meditation** — Ein Zustand körperlicher und geistiger Entspannung, mit dem Ziel zusätzliche

Informationen aufzunehmen, und daraus neues Wissen zu entnehmen; der Zustand, in dem man Eingebungen erhält.

**Meisterschaft** — Das ‚Ziel‘ des geistigen Menschen; Christusbewußtsein; die Fähigkeit, niedere Ebenen der Existenz zu steuern und sein Leben somit selbst zu bestimmen und zu gestalten.

**Methoden** — Das, was sich durch Konzentration entwickelt und ergibt; Strukturen, durch die man zur Erfüllung des Wunsches kommt.

**Mitgefühl** — Die Fähigkeit, einer Person oder Sache Sympathie auszudrücken, ohne aber mitzuleiden.

**Mittel** — Ein Agent, ein Instrument oder eine Methode, die zwecks Erreichens eines Ziele benutzt wird.

**Moral** — Das Resultat eines entwickelten Bewußtseins, und das, was jedem Ziel zugrunde liegen sollte.

**Muster** — Das, was durch Beobachtung entsteht und Bestimmtheit und Klarheit über die beobachtete Sache verschafft. Direkter Bezug zu Wiederholung und Induktion / Herleitung.

**Mut** — Das, was aus Antrieb und Bestimmtheit und Klarheit entsteht, aus Gebrauch und Handlung, aus ersten Erfolgen; das, was einen zwecks eines bestimmten Ziels in unbekannte Gebiete vordringen läßt.

**Nachdenklichkeit** — Die Fähigkeit, die Aufmerksamkeit auf sich selbst zu richten und dadurch zu weiseren Einsichten und Erkenntnissen zu kommen.

**Nachdrücklichkeit** — Die Dauerhaftigkeit einer Wirkung, nachdem die Ursache entfernt wurde. Das, was zu Beharrlichkeit und letztendlich Erfüllung oder Erreichen führt.

**Nachfrage** — Der Vorgang geistiger Inanspruchnahme, des Fragestellens oder der Bestellung beim Universum.

**Naturbelassen** — Das, was unbearbeitet, roh und natürlich und somit in seinem ursprünglichen Kraftzustand ist.

**Naturgesetze** — Universelle Gesetzmäßigkeiten geistiger Art, die jegliche Darstellung im Universum regeln und bestimmen und dem Menschen Sicherheit in Handlungen geben.

**Ordnung** — Übergeordnetes Prinzip von System und Struktur. Harmonische Anordnung von Elementen zum Zwecke des Ausdrucks von Leben. Direkter Bezug zu Vorhersehbarkeit oder Sehen.

**Passiv** — Für äußere Impulse empfänglich sein; das schöpferische Prinzip.

**Perfektion** — Das, was nicht mehr verbessert werden kann, oder was im Auge des Betrachters vollkommen ist.

**Platonische Körper** — 5 Arten gleichseitiger, dreidimensionaler geometrischer Formen, die die Basis jeglicher Materie bilden.

**Polarität** — Die scheinbaren zwei Seiten oder Qualitäten einer Einheit, die letztlich eins ist; die Gegenüberstellung zweier Elemente, die dennoch in Übereinstimmung gebracht werden können.

**Prinzip** — Das, was wahr ist und somit Dauerhaftigkeit und Nachhaltigkeit garantiert; das, was auf die Probe gestellt und als lebendige Wahrheit aufgezeigt werden kann; das, was aus sich heraus bestehen kann.

**Proportion** — Das, was dem menschlichen Auge angenehm erscheint. Mathematischer Bezug zweier Dimensionen. Direkter Bezug zu Phi, Goldener Schnitt, Stärke, Fortbestand.

**Reinheit** — Ein harmonischer und natürlicher Zustand; eine Vorbedingung für Wachstum, Anhäufung und Fortschritt.

**Resultate** — Die Folge von Handlungen jeglicher Art. Als Qualität vorherbestimmbar durch die Qualität der Gedanken und Handlungen.

**Rhythmus** — Das, was Ausgleich ins Leben bringt, weil es Extreme umkehrt und somit zur Fortführung und Meßbarkeit einer Sache beiträgt.

**Sanftheit** — Die Verbindung von Würde, Gelassenheit und Zuneigung.

**Scharfsinn** — Die Fähigkeit zu unterscheiden, das Wahre vom Falschen zu trennen, das Reale vom Unwirklichen; die Fähigkeit, zu intelligenten Schlußfolgerungen zu kommen.

**Schönheit** — Eine individuelle Interpretation basierend auf den Proportionen eines Objekts; das, was die Entwicklung des Lebens im Universum sicherstellt.

**Schwingung** — Eine rhythmische, wellenförmige Bewegung, gleichartig in Wellenhöhe wie auch Wellenlänge. Synonym mit Frequenz oder Schwingungsrate.

**Sehen** — Die Fähigkeit, eine Wirklichkeit wahrzunehmen oder vorauszusehen, die nicht notwendigerweise mit dem menschlichen Auge sichtbar ist.

**Sein** — Ein Zustand friedvoller Einheit und Verzückung; vollkommene Akzeptanz.

**Solar Plexus** — Ein Nervengeflecht auf der Rückseite des Magens; das Verteilungszentrum für Energie an den gesamten Körper. Das innere Sonnensystem und die Verbindung zum Unendlichen.

**Solfeggio** — Eine antike Musiklehre, die oft in gregorianischen Gesängen benutzt wird. Heute wird sie unter anderem zur Heilung und Harmonisierung verwendet. Z.B wird die Frequenz von 528 Hz zur Reparatur beschädigter DNA eingesetzt.

**Spirit** — Die nicht-materielle Einheit dessen, was allgegenwärtig, allwissend und allmächtig ist. Nicht zu verwechseln mit Spiritualismus oder Spiritismus.

**Spirituell** — Feinstofflich; hochfrequent; nicht mit den normalen Sinnen wahrnehmbar; übersinnlich; endlos; allmächtig.

**Stabilität** — Das was durch Struktur und Ordnung erreicht wird. Ein harmonischer Ausgleich und Rhythmus.

**Stärke** — Das, was durch Gebrauch und Anwendung und letztlich auch Intelligenz erschaffen wurde; das Hinzufügen von Energie zwecks Gebrauch dieser.

**Stille** — Das, aus dem alles entspringt; wo alles geboren wird. Ein ‚Ort‘, den der Mensch zwecks Inspiration häufig aufsuchen sollte.

**Struktur** — Die Bausteine des Lebens und das Endresultat jeglicher Form von Organisation mit dem Zweck, Stärke zu entwickeln.

**Takt** — Das, was einen rechtens und angemessen ruhig verhalten läßt, ungeachtet der Situation; die Fähigkeit, sich unter Kontrolle zu halten und somit den ‚Takt‘ vorzugeben.

**Tatendrang** — Der Trieb, der zwischen Gedanke und Handlung steht und dafür sorgt, daß Dinge geschehen; das, was einen morgens aus dem Bett holt und Dinge angehen läßt.

**Täuschung** — Das, was den Menschen in der Annahme oder Vorspiegelung wahr zu sein, fehlleitet. Das Gegenteil von Wahrheit oder Prinzip; eine Sackgasse.

**Toleranz** — Eine gerechte, objektive und erlaubende Haltung gegenüber den Meinungen und dem Verhalten anderer, welche von den eigenen abweichen.

**Tradition** — Das, was alt und etabliert, teilweise aber nicht mehr angebracht ist.

**Treue** — Der moralische Halt für Schöpfung, Gemeinschaft, Freundschaft und Fortschritt.

**Überfluß** — Ein Zustand, in dem es an nichts mangelt; das geistige Konstrukt, durch das Dinge erschaffen werden, Wünsche erfüllt und Mangel ausgeglichen werden kann.

**Überzeugung** — Das, wovon wir meinen, daß es wahr ist, aber gegenwärtig keinen Beweis in Form von Wissen darbringen können.

**Übung** — Die kontinuierliche Anstrengung oder das dauerhafte Befassen mit einer Sache, um sie zu beherrschen oder Meisterschaft zu erreichen.

**Umgebung** — Das, was sich um einen herum befindet in Form von Personen, Umständen, Dingen oder gesellschaftlichen und umweltlichen Konstrukten.

**Umstände** — Das, was durch Verursachungsketten hervorgerufen wird; das Resultat der vorherrschenden Geisteshaltung des Menschen zu sich selbst und dem Leben allgemein.

**Unendlichkeit** — Das, was niemals endet und somit auch nicht wirklich beschrieben werden kann, weil ihm auch ein nachvollziehbarer Anfang und somit eine Ursache fehlt.

**Unmittelbarkeit** — Die zeit- und raumlose Präsenz eines Wissensobjekts für das Bewußtsein, ohne jegliche Verzerrung, Interferenz oder Interpretationen, und ohne Eingreifen von Agenten.

**Unterbewußtsein** — Das unpersönliche Konstrukt, welches auf Anweisungen des bewußten Verstandes reagiert, so diese mit Gefühl und Nachdruck versehen worden sind; die Verbindung des Individuums mit dem Universellen. Direkter Bezug zum Solarplexus.

**Unterscheidung** — Die Fähigkeit, Dinge oder Konstrukte gedanklich zu trennen und ihnen zwecks Klassifizierung bestimmte Qualitäten zuzuordnen.

**Ursache** — Das, was Gedanken und Visualisierung hervorbringen; ein bestimmter Beginn oder Anfangspunkt, der entsprechende Wirkungen nach sich zieht; Kausalprinzip.

**Urteilender Wille** — Das, was dem Wunsch folgt und der Handlung vorausgeht. Direkter Bezug zu Mut, Vertrauen, Glauben und Überzeugung.

**Vagusnerv** — Die Nervenbahn, die das Gehirn und den Solarplexus verbindet und sicherstellt, daß Gedanken im Unterbewußtsein Einlaß finden können.

**Verständnis** — Das Resultat des Erkennens von Mustern, die durch eine höhere Informationsaufnahme und das bewußte Durchleuchten entstanden sind.

**Vertrauen** — Das, was aus Wissen entsteht. Ein Zustand der Souveränität und des festen Glaubens an den Ausgang.

**Visualisierung** — Das Schaffen geistiger Bilder mittels der Vorstellungskraft (Phantasie); das Anzapfen der ‚Quellexistenzebene‘.

**Vitalität** — Das, was das Individuum für die Fortsetzung des Lebens benötigt; Lebenskraft; ein harmonischer und kraftvoller Zustand des Seins.

**Vorstellungskraft** — Die Fähigkeit, neue geistige Bilder zu erschaffen und durch Übung zu verfeinern, mit dem Ziel der Transformation des geistigen Bildes in brauchbare Werte.

**Vorteil** — Das Resultat von Weisheit in Aktion.

**Vortex** — Ein zwei- oder dreidimensionaler, trichterförmiger, mathematisch genauer Bewegungsablauf, der je nach Drehrichtung verdichtet oder ausdehnt. Der grundlegende Vorgang der Erschaffung.

**Wachstum** — Die Entwicklung zu einer anderen aber verwandten Form. Das unvermeidbare Resultat von Bewußtsein in Bewegung - von Denken.

**Wächter vor dem Tor** — Das, was entscheidet, ob ein Gedankenelement weiterhin gehegt oder abgelehnt wird. Die Einheit, die letztlich darüber entscheidet, wie sich etwas für das Individuum darstellt.

**Wahl** — Das, was durch das Aufnehmen von Informationen entsteht. Die Fähigkeit, sich in eine gewünschte Richtung zu bewegen - geistig, mental, emotional und körperlich.

**Wahrheit** — Das grundlegende Prinzip der gesamten Schöpfung. Das, was frei macht und von Bestand ist. Das, worauf man sich verlassen kann.

**Wahrnehmung** — Das, was durch unsere fünf Sinne als Realität interpretiert wird, dadurch aber nicht unbedingt auch der Wahrheit entspricht.

**Weiblich** — Das Gegenteil von männlich. Das, was intuitiv, empfänglich und somit schöpferisch ist. Von Natur aus passiv.

**Weigerung** — Der Vorgang, Interesse und somit Lebenskraft von einem bestimmten Element abzuziehen, mit dem Ziel, seine Darstellung im Leben zu vermindern oder zu vermeiden.

**Weisheit** — Das Resultat von angewandtem Wissen.

**Weitsicht** — Die Fähigkeit, Dinge aus der Distanz zu erkennen und entsprechend einzuordnen.

**Wertschätzung** — Das, was erscheint, wenn man die Schönheit und den Zweck eines jeden Wesens oder Objekts (an)erkennt.

**Wiederholung** — Das, was erforderlich ist, um zu lernen. In direkter Verbindung zu Gebrauch und Anwendung.

**Wirkung** — Das, was durch eine Ursache in Erfahrung gebracht wird, mental oder auch materiell.

**Wissen** — Das Einordnen unstrukturierter Daten, die durch Beobachtung und Erfahrung aufgenommen wurden mit dem Ziel eines erhöhten Verständnisses von Zusammenhängen, ultimativ aber der Schöpfung selbst.

**Wohlstand** — Das unausweichliche Resultat von Dienst an anderen.

**Wunsch** — Das nach innen gerichtete Verlangen, etwas zu erreichen.

**Yoga** — Die östliche Philosophie der Gedanken-, Körper-, und Atemkontrolle zwecks Verlängerung des Lebens und der Verbesserung der Lebensqualität.

**Zentriertheit** — Das Resultat von Gewißheit. Führt zu Besonnenheit und innerer Ruhe.

**Ziel** — Das Resultat oder Erreichen dessen, zu dem Anstrengungen unternommen werden.

**Zuversicht** — Das Vertrauen in sich selbst und seine eigenen Fähigkeiten; Selbstbewußtsein; Selbstversorgung.

Weitere Angebote aus dem Verlag

# Das Master Key System

ISBN:     978-3-945688-08-3
Umfang:  332 Seiten, Softcover
Format:    25,4 x 20,3 x 1,7 cm
Preis:      47,00 Euro
Verfügbar: Im Handel, bei Amazon und
als eBook über mrmasterkey.com

Die Referenz schlechthin. Identisch im Format und Layout wie dieses Übungsbuch bietet *Das Master Key System* in der Ausgabe vom Inspired Mind Verlag
sehr viel mehr als die Übersetzungen anderer Verlage. Ein modernes Design,
umfangreich kommentiert, mit zahlreichen Bildern versehen und dazu noch
die wichtigsten Aussagen als „Pullquotes" extrahiert. Außerdem ist in ihm das
vollständige und wertvolle Vorwort einer englischen Ausgabe aus dem Jahr
1941 enthalten, das Du in keiner anderen Übersetzungen findoot.

Auf 332 Seiten gibt es hier das Master Key System in seiner besten Form. Dazu
wurde es von Helmar Rudolph noch einmal komplett neu übersetzt. Diese
Ausgabe beinhaltet exklusiv den Master Key Sstem Studienservice, einschließlich der Videos mit einer Laufzeit von insgesamt über 11 Stunden. Auf die in
diesem Übungsbuch integrierte Kommentierung des MKS kann mit diesem
Buch auch online zugegriffen werden. Ein wahrer Schatz und ein Muß für
jeden ernsthaften Master Key System Studenten.

## Das Master Key System Hörbuch

ISBN:    978-3-945688-02-1
Umfang: 8 CDs
Format:  DVD Multi-Case
Preis:    97,00 Euro
Auch als MP3 Version über
mrmasterkey.com verfügbar.

Wer der Hausarbeit verschrieben, viel unterwegs oder mehr auditiv veranlagt ist, dem sei dieses Produkt ans Herz gelegt. Es ist zweifelsohne eines der besten deutschen Hörbücher, die es derzeit zu kaufen gibt. Von dem aus Funk und Fernsehen bekannten Sprecher Wolf Frass einfühlsam und sehr souverän aufgenommen, ist das Master Key System Hörbuch ein ganz besonderer Genuß. Es vermittelt das Wissen um den Master Key auf eine sehr effektive Weise und verhilft dem Hörer somit immer wieder zu neuen Einsichten und Erkenntnissen.

Dieses Hörbuch beinhaltet die ungekürzte Ausgabe der Originalübersetzung von Rudolph/Glanz. Einzig die in diesem Buch hinzugefügten Passagen des Vorworts sind nicht vorhanden. Als Ergänzung gibt es auf www.mrmasterkey. com noch die *„24 Master Key System Meditationen"* im MP3 Format. Diese bestehen aus den in einem meditativen Ton gesprochenen Übungen, die anschließend in Meditationsmusik übergehen; sie sind also nicht geführt. Wie auch das Hörbuch können diese monatsweise (mit jeweils 4 Kapiteln) für lediglich 13,00 Euro erworben werden.

# Alles. Einfach. Jetzt.

ISBN: 978-3-945688-03-8
Umfang: 110 Seiten, Softover
Format: 15,24 x 22,86 x 0,7 cm
Preis: 15,00 Euro
Auch als eBook und Kindle Version.

Die Einführung schlechthin zum Thema Erfolg! *Alles* ist *einfach* und *jetzt* vorhanden – es muß nur in Anspruch von Dir genommen werden. Wie das genau geht, das zeigt Helmar Rudolph in diesem Buch, das ursprünglich in nur 24 Stunden geschrieben und veröffentlicht wurde und hier in einer leicht ergänzten Auflage vorliegt. Der Autor tritt damit den Beweis an, daß man mit einer klaren Vision und Zielstrebigkeit auch innerhalb kürzester Zeit erfolgreich sein kann.

„Alles. Einfach. Jetzt." ist wohl die klarste Zusammenfassung des schöpferischen Prozesses und somit auch des Master Key Systems. Helmar Rudolph schreibt deutlich und ohne Umschweife, hebt Worte hervor und trennt sie nach Silben, um ihren Sinn zu verdeutlichen und zu vertiefen. Er gibt zahlreiche praktische Tips zur bewußten Lebensgestaltung, zur Gesundheit und zum Wohlbefinden, zum finanziellen als auch zum partnerschaftlichen Erfolg.

Es ist angeraten, sich beim ersten Mal einen Tag frei zu nehmen, um sich ausschließlich den Inhalten des Buches zu widmen. Diese Art von gebündelter Aufmerksamkeit und Konzentration trägt dazu bei, daß sich der Erfolg noch schneller und nachhaltiger einstellt, eben „Alles. Einfach. Jetzt."

# Sveta und die Macht des Meisterschlüssels

ISBN:     978-3-945688-04-5
Umfang:   138 Seiten, Softover
Format:   15,24 x 22,86 x 0,8 cm
Preis:    12,00 Euro
Auch als Hörbuch erhältlich, als
eBook und für den Kindle Reader.

Das erste Master Key System Kinderbuch überhaupt! In einem emotional aufrührenden Moment erscheint Sveta, die vor einigen Jahren mit ihren Eltern aus der Ukraine nach Deutschland ausgewandert war, ein mysteriöser Herr. Dieser eröffnet dem jungen Mädchen nahezu unbekannte, geistige Gesetzmäßigkeiten und nimmt sie mit auf eine aufregende Reise in die Tiefen ihrer selbst. Schritt für Schritt führt er sie ein in die sieben hermetischen Prinzipien und zeigt ihr auf, wie wichtig sie für jeden Aspekt ihres Leben sind.

In diesem Buch vermischen sich auf natürliche Art die Weisheiten des Master Key Systems mit Angelegenheiten des täglichen Lebens. „Sveta und die Macht des Meisterschlüssels" ist eine tolle Geschichte – frisch aus dem Leben gegriffen – in der Fiktion und die eigenen Erlebnisse von Autor Helmar Rudolph Hand in Hand gehen. Es vermittelt wertvolles Wissen auf eine kompakte und effektive Art und macht dabei nicht nur Jugendlichen, sondern auch Erwachsenen Spaß.

Jedes Kapitel schließt mit einer Übung ab, so daß das neu erlernte Wissen von den jungen LeserInnen gleich in der Praxis angewandt werden kann. Der Nutzen dieses Buches kann nicht hoch genug geschätzt werden, da junge Menschen dadurch zu einer vollkommen anderen Lebensauffassung kommen.

# Ein Buch über Dich

ISBN: 978-3-945688-06-9
Umfang: 320 Seiten, gebunden
Format: 19,1 x 13,1 x 3,4 cm
Preis: 22,00 Euro
Auch als eBook und Kindle Version.

,*Ein Buch über Dich*' hat es wahrlich in sich. Übersetzt von Helmar Rudolph, ist es ist eine hervorragende Ergänzung zum Master Key System, das die Thematik der Schwingungen nur am Rande behandelt, während sich dieses Buch intensiv damit befaßt und dem interessierten Leser auch Eintritt in diese Welt gewährt.

Alle Menschen haben einen Instinkt dafür – oder ein traditionelles Wissen – daß ihr Schicksal durch die Sonne, den Mond, die Planeten und unzählige Sterne beeinflußt wird; sie wissen aber nicht, wie tiefgreifend diese Einflüsse wirklich sind. Dieses Buch ist ein Leitfaden für die verschiedenen Arten von Schwingungen und somit eine wissenschaftliche Einführung in sowohl Astrologie als auch Astronomie. Es taucht auch in den Ursprung des Lebens ein, erklärt Magnetismus, beleuchtet die Vorsehung und geht auf das wichtige Thema der Emotionen ein. Es ist im wahrsten Sinne des Wortes „Ein Buch über Dich"!

Charles Haanel schreibt wie immer hoch-kompakt und -konzentriert, luzide und mit einer kaum zu übertreffenden Klarheit und Nachdrücklichkeit.

# Die erstaunlichen Geheimnisse der Yogis

ISBN: 978-3-945688-05-2
Umfang: 232 Seiten, gebunden
Format: 19,1 x 13,1 x 2 cm
Preis: 22,00 Euro
Auch als eBook und Kindle Version.

Lerne von den Meistern des fernen Ostens und werde zum Herrscher über Deinen Atem und Dein Leben. Charles Haanels letztes Werk, wie gewohnt mit tiefen Einsichten und praktischen Anleitungen.

Hier wird aufgezeigt, welche Möglichkeiten uns mit der richtigen Atemtechnik gegeben sind und wie wir so genug Prana (Pra = vor und ana = Atem) speichern können, um Leben wahrlich auszudrücken.

Ohne Prana kann kein Denken stattfinden. Wenn wir langsamer atmen, verlangsamen sich auch unsere Denkprozesse. Wenn wir den Atem im physischen Körper anhalten, strömen die Gedanken im mentalen Körper nicht mehr hinein. Dieses Prinzip machen sich Pranayama (die Kontrolle der Vitalkräfte im Körper) und die Yoga-Philosophie zunutze. Somit sind diese Anleitungen der bewußten Atemtechnik ein prächtiges Juwel im Zepter der Macht eines sich selbst gestaltenden Menschen.

Übersetzt von Adriane Lachmayr und Helmar Rudolph.

# Die Master Key Quintessenz

Erfasse die Essenz des Master Key Systems in weniger als einer Stunde – und das in völliger Entspannung. Ein Produkt sowohl für Anfänger als auch für fortgeschrittene Studenten.

Diese Audio CD wurde von Helmar Rudolph selbst aufgenommen und mit einem Alpha-Gehirnwellen-Musikstück von Jandy Rainbow (Unisonic Ascension) unterlegt. Sie faßt die gesamte Lehre des Master Key Systems zusammen und hilft Dir sie auf Anhieb zu verstehen. Dabei wurden die Kernaussagen mit zusätzlichen Anmerkungen des Autors versehen, damit sich das Verständnis um den Master Key noch schneller und einprägsamer einstellt.

Die CD benutzt eine besondere Technik zur Synchronisation der Gehirnhälften; es ist daher empfohlen, sie mit hochwertigen Kopfhörern zu genießen. Das erleichtert und unterstützt das eigentliche Studium auf vielfältige Weise.

| | |
|---|---|
| ISBN: | 978-3-945688-12-0 |
| Umfang: | 1 Audio CD |
| Laufzeit: | 46 Minuten |
| UVP: | 25,00 Euro |

# Das Geheimnis des Lebens

Drei Stunden geballtes Wissen, tiefe Einsichten und bedeutende Zusammenhänge, sowie praktische Ratschläge zur täglichen Umsetzung des Master Key Systems. Diese Aufnahme wurde am 24. September 2009 in Gleisdorf, Steiermark, aufgezeichnet.

In diesem Vortrag zeigt Helmar Rudolph auf, welchen Ursprungs wir sind und welchen Weg wir als spirituelle Wesen gehen. Auf der 1. DVD verbindet er hochaktuelle Themen: die Chakralehre, den Maya Kalender, die Quantenphysik, die Holografie und die Schumann Frequenz. Auf der 2. DVD erklärt er anhand der sieben Hermetischen Prinzipien, wie Du Dir das Leben Deiner Träume auch verwirklichen kannst.

Die DVD ist ein Muß für jeden Master Key System Studenten. Sie ist aber auch für diejenigen geeignet, die gerade erst beginnen, sich mit dem Thema Geisteswissenschaft zu befassen.

ISBN:      978-3-945688-00-7
Umfang:    2 DVD
Laufzeit:  180 Minuten
UVP:       29,00 Euro

# Der Visuelle Master Key™

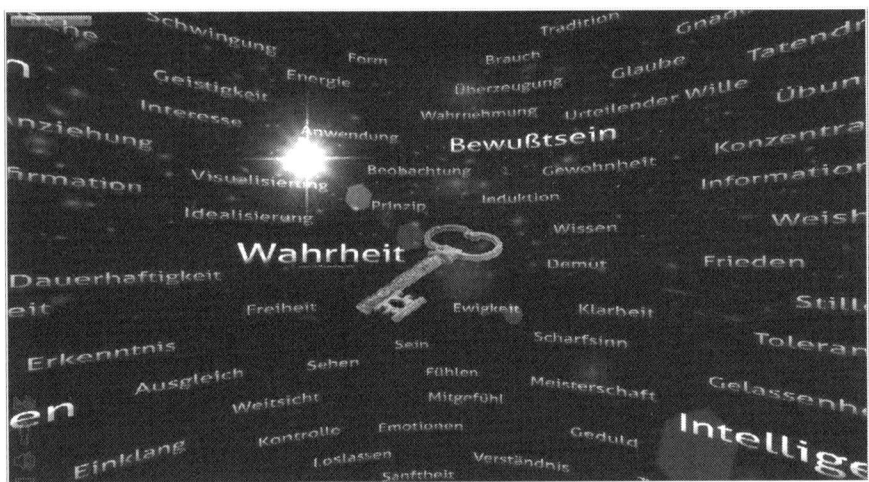

Eine Weltneuheit! Das Master Key System zum Anschauen – ein 360° zylindrisches, frei zu navigierendes Panorama. Ein machtvolles Werkzeug zum beschleunigten Lernen, lateralen Denken und zur Blockadenauflösung.

Zum ersten Mal überhaupt gibt es das Master Key System als Online Anwendung. Dazu ordnete Helmar Rudolph über 200 Stichworte an, verknüpfte sie mit anderen Stichworten und versah sie mit Begriffserklärungen und Affirmationen. Darüber hinaus wurden zwei Meditationsmodi und ein Autorotationsmodus integriert. Ebenso verfügbar sind über ein Dutzend Audiotouren, die Dich einfühlsam durch die Anwendung führen und bestimmte Begriffe und Konzepte beleuchten und erklären.

Der Nutzen dieser Anwendung liegt auch darin, daß die Stichworte in ihrer Nachbarschaft verwandte Begriffe haben, an denen Du Dich orientieren kannst. Dadurch werden Verursachungsketten aufgezeigt, die das Lernen beschleunigen. Verbindungen zu verwandten Begriffen an anderen Stellen im Panorama unterstützen das laterale Denken. Blockaden werden aufgelöst, weil man erkennt, welchen Aspekten der bewussten Mitschöpfung noch weitere Aufmerksamkeit geschenkt werden muß.

Format:     Online Flash Anwendung & Download für PC und MacOS
Preis:      49,00 Euro
Web:        www.MrMasterKey.com/der-visuelle-master-key

# Der Master Key System Studienservice

Das Master Key System zu studieren ist für viele Menschen durchaus anspruchs-voll. Auch sind es nur wenige gewöhnt, sich einem Kurs für mindestens ein halbes Jahr zu widmen. Dafür hat Helmar Rudolph einen speziellen E-Mail Studienservice erschaffen, der kostenlos abonniert werden kann.

Dieser Service beinhaltet 50 E-Mails (2 pro Woche) sowie Einführungsvideos von ihm zu jedem der 24 Kapitel mit einer Gesamtlänge von über 10 Stunden. Sowohl der Studienservice als auch die Videos wirken unterstützend und motivierend, so daß Du Dein Studium gleich beim ersten Mal erfolgreich absolvierst und den für Dich größtmöglichen Nutzen erfährt.

Als Leser dieses Buches steht Dir auch Helmars komplette Kommentierung des Master Key Systems kostenlos zur Verfügung. Damit wird Dir das Studium zusätzlich vereinfacht, solltest Du über die eine oder andere Passage stolpern oder inhaltlich etwas nicht verstehen. Dieses Angebot kannst Du über die Studienservice Seite aufrufen. Dazu bedarf es zuvor jedoch einer gesonderten Anmeldung.

| | |
|---|---|
| Format: | E-Mail, Online |
| Preis: | Im Buchpreis enthalten |
| Web: | www.MrMasterKey.com/mksbuch2014 |
| Passwort: | *MKS-Buch-2014* |

# Literaturempfehlungen

Zum Abschluß möchte ich noch einige Literaturempfehlungen aussprechen. Möge Dir die folgenden Titel  helfen, Dein Verständnis von der Welt, dem Universum und Dir selbst zu erweitern und zu vertiefen.

- Bentov, Ithzak: *Auf der Spur des wilden Pendels*
- Braden, Gregg: *Im Einklang mit der göttlichen Matrix*
- Dammann, Erik: *Erkenntnisse jenseits von Zeit und Raum*
- Demartini, Dr. John: *Wie Visionen wahr werden*
- Die Drei Eingeweihten: *Das Kybalion*
- Haid, Josef: *Lebensrichtig*
- Hartmann, Franz: *Mysterien, Symbole und magisch wirkende Kräfte*
- Kenyon, Tom: *Die Hathor-Zivilisation*
- Lipton, Bruce: *Intelligente Zellen*
- Livio, Mario: *Der Goldene Schnitt*
- McTaggart, Lynne: *Das Nullpunktfeld*
- Megre, Wladimir: *Anastasia - Die klingenden Zedern von Russland*
- Melchizedek, Drunvalo: *Die Blume des Lebens*
- Ponder, Catherine: *Die Heilungsgeheimnisse der Jahrhunderte*
- Ponder, Catherine: *Die dynamischen Gesetze des Reichtums*
- Scovel-Shinn, Florence: *Das Spiel des Lebens und seine Regeln*
- Spalding, Baird T.: *Leben und Lehren der Meister im Fernen Osten*
- St. Germain: *Enthüllte Geheimnisse*
- Szepes, Maria: *Die geheimen Lehren des Abendlandes*
- Talbot, Michael: *Das holographische Universum*
- Tompkins, Peter: *Das geheime Leben von Pflanzen*
- Watson, Lyall: *Geheimes Wissen - Das Natürliche des Übernatürlichen*
- Woltersdorf, Hans-Werner: *Denn der Geist ist's, der den Körper baut*

# Danksagung

Dieses Werk war natürlich nicht ohne die Hilfe anderer denkbar. Mein herzlichster Dank gilt den folgenden Personen, die auf vielfältige Weise dazu beigetragen haben, daß dieses Buch das Licht der Welt erblicken konnte. In loser Reihenfolge waren das: Sonja Bloch, Dr. Jürgen Birkenbach, Roland Schröter, Anastasia Alavi, Rosayna Jamit, Anika de Souza, Solveigh Thude, Anja Winkelmann, Elahe Aghrabi, Erika Rudolph, Holger Rudolph, Inez Schroeter, Dr. Layo Seriki, Michaela Oberhummer, Guy Shepard, Anna Agas, Natalie B. Becker, Caroline Gibello, Alena Resic, Arianna Piaceri, Moritz Klee, Barbara Caprez, Ariane Mellenthin, Nina Winkler, Rebecca Dorschner, Silvia Neumann, Axel Siegmann, Katrin Hinze-Siegmann, Katharina Berg, Uwe Mosler, Anna Carmienke, Ronny Loerch, Joanna Wilke, Thilo Knaack, Frank M. Schenker, Magnus und Anke Bühl, Steffi und Frank Oelkers, Dana Gielnik, Halfrid Rudolph, Tanja Mazurek, Eva Tufaro, Lars Wrobbel, Susanne Ginner, Britta Lorenzen, Michael Klenke, Michael Lorenz, Carola von Maltzahn, Katja Schmidt, Anne Walther, Anja Tempel, Antje Jantsch, Roland Suljic, Angela Schulz, Bernd Fischer, Svetlana Barba, Xiao Yu Peng, Marianne Antuma, Kristina Urbanovic und all denjenigen, die mich inspiriert und ermutigt haben, mich tiefer mit mir selbst und dem wunderbaren System der Schöpfung zu befassen. Die Reise hat gerade erst begonnen!

Mein herzlichster Dank geht auch an die Zehntausenden von Menschen, die sich seit Beginn dieser Reise mit dem Master Key System befaßt, in ihr Leben integriert und so zur allgemeinen Bewußtseinsanhebung beigetragen haben.

# Notizen

# Notizen

# Notizen

# Notizen

Printed in Poland
by Amazon Fulfillment
Poland Sp. z o.o., Wrocław